不動産の共有と
更正の登記を
めぐる理論と実務

藤原 勇喜 著

日本加除出版株式会社

はじめに

　不動産の売買契約等による取引や相続等による世代交代，企業の組織再編等に係る会社の分割・合併等による不動産に関する権利の明確化とその権利変動等を正確に公示し，不動産取引の安全と円滑を図り，国民の皆様の不動産に係る権利の保全と取引の安全を図ることを目的とする不動産登記制度は，その時代の社会経済情勢や景気動向等を反映し，登記簿と台帳の一元化，区分建物とその敷地の登記の一体化，登記のコンピュータ化，新不動産登記法の制定等により一層の利便性の向上と正確性の確保等その時々における幾多の苦難を乗り越えて脱皮を図り，着実に成長し，充実してきているといえる（枇杷田泰助「登記制度の成長と脱皮」登記先例解説集241号 4 頁）。

　現在の社会経済状況としては，金融緩和，財政出動，成長戦略，更には地方創生と田園回帰といったことで自然災害への対応をも配慮しつつ，高齢化と人口減少という厳しい状況の中で，国民の権利意識の向上，相続等の世代交代等による不動産の共有化，都市部への人口集中等による建物の高層化と土地の細分化等が進み，そのことが不動産登記に対する需要の増加要因となり，またそれに伴い登記の複雑・困難化も加速しているといえる。戦後70年になり，バブル崩壊を経験した我が国であるが，所有者不明，長期相続登記未了の土地の増加といった社会状況の中でその基盤を支える不動産登記制度に対する期待と信頼は大きく，本書では，そういった大きな社会・経済状況の流れの中で，現行不動産登記法の下での登記理論の深化と複雑・困難化する登記事件への迅速かつ適正な対応という観点から，特に複雑・困難といわれる不動産の共有化と更正の登記等に伴う不動産登記上の諸問題に焦点を当て，それらの問題を中心に体系的かつ網羅的に考察を加えることによって，不動産登記理論のより一層の深化等を図り，新しい不動産登記法の目指す登記及びその登記原因の真実性，正確性，有効性，適法性等を強化し，国民の

i

はじめに

　皆様の権利の保全と取引の安全を図る制度として不動産登記制度が更に充実・発展する一助になればと考えている。

　関係する各界の方々に御活用いただければと思う次第である。

　なお，本書の刊行にあたっては，日本加除出版株式会社の和田裕社長はじめ，スタッフの皆様方に大変お世話になった。厚く感謝とお礼を申しあげる。

　平成31年2月

　　　　　　　　　　　　　　　　　　　　　　　藤 原 勇 喜

凡　例

　文中に掲げる法令・判例・文献等については、次のように略記する。

【法　令】

不動産登記法 ━━━━━━→ 不登法

不動産登記規則 ━━━━━━→ 規則

不動産登記令 ━━━━━━→ 登記令

不動産登記事務取扱手続準則 ━━━━→ 準則

建物の区分所有等に関する法律 ━━→ 区分法

【判　例】

最判……………………………最高裁判所判決

最決……………………………最高裁判所決定

高判……………………………高等裁判所判決

高決……………………………高等裁判所決定

地判……………………………地方裁判所判決

地決……………………………地方裁判所決定

家審……………………………家庭裁判所審判

【判例集】

民録……………………………大審院民事判決録

大審院民集……………………大審院民事判例集

民集……………………………最高裁判所民事判例集

裁判例…………………………大審院裁判例

新聞……………………………法律新聞

下民……………………………下級裁判所民事裁判例集

行集……………………………行政事件裁判例集

裁判集民………………………最高裁判所裁判集民事

訟月……………………………訟務月報

判時……………………………判例時報

判タ……………………………判例タイムズ

家月……………………………家庭裁判月報

目　次

第1　不動産登記法と不動産

1　土地と建物 ……………………………………………………………………… *1*

2　土　地 ……………………………………………………………………………… *1*

（1）意義　*1*

（2）海面下の底地　*2*

（3）土地の特定　*5*

3　建　物 ……………………………………………………………………………… *6*

（1）意義　*6*

（2）建物の要件　*6*

（3）建築中の建物と建物性　*9*

（4）建物の滅失　*11*

（5）建物の移動　*11*

（6）区分建物と建物の区分所有　*12*

第2　不動産登記法と所有権

1　所有権の沿革 ………………………………………………………………… *16*

（1）公地公民性　*16*

（2）班田収授法　*16*

（3）期限付土地所有　*17*

（4）無期限土地所有　*17*

（5）荘園の成立　*17*

（6）庄園の滅亡　*19*

（7）村の新設と百姓身分の固定化　*19*

（8）太閤検地　*19*

目　次

(9) 江戸時代の土地制度　*22*

2　近代的土地所有権の確立 ……………………………………………… *27*

(1) 土地の沿革　*27*

(2) 検地帳と名寄帳　*28*

(3) 地券制度（明治 5 年 2 月15日太政官布告第50号）　*29*

(4) 近代的土地所有権　*30*

(5) 所有権概念の成立　*31*

3　所有権の絶対とその制約 ………………………………………………… *34*

4　所有権の内容及び範囲 …………………………………………………… *34*

第3　土地所有権の確認と境界確定

1　所有権の確認 ……………………………………………………………… *36*

2　境界の確定 ………………………………………………………………… *38*

3　筆界の特定 ………………………………………………………………… *39*

第4　土地所有権の分割

1　土地の分筆の登記 ………………………………………………………… *41*

2　分筆の法的性質 …………………………………………………………… *42*

(1) 分筆の分類　*42*

(2) 権利分割論と地割論　*42*

(3) 分筆登記申請行為の法的性質　*44*

(4) 分筆錯誤　*44*

(5) 若干の考察　*48*

目　次

第5　所有権の共有

1　権利の共有 ……………………………………………………………………… 51

2　所有権の共有 …………………………………………………………………… 51

3　物権の共有 ……………………………………………………………………… 52

4　共同所有の諸形態 ……………………………………………………………… 55
（1）共有　55
（2）総有　55
（3）合有　56

第6　不動産の共有

1　共有の発生 ……………………………………………………………………… 71

2　共有の性質 ……………………………………………………………………… 72

3　共有不動産をめぐる登記請求 ………………………………………………… 75
（1）登記請求権　75
（2）登記請求権の発生　77
（3）共有持分の登記　78
（4）持分権　79

4　共有と固有必要的共同訴訟 …………………………………………………… 82
（1）共有権の確認請求　83
（2）共有登記名義人に対する登記抹消請求　83
（3）共有者による境界確定の訴え　83
（4）遺産確認の訴え　84
（5）共同相続人間における相続人たる地位不存在確認の訴え　84

5　共有不動産と保存行為 ………………………………………………………… 85
（1）共有不動産の表示に関する登記　85
（2）共有不動産の分筆及び合筆の登記　87
（3）共同相続と土地の分筆　92
（4）共有不動産と同一の申請書（申請情報）　93

vii

目　　次

 (5) 甲乙共有にかかる１個の不動産について，ＡＢＣの共有にする所
  有権移転の登記と同一の申請書（申請情報）　*95*

 (6) 共有不動産と第三者名義による登記　*96*

 (7) 共同相続による登記　*97*

 (8) 不動産の共有持分と相続登記　*98*

 (9) 数次相続と遺産分割協議　*99*

6　共有不動産と所有権保存の登記 ……… *100*

 (1) 所有権保存の登記　*100*

 (2) 共有持分についての所有権　*100*

 (3) 共有不動産全体についての所有権保存登記　*102*

 (4) 被相続人名義の保存登記　*103*

 (5) 共有名義にする所有権の更正登記と農地法の許可　*104*

 (6) 相続による保存登記の抹消　*104*

 (7) 分筆後の所有権の更正登記　*104*

 (8) 「Ａ外何名」と所有権保存登記　*104*

 (9) 認可地縁団体と登記名義　*108*

 (10) 表題部所有者と抹消登記　*116*

 (11) 買戻特約の登記と合筆の登記　*116*

 (12) 共有不動産と他の共有者の相続登記　*117*

 (13) 相続放棄者と登記申請義務　*117*

 (14) 抵当権の準共有と抵当権の設定登記　*118*

 (15) 抵当権者の死亡と抵当権の登記の抹消　*118*

 (16) 要役地の共有と地役権の設定　*119*

7　共有不動産とその移転の登記

 (1) 民法と共有　*129*

 (2) 共有不動産と権利変動の公示　*130*

 (3) 取得時効と権利変動の公示　*130*

 (4) 共有持分の放棄と権利変動の公示　*130*

 (5) 共有者の１人による持分移転登記の抹消と権利変動の公示　*134*

 (6) 数人による不動産の購入と権利変動の公示　*136*

8　共有権と固有必要的共同訴訟 ……… *140*

9　共有不動産と登記申請 ……… *141*

 (1) 我が国の社会経済状況と共有　*141*

目　次

(2) 不動産の表示に関する登記　*142*

(3) 不動産の権利に関する登記　*143*

(4) 同一人に対する数個の共有持分権移転登記と抵当権設定　*148*

(5) 共有不動産の持分を数人に移転した場合の登記申請と同一の申請書（情報）　*150*

(6) 甲及び乙を各別の設定者として同一の申請書で登記した抵当権の登記についての更正登記と同一の申請書（情報）　*150*

(7) 数人共有の不動産の第三者への所有権移転登記の申請と同一の申請書（情報）　*151*

(8) 共有物分割による登記，所有権の一部についての抵当権設定登記と登記原因証明情報　*153*

(9) A，B，C共有不動産と仮登記の抹消　*154*

(10) 登記名義人の氏名の表示更正登記の可否　*155*

(11) 不動産に関する所有権その他の権利の一部又は共有持分の一部を目的とする所有権以外の権利の設定及びその登記の可否　*155*

(12) 不動産の共同買受けと単独名義でされた所有権移転登記の登記名義人に対する他の共同買受人の持分に基づく移転登記請求　*160*

(13) 累積式の根抵当権設定仮登記とそれに基づく共同根抵当権の本登記の可否　*162*

第7　複数の受託者と信託財産の合有等

1　民法上の所有権の共有 ·· *163*

2　2人以上の受託者と信託財産の合有 ·· *163*

 (1) 合有の意義　*163*

 (2) 共同受託の信託とその事務処理　*164*

3　受託者が複数の信託と受託者の職務の分掌 ···························· *165*

4　受託者である法人の合併又は分割と受託者の任務の承継 ········ *166*

5　共有持分を目的とする信託の登記がされている2筆の土地と共有物分割

·· *167*

ix

目　　次

6　共有物の分割と不動産登記 ·· *168*
  (1) 共有物分割と持分移転の登記　*168*
  (2) 共有物分割と信託登記の抹消　*168*
  (3) 信託財産と固有財産等に属する共有物の分割　*169*

7　共同相続登記後の相続人間における信託契約と遺産分割 ············ *170*

8　共有物分割と権利の変更の登記 ··· *170*

9　信託の分割による登記と登記原因証明情報 ··························· *171*

10　共同受託とその責任 ··· *172*

11　受託者の倒産手続と受託者の任務 ····································· *172*

12　信託財産の共有物分割と登記原因証明情報 ························· *173*

13　委付による移転登記と共有持分割合 ································· *174*

14　委付により複数の受託者の固有財産となる場合と持分の記載 (記録)··· *176*

15　信託の登記と合筆の登記 ·· *177*

16　権利能力なき社団と信託的理論構成 ································· *178*
  (1) 代表者名義の登記　*178*
  (2) 登記先例の考え方　*179*

17　共有持分についての信託登記と他の共有持分全部の放棄による登記手続
　 ··· *181*

第8　共有の登記とその更正

1　共有不動産と所有権保存登記の更正 ··································· *182*
  (1) 申請人　*182*
  (2) 所有権保存登記の更正　*182*
  (3) 不登法74条2項の所有権保存登記の更正　*183*

2　甲乙の共有に属する不動産につき，甲乙丙を共有者とする所有権保存登記がされている場合と登記の更正 ······································· *186*

x

目　　次

3　共有者による登記請求権の行使とその態様 ·· 188

 (1)　他の共有者の名義となっている場合　188

 (2)　共有不動産につき第三者が不実の登記を経由している場合　189

4　共有者の持分権確認請求 ··· 194

5　共有の所有権移転の登記すべきときに，その共有者の1人又はその一部
のために所有権移転の登記がされている場合と登記の更正 ················· 195

6　遺留分減殺による共同相続登記の更正 ··· 196

7　共同相続による登記とその更正 ·· 197

 (1)　相続開始当時既に死亡していた場合　197

 (2)　相続人でない者と相続人との共同相続登記の更正　198

 (3)　相続人A，B，Cのうち，Cを遺漏した相続による所有権移転登記の
更正　198

 (4)　A，B，Cの共同相続登記と相続放棄による更正　198

 (5)　相続人でない者のためになされた相続登記とその更正の登記　199

 (6)　生前贈与を受けた相続人と他の相続人との共同申請による相続登記の
更正　200

 (7)　債権者代位による共同相続登記とその更正の登記　200

 (8)　「相続させる」旨の遺言と分割方法の協議　201

8　遺贈による登記とその更正 ··· 201

9　被相続人からの相続人の1人に対する売買による所有権移転登記とその
更正の登記 ··· 212

10　寄与分と共同相続登記の更正 ··· 214

 (1)　所有権の登記名義人であるAが死亡したため，その共同相続人である
BCD名義に相続を原因とする所有権移転登記がされた後に，共同相
続人間で寄与分協議が成立した場合の相続登記の更正　214

 (2)　共同相続の登記の後に寄与分が定められ，相続分に変更が生じた場合
の，既にされている相続登記を寄与分によって修正された相続分に更
正する登記の申請　215

11　単独相続登記と相続放棄の取消しによる相続登記の更正 ······················ 216

12　相続の放棄と相続分の帰属 ·· 217

xi

目　次

13　債権者代位による相続登記と相続人全員による相続放棄 ……………… *217*

14　無断相続登記と所有権移転登記の更正 ……………………………………… *219*

15　債権者代位による相続登記と相続人の 1 人の相続放棄による更正登記
　　…………………………………………………………………………………………… *220*

16　債権者代位による共有名義の相続登記の更正と登記上利害関係を有する
　　第三者 ………………………………………………………………………………… *221*

17　相続人を追加する相続登記の更正と提供情報 ……………………………… *222*

18　相続による所有権移転登記の更正と提供情報 ……………………………… *223*

19　共有名義への更正登記と抵当権の効力 ……………………………………… *223*

20　相続等による所有権移転登記の更正登記（昭和37年 8 月 6 日民事甲2230号民
　　事局長回答）………………………………………………………………………… *224*

21　所有権の更正登記と利害関係人の承諾書 …………………………………… *226*

22　買戻特約の付記されている所有権移転登記と更正の登記 ……………… *227*

23　抵当権の更正登記（昭和37年 7 月26日民事甲2074号民事局長回答）……… *228*

24　登記名義人の表示変更（更正）の登記申請と更正登記の省略の可否 …… *228*

25　所有権の更正登記と利害関係人の範囲 ……………………………………… *229*

26　所有権の更正登記と利害関係人の承諾書 …………………………………… *234*

27　相続登記の更正と提供情報 …………………………………………………… *235*

28　更正登記とその対象となる登記 ……………………………………………… *235*

29　持分移転の登記とその更正の登記 …………………………………………… *236*

30　登記義務者が共有者とならない共有所有権移転登記の更正とその更正の
　　登記の申請人 ………………………………………………………………………… *236*

31　欺罔による相続登記とその更正登記 ………………………………………… *238*

32　錯誤等による共有の相続登記とその更正の登記 ………………………… *239*

33　遺産分割による相続登記後に重婚であることが判明した場合と更正の登
　　記 ………………………………………………………………………………………… *241*

xii

目　次

34　債権者代位による共同相続登記と更正登記の申請人 ················ 242

35　所有権移転の登記を仮登記に基づく所有権移転の本登記にするための更正登記の可否 ················ 243

36　単独相続の登記を共同相続の登記に更正する登記申請と登記原因証明情報 ················ 244

37　単有名義の不動産について抵当権設定後共有名義に更正登記がなされた場合の抵当権の効力（昭和35年10月4日民事甲2493号民事局長事務代理通達）
················ 247

38　仮登記の本登記申請と仮登記原因日付の更正の要否 ················ 248

39　共有所有権の更正の登記とその態様 ················ 248
　　(1)　単有のAからB，Cへの共有の所有権移転登記のB，Cの持分の更正
　　　　248
　　(2)　A単有の所有権の一部のBへの移転登記が誤ってB単有の登記がされた場合の更正　248
　　(3)　A単有の所有権のB，Cへの移転登記を誤ってB単有の登記がされた場合　249
　　(4)　単有のAからBへの所有権移転の登記を誤ってAからB，Cへの所有権移転の登記がされた場合　250
　　(5)　A，B共有の所有権のAの持分全部のCへの移転の登記をすべきを誤って，A，Bの持分全部のCへの移転の登記がされた場合　250
　　(6)　相続登記の更正　250

40　更正登記の手続 ················ 251

41　抵当権の更正登記と登記権利者及び登記義務者 ················ 253

第9　共同 (共有) 所有権の移転等とその登記の態様

1　第1順位の相続人の相続登記とその後の相続人全員の相続放棄 ················ 254

2　遺産分割と異なる相続による所有権移転登記 ················ 254

3　再転相続と相続財産の共有 ················ 254
　　(1)　遺産分割協議証明書　254

xiii

目　　次

　　　(2) 遺産分割協議証明書と登記原因証明情報としての適格性　*258*

4　相続登記の抹消と「委任の終了」による登記 ································ *259*

5　現在の登記名義人の相続人全員からの地縁団体名義への所有権移転の登記 ·· *260*

6　地縁団体が認可を受ける前の売買による地縁団体名義（地方自治法260条の39第2項）への所有権移転登記の可否 ···································· *260*

7　登記原因「委任の終了」とその日付及び提供情報 ······················ *261*

8　権利能力なき社団と共有名義 ·· *262*

9　権利能力なき社団と包括遺贈 ·· *262*

　　　(1) 法人格の取得　*262*

　　　(2) 権利能力なき社団への遺贈と登記原因証明情報　*266*

10　共有者の1人に対してする仮登記された所有権移転請求権の放棄とその変更の登記 ··· *268*

11　共有不動産についての所有権移転請求権仮登記又は賃借権設定の仮登記と同一の申請書 ··· *269*

第10　所有権の単有から共有へ

1　売買等の法律行為による場合 ·· *271*

2　相続による場合 ·· *271*

第11　共有所有権の保存・移転の登記とその登記手続

1　売買等による場合 ·· *273*

　　　(1) 共有所有権の一部移転の登記　*273*

　　　(2) 共有所有権の全部移転の登記　*273*

2　相続による場合 ·· *273*

目　次

3　Ａ単有の所有権の一部のＢへの移転の仮登記及びＣへの所有権移転登記がされた後の仮登記の本登記 ················· 275

4　共有者と所有権保存登記 ············· 275

5　被相続人名義（甲）となっている不動産と相続人以外の者を所有者としてする所有権保存登記申請 ············· 277

6　共有持分全部の取得と抵当権の効力 ·············· 278

第12　相続等による共有の登記とその変動

1　生前に行われた遺産分割協議とその相続人が作成した遺産分割協議証明書 ·············· 279
　　(1)　遺産分割　279
　　(2)　判決の内容　280
　　(3)　登記申請　280
　　(4)　Ｂの生前に遺産分割が行われていた場合　281
　　(5)　Ｃのみが作成した遺産分割協議証明書と登記原因証明情報としての適格性　281

2　相続人乙，丙，丁のための共同相続登記と受遺者乙に対する遺贈による所有権移転登記申請 ·············· 283

3　遺産管理者が選任されている場合に，相続人本人が遺産である不動産の不実の登記の更正登記手続を求めることの可否 ·············· 287

4　相続財産の不存在と不動産共有持分の共有者への帰属 ·············· 288

5　遺留分減殺による相続登記の更正 ·············· 289

6　甲乙が所有する共有不動産と甲乙丙共有名義の所有権保存登記の更正 ·············· 290

7　遺贈された不動産についての共同相続登記と遺留分減殺請求による相続登記の更正 ·············· 291

8　被相続人から相続人への売買による登記と共同相続登記への更正 ·············· 292

xv

目　　次

9　遺贈による共同相続登記を遺留分減殺による持分の相続登記に更正することの可否 293

10　被相続人の生存中に相続人に対し売買を原因としてされた所有権移転登記につき，被相続人死亡後に相続を原因とするものに更正することの可否 295

11　被相続人の生存中にその所有不動産につき共同相続人の1人に対し所有権移転登記がされ，第三者のために抵当権設定登記がされた場合において，被相続人の死亡後に他の相続人がした真正な登記名義の回復を原因とする持分移転登記手続請求及び抵当権設定登記についての更正手続請求の可否 295

12　ＡＢ共有名義による公有水面埋立の竣工認可とＡ単独所有とする土地の表示の登記申請 295

13　仮登記権利者の1人についての契約解除と変更の登記 296

14　所有権の全部移転を所有権の一部移転とする更正登記 297

15　1個の登記の一部のみの抹消登記と更正登記 298

16　共有者の一部の者に代位してする共有土地の分筆登記申請とその受否 299

17　所有権の一部又は所有権の持分の一部を目的とする抵当権設定登記と登記原因証明情報 300

18　共有物分割と持分移転登記 301

19　所有権保存登記の抹消と表題部所有者の更正登記 301

20　共有者の持分放棄とその登記 303

21　共有不動産の所有権取得による登記申請と同一の申請書 305

目　次

第13　共有等の諸形態とその変動等による登記手続

1　内縁の夫婦による共有不動産の共同使用と一方死亡後における他方の右不動産の単独使用 ……………………………………………………………………… *307*

2　不動産の共有者の１人からの抹消登記請求と保存行為 ……………………… *310*

3　共有者の１人による不実の登記とその抹消請求 ……………………………… *312*

4　真正な登記名義の回復を登記原因とする所有権移転登記申請と登記義務者 ………………………………………………………………………………………… *313*

5　それぞれ持分の異なる44名の共有する１筆の土地につき，共有物分割を登記原因として共有者中の２名の共有とする持分移転登記の可否 ……… *313*

6　売買契約の解除と所有者の更正登記 …………………………………………… *314*

7　ＡからＢへの売買契約による所有権移転登記とその売買契約の解除によりＡから所有権を取得したＣへの所有者の更正の登記の可否 …………… *317*

8　２筆の共有地の持分を交換して単有となる場合とその登記原因 ………… *317*

9　甲乙共有の不動産について，ＡＢＣの共有とする所有権移転登記申請と同一の申請書（申請情報） ………………………………………………………… *318*

10　所有権の更正登記と利害関係人の承諾書 …………………………………… *319*

11　共有根抵当権の登記と債権の共有 …………………………………………… *319*

12　共同根抵当物件の一部についてする元本確定の登記と代位弁済による根抵当権移転の登記 ……………………………………………………………………… *320*

13　被担保債権の発生原因及びその日付の記載の遺漏と更正の登記 ……… *321*

14　同一の土地を承役地とする数個の地役権の設定とその登記申請 ……… *322*

15　２度にわたる遺産分割協議の各協議書を提供してした相続登記の申請とその受否 …………………………………………………………………………………… *323*

16　相続を証する書面（登記情報）とその添付（提供）の要否 ……………… *324*

17　相続登記の更正と承諾書の提供 ………………………………………………… *325*

xvii

目　次

18　遺贈の対象不動産についてされた共同相続登記と遺留分減殺請求による
　　相続登記の更正 ………………………………………………………………………………… *326*

19　判決による甲名義の相続登記と乙名義への更正登記 ………………………… *327*

20　表題部の所有者を被告とする判決と所有者の更正の登記 ………………… *329*

21　建物の所有権の更正登記申請とその受否 ……………………………………… *331*

22　敷地権の表示を登記した区分所有建物と建物のみを目的とする抵当権の
　　追加設定 ………………………………………………………………………………………… *331*

23　甲乙共有の不動産についての代物弁済の予約による所有権移転請求権の
　　仮登記の申請と同一の申請書（申請情報） ……………………………………… *332*

24　仮登記権利者の承諾書の提供のない更正登記の申請と共有持分更正の登
　　記 …………………………………………………………………………………………………… *333*

25　共有持分の割合と分筆登記 …………………………………………………………… *334*

26　共有不動産の表示に関する登記の申請とその申請人 ……………………… *335*

27　不動産又は登記名義人の表示変更（更正）とその登記申請 …………… *336*

28　所有者の変動（契約解除）と所有者の更正登記の可否 ………………… *337*

29　所有者の変動（契約無効）と所有者の更正登記の可否 ………………… *338*

30　共有持分放棄による所有権移転登記の可否 …………………………………… *339*

第14　遺産分割等による権利変動とその登記手続

1　遺産分割による相続登記と抵当権設定登記 …………………………………… *342*

2　遺贈の対象不動産についてされた共同相続登記と遺留分減殺による相続
　　登記の更正 ……………………………………………………………………………………… *345*

3　遺産分割協議と相続登記申請 ………………………………………………………… *346*

4　親権者である母の相続放棄による登記申請と特別代理人選任の要否 … *348*

5　義父からの遺贈とその遺贈の放棄による登記 ………………………………… *348*

目　次

6　相続分の更正による登記と相続を証する情報の提供……………………350

7　被相続人の生存中に相続人に対し売買を登記原因としてされた所有権移
転登記とその登記につき被相続人の死亡後に相続を登記原因とするもの
に更正することの可否……………………350

8　死亡した共同相続人の相続人と他の共同相続人との間の遺産分割の協議
とその登記……………………351

9　遺産分割による相続登記と抵当権設定登記……………………352

10　誤った相続登記とその更正の登記……………………353

11　遺言書の発見と共同相続登記……………………354

12　民法903条の特別受益者と登記申請義務……………………355

13　共有持分移転の登記とその更正の登記……………………356

14　分筆があった土地の所有権の更正の登記と農地法上の許可……………………357

15　法人格のない社団と代表者名義への所有権移転登記の登記原因……………………358

16　権利能力のない社団を受贈者として遺贈する場合の登記申請とその留意
点……………………361

17　所有権移転の登記と農地法所定の許可……………………362

18　共有者中の一部の者を除く持分全部移転登記の申請と登記の目的……………363

19　不動産の共有者の一人がした不実の持分移転登記と同登記の抹消登記手
続……………………364

20　特別縁故者の不存在と不動産共有持分の共有者への帰属による登記…365

21　抵当権の目的を共有者の1人の持分のみとする抵当権の更正の登記と
の手続……………………365

22　債務の一部弁済と代物弁済による登記……………………367

23　同一名義人に対する数個の持分取得の登記とその持分に対する抵当権設
定の登記……………………368

24　同一名義人による数個の持分取得登記とその持分一部移転後の抵当権設
定の登記……………………370

xix

目　　次

25　根抵当権の確定と債務者の変更及び合意の登記 ················ 372

26　抵当権の共有と共有不動産に対する抵当権設定登記 ·········· 373

27　登記申請義務とその承継 ··· 373

28　共同相続の代位登記とその後の遺産分割 ·························· 374

29　遺産分割の効力と第三者の権利 ······································· 375

第15　共有等に関する登記等とその登記手続等

1　不動産共有者の1人による単独での持分移転登記とその抹消登記手続請
　求 ·· 376

2　共有登記の一部抹消（更正）と登記手続 ···································· 377

3　共同相続人の一部の者の単独名義による所有権移転登記と他の共有者か
　らの全部抹消の登記請求 ··· 377

4　共有者の1人の名義で登記されている場合及び共有登記となっているが，
　その持分の記載が実体関係と齟齬している場合とその登記の是正 ······ 379

5　共有者の1人がした自己単独名義の所有権取得登記とその更正登記 ·· 380

6　共有者の1人の単独所有名義に登記されている不動産と共有者全員から
　の所有権の取得 ·· 381

7　不動産の共同買受人の単独所有名義と他の共同買受人の移転登記請求
　·· 382

8　甲から乙への所有権移転登記と乙丙共有の登記 ···················· 383

9　共有地が遺産共有持分と他の共有持分である場合とその分割方法 ····· 384

10　1筆の土地の一部の所有権取得と譲受人の分筆登記請求権 ············ 386

11　一部譲渡後の共有根抵当権の一部譲渡とその登記手続 ··············· 387

12　共有者の1人の単独名義で登記されている不動産の所有権を取得した者
　から所有名義人のみに対してする移転登記請求の可否 ······················ 388

目　次

13　共有者の1人に対してする仮登記された所有権移転請求権の放棄とその変更の登記 ……………………………………………………………… 390

14　共有持分に対する賃借権設定仮登記の可否 ……………………………… 390

15　所有権の更正登記の可否 ……………………………………………………… 391

16　共有者の売買予約と売買予約による所有権移転請求権に基づく仮登記申請の可否 ………………………………………………………………… 391

17　共有持分更正登記の可否 ……………………………………………………… 392

18　共有持分放棄を登記原因とする持分全部移転登記の可否 ……………… 393

19　共有持分移転の登記と相続による登記 …………………………………… 393

20　共同相続人の妨害排除請求と更正登記 …………………………………… 394

21　登記の抹消請求と保存行為 ………………………………………………… 394

22　登記の抹消請求と妨害排除請求 …………………………………………… 394

23　共有物の占有とその法律関係 ……………………………………………… 394

先例索引　397
判例索引　401
事項索引　405
著者略歴　415

xxi

第1 不動産登記法と不動産

1 土地と建物

　不動産登記法（以下「不登法」という。）第1条は，「この法律は，不動産の表示及び不動産に関する権利を公示するための登記に関する制度について定めることにより，国民の権利の保全を図り，もって取引の安全と円滑に資することを目的とする。」と規定し，その2条1号は，「不動産とは土地又は建物をいう。」旨規定している。

　民法86条1項によれば，不動産とは，土地及びその定着物をいうものと規定している。土地の定着物には，建物，鉄塔，立木，庭石などが含まれるが，不動産登記法は登記をすることができる不動産として，土地と建物のみを規定していることは前述のとおりである。

2 土　地

(1)　意　義

　それでは土地とは何かということになるが，土地とは，一定の範囲の地面に，合理的な範囲において，その上下（空中と地中）を包含させたものであるということになる。つまり土地は，本来連続する土地の一部であり，実体法上，物権の客体となるには独立性と特定性を必要とする。不登法による登記の対象となる土地は，私権の客体となることができるものであることが必要であり，池沼，ため池なども，一般に私権の客体になり得ると考えられ，登記能力が認められている（不登法34条，不動産登記規則（以下「規則」という。）99条，不動産登記事務取扱手続準則（以下「準則」という。）68条，69条）。海面（公有水面）下の土地や河川法の適用又は準用のある河川の敷地で常時水流の敷地と

第1　不動産登記法と不動産

なっているため私人の支配可能性のない土地（不登法43条5項，6項）は私権の客体となり得ず，登記能力を有していない。

(2)　海面下の底地

　海面の水位は潮の干満によって変化するが，登記実務は，春分及び秋分の満潮時において海面下に没する土地については私人の所有権は認められないとしている（昭和31年11月10日民事甲2612号民事局長事務代理回答）。つまり，海は，原則的には公共用物であり，海面は登記の目的となる「地所」には含まれない（大判明治29年10月7日民録2輯9号16頁）。海面下の土地は，春分及び秋分の満潮時における海水の水際線をもって陸地から区分され，原則として私的所有の客体とならないということである。もっとも，土地が海面下に没するに至った経緯が天災等によるものであり，かつ，その状態が一時的なものである場合には，私人の所有権は消滅しないとされている（昭和36年11月9日民事甲2801号民事局長回答）[1]。

　判例は，当初は，「民法施行前においては，海面下の土地は払下げにより私人の取得し得る権利の対象とされていたと解することができ，その取得した排他的・統括的支配権は，民法の施行とともに当然民法上の土地所有権となった。」（最判昭和52年12月12日判時878号65頁）旨判示し，春分及び秋分の満潮時に没する地盤面であっても，社会通念上自然な状態で支配可能性を有し，かつ財産的価値が認められる場合には，これを法律上所有権の客体となり得る土地と認めて差し支えないとする考え方を示し，そういう考え方を支持する学説もある[2]。

　しかし，最判昭和57年6月17日民集36巻5号824頁では，埋立権者が竣工認可を受け，又は公有水面としての公用が廃止されて，公有水面に復元されることなく，土地として存続すべきことが確定されるまでは，埋立地に土地所有権は成立しないとの考え方を示している。この考え方によれば，海面下

---

1)　鎌田薫・寺田逸郎編『新基本法コンメンタール不動産登記法』20頁〔鎌田薫〕（日本評論社，2010）

2)　幾代通「海面と土地所有権」民事研修250号25頁

の地盤面についても，支配可能性と財産価値が認められることから直ちに私的所有権の成立を認めることはできず，公有水面としての公用に供されていなかった，あるいは公用が廃止されたという事情の存在を必要とすると解すべきことになる。さらに，最判昭和61年12月16日民集40巻7号1236頁（いわゆる田原湾干潟訴訟）は，係争地が土地に当たらないとし，「海は，公共用物であって，そのままの状態では，所有権の客体たる土地には当たらないが，しかし，性質上当然に私法上の所有権の客体となりえないというものではなく，国が一定範囲を区画し，他の海面から区別して排他的支配を可能にした上で，公用を廃止し，私人の所有に帰属させた場合には，その区画部分は所有権の客体となる土地としての性質を帯びるものとされている。」旨判示し，「海は，国が行政行為などによって一定範囲を区画し，他の海面から区別してこれに対する排他的支配を可能とした上で，その公用を廃止して私人の所有に帰属させることとした場合を除き，私人の所有権の客体たる土地には当たらない。」旨の一般原則を明示している。そして，さらに，現行法は海の一定範囲を区画してこれを私人の所有に帰属させるという制度を採っていないが，民法施行以前に私人の所有に帰属させたとき，又は私有の陸地が自然現象により海没した場合で，当該海没地が人による支配利用が可能であり，かつ他の海面との区別が可能であるときは，私的所有権の対象になるとしている。このことは前述した昭和52年12月12日の最高裁判決によって示されているところである。なお，土地は，社会通念上滅失すれば，権利の客体でなくなるが，洪水等で一時的に水没し，又はその排水が経済的に容易であるような浸水状態にとどまる限りは，いまだ滅失したとはいえない（昭和36年11月9日民事甲2801号民事局長回答）。ちなみに，公有水面の埋立てにより新たに土地が生じた場合には，市町村長による確認の処分を経て（地方自治法9条の5），町又は字の区域の画定変更に関する知事の告示（地方自治法260条）がされなければ，管轄登記所は定まらず，その登記をすることができないとされている[3]。

　我が国において不動産登記法上の登記能力を認められる土地というのは，

---

3) 前掲（注1）20頁〔鎌田薫〕

第1 不動産登記法と不動産

日本国の領土である陸地を意味し，それを人為的に区分した一区画を，不登法上一筆の土地というのであるが，この陸地をめぐる海の底地は，それが日本国の領海に属する場所であっても，私権の客体たり得る土地ではないということになる。すなわち，法務省先例の考え方は，春分及び秋分における満潮位を標準として，海水によって覆われているところは，土地ではなく，その上に私人の所有権が成立し得る余地はないという考え方である（昭和31年11月10日民事甲2612号民事局長事務代理回答，昭和33年4月11日民三発203号民事局第三課長事務代理通知，昭和34年6月26日民事甲1287号民事局長通達，昭和36年11月9日民事甲2801号民事局長回答）。この考え方は，海面の公共的な性格を強調し，海は全て当然に公有水面であると観念し，そこには私法上の所有権は成立する余地はなく，そこは，国の公法的な支配の下に置かれるとする考え方である。

　一方ではこのような考え方に対し，海面についても土地所有権が成立することがあり得るとする見解もある。その論拠としては，第1は，物理的には同じ有体物でありながら，私権の客体である物か否かを分かつのは，人による支配可能性の有無にあるというべきであるが，満潮時に僅かでも海水に覆われる状態になった場所ないし空間が完全に支配可能性のないものになると考えるのは不合理である。第2は，海が公共的性格の強いものであることは否定できず，そうした一種の自然公物である海水が存在することによって，その場所が種々の公共的な規制に服すべきことは当然であるとしても，そのことと，その場所につき土地所有権の成立の可能性を否定しなければならないかどうかは別個の問題であり，その場所も一種の公用負担を負った土地であり，その上に土地の所有権が認められると考えても，陸地において道路法上の道路の敷地が私権の客体となり得るとされること（道路法4条）と同じく，何ら不合理・不都合はないとする考え方もあり，このような考え方を採る見解もある[4]。

　このように，海の底地については，海面は所有権の目的となる土地ではないとした判例（前述した最判昭和61年12月16日）があるものの，一方では海面下

---

4) 前掲（注2）幾代・民事研修250号25頁

4

の状態にあるからといって土地ではないといえないとした判例（最判昭和52年12月12日）もあり，前述した法務省先例等をも考慮しながら実際の状況に応じた慎重な判断が必要であるということになる。

　結局，海は公共用物であり，特定の人による排他的支配は許されないから，そのままの状態では所有権の客体としての土地には該当しないが，過去において国が一定範囲を区画して私人の所有に帰属させたことがあったとした場合においては，その所有権の客体性が当然に消滅するものではなく，その区画部分は今日において所有権の客体である土地としての性格を保持するとし，また，私有地が自然現象により海没した場合において，その海没地は，人による支配利用が可能であり，かつ，他の海面と区別して認識が可能である限り，所有権の客体である土地としての性格を失わないということになる（最判昭和61年12月16日民集40巻7号1236頁）[5]。

(3)　土地の特定

　土地は連続する地表の一部であるから，これを人為的に区分して，権利の対象となる範囲を特定する必要がある。実体法上は，その区画の範囲が特定できれば，その権利の対象となる範囲をどのような基準・方法によって区分しても差し支えないが，登記法上は一筆の土地を一個の土地として取り扱うこととされている（不登法2条5号）。したがって，一筆の土地の一部を取引の対象とすることは自由であるが，その部分について登記をする場合には，これを分筆して，当該部分を一筆の土地としなければならない。ただし，地役権設定登記は，分筆登記をせずに，一筆の土地の一部について登記することができる（不登法80条1項2号，規則159条1項3号）。

5）山野目章夫『不動産登記法〔増補〕』191頁（商事法務，2014）

第1　不動産登記法と不動産

3　建　物

⑴　意　義

　民法86条は，「土地及びその定着物は，不動産とする。」と規定している。
土地の定着物としては，土地に付着させられ，かつ，その土地に継続的に付
着させられた状態で使用されるのがその物の取引上の性質であるものをいう
が，建物その他の工作物が土地の定着物の適例である。そして，この不動産
である土地の定着物については，その取扱いが2つに大別される。建物のよ
うに土地と離れた独立の不動産とされる場合と，そうではなく土地の一部と
される場合である。欧米始め諸外国においては，「地上物は土地に属する」
という原則が確立しているといわれ，建物を始め，全ての定着物は，原則と
して，土地に属するものとされて土地の所有権の目的となるとされている。
我が国の不動産登記法は前述のごとく建物を土地とは別の独立した不動産と
しているが，これは我が国独特の取扱いであるといわれる。

　我が国においても，建物を土地と別個の不動産とする取扱いが我が国固有
の慣行に基づくものであるとは必ずしもいえないのではないかといわれ，そ
の根拠の1つとして考えられるのは，明治5年に地券制度が作られたときに，
この地券制度が土地からの徴税を目的としたため，明治19年の旧登記法の制
定に当たって土地登記簿と建物登記簿が別個に作成されたことにあるのでは
ないかといわれる[6]。

⑵　建物の要件

　前述したように不登法においては，建物とその敷地は全く別個独立の不動
産であり，土地とは別に不動産登記能力が付与されている。

　規則111条は，「建物は，屋根及び周壁又はこれらに類するものを有し，土
地に定着した建造物であって，その目的とする用途に供し得る状態にあるも

---

6)　我妻栄ほか『コンメンタール民法―総則・物権・債権―』167頁（日本評論社，第3版，
　2013），松岡久和・中田邦博編『新・コンメンタール民法（財産法）』53頁（日本評論社，
　2012）

のでなければならない。」と規定し，建物の要件について規定している。

① 定着性

建物は，土地の定着物であるから，物理的に土地に固着していることが最低要件であるが，土地への固着は必ずしも土地に直接付着していることを要するものではない。準則77条2号イが，機械上に建設した建造物であっても，地上に基脚を有し，又は支柱を施したものについて建物性を否定していないのはそのためであるし，永久的な構築物であるさん橋上に建築された建物を，当該さん橋の接続している土地の地元所在の建物として取り扱うことを認め，また，いわゆる人工地盤上の建物は，人工地盤を介して土地に定着しているものと解することができる。

この建物の要件である定着性の有無を判断するに当たっては，物理的固着のみでは足りず，継続的にある一定の土地に付着して使用されることを必要とし，物理的には堅固な建造物であっても，その目的とする用途からいって限られた期間が経過すれば撤去される性格のものは，一般的には定着性を欠いていると考えられる。したがって，工場現場に設置されている飯場とか，住宅展示会場に築造されたモデルハウス等は，その利用目的から特定の土地に永続的に付着された状態で使用される性格を本質的に持っていないので，建物として取り扱うことはできないとされている。

② 外気分断性

屋根及び周壁又はこれに類するものを有すること，例えば，家屋の場合は屋根を有することはいかに建築技術が進歩しても必要な要件となると考えられるが，周壁については，様々な用途とそれに対応する構造を持った建造物が出現しており，周壁を要件とすることについては疑問であるとする見解もあるのではないかと考えられるが，登記実務上においては，必ずしも四方全てが周壁に囲まれていなくても建物と認定するなど具体的事例の中で柔軟に対応しているといえる。

③ 用途性

用途性というのは，目的とする用途に供し得る状態にあることをいうが，準則80条は主たる用途により建物の種類について定めており，建物の用途は

建物の種類に対応すると考えられるものの，所有者の主観的目的である用途とその用途に見合う人貨の滞留性があるかどうかによって判断することになる。

建物は，人間がその場所で一定の生活を営む目的をもって，材料を用いて人工的に構築するものであるから，用途性のない建物はないといえる。よって，その目的とする用途に従った人貨の滞留性の有無が問題となる。準則82条1号が「天井の高さ1.5メートル未満の地階及び屋階（特殊階）は，床面積に算入しない。ただし，一室の一部が天井の高さ1.5メートル未満であっても，その部分は，当該一室の面積に算入する。」旨規定しているのは，そのような小さなスペースでは人貨の滞留性が確保されないからであると解される。また，歴史的文化財や古い民家等の展示物は，全体的に単なる観覧用であり，その目的からして取引性・用途性を欠くものとして登記できない建物と考えられる[7]。

④　建物の認定

以上考察してきたように，建物の要件としては，定着性，外気分断性，用途性を有していなければならないが，前述のごとく，建物は，土地の定着物であることを要する（民法86条1項）から，機械上の建造物で地上に基脚ないし支柱を有しないもの，浮船を利用したもの（ただし，固定しているものを除く。），容易に運搬できる切符売場などは，建物として取り扱うことができない（準則77条2号）。また，外気分断性を有している必要があるから，建物は，原則として，その内部が外部から遮断されていることを要するが，その程度・構造は当該建物の用途から見て社会通念上相当と解されるものであればよい。したがって，停車場の乗降場及び荷物積卸場，野球場・競技場の観覧席などは，屋根があれば，周壁などがなくてもその効用を発揮できるから，建物として登記することができるものとされている（準則77条1号）。

以上のような建物としての要件を備えていて登記できる建物であるかどうかについて判断することをここでは建物の認定というが，この判断が相当に

7）座談会「建物認定をめぐって(2)」登記研究445号31頁

困難を伴う場合が考えられる。

登記し得る建物は、必ずしも完成した状態であることを要せず、床、天井がなくても、屋根及び周壁を有し、土地に定着した建造物で、その使用目的に適する構成部分を具備すれば足りるとされる（昭和24年2月22日民事甲240号民事局長回答）。

また、建物を新築する場合、建物がその目的とする使用に適当な構成部分を具備する程度に達していない限り、いまだ完成した建物ということはできないが、建物として不登法により登記をすることができるためには、それが完成した建物である必要はなく、工事中の建物であっても、既に屋根と周壁を有し、土地に定着した一個の建造物として存在すれば足りるのであって、床や天井を備えている必要はない（大判昭和10年10月1日大審院民集14巻1671頁）としている。

(3) 建築中の建物と建物性

建物建造の途中、いつから不動産になるかという問題がある。

建物とは、屋根及び周壁又はこれらに類するものを有し、土地に定着した建造物であってその目的とする用途に供することができる状態にあるものをいう（規則111条）。

それでは、建物の建造の途中、いつから建物として独立の不動産になるのであろうか。

建物は建物と認められるまでは土地の一部とされるから、その譲渡には建物についての登記を必要としないが、建物と認められた後の譲渡には登記が必要である。したがって、例えば、Aが未完成の建物をBに売り、Bがこれを完成したにもかかわらず、後にAが勝手に自分名義に建物の保存登記をしてCに譲渡したような場合は、もし、AB間の譲渡当時にまだ建物といえない程度であったとすれば、Bは登記がなくてもその所有権取得をもってCに対抗できるが、既に建物といえる程度になっていたとすれば、Cに対抗でき

第1　不動産登記法と不動産

ない[8]。

　ところで，建築中の建物が不動産となる時期については，判例は，木材を組み立てて地上に定着させ屋根を葺き上げただけでは，まだ建物といえず（大判大正15年2月22日大審院民集5巻99頁），また，単に切組を済まし，降雨を凌ぐことができる程度に屋根葺きを終わっただけで，荒壁の仕事に着手したかどうかもはっきりしない時期には，まだ建物とはいえない（大判昭和8年3月24日大審院民集12巻490頁）としている。しかし，建物はその使用の目的に応じて構造を異にする。建物の目的から見て使用に適する構造部分を具備する程度になれば，建物ということができ，完成以前でも登記ができる場合がある。住宅用でないものは，屋根及び周壁ができれば床や天井などはできていなくても建物と見ることができる（大判昭和10年10月1日大審院民集14巻1671頁）。ただし，建物というためには，用途性，つまりその建物の用途が倉庫等であれば床がなくても建物といえるが，居宅の場合は床がなければ建物の登記はできないと解されるなど用途ごとに個別性があるといえる。

　そのほか，登記実務において建物に該当するものとして，ガード下を利用して築造した店舗，倉庫等の建造物，地下停車場，地下駐車場及び地下街の建造物，園芸・農耕用の温床施設で半永久的な建造物と認められるもの（準則77条1号），外壁が観音像の形態をとり，内部に店舗及び居住用の造作が施されている建造物（昭和30年4月9日民事甲694号民事局長回答），家畜飼料又はセメント貯蔵用サイロ（昭和35年4月15日民事甲928号民事局長回答，昭和37年6月12日民事甲1487号民事局長回答），農村集団自動電話交換所（昭和42年9月22日民事甲2654号民事局長回答），高架道路下に幾筋もの道路を挟んで建てられたビル（昭和45年3月24日民三267号民事局第三課長回答）などがある。

　他方建物でないとされたものには，ガスタンク・石油タンク・給水タンク，アーケード付街路（準則77条2号），ガソリンスタンドに付随し，給油の目的で駐車に利用するきのこ型建造物（昭和36年9月12日民事甲2208号民事局長回答），ビニールハウス（昭和36年11月16日民事甲2868号民事局長回答）などがある。

8）前掲（注6）我妻ほか333頁

3 建 物

(4) 建物の滅失

　建物の滅失により，権利の客体としての資格を失う。滅失とは，人為的あ
るいは自然的に，建物が物理的に滅失して，社会観念上独立の存在として認
められなくなることをいう。具体的には，建物の滅失は，一個の建物として
登記されている建物全体が焼失した場合等のことであり，建物の一部を焼失
しても，残余部分が建物としての効用を有している状態であれば滅失には該
当しない。この場合には建物の床面積の減少による表示の変更の登記をする
（大判大正15年7月6日大審院民集5巻608頁）。また，既存建物の全部を取り壊し，
同じ場所に同じ材料をもって建物を再築した場合及び解体移転，つまり，建
物を一旦取り壊し，他の場所に再築した場合には，いずれも建物の前後に同
一性が認められないので，従前の建物は滅失したものとして取り扱う。

(5) 建物の移動

　建物移転の方法には，建物を曳行して移転する曳行移転（準則85条2項）と
一旦取り壊した上で同じ材料を用いて再築する解体移転の方法がある。土地
区画整理事業によって建物を換地又は仮換地上に解体移転した場合について
は，法務省先例（昭和32年10月7日民事甲1941号民事局長回答）は，建物を換地上
又は仮換地上に解体移転した場合には，建物の同一性はなく，建物の滅失及
び新築として取り扱うこととしている。しかし，判例は当初，建物の所有者
が建物を換地上に移築する目的をもって取り壊し，その材料を用いて換地上
に同一の種類，構造の建物を建築したときは，その建物は従前の建物との同
一性を失わないとしていた（大阪高判昭和56年5月8日行集32巻5号762頁等）。そ
の理由としては，土地区画整理事業に伴う従前地上の建物の換地上への解体
移転は，建物の所有者その他の自由意思によるものではなく，本来，土地の
利用を増進するために一定の地区内における土地の区画及び形質の変更を目
的とする公益事業に協力するための公用負担の遂行にほかならないという点
にある。つまり，建物の所有者等の意思にかかわらず，公益上の必要性から
これを解体移転し，しかもその前後を通じて建物の同一性が社会通念上明白
である場合にも，建物の解体という一事によって，これに対する所有権その

他の権利が消滅するとすることは，合理性を欠くということにあるとしている。しかし，最高裁は，前記大阪高判昭和56年5月8日に対する上告審において，その解体は不登法上の建物の滅失に当たると判断し（最判昭和62年7月9日民集41巻5号1145頁），次のように判示している。「土地区画整理法77条に基づき従前地上の建物を仮換地上に移築するため解体した場合において，その移築後の建物が従前の建物の解体材料の大部分を用い，規模・構造もほとんど同一であるとしても，右解体は建物の「滅失」に当たる。」としている[9]。つまり，最高裁は，旧建物が一旦解体されて不動産としての存在を失った以上，不登法上は，これを滅失として取り扱うことが，不動産の物理的現況を正確に公示するという表示登記の趣旨，目的に沿うことになるとし，もし，原審判決のような見解に従うとすれば，登記の公示作用が損われることになるとして，解体された建物が換地上に移築されるまでの間における公示上の問題を指摘している。その趣旨とするところは，建物が移築の目的で解体された場合でも，換地上に新たな建物が築造されるまでには一定の時間的経過を伴うのが通常であるが，原審判決の立論に従えば，この間は，登記簿（記録）が実際には存在しない建物についての公示機能を営み続けることになり，例えば，その間に同建物を目的とする担保権や賃借権の設定の登記の申請がされた場合，これらの権利は実体法上発生し得ないものであるのに，その申請は受理せざるを得ないことになり，登記簿（記録）が虚無の権利関係を公示するという不都合な結果を生じてしまうということになりかねないからである[10]。

(6) 区分建物と建物の区分所有

① 意　義

1棟の建物の一部が構造上他の部分と区別されており（構造上の独立性），その部分のみで独立して住居，店舗，事務所又は倉庫等の建物の用途に供し

---

9) 七戸克彦監修『条解不動産登記法』22頁（弘文堂，2013），前掲（注1）鎌田・寺田149頁〔太田健治〕

10) 小池信行「建物の滅失の意義が争われた事例」登記研究477号11頁

得るものである（利用上の独立性）ときは，当該1棟の建物の部分は所有権の目的とすることができるとされている（建物の区分所有等に関する法律（以下「区分法」という。）1条）が，これが区分建物である。

② 構造上の独立性

区分建物は物的支配の対象となり得るものとして，まず構造上の独立性を有している必要がある。1棟の建物の部分が構造上区分されているというためには，その部分が建物の構成部分である隔壁，扉，床，天井等によって他の部分と遮断されていることが必要であるが，社会経済学あるいは科学技術の進歩に伴う生活様式や国民の意識の変化に伴い，必ずしも隔壁，床，天井等によって区分されていなくても，それがある程度恒久的設備と認められるものであり，いつでも構造上の区分することができる状態にあるものであれば，例えばシャッターのようなものでもよいとされている（昭和42年9月25日民事甲2454号民事局長回答）。

従来2つの建物部分が，ふすま，障子，ベニヤ板等で仕切られている場合は，構造上の区分とはいえないとされているが，それは，これらがいつでも取り外すことができるため，構造上の障壁とはいえないからである。したがって，たとえベニヤ板ではあっても，容易に取り外しのできないようなものであれば，やはり構造上の区分であるといえると考えられるし，シャッターについても，それが常時開閉できるという点のみを見れば区分されているとはいえないということになるとしても，それが容易に移動，除去のできない堅固なものであり，閉じられた状態では壁と同視し得るという点を考慮すると構造上の区分といえるであろうし（昭和38年10月22日民事甲2933号民事局長回答），ガラスドアについても，それが強化ガラスで作られ，その堅固さにおいて木製の扉（昭和41年12月7日民事甲3317号民事局長回答）と同様のものと考えられるので，これを障壁とみてよいと考えられる。

③ 利用上の独立性

1個の建物として所有権の客体となるためには，そこに独立の生活空間が形成されているという利用上の独立性が具備されていなければならない。この点については，登記実務上は当該部分に独立の出入口があるか否かによっ

第1 不動産登記法と不動産

て判断しており，他の部分を通行しなければ外部に出られないような部分で
あれば当該部分には利用上の独立性はないと解されている。

つまり，「構造上区分されている」というのは，その部分が所有権の物権
的支配の対象となり得るだけの構造上の独立性（障壁，天井，床等によって他の
部分と区別することができること）を有することであり，「独立して建物の用途
に供し得る」というのは，その部分が他の部分の利用を必要とせずに（例え
ば，他の部分を通らずに戸外に通ずる。），独立して店舗，居宅その他建物として
の通常の利用目的に供することができるものであることが必要である。

④ 建物の区分所有

ところで，一棟の建物を，それぞれ独立の建物としての効用を有する部分
に区分けして，数人が各部分を所有することを「建物の区分所有」といい，
各部分のことを「区分建物」，それに対する所有権のことを「区分建物所有
権」又は「区分所有権」と呼ぶことができる[11]。

1棟の建物については1つの所有権しか成立しないというのが原則である
が，分譲マンションなどの集合住宅では，1棟の建物にある複数の住戸部分
に独立の所有権，つまり区分所有権が認められる。一方，壁や廊下は共有と
なり，敷地利用権も共有（所有権の場合），又は準共有（借地権の場合）となる。
このように単独所有と共有の組み合わされたところに建物区分所有制度の特
色があるといえる。民法は，当初，棟割り長屋などを想定した民法208条を
置いていたが，中高層集合住宅が普及するとこれでは対応できなくなり，
「建物の区分所有等に関する法律」（昭和37年法律69号）が制定された。さらに
その後大規模なマンションや団地が増えたことから，1983年（昭和58年）の
大改正によって団体法的な規律が強化され，2002年（平成14年法律78号）には
「マンション建替えの円滑化等に関する法律」が成立し，その後同年（平成14
年法律140号）で阪神淡路大震災の経験を経て，両法とも建替えや大規模修繕
を行いやすくするなどの改正がされた[12]。その後この「マンションの建替
えの円滑化等に関する法律」は，老朽化マンションに対する対策として，行

---

11) 前掲（注6）我妻ほか403頁

12) 前掲（注6）松岡・中田350頁

14

政庁による耐震性不足の認定を前提に，国民の生命・身体の安全を図るという見地から，区分所有者及び議決権の5分の4以上の多数決の決議でマンションとその敷地を一体として売却することを可能とし，この決議に賛成しない者に対してはその者の所有する区分所有権及び敷地利用権を賛成者の側に時価で売り渡すことを請求することができる内容の改正（平成26年法律80号）が，法律名を「マンションの建替えの円滑化等に関する法律」から，「マンションの建替え等の円滑化に関する法律」に変更の上，平成26年12月24日に施行されている[13]。

---

13) 金子修「民事基本法制の立法動向について」登記研究803号10頁，水野禎子「法令解説・マンション敷地売却制度の創設等」時の法令1969号4頁

第2 不動産登記法と所有権

第2　不動産登記法と所有権

1　所有権の沿革

(1)　公地公民性

　我が国において土地を私有できるようになったのは8世紀になってからであるといわれる。狩猟しながら移動する人々にとって，土地を所有することはそれほど意味を持たない。人が土地に執着するようになり，土地が価値を有するようになったのは，農業が始まり，定住生活をするようになってからである。そこでは，土地をめぐって争いが生じ，その争いに勝ち残った勢力が豪族と呼ばれる支配階級になっていったのである。その先陣をきったのが豪族の連合政権として発足した大和政権であったが，やがて天皇に権力が集中するようになり，有力豪族らは次第に排除され，ついに645年，強大な勢力を保持していた蘇我氏も大化の改新，つまり，大化元年（645年）に中大兄皇子（後の天智天皇）を中心に，中臣（藤原）鎌足らの朝廷豪族によって滅ぼされ古代政治史上の大改革が行われている。そして，翌年，646年朝廷は4か条にわたる「改新の詔」を発し，その1条に「公地公民制」が謳われている。これは私有地を接収し，国家の所有とする法律であり，正に大変な土地制度の改革であったわけである。そして，この時同時に班田収授法という法律が制定されている。この法律は，律令時代に行われた定期的耕地割換法であるといわれるが，同法が確実に施行されるのは701年の大宝律令以後であるといわれる。

(2)　班田収授法

　この法律は，6歳以上の者に口分田（土地）を貸し与える制度であり，国民を「良」と「賤」に分け，良民には2段（1段は約107㎡）の面積を，賤民

16

にはその３分の１を貸し与えたといわれる。この貸し与えられにより口分田は終身用益を許されるが，死亡すれば国家に収めることとされていた。

　もちろん，ただで土地が分配されるわけではなく，租・庸・調という租税が課されたといわれ，これがかなり厳しい税で，土地を捨てて流浪する者，逃亡する者が続出し，班田は次第に荒廃し，国税の収入も減少していったといわれている。６年ごとの割換は奈良時代を通じて行われたが，10世紀初めにはほとんど廃絶したといわれている。

(3) 期限付土地所有

　この状況を打開するため，「三世一身の法」が制定されている。荒れた班田を再開墾した者には一生の間，新たに荒野を開墾した者には三代にわたって，その土地の私有を認めるという画期的な法律であるということで，人々は先を競って荒廃地を開拓したといわれるが，国の接収期限が近づくと土地の耕作を放棄してしまうという状況であったといわれている。開墾地を一定期間所有できるというだけでは国民は納得しなかった，やはり自分のものにならなければやっていられないというわけである。

(4) 無期限土地所有

　そこで，政府は，743年，ついに「墾田永年私財法」を制定し，土地の私有を認めている。身分により開墾地の面積規制はあったものの原則として土地の所有は自由化されたわけである[1]。

　この土地法の制定によって条件付で開墾地の永久私有を認め，これによって大寺社，権門勢家による開墾が盛んになり荘園制の成立につながったといわれている。

(5) 荘園の成立

　墾田永年私財法によって，初めに開拓・開墾に乗り出したのは，財力を有

---

1) 河合敦『早わかり日本史』64頁（日本実業出版社，第２版，2008)

第2　不動産登記法と所有権

する寺社や貴族であったが，彼らによって開墾された土地は初期の荘園と呼ばれている[2]。この時代の荘園は，平安時代から室町時代にかけての貴族・社寺の私的な領有地であり，前述のごとく，奈良時代に墾田などを起源として出現したわけであるが，平安時代には地方豪族の寄進による立荘が盛んになったといわれ，これが全国的に拡大し，国司の荘園への立ち入りを拒否できる「不入の権」や，租税が免除される「不輸の権」，つまり不輸不入権も認められたようである。しかし，10世紀以降は，初期荘園が衰退し，開発領主（有力農民）が，作人（農民）や下人（農奴）を使って土地を開拓し，それを貴族や寺社に寄付する寄進地系荘園が主流となったといわれている。つまり，寄進というのは名目的なものであり，実際の所有権は開発領主にあり，彼らは寄進することにより貴族や寺社を領家・本家として仰ぎ，その権威を利用して国司の圧力や租税を免れるということで，荘園は，国家の支配から解き放たれた形になったといわれている。

　743年の墾田永年私財法によって律令制度が崩壊し，全国に荘園が乱立し始めたことは前述したところであるが，その開発領主は土地を守るために武器をとり，武装グループをつくって武士団となっていくことになる。

　その後，武士は鎌倉・室町幕府といった武家政権の下では，御家人となり，本領安堵ということで土地の所有が保証されることになる。

　荘園の土地を直接耕作するのは農民であるが，開発領主，領家，本家というように1つの土地に幾つかの中間搾取層が存在したわけであり，この荘園制度は，豊臣時代における兵農分離，つまり1590年代を中心とする太閤検地により中間搾取層が排除され，1地1作人制度が確立するまで存続したといわれている。

　江戸幕府はこの制度を引き継ぎ，土地は農民のものとなるが，幕府は税収確保のため田畑永代売買禁止令（1843年）などを出して農民から土地売買の自由を奪う政策を採っている。

　土地の取引が再び自由化されるのは，地租改正令が出された明治時代に

2）前掲（注1）河合66頁

入ってからであり，その後第2次世界大戦後，寄生地主制度の撤廃を目的とする農地改革が行われることによって小作農が土地を得て自作農となっていくことになる[3]。

(6) 庄園の滅亡

前述したように安土桃山時代（1573年から1602年）において，織田信長を経て豊臣秀吉に至るが，その間に戦国時代に各大名が諸国の国主として君臨することになり，対立状態にあった状況が一応統合され，全国統合的な政権が成立することになる。庄園はこのような時代の変化の中で亡び，天下の土地は国主（大名等）の完全に知行（支配）する領地となっていく[4]。

(7) 村の新設と百姓身分の固定化

豊臣秀吉は，旧来の庄，郷，里などの制を廃して，郡の下に村を置くことにして，地方制度を統一していく。そして，百姓身分の固定化を図り，侍身分で百姓を営んでいた多くの地侍たちは，兵農分離によって郷士や百姓身分に戻り，庄屋，名主，番頭などの村の指導者としての地位に就くことが多かったといわれる。そして，村民の中枢となったのは農業を主たる職業とする百姓であり，村内に屋敷，田畑を有する百姓は，本百姓，高持ともいい，小作人との関係では地主などとも呼ばれ，村内に土地を有せず，地主の田畑を耕作する小作人は，水飲百姓と呼ばれ，村の経費は，本百姓が村高に応じて（割高）負担するのが例であったといわれている[5]。

(8) 太閤検地

① 太閤検地の意義

太閤検地は，全国的検地として，天正10年（1582年）から秀吉が没した慶長3年（1598年）まで行われている。この検地は，従来の庄園による不輸不

---

3) 前掲（注1）河合67頁
4) 古館清吾『近代的土地所有権の形成と帰属』3頁（テイハン，2013）
5) 前掲（注4）古館5頁

第2 不動産登記法と所有権

入の特権（荘園が特権として租税を免除されること）を打破し，全国全ての土地は画一的に武家に公法的に直属するものとし，また，年貢負担者を1地1百姓とすることにより，貢租の徴収に便利な制度とするとともに，従来国郡庄郷により区々であり，錯雑極まりない田制を統一し，各領地の収納を平等にして不公平をなくし，更には功臣に扶助するための余剰地を捻出することができるようにしている[6]。

② 太閤検地の概要

ⅰ丈量（測量）の単位は，従来の6尺5寸を1間，方6尺5寸を1歩とする制を廃止し，6尺3寸を1間，方6尺3寸を1歩，300歩を1段に統一し，6尺3寸の間竿で測量をする。

ⅱ検地の対象は，田畠屋敷地とし，これを地味の優劣（品位）に従って，上・中・下・下々の品別（等級）に定め，年貢を決める石盛（石高）の方法は，京枡により計量するものとし，上田の場合には普通1反当たり籾3石が収穫できるものとした上，これを5合摺の原則に従って玄米に換算した1石5斗の収穫高（量）を基準とし，その斗数を上田1石5斗，中田1石3斗及び下田1石1斗，上畠1石2斗，中畠1石及び下畠8斗，下々の田及び畠は見計らいで斗数を定め，屋敷地は1石2斗と定める。

ⅲ山畠や河原畠も見計らいで斗数を定め，また雑税として，山手銭（山林からの薪などを採取する代償としての税），塩浜小成物（塩田に課される税）もまた，斗数を見計らいによって定める。

ⅳ各地の上中下の品別，井戸から離れた麦田，水損等を区別して石盛の斗数を定める。

ⅴ村の境界を定め，村落の範囲を確定し，錯綜している集落と耕地の関係を整理し，耕地を集落の周辺に集中させ，隣村との境界が明瞭でない場合には両村にとって重要な問題でもあるので，隣郷の上使と協議し，新たな境界を定める。

ⅵ検地帳には，1筆ごとに，所在，地目，品位，地積，石高，名請人を個

---

6) 前掲（注4）古館6頁

別に集計して，１村内の総収穫高（総石高）等を記帳する。

⑦検地奉行は，検地帳の写しと検地の図面に証印し，高請人である百姓に交付する。また，検地にあっては，役人が百姓から賄賂を取ることなどを厳禁し，測量担当者の過失を処罰するものとしている。

検地は正確な丈量と田畠の地味を考慮した適正・公平な石盛を意図しただけに，農民にとっては厳しい結果にもなったが，全国一律の基準による検地によって田畠等の権利者及び田畠等の範囲・品別等を確定し，公正な課税を図るための画期的な土地制度であったといえる[7]。

③ 検地帳

大化の改新後，奈良時代などにおいても，国司は，徴税の正確を期するため，管内の田地を検注（調査）し，田積や田図を作成するなどしていたと考えられるが，検地もまた，検注（調査）であるから，村毎の田畑などの所在・位置及び村境などについての見取図（絵図）程度のものが検地奉行などによって作成されたものと考えられる。

年貢は，百姓の耕作する田畠等に課せられる租税であり，物成ともいわれていた。検地により村高に編入された１村の高請地（本途地）に課せられる租税が本途物成と呼ばれ，本途地（高請地・縄請地）以外の土地に賦課される租税は小物成（雑税）と呼ばれている。

田畠等の総収穫量にその等級の石盛（例えば，上田の場合は１石１斗など）を乗じた数を合計したものが村の石高になるから，村高は村内の田畑等の総収益を石高に換算したものであり，これが検地帳に書き入れられた。高入れ（高請・縄請）された村の総石高（村高）を基準として村全体の地租額が決まり（石高制），これが領主の禄高となり，領主は一様に２公１民又は４公６民の率によって村及び本百姓から租税を徴収したといわれている。

太閤検地によって，年貢の徴収について，村々の本百姓の耕作する田畠等を対象とした検地帳体制が確立するのに伴い，旧制が一変して庄園が消滅し，庄園領主の領地に対する一切の権利も排除されることになった。

7）前掲（注４）古館９頁

第2　不動産登記法と所有権

　他方，村の本百姓は，村内に所在する自己の高請地である田畠等の高請人として検地帳に書入（登録）され，村の構成員として年貢の貢納義務を負い，検地奉行の証印のある検地帳の写しの交付を受けることによって，徴税の便宜などによるものとは言え，田畠等については，高請人は現在の所有者の前身である所持者（持主）として，1地1主という理念が形作られたといわれている。

　この検地体制は，徳川幕府によって踏襲され，徳川時代の地租制度の根幹となり，検地帳は領主に対する農民の貢租義務を定める根本台帳として，領主支配を表象するものであることから，村方では神聖な公簿として権威づけられていた。その意味するものは土地支配であり，農民の義務を中心とする隷農身分の固定であり，この義務は1村を単位として団体的なものになっていたとも言われている[8]。

⑼　江戸時代の土地制度
①　統治の基本

　江戸幕府の政策は，大名の軍事力，経済力を減じさせ，民衆の生活にまで口を出す徹底ぶりであったといわれる。つまり，大名を押さえ込み，農民がきちんと年貢を納めている限りは，幕府の支配は永続するということで，両者に対して厳しい統制政策を行ったということである。

　まず，関ヶ原合戦まで敵対していた外様大名の大半を辺境の地へ配置転換し，その領国周辺には天領（幕府直轄地）や徳川家の家臣であった大名である譜代大名を置いて監視体制を敷き，一方では，江戸や大阪など要所周辺には，親藩（徳川家の親戚や譜代大名）を置いて守りを固めたといわれている。

　また，「一国一城令」を出して，本城を除いた全ての城郭を破却させ，大名の軍事力を弱める一方，「武家諸法度」（大名統制のための基本法）に違反した諸侯を取りつぶし（改易），減封といった厳罰に処している。そして，更には，大名の経済力を削減するために「参勤交代」（大名が領国と江戸を1年交代

8）前掲（注4）古館10頁

で往復する制度）や「普請役」（公的施設の修築や治水工事への経済的負担）を義務
づけるなどして大名の巨大化を妨ぐ諸施策を実施したとされる。

　ところで，幕府の財政は，年貢を確実に取り立てるシステムが確立してい
ることによって安定することになると考えられるが，確実に年貢の納入を図
るシステムとして，「田畑永代売買の禁止」や「分地制限令」を発布し，田
畑の売買・相続を禁止・制限し，農地の細分化により農民が貧窮化すること
を防止している。そのほか，5人組制度を設けて，近隣の連帯責任制度を確
立し，年貢の確保や犯罪の防止を図っている。こうした大名と農民への統制
政策により江戸幕府は約260年も存続している[9]。

②　幕藩体制

　江戸時代には幕府が全土を領有し，直轄天領として全国の石高約3000万石
のうち，約4分の1に当たる約800万石を所領したといわれ，その余につい
ては，幕府から大名等に給与若しくは恩賞として，禄高に応じ，領地又は知
行地として与えることにより，領主としてその地域を支配する体制，すなわ
ち，幕府の組織と各藩の大名による統制が完成し，幕府と藩とによる政治で
あったことから幕藩体制（時代）といわれている[10]。

③　幕藩体制下における検地

　幕藩体制下においても，太閤検地が引き継がれ，検地が土地制度及び石高
制の基となり，これに倣って引き続き検地が行われたが，慶長元和のころ
（1600年代初頭），家康は秀吉の遺志を継いで，再び全国の検地に着手している。
このときには，太閤検地の際には6尺3寸であった1歩を6尺に改めたが，
300歩1段の制はそのままに保存したので，太閤検地の際に縮小した1段の
地積は更に縮小されている。この検地は，その後，漸次各地方で行われ，享
保11年（1726年）頃には幕府の検地制度は完備したといわれている[11]。

④　検地帳と租税徴収権

　幕府，領主及び社寺の租税徴収権は，検地帳に基づく農民の高請地に対す

9）前掲（注1）河合178頁
10）前掲（注4）古館11頁
11）前掲（注4）古館16頁

る石盛賦税により，それぞれの領内の村及び農民から総高請地に係る地租（本途物成）として現物（米穀）を徴収して，財政を確保し，兵力を蓄えるなどしていたといわれる。

　領主等は検地帳の石高に基づいて郡村の田畑に対する貢租義務を課していたが，田畑の反別の測量，石盛，租率などは，年月が経つにつれて各藩によって異なるようになり，土地税制の著しい不公平が生じ，これを改めるために明治初年の地租改正が行われたといわれている。検地帳は，村に対すると同時に地主に対する租税徴収のための基本台帳であり，公簿であったので，地租改正の際には土地の地主，すなわち所有者を確定するための重要な証拠となったといわれている[12]。

　　⑤　所持権と所有権

　幕藩時代には，私人の土地に対する直接支配の権利を示すために「所持」の語が用いられている。所持権は中世の知行権と進止の両者を包含するといわれる。つまり，中世末期より近世前期（1467年から1587年までの戦国時代から安土時代）にかけて，「知行」は専ら公法的に使用され，「進止」は専ら私法的に使用されるようになったといわれているが，「所持」はこの両者の意味を包含し，この土地の所持者を地主と呼んだといわれている。

　幕藩時代には現在のような土地の「所有」や「所有者」という用語はなく，地主，持主，持地，持林，持山などの語が使用されていたといわれている。この「持」は地主としての「所持」の略であり，この田畑等の所持は検地帳によって公証された。この土地所持権の内容は，客体である土地を「勝手次第支配（進退）する権能」であるといわれている。

　幕府，領主，社寺の土地支配は，租税徴収権その他の公的支配権であるといわれ，農民は田畑等を持主として所持し，支配進退をしていたといわれている。つまり，幕藩時代には私人の土地に対する直接支配の権利を示すものとして「所持」の語が用いられ，土地の所持者を地主と呼んでいたことから，1地1主が明確になり，検地帳に登録された地主は，当該田畑等の「永代地

---

12) 前掲（注4）古館24頁

主」とされ，当該田畑等の所在位置は地引帳（絵図）によって明らかにされた。

したがって，幕府は大政奉還によって直轄天領を返還し，領主は版籍奉還によって領地等を返還し，社寺は，社寺領上知令により，社寺領のうち，境内地外の広義の社寺領である私有地を除く全土地を上地させられ，更に地租改正により境内地内等の社寺領（領地）も上地させられた。しかし，広義の社寺領，すなわち社寺持地（私有地）は，上地及び地租改正処分において，社寺の「所有」と認められた。また，農民の田畑等の「所持」や町人の屋敷地の「所持」も地租改正処分において，各人に「所有」と認められている。

このように，幕府や領主の公的支配による検地帳体制の下では，田畑等の持主である農民のみが地租について，現物（米穀）による貢租義務を負っていたので，農民の米穀による現物貢租義務の完全な履行を確保するため，作付の制限や田畑の売買の禁止などの土地政策により，地主である農民の田畑に対する支配，すなわち使用・収益・処分の一部が制限されたのである[13]。

⑥　近代的土地所有権の生成

これまで考察してきたように，徳川時代の土地制度というのは，大きく領主の領知権と庶民の所持権に分けることができる。

所持権は，検地を受けて検地帳に登録された土地について認められたものであるが，1643年以来永代売買（受戻権のない売買）は禁止されていた。そうなると元々は所持権には処分権限の制限はあったが，処分権限が全然なかったという解釈もできそうであるが，いずれにしてもこの禁止は明治5年まで続いている。

もっとも，この禁止令は田畑の永代売買についての禁止令であったので，城下町等の町屋敷地については自由売買されていたといわれ，また，親族間等で由緒により譲渡するということは田畑についても行われていたようである[14]。

13）前掲（注4）古館24頁，34頁，35頁
14）五味高介「公有水面埋立法施行前における埋立地の所有権について」登記インターネット5巻12号13頁

第2　不動産登記法と所有権

　そして，明治5年2月15日太政官布告第50号「地所永代売買ノ儀従来禁制ノ処自今四民共売買致所持候儀被差許候事」（以下「明治5年布告」という。）により，地所永代売買の解禁の布告が出されている。

　ただ，近代的な土地所有権は，この明治5年布告以前にも存在していたが，明治5年布告で完成したとみるのか，それとも，全然異質な権利，つまり所持権でしかなかったのが，この明治5年布告で所有権に変化したとみるのかという点についてはいまだいろいろな見解がある[15]。

　江戸時代における土地に対する権利は，幕府及び封建領主（大名・旗本）が有する「領知権」と，人民が有する「所持権」とが，封建的社会構造を反映して重畳的に存在していたといえることは既に考察したところである。「領知権」は，公的な性格を有し，領地内の登載された田畑，屋敷に対する年貢収納権，領地内の居住人民に対する立法，司法，行政権を含むものであり，「所持権」は，土地を現実に所持する権利，すなわち具体的，現実的に土地を支配・使用・収益する権利を意味している。そして，この土地を具体的に用益，管理，処分する権能，あるいはこれの行使事実を意味するものとして，「支配」あるいは「進退」といった用語が用いられていた。つまり，所持権が具体的現実的な使用収益の事実と結びついている通常の場合は，「所持」と「支配」・「進退」は一致する。

　旧幕藩時代つまり，明治維新後に江戸幕府をさしていう場合に，旧幕時代と呼ぶ場合があるが，この時代には，現行民法に規定する「所有権」のような土地に対する①抽象的な支配権，②絶対的な支配権，③包括的な支配権という特質を有する権利は存在せず，「所持」とか，「支配」・「進退」と呼ばれる土地に対する支配権が存在していたのではないかということで，この「所持」とか「支配」・「進退」と呼ばれる権利には，現在の所有権的内容のもののほか，質権，永小作権的なものまで含んでいる権利の名称ではないかとも考えられている。その特色としては，土地に対する単なる抽象的な支配権ではなく，具体的現実的な土地支配と結び付いているという点にあり，土地を

15）前掲（注14）五味11頁

現実に支配し，そこから具体的に利益を引き出すことができる人が，その土地を所持し，「支配」・「進退」しているということになる。そして，その所持あるいは「支配」・「進退」という権利は，包括的な支配権ではなく，分割的かつ具体的な支配権であり，1つの土地に対する領主的所持（年貢徴収の利益）と農民的所持（耕作利用の利益）とが重なり合い，後者は地主的所持と耕作者の所持に分裂して成立することができたといわれる（東京地判昭和36年10月24日下民12巻10号2519頁）[16]。

2 近代的土地所有権の確立

(1) 土地の沿革

　所有権の対象になる土地の沿革とその土地を対象とする所有権の生成について考察してきたが，ここで若干のまとめをしておくと，土地は縄文時代のような，古い時代で，定住していなくて，獲物を追いかけて移動しているようなときには，土地の価値は余りないと思われるが，弥生時代になり，稲作ができるようになるとそこに定住し，建物を造るなどして資本投下をするようになり，土地の価値も生まれ，土地取引が行われるようになる。そして，土地の価値が発生するとそれを買い占めるというようなことで大きな勢力が発生する。歴史的にはその最初の大きな勢力が大和朝廷であったということであるが，645年（大化元年）の大化の改新によって律令制の朝廷になり，それまでの個人の所有であった土地が国有となり，それから約100年にわたって土地の国有制が続くことになる。

　その次の年である646年（大化2年）には，「改新の詔」が発布され，公地公民制がスタートし，土地の人民による私有を廃して国家による公地公民制になったわけである。さらに，701年（大宝元年）には，大宝律令が発布され，班田収授法を制定し，土地を口分田として区分し，それを貸し付ける方法を採っている。この班田収授法は，定期的耕地割換法といわれ，唐の均田法に

---

16) 新井克美『公図と境界』18頁（テイハン，2005）

第2 不動産登記法と所有権

倣い口分田を授けて終身用益を許し，死ねば国家に収めるということになっていたといわれている。6年ごとの割換は，奈良時代を通じて行われたといわれているが，10世紀初めにはほとんど廃絶されたといわれている。

このように口分田は自分の土地になるわけではないので，一生懸命耕したり，開墾したりしない。そこで，723年（養老7年）に，開発・開墾したら，3世代だけは使用してよいとする三世一身の法を制定するわけであるが，これが2代ぐらいまでは一生懸命耕やすものの，人間の性として，3代目になったら働かない。だから，この施策も成功しない。

そこで，20年後の743年（天平15年）になって，「墾田永年私財法」を制定し，開墾した土地はその個人の所有として認めるということで，積極的な開墾，開発が始まったといわれている。これがいわゆる荘園となり，最初は社寺や貴族の荘園となり，やがて武士の荘園となっていき，正に武士の時代になっていくことは既に考察したとおりである。

(2) 検地帳と名寄帳

事実上の天下統一をした豊臣秀吉は1594年（文禄3年）頃を中心に太閤検地を実施している。この太閤検地によって1筆ごとの土地の耕作権を1人の農民に限ることにし，従来の荘園制による重層的な権利関係が廃止され，1地1作人制度になったといわれている。そして，この1地1耕作者を徹底して検地帳を作成している。そして，更に「名寄帳」を別途作っていたといわれている。検地帳は村単位の石高が中心であり，どのくらいの土地を持っていて，そこから米が何俵取れるか，それが中心であると思われる。その地域において，それぞれの筆は誰が耕作しているかについては，村人が名寄帳を作って，そこに村人の名前で，ここは誰，これは誰というようにしていたようである。そうなるともうこの時点で，今の表示の登記＝検地帳，今の権利の登記＝名寄帳という今の制度の原点ともいえる形が，おぼろげながらではあるが，スタートしていたといえなくはないのではないかと思われる[17]。

---

17) 拙稿「公図の沿革とその役割(2)」民事研修688号75頁

(3) **地券制度**（明治5年2月15日太政官布告第50号）

中古以来租税は専ら田制によって，農民のみが負担し，特に幕藩時代は，藩によって土地の丈量，石盛及び租率等も著しく異なる上，土地の形質等も変化し，田制が混乱しているので，四民公平な地租の改正を行うに当たり，従来の検地制度は，農民の嫌忌するところであって，維新以来の年月も浅く人民もいまだ政府を深く信頼していないのに，これを行うことは得策ではないので，土地所有権の保障の機能を付与された地券を手段として，土地の所有者に対して地価に従った課税を行うこととし，土地の丈量は地券を申請する人民に委ね，官側はその丈量の精粗適否を検査するに留める方法で改正を行うこととし，そのために「旧制ノ弊害ヲ除」くこととし，まず「田畑勝手作」の許可をして自由な作付を認め（明治4年9月7日大蔵省達第47号），次に土地の「永代売買ノ禁」を解除することとし（明治5年2月15日太政官布告第50号），1643年に発令された農民に対する田畑屋敷地の永代売買禁止の幕法を解除し，士民の身分を問わず土地の所有を許している。

この明治5年布告の趣旨は，幕藩時代には幕府諸侯旗本社寺はあたかも田畑等を私有し，農民はその田畑を賃借しているかのような状態であって，土地所有の強固さに欠けていたので，土地税制のためと農民の所有を強固にし，その自立のため地所永代売買の禁止を解除して売買を自由にしたということであり，明治13年2月7日付け司法省内訓では，幕藩時代には，人民は田畑を借用していたにすぎなかったから，明治5年布告によって人民の所有としたのは特別の恩典であるとしている[18]。

田畑屋敷地の永代売買の禁令は，農民が検地帳に田畑の持主と登録され，村に課税される租税義務について，連帯して納付義務を負うこととあいまって，実質的に農民を当該土地に緊縛するものであって，検地石高制と結び，隷農土地緊縛の法的一表現となっていることから農民は領主の土地を耕作し貢納する身分支配の関係が基礎をなし，領主的観点では，土地は領主のもの，百姓はこれを預かり，貢納後の余得で生活を支えるべきもので，自己の財産

---

18) 前掲（注4）古館111頁

第2　不動産登記法と所有権

としてみるべきではなく，したがって，その処分権は否定されたが，領主が
存在しなくなり，土地の領有制が廃棄された以上，土地売買の禁を解くこと
は，土地の農民による私有を法認することであり，それは地券の授与によっ
て裏付けられ，地券は土地調査の用具であるとしても，それと同時に土地流
通の手段であり，また土地所有の公の証明であり，土地所有と売買の自由を
前提としている。幕藩時代の土地の「所持」の法的性質は司法者も知悉して
おり，農民の所持する田畑が永代売買の禁止令により，230年間自由な処分
も認められず，田畑に緊縛され，ひたすら農耕に従事して貢納義務を果たし，
いつでも無償で官没されるという農民の田畑に対する実質的な権利関係を直
視したときに，実質的には，自由な使用・収益・処分を本質とする所有権と
いうよりは，用益権的な感じを否めなかったことから，明治5年布告をもっ
て特別の恩典といい，農民もまた，そのように実感したものと思われる。

　明治5年布告は，幕藩時代には，農民は田畑を所持する地主と称され，検
地帳によって永代の地主であることが公証され，地主の土地所持権の内容は，
土地に対する「勝手次第支配（進退）」する権能，すなわち，土地に対する直
接的かつ全面的な支配権（総括的支配権）であることは一応認められていたが，
田畑の処分の自由が原則として禁止され，農民は田畑に緊縛され，ひたすら
農耕に従事して貢納義務を果たし，また，いつでも無償で官没されるという
状態であったが，これが解消され，ひたすら農耕に従事して貢納義務を果た
し，また，いつでも無償で官没，つまり無償で没取されるということが解消
されたということであるから，これをもって，土地所有権が創設されたとま
ではいえないとしても，全国土についての近代的な土地所有権制度が確立し
たといえるのではないかと考えられている[19]。

⑷　近代的土地所有権

　我が国の江戸時代の封建的土地所有権は，前述したように地券制度，地租
改正等によって，ほぼ解体されたと考えられている。

_____

19）前掲（注4）古館116頁

30

つまり，江戸時代においては，基本的には領主の領有権と生産者である農民の所持権があったわけであるが，前者は版籍奉還，廃藩置県等によって廃絶されたといわれ，後者の農民の所持権は，地券交付，地租改正事業の過程で，地主・小作人関係間における「一地両主」という分割所有権的なものが否定され，「一地一主」の原則が確立されたといわれている。そしてその際には，地主の権利のみが単一の所有権として法認され，小作人の権利は単なる用益権的権利としてしか法認されなかったといわれている。そして，この地主に認められた所有権は，土地に関していえば，その土地の使用，収益，処分の自由を内容とするものになったわけである。

このように明治初期に行われた諸改革において土地所有権が法認されたのは，前述のごとく，当時の明治政府にとって最大かつ緊急の課題であった欧米先進資本主義国家に対抗し得る日本近代国家体制を構築するための財政的必要性から，専ら租税収取を目的とした担税者確定という観点からなされたものであるといわれ，そこには近代的土地所有権の確立という意識は希薄であったといわれている[20]。

ただ，このようにして成立した土地所有権ではあるが，法形式的には，土地についての近代的私的所有権と見ることができ，この近代的私的所有権として，明治憲法はその27条において，所有権の不可侵を規定し，明治23年に公布されたボアソナード教授起草にかかる旧民法財産編30条，そして，明治29年公布の現行民法206条においても，「所有権は，法令の制限内において，自由にその所有物の使用，収益及び処分をする権利を有する。」旨規定し，制定上は確立された近代的所有権制度になったということができるのではないかと考えられる[21]。

(5) 所有権概念の成立

① 不動産の所有権

本連載で考察の対象とする所有権は，もとより民法を中心とする法律学に

---

20) 川島武宜ほか『新版　注釈民法(7)』306頁〔山中永之佑〕（有斐閣，2007）

21) 前掲（注20）川島ほか306頁〔山中〕

おいてその対象とするものである。「所有権とは何か」という問いについて広く考察すると法学を超え、政治学、経済学、哲学、社会学、法人類学等の領域をも含めて論じなければならないことになるが、ここでは、不動産の所有権について、所有権の主体が個々の不動産をその意思に従って自由に使用・収益・処分できるという所有者の支配権能を中心に考察し、権利概念の成立、権利移転の意思とその限界、私的自治と不動産の共有化、一体化、立体化等を中心に、分割所有権秩序の確立という観点から考察するものである。

つまり、所有権を抽象的な価値の帰属者という観点、すなわち、所有権の客体の範囲を無体的な利益や価値という無体物まで拡大しないで、所有者が不動産をその自由意思に従って支配できる範囲を明確にし、客体の範囲を一義的に画定（公示）することができる不動産を中心に考察をするということである[22]。

② 所有権概念の発展

既に考察したように、土地に対する労務その他の資本投下の度合いが希薄な粗放農業社会においては、土地所有権概念が存在しなかったり、共同体的所有のみが観念され私的個人所有権は発生しない、あるいは私的所有権そのものが発生したとしても、その内容が萌芽的なものにとどまってしまうということもあり得る。そして、基本的には焼畑等の粗放農業が行われる社会にあっても、そこで同時に水田耕作等の労務その他の資本投下の度合いが強い農業が営まれる場合には、私的な土地所有権の確立がみられる。このような流れの中で、基本的には現行法体制における所有権概念は、土地に対する労務投下等によって発展してきた農業社会に典型的にみられる権利保護の必要性を基礎に発展してきたものということができる。これは、我が国の近代文明の発生が基本的には農耕社会に起源を持つということの反映であると考えられる[23]。

③ 近代的土地所有権の性質

ただ、土地所有権制度との関連でいうならば、地租改正は、土地を平等に

---

22) 松尾弘「所有権とは何か」法学セミナー725号14頁
23) 加藤雅信『「所有権」の誕生』168頁（三省堂、2001）

分配せよとの幕末の世直し一揆の要求とは反対に，地主的土地所有→寄生地主的土地所有を，土地制度の根幹とし，小作人が地主に現物で納める小作料を地租の源泉として，地主が小作人を搾取する権利を制度的に基礎付けたものであり，これにより，明治政府は，その手元に確実に地租が入るようにするとともに，耕作農民の土地革命の要求を抑えつけることになったといわれている。そして，このような土地所有権が日本資本主義国家の支柱である寄生地主制を作り上げ，それを維持する不可欠な要素となったが，戦後の農地改革で地主的土地所有の解体と自作農的土地所有権の成立へと向かうことになる[24]。

　具体的には，我が国における近代的所有権の一般的成立は，ポツダム宣言の受諾，占領軍の民主化政策によって基本的に条件付けられ，1947年5月3日の新憲法の成立による近代的民主主義国家の成立，第1次農地改革（1945年），第2次農地改革（1946年）によって一応制度的には完成したとみることができる[25]。

　そして，この所有権は次のような性質を有しているとされている。

　所有権は，所有者がその有する有体物（民法85条）を自分の意思で自由に使用・収益・処分できる全面的な支配権である（民法206条）。

　この所有権は，①物を直接支配できる権利であり（直接支配性），②物を全面的に支配できる権利である（全面性）。③所有権は，物に対する支配を正当化する観念的な権利であり（観念性），④全ての人に対して主張できる権利である（絶対性あるいは対世効）。⑤所有権は，物から生じる利益を独占的に支配できる権利であり（排他性），同じ物の上に複数の所有権は存続しない（1物1権主義）。⑥所有権は，債権に対して優先し（優先的効力），⑦消滅時効にかからない（恒久性）。⑧所有権は，それを制約する制限物権が消滅すれば，元どおり全面的な支配を回復する（弾力性）を有している[26]。

---

24) 前掲（注20）山中309頁
25) 川島武宜『新版　所有権法の理論』85頁（岩波書店，1987）
26) 松岡久和・中田邦博編『新・コンメンタール民法（財産法）』345頁〔松岡久和〕（日本評論社，2012）

第2　不動産登記法と所有権

3　所有権の絶対とその制約

　このように考えてくると近代市民社会においては所有権絶対の原則が成り立つようにも考えられなくはないのであるが，決してそうではなく，これは封建的拘束からの自由を意味しているにすぎないと考えられる。既に考察してきたように，近代的市民社会成立以前の封建社会においては，近代的な意味での所有権は存在せず，様々な封建的負担が伴っていた。そのような封建的負担から解放し，近代的所有権を与えたのがフランス革命に代表される近代的市民革命であり，その意味するところは，所有権絶対の原則とはいっても，封建的な拘束からの自由を意味しているのであって，制限されることのない絶対的な権利という意味ではない。

　憲法29条においても，その1項において「財産権は，これを侵してはならない。」と規定しているが，同条2項は，「財産権の内容は，公共の福祉に適合するやうに，法律でこれを定める。」と規定し，同条3項は，「私有財産は，正当な補償の下に，これを公共のために用ひることができる。」と規定している。また，民法においても，その1条1項において，「私権は，公共の福祉に適合しなければならない。」と定め，民法206条も，「所有者は，法令の制限内において，自由にその所有物の使用，収益及び処分をする権利を有する。」と規定し，所有権の権能に「法令の制限内」という限定を付けている[27]。

4　所有権の内容及び範囲

　所有権の内容及び範囲については，前述した民法206条等の規定による制約のほかに，民法207条は，「土地の所有権は，法令の制限内において，その土地の上下に及ぶ。」と規定して，土地の所有権の上下の限界を規定している。また，民法209条以下においては，土地又は建物所有権の横の限界，す

27）高橋史典「第2講　物権の効力　所有権(1)」民事研修657号84頁

34

なわち「相隣関係」について定めている。

　この相隣関係の規定の内容としては，土地については，ⅰ隣地使用（209条），ⅱ隣地通行（210条〜213条），ⅲ排水（214条〜218条，220条，221条），ⅳ流水使用（219条，222条），ⅴ境界標設置（223条，224条，229条），ⅵ竹木の切除（233条），ⅶ間隔の保存その他（234条，236条〜238条）について規定し，土地上の建築物については，ⅰ囲障の設置（225条〜232条），ⅱ隣地観望（235条）について規定している。

　この相隣関係の内容を分類すると，ⅰ所有者に対して，相隣者の一定の行為，例えば，土地の使用，通行，排水などを受忍すべき義務を課するもの，ⅱ所有者に目的物の一定の利用（境界線の近傍に建築することなど）をしないように制限を加えるもの，ⅲ相隣者と協力して一定の行為（境界標の設置など）をする積極的義務を課するものの三種に分けられる[28]が，相隣関係は，不動産所有権相互の関係ではあるものの，この相隣関係は，所有の調節を図る制度ではなく，利用の調節を図る制度である[29]ので，ここでは深く立ち入らないこととする。もっとも，後に入会権との関係で若干の考察をしたいと考えている。

28）我妻榮ほか『コンメンタール民法─総則・物権・債権─』404頁（日本評論社，第3版，2013）

29）前掲（注28）我妻ほか404頁

第3 土地所有権の確認と境界確定

1 所有権の確認

　所有権の帰属について争いがあれば，所有権確認の訴えによって確認できる。つまり，所有権の範囲の確認訴訟という一般の民事訴訟である。その係争部分の範囲を特定して自己の所有地であるとの確認を求めて提訴する場合がこれに当たる。所有権確認訴訟において審判の対象になるのは，直接的には所有権の辺縁としての所有権界であるが，判決の効力は係争地全体の所有権の帰属に及ぶ。したがって，当事者は係争地が自己の所有に属することの原因として，売買，贈与，取得時効等の事実を主張・立証すべきこととなる[1]。

　この所有権確認の訴え，つまり，所有権の範囲（所有権界）の確認とは区別すべき訴えとして境界確定の訴えがある。すなわち，隣接する土地の境界が不明な場合には，境界確定の訴えを提起できる。それは，形の上では民事訴訟とされるが，その実際は，非訟事件であり，裁判所は当事者の主張に拘束されずに境界を設定すべきもの（形式的形成訴訟）とされている（最判昭和31年12月28日民集10巻12号1639頁，最判昭和38年10月15日民集17巻9号1220頁）。この訴えは，土地所有権の範囲の確認とは無関係であるから，隣接土地所有者間に成立した合意どおりの境界の確定は許されず（最判昭和42年12月26日民集21巻10号2627頁），また，取得時効の成否は，実体法上の所有権の帰属の問題であって，境界確定における登記簿（登記記録）上の地番の基準となる境界確定とは関係がない（最判昭和43年2月22日民集22巻2号270頁）。前記最判昭和43年2月22日の判例は，「境界確定の訴えは，裁判によって新たに境界を確定するこ

---

1) 賓金敏明『境界の理論と実務』487頁（日本加除出版，2009）

とを求める訴えであって土地所有権の範囲の確認を目的とするものではないから，取得時効の成否とは無関係であり，原告主張の境界と被告主張の境界の中間部を被告が時効取得しているから境界は被告主張の線である，との主張を審理しなかった原審の措置は正当である。」と判示している。

相隣接地の境界付近の土地部分（係争部分）につき，所有権界が争われる場合，取得時効が問題となることが多いといわれる。例えば，係争部分を時効取得した甲は，時効完成前に係争部分の所有権移転登記を取得した者には時効取得を対抗できるが，甲の時効取得が完成した後に係争部分の所有権移転登記を取得した乙には対抗できない（最判昭和33年8月28日民集12巻12号1936頁）。上記昭和33年の最高裁判例は，「時効による不動産の所有権の取得についても，登記なくしては，時効完成後当該不動産につき旧所有者から所有権を取得し登記を経た第三者に対抗しえない。」と判示している。そうすると係争部分を自己所有地の一部と信じ込み，長い間占有している者は，長ければ長いほど，時効取得完成後に乙が出現して時効取得の利益を根底から否定されるリスクが増大されることになる。

もっとも，境界紛争型時効取得のケースにおいては，背信的悪意者の法理を用いて甲を救う判例もある。すなわち，乙が移転登記を受けた時点で，⒤甲が多年にわたり係争部分を占有していた事実を現に認識しており（悪意），ⅱ甲の登記の欠缺を主張することが信義に反するものと認められる事情が存在する（背信性）ときには，乙は甲が時効取得による登記を経由していないことを，信義則上，主張できないとして甲の保護を図っている場合がある[2]。最判平成18年1月17日民集60巻1号27頁は，「甲による不動産の取得時効完成後に当該不動産を前主から譲り受けて所有権移転登記を了した乙が譲渡を受けた時点において，甲が多年にわたり当該不動産を占有している事実を認識しており，甲の登記の欠缺を主張することが信義に反すると認められる事情があるときは，乙は背信的悪意者に当たる。」旨判示している。

2）前掲（注1）寳金492頁

第3 土地所有権の確認と境界確定

2 境界の確定

　境界確定の訴えについては，甲乙両地の境界の全部に隣接する土地部分を時効取得した甲乙両地の所有者は訴えの当事者適格を失わないとする判例（最判平成7年3月7日民集49巻3号919頁）がある。この判例は，乙地のうち境界線の全部に接続する部分を時効取得した場合においても，甲乙両地の所有者であるXとYは境界に争いのある隣接土地の所有者同士という関係にあることに変わりはなく，時効取得した部分につき分筆登記をする前提としても両地の境界を確定する必要がある旨判示している。もっとも，甲地と隣接する乙地の所有者が甲地の全部を時効取得した場合には，甲地の所有者は，甲乙両地の境界確定の訴えの原告適格を失うとする判例（最判平成7年7月18日民集49巻7号2684頁）がある。相隣接する土地の一方の所有者Xが譲渡や時効取得などの事由により，その全域についてその処分権能を失った場合には，Xに当事者適格は認められないからである。甲地のうち乙地との境界の全部に隣接する部分を譲り受けた乙地所有者B及び残余部分を譲り受けた所有者Cは，甲乙両地の境界確定の訴えの当事者適格を有するとした判例（最判平成11年2月26日判時1674号75頁）がある。このケースは，一筆地所有者Aは，同土地の一部をBに譲渡したが，移転登記未了のまま，自己所有地の残余部分をCに譲渡し，未分筆のままCに登記してしまったというケースであるが，この場合の当事者適格は，CとBにあることになり，類似必要的共同訴訟もしくは固有必要的共同訴訟になると解される[3]。土地の共有者が境界の確定を求める訴えを提起するには，その全員が原告となるべき固有必要的共同訴訟であるが，共有者のうちに境界確定の訴えの提起に同調しない者がいる場合，その余の共有者は，隣接地の所有者とともにその者を被告として訴えを提起できるとした最判平成11年11月9日民集53巻8号1421頁がある。隣接する土地の一方又は双方が共有に属する場合の境界確定の訴えは，共有者全員が訴え又は訴えられることを要する固有必要的共同訴訟であり，例えば，原告側共

3）前掲（注1）賓金188頁

有者のうち行方不明の1人を除く13人により提起された訴えは，当事者適格を欠き不適法である（最判昭和46年12月9日民集25巻9号1457頁）が，上記最判平成11年の判例は，土地共有者が隣地との境界の確定を求める訴えは，その全員が原告となるべき固有必要的共同訴訟ではあるものの，訴えの提起に同調しない者がいたとしても，隣接する土地との境界に争いがあるときにはその確定が必要なことに変わりなく，同訴えにおいては，裁判所は当事者の主張に拘束されず，当事者の主張しない境界線を確定しても民訴法246条（裁判所は，当事者が申し立てていない事項について，判決をすることができない。）に違反しないという特質に照らせば，共有者全員が共同歩調をとることは必要でなく，全員が原告又は被告のいずれかの立場で訴訟に関与していれば足り，提訴に賛成する共有者は，隣接所有者とともに非同調共有者を被告として訴えを提起することができる旨判示している。

3 筆界の特定

　土地の境界をめぐる紛争の解決は，裁判所にとっても容易でなく，長時間を要するところから，平成17年に不動産登記法等の一部を改正する法律が公布され（法律29号），筆界特定制度が導入された（平成18年1月20日施行）。

　筆界というのは，表題登記がある1筆の土地とこれに隣接する他の土地との間において，当該1筆の土地が登記された時にその境を構成するものとされた2以上の点及びこれらを結ぶ直線をいい（不登法123条1号），筆界特定というのは，1筆の土地及びこれに隣接する他の土地について，筆界の現地における位置を特定すること，つまり，1筆の土地と相隣接地との筆界が現地において明確でないとき，現地における筆界の位置を特定するか，その位置を特定できないときは，当該筆界が存在するはずの土地の範囲を特定することをいう（不登法123条2号）。

　筆界特定は，筆界特定登記官が筆界調査委員の意見を参考に行う筆界の公的な認定である（不登法125条，127条1項）。その性質は，過去に創設された筆界が現地のどこにあるかについての，筆界特定登記官の認識を公に表明する

第3　土地所有権の確認と境界確定

行為であり，重要な意味を有している。ただ，筆界特定登記官の筆界認定は，その認識を対外的に公にしその認識について法的効果が与えられるということであるから，あくまでも事実の認識の問題であり，行政処分性はないと解される。

筆界特定に係る筆界について民事訴訟の手続により筆界の確定を求める訴えが提起されたときは，裁判所は，訴訟関係を明瞭にするため，登記官に対し，筆界特定に係る筆界特定手続記録の送付の嘱託ができる。民事訴訟の手続により筆界の確定を求める訴えが提起された後，当該訴えに係る筆界について筆界特定がされたときも同様である（不登法147条）。筆界特定がされ，民事訴訟の手続により筆界の確定を求める訴えに係る判決が確定したときは当該筆界特定は，判決と抵触する範囲でその効力を失う（不登法148条）[4]。

この筆界特定制度が創設される前は，筆界をめぐる紛争の解決方法としては，前述のごとく，筆界（境界）の確定を求める訴えを裁判所に提起するほかなかったところであるが，この事件数としては，年間1,000件程度で推移してきたものの，最近は約半数程度となっているようであり，最近の筆界特定の申請件数が2,500件から2,800件程度であることに鑑みると筆界特定制が筆界の確定を求める訴えの制度に代替するものとして相当程度利用され，機能しているということができる。東京地裁において，「筆界特定の成果は，高い専門性を有する筆界特定登記官が，鑑定知見を有する筆界調査委員を関与させて判断したものであり，その内容の信用性には一般的に高いものが認められる上，実際の判断過程にも合理性が認められる（証拠略）。そして，判断基礎となった事実関係の誤りを認めるべき証拠もない。」と理由中で判示し，結論として筆界特定のとおりの主文を言い渡した筆界特定訴訟に係る判決があった（東京地判平成23年2月22日公刊物未登載）ことが紹介されているが，筆界特定の意義とその専門性が認められたものと考えられる[5]。いずれにしても，筆界特定は，本講において考察する所有権に直接関わる問題ではないということになる。

4）川島武宜ほか『新版　注釈民法(7)』313頁〔川井健〕（有斐閣，2007）
5）江原健志「不動産登記制度を巡る最近の動向について」登記研究780号13頁

第4 土地所有権の分割

1 土地の分筆の登記

　土地の分筆とは，登記官の処分行為（不登法39条）により，登記された1筆の土地の法律上の個数を変更することをいう。1個の土地というのは，表題登記がされることによって1筆の土地として法律上観念され，公示されたものをいう。したがって，1棟の建物の底地として，2筆の土地が一体的に利用されているとしても，それだけで1個の土地となるわけではない。また，1筆の土地を石垣等で数区画に区分して利用したからといって，それだけで複数の土地となるわけではない。

　1個の土地は，土地の表題登記がされることによって，私権の客体となる1個の物（1筆の土地）として創設され，その土地を目的とする所有権等について登記されると対抗要件を具備することができる。そして，1個の物としての土地の大きさが取引の対象として不適当な場合には，原則として所有者の自由意思で分筆又は合筆の登記を申請することによってこれを変更することができる。このように分筆の登記は，1筆の土地を分割して，新たに数筆の土地を創設する登記であって，甲地を分割してその一部を乙地とする登記のことをいう。したがって，この分筆の登記がされることにより，登記上の1筆の土地の1個性の内容が変更され，土地の分筆の効果が生ずることになる。このため，この分筆の登記は形成的な処分の登記といわれる[1]。

---

1) 鎌田薫・寺田逸郎編『新基本法コンメンタール不動産登記法』130頁〔横山亘〕（日本評論社，2010）

第4　土地所有権の分割

2　分筆の法的性質

(1)　分筆の分類

分筆はその機能的な側面からみると次のように分類できる。

その1は，取引上の必要性に基づき1個の不動産を形成するためその単一性を創設するもの，その2は，1筆の土地の一部が地番区域を異にすることになったため公示の明確化を図るための公示性によるもの，その3は，1筆の土地の一部が別地目となった場合のように土地の利用形態における単一性を公示上保持するための利用性によるものとがある（不登法39条2項）。

また，分筆は，申請行為の有無により，申請による分筆と職権による分筆に分類される。この申請による分筆は，⒤所有者による分筆地の区画決定，⒤地積測量，⒤地積測量図及び申請情報の作成，⒤登記申請行為，⒱登記官の分筆処分のプロセスを経るのが一般的である。

(2)　権利分割論と地割論

ところで，前述した所有者による分筆地の区画決定行為の性質について，登記官の分筆処分によって地図上に記入（記録）される分割線を現地に投影した場合，これと符合することを想定し，所有権者が行う一種の権利分割であるとする見解（権利分割論）とこれを単なる所有者の事実行為的なものと観念し，権利分割の概念を含まないとする見解（地割論）がある。

そこで，分筆の本質を踏まえて両説を検討してみると，まず，分筆は形成的なものであり，その効力は登記官の処分により初めて生ずるものであることについては両説とも異論をみないところであるが，分筆（登記実行行為）の本質について，権利分割論によれば，所有者の意思による権利の分割という法律事実を前提とするものであるから，登記官が行う分筆処分の実質は，申請行為に先行する所有権者の権利の分割の効果を手続法上の形成的処分によって承認するものであるということになり，分筆の本質は権利の分割，つまり所有権の分割であるということになる。

これに対し，地割論によれば，分筆は，登記官の登記実行行為によって初

めて形成されるものであり，1筆の土地を2筆以上の土地に変更する分筆の権限（地割権）は登記官の専権に属し，所有者のなす区画決定行為は単に登記官の分筆処分を行うための資料作成の手段であるということになり，分筆の本質は，登記官の地割権の行使であるということになる。

以下，具体的事例を中心に考察することとする。

例えば，権利分割論によれば，所有者以外の第三者が文書を偽造して分筆登記を申請した結果なされた分筆の登記は，権利者による権利分割の実体を欠く無効な登記であるということになる。そしてさらには，申請の錯誤により申請意思内容と登記申請行為によって表明された意思との間に不一致がある場合，その申請に基づきなされた分筆の登記については，所有者の真意を反映しない無効な登記であるということになる。

地割論によれば，所有者以外の第三者が文書を偽造して分筆登記を申請した結果なされた分筆の登記については，やはり申請適格者以外の者の申請に基づく分筆登記にもその効力を認めることは，法の趣旨を大幅に逸脱することになるとして無効抹消すべきものとする。

もっとも，申請に錯誤がある場合の分筆登記の効力については，「所有者の意思による所有権の量的分割がそのまま土地自体の分割の効果に直結しているものではなく，また，登記官が，その所有権の分割の効果を承認して形成的処分を行なう仕組にもなっていないのであるから，所有権者たる申請人について意思表示における効果意思類似の理論を持ち込むのは疑問である」として，分筆処分が法定手続に従って適法になされたときは登記は有効であるとする[2]が，しかし，この点については，登記官の分筆処分は，所有者の意思表示を前提として意思どおりの法律効果を形成するものであり，申請行為（表示行為）と申請人の真意（内心的効果意思）との間に不一致があるときは，申請行為の錯誤という観念を入れる余地があるとする見解[3]もある。しかし，

---

2) 津島安秋「合筆の登記とその錯誤抹消」（8-2　分筆）『不動産登記講座Ⅱ・総論(2)』316頁（日本評論社，1998）

3) 高柳輝雄「分筆錯誤・合筆錯誤を原因とする抹消登記申請の可否」民事月報34巻11号5頁

第4 土地所有権の分割

この考え方によると権利分割説との違いはかなり微妙になってくるように思われる。

(3) 分筆登記申請行為の法的性質

　分筆登記申請行為の法的性質は，土地の形質変化，測量結果を登記官に通報するものではなく，手続法上の形成的処分を求める創設的行為である。そして，適法な分筆処分がなされた場合は，登記記録と測量図に基づき地図上に記入された分割線とによって表象される区画形質の土地が1筆の土地となる。つまり，登記は，現地を投影したものではなく，登記（地図）によって表象される土地の位置及び区画形質を現地に映写しそれによって特定される土地がすなわち1筆の土地である。この点については，分筆の本質についての権利分割論，地割論のいずれの考え方によったとしても同じ結論になると考えられる。

(4) 分筆錯誤

　分筆は形成的なものであり，現地と登記の不一致ということはありえないとすると，分筆錯誤つまり分筆無効ということが存在するか否かが問題となる。

　分筆は，所有権者による権利の分割であり，登記官はこれを受動的な立場で承認するものであるとする権利分割論によれば，第三者による申請あるいは申請意思内容と申請行為との間に不一致のある申請に基づきなされた分筆は，所有者の意思の欠缺あるいは所有者の真意を反映しない無効な登記であるということになる。したがって，権利分割論では分筆無効が存在することになり，申請錯誤論の理論的根拠となる。昭和38年12月28日民事甲3374号民事局長通達はこの考え方によるものと考えられる。この通達は，抵当権設定登記のある土地の分筆登記をした後，この分割が分筆登記申請の錯誤によりなされたことを原因として分割前の状態に戻すための分筆登記抹消登記の申

44

請がされた場合にはこれを受理して差し支えないとしている[4]。この考え方によれば，分筆後に，再分筆，合筆，権利の設定等のように分筆後の土地を目的とする新たな処分が適法になされている場合であっても，分筆は無効であり，それを基礎としてなされた以後の処分はすべて無効ということになると解される。

地割論は，分筆は登記官の専権に属する地割権の行使であると解するので，適法な分筆がなされた場合には，たとえその分筆処分がその申請意思の内容と申請行為との間に不一致のある申請に基づきなされたものであっても分筆は有効であり，分筆無効ということは存在しないと解することになる。ただ，この点については申請行為（表示行為）と申請人の真意（内心的効果意思）との間に不一致がある場合には申請行為の錯誤という観念を入れる余地があるのではないかという意見があることについては，前述したとおりである。ただ，この見解は民法上の錯誤論をベースにしており，権利分割説に近い論調になっているように思われる[5]。

地割論は，分筆登記は登記官の専権であるから，申請時に錯誤があっても分筆登記は無効とならないとする。所有者の区画割，つまり所有権界の形成を原因とする分筆登記の申請は，登記官に地割権の行使を求めるに際しての資料の提供にすぎない。したがって，登記官は登記申請に際して提供された地積測量図に従って筆界を形成することになるが，申請に際しての申請人の真意がどうであったかは分筆の有効性を左右する理由とはならない。したがって，申請時に錯誤がある場合には，一旦合筆登記の申請をして，改めて分筆登記の申請をし直すべきことになる。ただ，その間に他の権利の登記が設定されていると合筆登記ができないという問題が残る。この点につき登記先例は，所有権以外の権利の登記のある土地につき，分筆の登記後，錯誤を原因として抹消登記を認めているが，これは所有権以外の権利の登記がある場合の例外的な取扱いを認めたものと解する（地割論）か，あるいは本来的に分筆錯誤がありうることを前提としたものである（権利分割論）とするかに

---

4) 登記研究195号55頁

5) 寳金敏明『境界の理論と実務』433頁（日本加除出版，2009）

第4　土地所有権の分割

ついては，見解の分かれるところであるが，いずれに解するにしても分筆錯誤を原因とする分筆登記の抹消を認めている。この点については，分筆登記を分筆錯誤を原因として抹消する場合に，分筆の登記後，何ら権利関係に変動がない場合は特に問題はないが，前記先例の事例のように分筆後の1筆についてのみ所有権移転の登記がされているような場合は問題である。というのは分筆錯誤により分筆登記が抹消されるということになると分筆後の1筆の土地についての所有権移転の登記は結果的には1筆の土地の一部についての所有権移転登記であるということになり，登記の基本構造に反することになるから，分筆登記の抹消を認めるべきではないとする考え方も成り立ちうるからである。しかし，分筆登記のごとく，物自体の変更，消滅といった性質を有するものについては，第三者の権利の有無によって受否を判断することは理論的には妥当でないように思われる。

　したがって，理屈の問題としては，このような権利の登記がある場合にも，分筆登記の抹消は可能であり，その場合には，1筆の土地の一部についての権利の登記であるということになるので，不登法71条の規定により抹消するということになると考えることもできる。

　しかしながら，理論上可能であるということは，現実の処理としてそのような処理をするのが相当であるということには必ずしもならず，特に分筆登記後の1筆の土地について所有権移転の登記がされているような場合には，その所有権移転登記の抹消をした上でなければ分筆登記の抹消登記を認めることは難しいというのが登記実務の一般的な考え方ではないかと思われる[6]。

　なお，これと同様の問題は，合筆の登記についても起こりうるが，合筆登記の抹消登記によって合筆前の状態に戻したとしても，合筆登記後になされた権利の登記は，合筆前の各筆の権利として存続しうる余地があることになると考えられるので，若干異なった要素があるといえる。なお，このことに関連する合筆登記の抹消登記に関する昭和37年9月27日民三発811号民事局第三課長回答は，合筆の登記後権利の登記がない事案である[7]。

6）拙著『不動産登記の実務上の諸問題』57頁（テイハン，1986）
7）前掲（注6）拙著58頁

　　　　　　　　　　　　　　　　　　　　　　2　分筆の法的性質

　このように地割論を貫くと，土地分割によって形成された所有権界と，登
記官の形成した筆界に不一致が生じたとしても，分筆登記の更正ないし抹消
の問題は一切生じないということになりかねない。そうかといって権利分割
論の考え方には，その出発点自体に疑問が生じる。つまり，元来錯誤・無効
という意思表示論は表意者の主観（動機，内心，表示行為）に係る議論になる
と考えられるが，権利分割論は，他人（登記官）の行為結果まで取り込んで
議論しており，意思表示の錯誤・無効論と行政行為の瑕疵の問題を一緒に論
じているようにも思われる[8]。

　ただ，土地分割を行ったことを理由とする登記名義人本人による分筆登記
の申請の場合は，分筆登記申請，つまり私人の公法行為の有効性は，登記官
の登記処分に全く影響を与えないということになるのかどうかは慎重に検討
する必要があるように思われる。所有者の意思による土地分割によって形成
された所有権界ではなく，地割論の考え方のように，登記官の審査のための
所有者からの情報の提供による地割であるとしても，登記申請という公法行
為の内容となっていることは事実であるから，登記官の形成した筆界と提供
された情報との間に不一致が生じたとしても，分筆登記の更正あるいは抹消
の問題は一切生じないということで割り切れるかどうか，この点については
大変難しい判断を必要とする。私人の公法行為に錯誤がある場合の効力につ
いては，それぞれの行政法規の法意に照らして各別に検討すべきであると考
えられ，一筆地を所有者本人が分割し，それを理由に分筆登記を申請するよ
うな場合においては，第三者の権利利益に影響を与える分筆登記の抹消申請
は原則として許されないが，それ以外の場合には，分筆登記の申請という公
法行為の内容（その性質を権利の分割ととらえるのか，事実の報告ととらえるかはとも
かくとして）と筆界は本来一致すべきであるとの表示登記の原則にのっとり，
その内容が離齬する場合には，分筆登記申請の錯誤を原因とする分筆登記の
抹消を認めるということが不動産登記法の解釈として相当ではないかと考え
られる[9]。

8）前掲（注5）實金433頁
9）前掲（注5）實金432頁

第4 土地所有権の分割

　このように，分筆の本質をいかに解するかにより，分筆登記無効の有無につき結論を異にすることになるが，両説の相違は，分筆登記について，所有者の権利保護ないしは真意の保護に重点を置くか，それとも登記の公示性に着目し，登記官の形成的処分権に重点を置くかによるものであると解される。前者の考え方は，分筆の登記が所有権に関する登記であった昭和35年の不動産登記法の改正以前の不動産登記法の下ではあるいは妥当するかもしれないが，分筆の登記によって土地の一個性が形成される，つまり分筆の登記が所有権に関する登記でなく，物それ自体を法的に分割する登記，すなわち，不動産の表示に関する登記とされた現行不動産登記法の下では若干無理があるのではないかと考えられる[10]。

⑸　若干の考察

　分筆の本質をどう捉えるかという点についての見解の相違は，登記官の分筆権限に重点を置いて考えるか，あるいは私人の土地分割の自由に重点を置いて考えるかによって異なってくると思われる。

　地割論は，分筆の法的性質は，登記官の専権である地割権の行使であるとし，権利分割論は，分筆の本質は，所有者のした権利の分割の効果を不登法の手続で承認したものにすぎないとし，その論拠は，私人が所有地を自由に分割する権利は，近代市民法理に由来する重要な権利であり，分筆登記の申請権は，その従的権能にすぎないと解しているところにあるのではないかと思われる[11]。参考になる判例として，大阪地判昭和57年12月27日判夕496号147頁があり，「分筆した土地の範囲は，公図によるのではなく，当事者の真意に合致した地積測量図による分筆範囲をもって判定すべきもの」と判示しているが，区画そのものが公法的に決まるか否かについては必ずしも明確にしていないように思われる。

　分筆には，①一筆地を所有者本人が土地を分割し，それを理由に分筆登記

---

10) 石川隆「所有権以外の権利の登記ある土地を分筆した後，分筆錯誤を原因とする抹消登記申請の可否」別冊ジュリストNo.75『不動産登記先例百選（第2版）』34頁
11) 前掲（注5）賓金425頁

を申請する場合だけではなく，⑪所有者本人が分割し，一部譲渡済みの土地を差し押えようとする第三者が，本人の手元に残った土地部分を差し押える前提として，分筆登記を代位申請する場合，⑫一筆地の一部を譲渡や時効により取得した者による代位請求（不登法39条1項，登記令7条3号，民法423条）もある。昭和27年9月19日民事甲308号民事局長回答は，1筆の土地の一部に対する処分の制限の登記はできないが，債権者は当該命令正本を代位原因を証する書面として，債務者に代位してその部分の分筆登記をし，その分筆の登記がされた後に当該処分の制限の登記嘱託がされたときはこれを受理できるとしている[12]。⑬地図作成時に一筆地の所有者の意思確認をして行う職権分筆，つまり，不登法14条地図作成上，必要であれば，土地の一部が溝渠，石垣，柵，塀などで区画されているなど，土地の管理上，明らかに分筆登記を行うことが相当であると認められ，所有権登記名義人等において異議がなければ，職権で分筆登記ができる（不登法39条3項，平成5年7月30日民三5320号民事局長通達第4の1ア）[13]。⑭一筆地内に複数の地目がある場合における職権分筆（不登法39条2項，3項）などいくつもの態様がある。

地割論によれば，土地の区画（地割）を管轄する登記所が権利以前の問題として区画を明確にする責任を負うということであるから，前記①ないし⑭の態様の分筆が存在することになり，登記官によって地割りされた地番及びその範囲（筆界）は不動であり，その地番及び筆界を単位として土地取引がなされ，その結果が登記に反映されて法律的保護を受けることになる[14]。結局は，土地が日本国土の中で区画（地割）されているということが公法的に決められて，その土地の上に誰のどのような権利が存在するかが私法的に決められるということになる[15]。

ただ，基本的な考え方はそういうことであるが，前述したように分筆登記申請という公法行為の内容が所有権界と齟齬する場合には，分筆登記の抹消

12）登記研究59号26頁
13）登記研究548号135頁
14）前掲（注5）賓金426頁
15）枇杷田泰助「地図のはなし」法務通信367号10頁

第4 土地所有権の分割

が可能であるとする考え方がとれないかどうかである[16]。所有権の分割による分筆登記の申請を認めるというのではなく，あくまでも分筆登記によって地割される表示登記の申請（公法行為）であるが，所有権界と異なるということ（所有権界と筆界は本来一致するのが望ましい。）で，公法行為である分筆登記申請に錯誤があるということでその錯誤を原因とする分筆登記の抹消を認めると考えることができないかということである。なお，検討を必要とする問題であると考えられる。

　なお，この問題をここで取り上げたのは，分筆の本質につき所有権の分割という考え方があるところから，その観点から所有権に関わる問題の一つとして本稿において若干の考察をしておく必要があると考えたからである。

16）前掲（注5）寳金432頁

50

第**5** 所有権の共有

1 権利の共有

　不動産登記は，権利の客体である不動産の物理的状況並びにその不動産に関する権利関係とその権利に関する権利変動の過程と態様を正確に公示し，不動産取引の安全と円滑を図るための重要な制度であることから，その対象となる不動産とは何か，そしてその不動産を所有するということの意義，すなわち不動産に関する所有権を中心にその沿革，内容，範囲等につき考察を加えてきた。

　ところで，現在の社会経済状況の下においては，この不動産についてはその所有権を中心に，権利の共有化・一体化・立体化等が加速し，権利関係の複雑・多様化がなお一層進行しているといわれる。これは相変らず高留まりしている不動産価額の高騰化，土地の細分化，建物の高層化，さらには権利意識の高揚等によるものと考えられる。そして，これらのことが不動産登記の複雑化と質的困難性をもたらす1つの要因となっていると考えられる。

2 所有権の共有

　所有権は物に対する包括的，全面的支配権であるが，数人が不動産を所有する状態を共有という。

　この共同所有には様々な形態があり，遺産の共有，建物の区分所有，入会地の権利関係，権利能力なき社団の権利関係，組合財産の共有，夫婦財産の共有などがある。

　この所有権については従来，単独所有が原則的形態であり，共有所有は例外的な所有形態であるとされ，共有者には分割請求権が認められ，いつでも

51

第5 所有権の共有

単独所有に移行することが認められるなど、共有においては個人主義が強調されている。他方、単独所有については、所有権絶対の原則があるものの社会的制約の原則が強調されている[1]。

　憲法29条は、財産権の内容は法律によって定められることを規定している。この憲法の規定を受けて民法207条は、「所有者は、法令の制限内において、自由にその所有物の使用、収益及び処分をする権利を有する。」と規定している。この考え方としては、所有権の内容そのものが法律や判例によって形成されていくのであり、まず絶対的な所有権が存在し、それが法律や判例によって制限されていくのではないと解されている[2]。この所有権の内容を定める法令としては、本稿に関係する主な法令としては、民法のほか農地法（農地の処分の制限）、国土利用計画法、土地区画整理法、土地改良法、建物の区分所有等に関する法律等を挙げることができる。本稿においては不動産登記法との関連において、不動産に関する財産権、その中でも特に所有権を中心に考察する。不動産の所有権については、民法の所有権に関する規定を基礎として、用益物権法、担保物権法、建物区分所有法、土地区画整理法、信託法等との関連において考察していきたいと考えている。

3　物権の共有

　物権は、一定の物を直接に支配して利益を受ける排他的権利である。民法の物権編の規定は、これを歴史的に見れば、土地に対するもろもろの封建的な拘束を次第に清算してきた明治初年以来の改革にその後の時代背景を踏まえて種々の仕上げを施したものとみることができるといわれる。このことは既に考察してきたところであるが、ここで若干の敷延をすると、土地所有に関しては、1643年（寛永20年）以来の田畑永代売買の禁止が1872年（明治5年）の太政官布告で解かれ、同じ年に地券制度が定められた。これにより土地所有者に地券が交付され、その書替えによって土地の所有権を移転できること

1）伊藤栄寿「共同所有理論の現状と課題」民事研修674号3頁
2）川島武宜ほか『新版　注釈民法(7)』315頁〔野村・小賀野〕（有斐閣，2007）

とされた。この地券制度による所有権の関係は，その後，1886年（明治19年）には旧登記法による登記制度に切り替えられる。

　明治期に西欧をモデルとした近代国家を目指して出発した我が国は，その初期に，社会の仕組みの整備をするその一環として新たに西欧モデルの登記制度を取り入れ，以来100年余，我が国の不動産登記制度は，その背景にある経済社会の発展とともに激増する不動産取引の安全と円滑を支える基盤として大きな役割を果たし，今日に至っている。

　明治維新前には，封建制の下で土地の永代売買は原則禁止されていたものの，例外的にはその移転は全く認められなかったわけではなく，その権利者の把握手段として名寄帳等と呼ばれる公簿が設けられていた。ただ，取引自体が村役人である名主等の奥書証印とその管理に係る名寄帳等への記入という手続をもって成り立つものとされており，全体としては役人による貢納徴収のための権利者の把握を念頭においた公的な色彩の強い仕組みの一環をなすものであったと考えられる[3]。

　前述のごとく，明治維新により成立した新政府は，明治5年の太政官布告をもって土地の売買禁止を解除し，個人の私的所有権と取引の自由を認めた。しかし，ここでの土地売買は，土地税制を金銭納付の仕組みに改めるために作られた地券制度の下において発行される地券の交付ないしは裏書と結び付いており，地券は府県庁ないしは郡役所が管理する地券台帳により管理されていたから，税制から独立した公示制度が設けられていたわけではなかった。ところが，我が国の経済の発展に欠かせない金融の整備のためには，土地の売買とともに担保制度の整備が欠かせないわけであり，明治政府は土地・建物の質入（質権の設定に相当）及び書入れ（抵当権の設定に相当）の制度の整備を図り，明治6年の地所質入書入規則の制定を始めとする一連の規則の制定を実施した。

　これらの規則の下では，戸長役場の公証とともに公簿（奥書割印帳）への記載により権利関係を公示する仕組みが採られたが，この仕組み（奥書割印制

---

3) 寺田逸郎「不動産登記—その制度と運用」『新・不動産登記講座　総論Ⅰ』3頁（日本評論社，1998）

第5 所有権の共有

度）が我が国における登記制度の萌芽というべきものである。このことも既に詳述したとおりである。

　その後，明治13年になって，土地売買譲渡規則が制定されて，この仕組みの対象がそれまで地券のみに頼っていた土地所有権の移転にも広げられたことにより，権利の公示制度が税制から独立した存在となったのである[4]。そして，この地券制度は，その後，1886年（明治19年）に旧登記法による登記制度に切り替えられる。

　このように土地の所有権に関する制度は，次第に近代的なものとなっていくが，なお，この時代の土地所有権は総括的支配権と呼ぶことはできても，現行法上の土地所有権のように，土地の上の円満な全面的支配権として，これを制限する他の一切の権利とは性質を異にする絶対的な支配権というような性格を有するものではなかった。しかし，その後，1898年（明治31年7月16日施行，明治29年4月27日法律第89号公布）の民法の制定によって，それまでの土地所有権は一律に近代的な所有権と認められ，その反面，土地の上に永久的に使用・収益する権能を持っていた者は，民法上の用益物権の一種，更には単なる債権とされるに至ったといわれる[5]。

　土地の共同所有についても，従来は，入会権についてみられるように，総有（独立の団体としての所有）ないし合手的共有（互いに手をつなぎ合っての所有）が存在していたと考えられるのであるが，民法はこれらをことごとく共有とみて，総有，合有などの概念を認めていない。

　このような近代的所有権制度の確立は，資本主義経済の発達の初期において必要な措置であったが，次第に公共的立場からする所有権制限の立法と理論とが展開されることになる[6]。

4）前掲（注3）寺田3頁
5）我妻榮ほか『コンメンタール民法―総則・物権・債権―』315頁（日本評論社，第3版，2013）
6）前掲（注5）我妻ほか315頁

4 共同所有の諸形態

(1) 共 有

民法249条は，「各共有者は，共有物の全部について，その持分に応じた使用をすることができる。」と規定し，数人が物を所有する状態を共有と称している。つまり，1つの物に対して複数の所有者がいる状態が共有であり，各共有者は持分を有し，その持分は自由に譲渡することができ，その持分に基づき共有物の分割請求ができる。最判昭和42年8月25日民集21巻7号1729頁は，「共有物の分割は，共有者相互間において，共有物の各部分につき，その有する持分の交換又は売買が行われることであって，各共有者がその取得部分について単独所有権を原始的に取得するものではなく，各共有者がその取得部分について単独所有権を取得するためには，その登記は分筆及び移転登記をすべきである」旨判示している。

ところが，1つの物につき数人の所有者がいる状態が全て前述のような共有であるかどうかは問題であり，社会には必ずしも前記のような意味での共有ではなく，広い意味での共同所有の状態が存する場合がある。それが総有と合有である。

(2) 総 有

総有は，ゲルマンの村落共同体の土地を中心とする所有形態にその典型を見出すものであるといわれる。ゲルマンの村落共同体は，村民がその個たる地位を失わずにそのまま「全一体」として結合した団体，すなわち，いわゆる実在的総合人であるといわれる。そして，その村落団体の所有においては，この団体結合関係がそのまま反映し，管理権能は，もっぱら村落そのものに帰属し，村落共同生活を規律する社会規範によって規律され，収益権能だけが各村落住民に分属した。したがって，総有における各共同所有者の権利は，単なる収益権であって，近代法における所有権の実をもたない。しかも，その収益権能に対する部落の統制も非常に強く，各村落住民は，村落住民たる資格を取得することによって，当然に収益権能を取得し，その資格を失うこ

とによって，当然に収益権能を喪失する。そして，村落住民たる資格の得喪の要件は，村落共同生活を規律する規範によって定まる。したがって，村落住民の収益権能は，村落住民である資格を離れて独立の財産権たる性質を持たない。つまり，総有の場合は，所有権に含まれる管理権能と収益権能が全く分離し，各共同所有者は，共有における持分権を有しない最も団体的色彩の強い共同所有形態である。

このような共同所有形態は，近代的所有権が成立する前は，農村共同生活においては存在したと考えられるが，現在でも存在している可能性はあると思われる[7]。

これまで考察してきたように，総有というのは，数人の１つの物に対する共同所有でありながら，共同所有者の持分が否定されるか，あるいは不明確なものとして潜在的なものにとどまるとみられ，その結果共同所有者は主として物の利用権を有するのみで，持分処分の自由や分割請求の自由は否定される所有形態であるといわれている。物についての管理も各共有者が行うのではなく，一部の者に委ねられるのが通常であるといわれる。このような総有は，本稿にかかわるものとしては，権利能力のない社団の財産関係や入会権等について問題とされる[8]。この点については後に考察することとする。

⑶　合　有

①　合有の性質

合有は，数人が１つの物に対し共同所有をしながら，何らかの目的のために各共有者の持分が拘束され，持分処分の自由や持分に基づく分割請求が否定される状態をいう。現行法上は，信託法（平成18年法律108号）79条において，「受託者が２人以上ある信託においては，信託財産は，その合有とする。」と規定されている。

相続財産については，民法898条が「相続人が数人あるときは，相続財産はその共有に属する。」と規定しているが，その共有は合有を意味しないか

---

7) 我妻榮著・有泉亨補訂『新訂物権法（民法講義Ⅱ）』316頁（岩波書店，1983）
8) 前掲（注２）428頁〔川島〕

どうかが問題となる。この点については，昭和22年の民法改正により民法
909条にただし書が付加され，「第三者の権利を害することができない」とさ
れたので，相続財産についての相続人の権利に対する拘束は認めることは難
しく，最判昭和30年5月31日民集9巻6号793頁は，一般論としてではある
が，「相続財産の共有は，民法改正の前後を通じ，民法249条以下に規定する
共有とその性質を異にするものではないと解すべきである。」旨判示してお
り，対外的に第三者が有効に持分を取得し得ることになると解される。した
がって，共同相続人の権利に関する限り，共同相続人間の内部的拘束がある
かどうかは別として，対外的に第三者が有効に持分を取得することができる
と解される。最判昭和38年2月22日民集17巻1号235頁は，「共同相続人は，
他の共同相続人が単独所有権移転登記を経由し，さらに第三者に移転登記を
した場合，第三者に対し，自己の持分を登記なくして対抗できる」旨判示し
ているが，これは個々の持分に関する限り第三者は遺産分割前に持分を取得
することができることを意味すると解される[9]。

　合有（総手的共有）は，総有と共有の中間に位置し，むしろ共有に近いもの
であるとされる。つまり，各共同所有者は，目的物に対する管理機能と収益
権能を保留し，持分権を有するとされる。しかし，例えば，共同して1つの
事業を営むという共同の目的があるような場合，共同所有は，この共同目的
達成の手段とされる。したがって，各共同所有者の管理機能は，この共同目
的達成のための規則によって拘束され，その共同目的の存続する限り，各共
同所有者は，持分権を処分する自由もなく，分割を請求する権利もない。各
共同所有者の持分権は，共同目的の存続する限り，いわば潜在的なものとな
り，共同目的が終了したときに，はじめて現実的なものとなる。

　この合有の内容としては，個々の合有物の処分は，合有者全員の同意が必
要であり，各合有者は個々の合有物の上の持分権を処分することはできない
と解される（大判昭和17年7月7日大審院民集21巻740号）。

9）前掲（注2）432頁〔川島〕

第5　所有権の共有

②　信託財産の合有

この合有という言葉は，現信託法79条において，「受託者が2人以上ある信託においては，信託財産は，その合有とする。」と規定している。旧信託法24条2項においても同趣旨の規定をしており，大判昭和17年7月7日大審院民集21巻740頁は，「信託法上の合有の場合は，別段の定めがないと，全部として不可分的に受託者全員に帰属し，各受託者は持分権を有せず，信託財産の使用収益管理処分については，保存行為も総員共同で為すことを要する」旨判示している。現行法上，合有という言葉が用いられるのは，現信託法79条においてのみであるといわれる。同条は，「受託者が2人以上である信託においては，信託財産は，その合有とする。」と規定している。

前述のように旧信託法21条1項は，受託者複数の場合の信託財産は合有であると定めていたが，この合有というのは，ⅰ共同受託者は，信託財産に対して，固有の利益を持たず，潜在的にすら持分を有しないこと，ⅱ共同受託者は，それぞれ信託財産の分割を請求したり，持分があるとしてこれを譲渡したりすることができないこと，ⅲ共同受託者の一部が欠けた場合には，受託財産は，残りの受託者に当然に帰属することになることを明らかにしている。

つまり，共同受託者は，それぞれ信託財産に対して固有の利益を持たないから，共同受託者による信託財産の所有形態は民法上の共有と考えることはできない。そこで，上記ⅰからⅲの内容を含む所有形態として，信託法上「合有」という概念を用いることが意味があることから，現信託法79条も旧信託法24条の規定を踏襲して，共同受託の信託においては，信託財産は，共同受託者の合有とすることとして，「受託者が2人以上ある信託においては，信託財産は，その合有とする。」と規定している。

このように共同受託者による信託財産の所有形態については，法律関係が複雑化することを回避する等の観点から，常に合有とすることとし，信託行為で別段の定めをすることは認めていない。もっとも，共同受託者がその合有に係る信託財産を特定の受託者に再信託することによって，当該特定の受

託者が単独で信託財産を所有する形態とすることは可能であると解される[10]。

この信託における合有は，民法における合有とは異なる。

例えば，A，B，C 3 人に信託をするという場合には，A，B，C 3 人だから信託をしたという要素がある。だから，A だけであれば信託しない，A と B 2 人でも信託しない，A，B，C 3 人だから受託者になってもらいたいという，こういう要素がある。したがって，3 人が必ず一緒に受託者として行動してもらわなければ困る。合手的行動，分割請求権の否定，残存者の原則が働く。権利の譲渡，担保の差入れ等の処分行為，管理行為，訴訟行為は，受託者全員が合手的に行動することが求められ，多数決による決定，代表も許されないとされ（全員一致が原則であり，多数決によるものではない。），保存行為も受託者全員共同してすることを要するものと解するのを相当とする（前記大判昭和17年の判例，旧信託法24条 2 項）。

民法の合有は，権利と義務という要素を持っている。しかし，信託における受託者は，基本的には権利はなく，受益者のためにひたすら管理者として行動するという義務が全面に出てくる。基本的には利益はなく，利益は受益者が受けることになるが，権利としては報酬請求権，費用償還請求権がある。

それから共同を前提として信託をするということであるから，持分という概念がない。例えば，A，B，C 3 人が受託者として信託を設定し，その後 A が亡くなったとする。民法の合有理論で考えると，A の相続人 A' が B，C と協力して信託事務を行うというようなことになりそうであるが，信託の場合には，もし受託者 A がなくなると，その相続人が受託義務を引き継ぐということにはならず，A の任務が終了して，あとは B と C の 2 人が信託による受託義務を続行するか，それとも信託を解除するかということになるが，基本的には，B と C で信託事務を継続していくということになる。

現信託法79条も，共同受託の信託においては，信託財産は共同受託者の合有とする旨規定している。共同受託者による信託財産の所有形態については，法律関係が複雑化することを回避する等の観点から，常に合有とすることと

10）寺本昌広『逐条解説　新しい信託法』233頁（商事法務，2007）

し，信託行為で別段の定めをすることを認めていない。もっとも，共同受託者がその合有に係る信託財産を特定の受託者に再信託することによって，当該特定の受託者が単独で信託財産を受託する形態とすることは可能であると考えられる。

　そこで，その1人が亡くなったような場合には，受託者は権利を所有していないので，権利の移転登記ではなく，当事者が変わるということで，内容の変更登記になる。他の受託者が受託義務を遂行するので，相続という問題はなく，変更登記になる[11]。

③　相続財産の合有

ⅰ　合有概念と共有概念

　相続人が数人である場合の相続財産（民法898条），包括遺贈を受けた者がある場合（民法990条）も同様であるが，この場合の共有財産は，諸事情を考慮して相続人の協議で分割することが考えられる（民法906条以下）が，分割前の処分は制限され（民法905条），またその分割の効果は，相続開始の時に遡及する（民法909条）。

　そこで，この相続財産の権利関係を共有とみるか，合有とみるか見解の分かれるところである。ここでは合有説を中心に考察することとする。

　共有説は，遺産共有が相続財産を構成する個々の財産についての共有関係であるとして，相続人が相続財産中の特定の財産上の持分を処分することができるとするのに対し，典型的な合有説は，遺産共有が相続財産全体についての共有関係であるから，共同相続人の持分も相続財産全体に対する割合的なものとなり，相続財産中の個々の財産上の持分は観念できないから，相続人がそれを処分することもできないとする[12]。この合有説の問題意識としては，相続財産を一体として観念した上でこれを相続債権者のための引当てとして確保したい。つまり，債権とその引当てとなる責任財産の結び付きを債務者の死後も遺産分割までは確保したいということであり，このことは債権者からみれば，債権の効力の確保であり，債務者からみれば，債権とうら

11）　拙著『信託登記の理論と実務』262頁（民事法研究会，第3版，2014）
12）　小粥太郎「遺産共有法の解釈」論究ジュリスト2014年夏号「現代相続法の課題」112頁

はらの自由を確保するためでもあるということもあったようである[13]。そうするとこの合有説の考え方は、相続財産全体についての持分のみを観念することになると考えられるが、そうであるとすればこの考え方は、1個の所有権の客体は1個の物でなければならないという民法の原則と相容れないということになりはしないか。そこで、構成の仕方としては、相続財産中の個々の財産についての持分を寄せ集めたものが合有持分である考える説もあるといわれているが、こうなると、個々の財産の上に持分を観念して共同所有関係の構造を把握する共有説と同じ構成になりはしないか。

合有の例として、組合財産の共有が挙げられることがある。しかし、組合財産の共有が共有者間の関係の継続を予定するのに対して、遺産共有は、共有者間の関係の解消（遺産分割）を予定している。つまり、遺産共有は清算目的の共有であり、組合共有とはその目的を異にするということになる[14]。

ii　相続債権者と相続財産

債務者が死亡した場合、債権者の債権はどうなるか。この場合には、相続人が被相続人の債務と相続財産を承継する（民法896条）。相続債権者の引当てになるのは、被相続人からの相続財産と相続人の固有財産である。この場合、相続財産がプラスで相続人の固有財産がマイナスである場合、相続によって相続債権者の債権の価値が減少する。そこで、民法は財産分離制度（民法941条・第一種財産分離）を設け、相続債権者の利益を保護している。

被相続人の債務は、分割承継される。判例も分割承継されるとする（最判昭和29年4月8日民集8巻4号819頁）。合有説は債務については共同相続人に不可分的に承継されるとしている。

iii　相続債権と第三者

遺産分割前の相続不動産につき、共同相続人の1人からこれを譲り受け、又は差し押さえた第三者は、他の共同相続人とどのような関係に立つか。

従前の判例によれば、Aが死亡し、甲不動産をB及びCが共同相続した場合において、Bが遺産分割前に甲不動産全部を自己の所有物としてDに売却

13）前掲（注12）小粥113頁

14）前掲（注12）小粥114頁

第5 所有権の共有

したとき，Dは，Bの法定相続分については甲の持分を取得し，Cは，甲不動産上の自らの法定相続分については登記なしにDに対抗できる（最判昭和38年2月22日民集17巻1号235頁）。最判昭和38年の判例は，「相続財産に属する不動産につき，遺産の分割前に単独所有権移転の登記をした共同相続人中のある者及びその者から移転の登記を受けた第三取得者に対し，他の共同相続人は，自己の持分を登記なくして対抗し得る。」旨判示している。Bの債権者EがBに代位して甲不動産につきBC名義の共同相続登記を行い，Bの法定相続分に対して行う差押えも有効である。その結果として，甲不動産は，共同相続人Cと第三者D（又はその買受人）との共有になり，判例（最判昭和50年11月7日民集29巻10号1525頁）によれば，第三者の持分は相続財産の範囲を逸出するから，遺産分割手続ではなく，共有物分割手続によって分割されるべきことになる。上記最判昭和50年の判例は，「共同相続人の1人から遺産を構成する特定不動産についての共有持分権を譲り受けた第三者が，共同所有関係の解消のためにとるべき手続は，遺産分割審判ではなく共有物分割訴訟である。」旨判示している。

つまり，この考え方は，⒤被相続人の死亡，⒤⒤遺産共有，⒤⒤⒤遺産分割，⒤⒱相続人の権利取得のプロセスについて，相続人が被相続人から権利義務を直接に（遺産共有の状態はなかったことにする。）承継したことにする（宣言主義）のではなく，相続人は，遺産共有状態（共同相続人が一旦法定相続分に対応する権利義務を取得する。）を経て，その後の遺産分割によって，権利義務を取得するとする考え方（移転主義）に立脚していると考えられる。

合有説は，このような判例，学説の考え方に対して，相続不動産の処分を禁止し，相続財産の一体性を維持しようということであったが，遺産分割後の第三者に対する分割の効力について定める民法909条ただし書と衝突してしまう[15]。最判昭和46年の判例は，「遺産分割による相続財産中の不動産に対する共有持分の得喪変更には民法177条の適用があり，分割により相続分と異なる権利を取得した相続人は，その旨の登記を経なければ分割後に当該

---

15) 前掲（注12）小粥116頁

不動産につき権利を取得した第三者に対抗することができない。」旨判示している。

④ 民法898条と合有

これまで，民法898条は相続財産は共有とする旨規定しているのは，その共有は合有を意味しているのかどうかという観点から若干の考察をしてきた。

昭和22年の民法改正により，民法909条のただし書（「……ただし，第三者の権利を害することはできない。」）が付加され，「第三者の権利を害することができない」とされたので，相続財産について相続人の権利に対する拘束を認めることは難しく，合有説をとることは困難になったとする考え方が強くなっている。このことは前述したとおりである。そうなると，少なくとも，共同相続人の相続財産に対する権利に関する限り，共同相続人間の内部的拘束があるかどうかは別として対外的には第三者が有効に持分を取得し得ることを認めざるを得ないと思われる[16]。

ただ，沿革的には，相続財産の共同所有形態について，ローマ法主義とゲルマン法主義の2形態があり，ローマ法においては，相続財産は共同相続人の共有に属するとされ，相続財産は相続人の固有財産と分離した独立の存在ではなく，個々の財産の集合にすぎない。相続財産を構成する個々の物又は権利は，相続人の相続分に応じて当然に分割される。各相続人は，持分の範囲では他の共同相続人の同意無しに有効な法律的処分をすることができる。したがって，この場合，相続分とは，各相続人に帰属すべき部分を指すことになる。債権債務については，可分である限り相続人間で当然に分割され，相続債務を分割前に清算する制度は存在しないといわれる[17]。

これに対しゲルマン法は，相続財産は分割を目的とした，相続人自身の財産とは独立した特別財産を構成する。相続人の持分は，特別財産としての相続財産全体に対する観念的・分量的な一部を意味するにすぎない。相続財産は相続人共同体に帰属する。相続人は全員が共同してでなければ，相続財産に属する個々の物又は権利を処分することはできない。債権・債務は当然に

---

16) 前掲（注2）431頁〔川井〕

17) 谷口知平ほか『新版 注釈民法（27）』93頁〔宮井・佐藤〕（有斐閣，2013）

は分割されることなく，相続債務については相続財産が引当てとなる。また，債権についても，全員が共同して全額を請求することになる。

　ローマ法は，フランス民法に，ゲルマン法はドイツ民法へと継受されているといわれている[18]。

　例えば，ドイツ民法2033条の規定の趣旨は，(1)各共同相続人は，遺産に対する自己の持分を処分することができる。(2)共同相続人は，個々の遺産の目的に対する自己の持分を処分することができないと解されている。つまり，共同相続人は，相続人共同体を構成し，相続財産全体に対する持分を有し，この持分は処分可能であるが，相続財産を構成する個々の物又は権利の物権的持分の処分は許されないのである。ドイツ民法が相続財産の共同所有関係を合有関係としていることからくる結論ということになる[19]。

　我が国においては，相続財産の共同所有の性質については，見解が分かれている。

　まず，共有であるとする主張は，第1に，民法は個人主義を原則としており，相続は，各相続人にとって財産取得原因にすぎない。第2に，相続人が1人ならば相続財産に属する個々の物又は権利の処分が可能であるのに，複数となると処分が不可能となる合理的根拠にとぼしい。第3に，相続財産に属する個々の物又は権利の持分の処分を無効とすれば，いつ単独所有となるかが第三者に不明であるため，第三者に不測の損害を与える可能性があり，分割前の処分による取得者を保護し，取引の安全を図るためには，共有説が適当である。第4に，民法909条ただし書は，遺産の分割前の処分が有効であることを前提とするものであり，民法909条本文の遡及効が制限されていることは，相続財産の共同所有が共有であることを根拠づけるものである。

　この共有説に対しては，もし共有と解するならば，相続人は相続財産を構成している個々の物又は権利について持分を有することになり，遺産の総合分割の原則（民法906条）に反することになること，分割についての遡及効を認める民法909条と相いれなくなること，個々の物又は権利についての持分

18）　前掲（注17）94頁〔宮井・佐藤〕
19）　前掲（注17）95頁〔宮井・佐藤〕

の処分を有効として第三者が取得し得るという構成は民法905条と矛盾することなどが主張されている[20]。

相続財産の共同所有を「合有」とする根拠は次のように要約される。

第1に，民法909条本文は分割の遡及効を認めており，かつ，民法906条によって相続財産に属する個々の物又は権利は一切の事情を考慮して分割されるのであるから，処分された物又は権利を処分者以外の相続人が遺産の分割によって取得すると遡及効によって処分者は初めから権利がなかったことになり，その処分は無効となる。したがって，分割前に持分を処分することができないと解すべきである。第2に，相続財産に属する物又は権利は，被相続人から直接相続人へ承継されるという構成がとられており，分割の遡及効と相まって，相続財産の共同所有は，遺産分割という特殊な目的の手段たる存在にすぎず（民法909条ただし書），民法909条ただし書は第三者の地位を考慮して付加された例外にすぎない。

第3に，共同相続人は，相続財産を包括的に承継し，その全体の上に相続分をもっており，各個の財産を共有的に承継するものではない。すなわち，相続財産全体が一つの特別財産であって，その特別財産の上に共同相続人である共同所有（合有）が成立する。さらに，民法905条の定める相続分の譲渡は，相続財産全体を一括したその上の持分であり，個々の財産のことではない。第4に，遺産の分割までの一時的な共同所有であると考えるならば，法律関係を複雑にしないためには，持分処分の禁止＝合有と考えるのが至当であるとしている。

ただ，この合有説の考え方に対しては，共有説の立場から，ⓘ民法909条ただし書は分割前の処分が有効であることを前提としていること，ⓘ合有という概念は家産の承継という考え方に立つものであり，個別財産主義を取る民法の立場とは相いれないこと，ⓘ相続財産は権利義務の集合であり，1個の物とみることはできないこと，ⓘ合有の登記は認められておらず，共有の登記をせざるを得ないが，それが遺産の分割の結果による共有の登記と区別

---

20) 前掲（注17）101頁〔宮井・佐藤〕

第5　所有権の共有

することができず，第三者を害することになるといった種々の理由により共有説の立場から批判が加えられている。

　民法の規定上からみれば，民法905条，906条，909条本文は合有説に根拠を与えることになり，逆に民法898条，909条ただし書からみると共有説が妥当するようにも考えられる。

　そこで，具体的な問題の検討から離れての合有説・共有説の抽象的な議論よりも，我が国の民法の下で，遺産分割前の各共同相続人が遺産につきどのような権利を持つと解すべきかについて，具体的に検討してみることも重要ではないかと考えられる[21]。

　ただ，判例は一貫して共有説をとっている。

　今まで考察してきたように，共有か合有かのポイントは，相続財産を構成する個々の物又は権利について物権的持分を認めるか否かということと可分の債権・債務が法律上当然に分割されるか否かということであるが，最判昭和29年4月8日民集8巻4号819頁は，「相続人数人ある場合において，その相続財産中に金銭その他の可分債権があるときは，その債権は法律上当然分割され各共同相続人がその相続分に応じて権利を承継するものと解するを相当とする。」とし，最判昭和30年5月31日民集9巻6号793頁は，「相続財産の共有……は，民法改正の前後を通じ，民法249条以下に規定する「共有」とその性質を異にするものではない。」としている[22]。

　⑤　合有論と再転相続

　上記のような判例の論理に対抗するためには，判例とは別の論理による遺産共有，遺産分割の理論構築が必要である。

　既に考察したように，相続財産についての共有説は，遺産共有が相続財産を構成する個々の財産についての共有関係であるとして，相続人が相続財産中の特定の財産上の持分を処分することもできるとする。これに対し，典型的な合有説は，遺産共有が相続財産全体についての共有関係であるとするから，共同相続人の持分も相続財産全体に対する割合的なものとなり，相続財

21）前掲（注17）103頁〔宮井・佐藤〕
22）前掲（注17）104頁〔宮井・佐藤〕

産中の個々の財産の持分は観念できないから，相続人がそれを処分すること
もできないとする。

　つまり，共有物分割が共有者の有する共有持分権に基づいて当該財産上の
共有を解消すること自体を目的とするのに対し，遺産分割は，各相続人に属
する遺産全体に対する具体的相続分に基づいて，これを充足するため各相続
人に分属している構成財産上の権利を再配分することにより，対象財産の遺
産性を解消することを目的とすると解することができれば，上記のような再
転相続により相続人がＣ１人となっても，遺産全体に対する具体的相続
分[23]を個々の相続に対する相続分として割付け作業が存続していると構成
して，Ｃの割付処分（遺産処分）が存在すると考えることができないかとい
う疑問がなくはないが，共有説（最判昭和61年３月13日民集40巻２号389頁は，遺産
の共有について，物権法上の共有と同じものであるとする。）をとる判例からみると考
えられないということになりそうである。

　遺産分割されるまでの間の遺産は，共同相続人が相続分に応じて共有して
いる権利関係にあると解されており（最判平成17年９月８日民集59巻７号1931頁・
判時1913号62頁），この見解によれば，再転相続の実質は，第２次被相続人が
第１次被相続人の未分割遺産について相続分に従って取得した共有持分権を
更に再転相続人が相続するものであり，第２次被相続人が取得した当該共有
持分権は，第２次被相続人の遺産を構成すると解するのが相当であり（遺産
説），家庭裁判所の大勢は，この遺産説によって処理されている。

　再転相続というのは，相続人が相続の承認も放棄もしないで死亡したため，
第２の相続が開始することをいう（民法915条，916条）が，最決平成17年10月
11日（民集59巻８号2243頁）は，「相続が開始して遺産分割未了の間に相続人が
死亡した場合において，第２次被相続人が取得した第１次被相続人の遺産に
ついての相続分に応じた共有持分権は，実体上の権利であって第２次被相続
人の遺産として遺産分割の対象になる。」旨の決定をしている。

　いわゆる再転相続には，第１次被相続人について相続が開始し，民法915

---

23) 内田恒久『判例による相続・遺言の諸問題』３頁（新日本法規，2002）

第5　所有権の共有

条1項の熟慮期間を経た後に，その相続人の1人である第2次被相続人が死亡してその相続が開始したという形態のもの（広義の再転相続）と第1次被相続人の相続が開始した後，その相続人の1人である第2次被相続人が第1次被相続人の相続を承認するか放棄するか未定のうち（民法915条1項の熟慮期間内）に死亡して，第2次被相続人の相続が開始したという形態のもの（狭義の再転相続）とがあるが，ここで考察するのは，前者つまり広義の再転相続の場合についてである（最高裁判所判例解説民事篇平成17年度下689頁・青野洋士）。

　例えば，夫Aが死亡し，その妻Bとその子C（子供1人）が相続人となったが，Aの死亡後3か月以上経過した後に妻Bが死亡した場合において，A名義の不動産について，BとCとの間において，その不動産について遺産分割の協議がないまま（Bの相続放棄，特別受益もない。）Bが死亡した場合において，AからCへ直接相続による所有権移転登記ができるか否かが問題となる。

　前述した平成17年9月8日の最高裁決定は，再転相続における遺産の帰属について，遺産説をとる家庭裁判所の実務を正当として是認した初めての最高裁判所決定である。

　そうなるとAを被相続人とする1次相続の共同相続人BとCが各2分の1の割合で相続し，BとCが相続した持分各2分の1については，Aの死亡によるBとCへの所有権移転登記，B持分2分の1についてはB死亡によるCへの所有権移転登記の2つの登記を申請することになる。

　重要なことは，平成17年の最高裁決定でAの死亡によるBの相続持分2分の1はBの遺産となる，つまり遺産説を明らかにしていることである。

　遺産説は，再転相続の実質を第2次被相続人が第1次被相続人の未分割遺産について，その相続分についてその相続分に従って取得したものを更に再転相続人が相続するものと解し，この第2次被相続人取得分は，第2次被相続人の遺産を構成し，第2次被相続人にその余の固有資産がなければこれのみが，その余の固有資産があればそれと併せたものが分割対象財産となるとする見解である。

　他の1つの考え方は，再転相続の実質を，割合としての相続分を承継するもの又は第1次被相続人の遺産を相続分の価額に従って分配を受け得る第2

次被相続人の地位を承継するものと解し，第1次被相続人の未分割遺産についての第2次被相続人の相続分は，遺産分割手続における分配の前提となる遺産の総額に対する計算上の割合を意味するものであって，それ自体は第2次被相続人の遺産を構成する具体的財産権ではなく，遺産分割手続の対象とならないとする見解である（非遺産説）。

この原審（前記平成17年最高裁決定の原審）決定が採る非遺産説は，再転相続の実質を第1次被相続人の遺産について認められる第2次被相続人の割合的相続分若しくは価額又はその価額に従って遺産の分配を受け得る地位の承継としてとらえるものであるが，相続開始後遺産分割までの間の遺産共有状態の発生を認める民法の各規定及び最高裁判決（最判昭和30年5月31日民集9巻6号793頁，最判昭和50年11月7日民集29巻10号1525頁，最判昭和61年3月13日民集40巻2号389頁等）並びに遺産共有にある各個の遺産について，相続分に応じた共有持分権の実体法上の権利性を一貫して認めてきている（最判昭和38年2月22日民集17巻1号235頁，最判昭和46年1月26日民集25巻1号90頁，最判昭和50年11月7日民集29巻10号1525頁）。最高裁の考え方とは相いれない考え方であると解される[24]。

登記実務もこのような場合において，ＢＣ間において遺産分割の協議がされていない場合（特別受益者等もいない）には，Ａ死亡の1次相続により，ＢとＣが不動産を取得し，その後Ｂ死亡による2次相続により，ＣがＢの相続財産（Ｂの持分2分の1）を取得することになるので，中間の相続が単独相続とならず，中間省略登記はできない。そこで，Ａ死亡によるＢ及びＣへの相続を登記原因とする所有権移転の登記（各持分2分の1）及びＢ死亡によるＣへの相続を登記原因とするＢ持分全部移転の登記を申請することになる。したがって，この場合に，ＡからＣへの1件の登記が申請された場合，遺産分割協議書又は特別受益証明書等の提供がないときは，登記原因を「年月日（Ａ死亡の日）Ａ相続」とする申請は，不登法25条9号により却下され，登記原因を「Ｂ及びＣ相続，年月日相続」とする登記申請は不登法25条5号によ

24）『最高裁判所判例解説民事篇　平成17年度（下）』〔青野〕688頁

第 5 所有権の共有

り却下されると解している[25]。

---

25)「カウンター相談（224）」登記研究759号115頁，拙稿「物権変動原因の公示と登記原
　　因証明情報（下の 1 ）」登記研究765号49頁

第6　不動産の共有

1　共有の発生

　我が国の民法には，1つの物の上には同じ内容の物権は1つしか成立しないという原則，いわゆる一物一権主義の原則がある。その結果，我が国の民法では，1つの物の上に複数の所有権が成立する共有は例外的な態様であるということになり，共有関係は，いずれは分割されるという原則に立脚していると考えられる。

　しかし，この共同所有形態は，分割相続の時代となり，権利意識の高まりとともに遺産共有が増加し，更には，遺留分減殺による共有状態の発生等も考えられ，増加傾向にある。

　また，依然として価額が高止まりしていることもあり，土地や建物の共有化が進んでおり，権利意識の高揚ということもあって夫婦で財産を共有するということも増加しているようである。

　このように考えてくると，権利の共有は例外的な現象ではなく，今後も更に増加していくのではないかと考えられる。共有が例外的な現象ではなく，土地の細分化，建物の高層化とあいまって，多数当事者の新たな権利関係として，複雑化，困難化してくるということになると共有関係の現代的役割を加味した新しい観点からの研究あるいは考察が必要であるということになると考えられる[1]。

---

1)　馬橋隆紀編『共有関係における紛争事例解説集』4頁（新日本法規，2005）

第6　不動産の共有

2　共有の性質

　共有の性質については，各共有者は1個の所有権が一定の割合において制限しあって，その内容の総和が1個の所有権の内容と均しくなっている状態であるといわれている。

　判例も，大判大正8年11月3日（民録25輯1944頁）は，共有の性質について，「……共有ハ数人カ共同シテ一ノ所有権ヲ有スル状態ニシテ共有者ハ物ヲ分割シテ其一部ヲ所有スルニアラス，各共有者ハ物ノ全部ニ付キ所有権ヲ有シ他ノ共有者ノ同一ノ権利ニヨリテ減縮セラルルニ過キス従テ共有者ノ有スル権利ハ単独所有者ノ権利ト性質内容ヲ同フシ唯其分量及ヒ範囲ニ広狭ノ差異アルノミ故ニ各共有者ノ持分ハ一ノ所有権ノ一分子トシテ存在ヲ有スルニ止マリ別箇独立ノ存在ヲ有スルモノニアラス而シテ単独所有権ノ登記ハ一所有権ノ一箇ノ登記ニシテ多数ノ共有権ノ集合登記ニアラサルヲ以テ単独所有権ノ登記中或部分ノ共有権ノ登記ノミヲ残存セシメテ他ノ共有権ノ登記ヲ抹消スルコトヲ得ス故ニ其単独所有権ノ登記中或部分ノ共有権ノ登記ノミヲ残存セシメテ他ノ共有権ノ登記ヲ抹消スルコトヲ得ス故ニ其単独所有権ノ登記ハ共有権ノ登記ニ改ムル為メ之ヲ抹消スルコトヲ得ヘキモノトス……」と判示し，共有者の1人が無断でした単独名義の所有権取得登記について，その全部の抹消を求める他の共有者からの請求を認めている[2]。

　この共有は，複数人が同一の物を同時に所有する場合の原則的な法形式であり，民法は，共有が成立した場合の共有者相互間の法律関係と，共有物を分割し共有を終了させる場合の法律関係について規定している。共有が成立する場合としては，組合財産が組合員の共有となり（民法668条），共同相続財産が共同相続人の共有になる（民法898条），そして，更には，境界線上の界標などについて共有と推定する規定を置き（民法229条），区分所有建物の共同部分も区分所有者の共有となる（区分法11条）。最判昭和33年7月22日民集12巻12号1805頁は，「組合財産についても，民法667条以下に特別の規定の

2）吉野衛『判例からみた不動産登記の諸問題』400頁（新日本法規，1977）

ない限り，249条以下の共有の規定が適用される。組合員の1人は単独で，組合財産である不動産につき，登記簿上の所有名義者たる者に対し登記の抹消を求めることができる。」旨判示し，最判昭和30年5月31日民集9巻6号793頁は，「相続財産の共有は，民法改正の前後を通じ，民法249条以下に規定する『共有』とその性質を異にするものではない。」旨判示している。また，最判昭和38年2月22日民集17巻1号235頁は，「相続財産に属する不動産につき遺産の分割前に単独所有権移転の登記をした共同相続人中のある者及びその者から移転の登記を受けた第三取得者に対し，他の共同相続人は自己の持分を登記なくして対抗し得る。」旨判示している。

　同一の物を同時に所有する人々を共有者，複数人に同時に所有される物を共有物という。共有者は，共有物について，各自権利を有するが，この権利を持分又は持分権という。各共有者は，単独で自由に持分を譲渡することができ，また，持分に担保権を設定することができる。その持分を譲渡すると共有者の交替が生ずる。各共有者は，単独で自由に共有物分割の請求をすることができ（民法256条），各共有者は，単独で共有を終了させることができる。この共有物の分割は，共有者相互間において，共有物の各部分につき，その有する持分の交換又は売買が行われることであって，各共有者がその取得部分について単独所有権は原始的に取得するものではない（最判昭和42年8月25日民集21巻7号1729頁）。したがって，共有物である土地の分割の結果，その一部について単独所有権を取得した者は，分筆登記を経由した上で，他の共有者と共同して共有物分割を原因とする持分の移転登記手続を申請すべきである（最判昭和42年8月25日民集21巻7号1729頁）。ただし，5年を超えない期間内は分割をしない旨の契約をすることができる（民法256条1項ただし書）。共有物分割禁止の定めに係る権利の変更の登記の申請は，当該権利の共有者である全ての登記名義人が共同してしなければならない（不登法65条）。

　なお，境界線の界標などの共有については，共有物分割の訴えは認められていない（民法257条，229条）。境界線上の設置物の性質上当然である。組合財産の共有については，持分の処分の効力は制限され，また，清算前の組合財産の分割は認められていない（民法676条）。もっとも組合員全員の合意が

第6　不動産の共有

あれば一部の財産を分割することは差し支えない（大判大正2年6月28日民録19輯573頁）。

　分割を請求するには，他の共有者全員に対して分割すべき旨の意思表示をする必要があり，他の共有者は分割の方法について協議し，協議によって分割する場合には，どのような方法によってもよいとされている（最判昭和62年4月22日民集41巻3号408頁）。例えば，現物をもって分割することもでき，過不足を生ずる場合には，対価の支払によって調整することもできる。目的物を売却して，金銭をもって分割することもできる。共有者の一人が単独所有者となって，他の共有者に償金を与える方法によってもよい。同一の共有者による分割の対象となる共有物が多数あるときは，これらを一括して分割の対象として，それぞれの物を各共有者の単独所有とすることもできる（最判昭和45年11月6日民集24巻12号1803頁）。

　共有者の一部が分割請求をしている場合に，その請求者に対してのみ持分の限度で現物を分割し，その余を残りの者の共有として残すこともできる（最判平成4年1月24日判時1424号54頁）。つまり，共有不動産について，分割請求する原告が多数である場合には，被告の持分の限度で現物を分割し，その余は原告らの共有として残す方法によることも許される（最判平成4年1月24日家月44巻7号51頁）。

　共有物分割の申立てを受けた裁判所としては，共有物の性質及び形状，共有関係の発生原因，共有者の数及び持分の割合，共有物の利用状況及び分割された場合の経済的価値，分割方法についての共有者の希望及びその合理性の有無等の事情を総合的に考慮し，当該共有物を共有者のうち特定の者に取得させるのが相当であると認められ，かつ，その価格が適正に評価され，当該共有物を取得する者に支払能力があって，他の共有者にはその持分の価格を取得させることとしても共有者間の実質的な公平を害しないと認められる特段の事情が存するときは，共有物を共有者のうちの1人の単独所有又は数人の共有とし，これらの者から他の共有者に持分の価額を賠償させる方法，すなわち全面的価額賠償の方法によることも許される（最判平成8年10月31日民集50巻9号2563頁）。このように最高裁平成8年10月31日の判例（民集50巻9号2563

74

頁）は，「全面的価格賠償」の方法によることができる場合についての基準を「当該共有物を共有者のうちの特定の者に取得させるのが相当であると認められ，かつ，その価格が適正に評価され，当該共有物を取得する者に支払能力があって，他の共有者にはその持分の価額を取得させることとしても共有者間の実質的公平を害しないと認められる特段の事情があるとき」としている[3]。

もっとも，持分譲渡があっても，その登記がないためにこれをもって他の共有者に対抗でないときには，上記持分がなお譲渡人に帰属するものとして共有物分割をすべきである（最判昭和46年6月18日民集25巻4号550頁）。それから「相続させる」旨の遺言と共有物分割ということが問題となることがある。例えば，相続人A，B，Cが各3分の1の共有持分割合で「相続させる」旨の遺言がされるとその遺言により物権的効力が生じA，B，C各3分の1ずつの共有持分割合で物権共有することになり（最判平成3年4月19日民集45巻4号477頁），その登記はA，B，C各3分の1の割合で相続登記をすることになる。もしその後に妻Aと子BCが協議して，Aが2分の1，B，Cが各4分の1の持分割合とすることにした場合，この協議は遺産分割の協議ではなく，共有物分割の協議（民法256条）となる。したがって，その登記は，A3分の1，B3分の1，C3分の1の割合による相続登記をした後に，共有物分割を登記原因として，B，CからAに対し，各12分の1の共有持分移転の登記をAが登記権利者，B，Cが登記義務者となって申請することになると解される[4]。

3　共有不動産をめぐる登記請求

(1)　登記請求権

不動産を共有する場合には，共有者は，その登記をしなければ第三者に対

---

3) 我妻榮ほか『コンメンタール民法—総則・物権・債権—』436頁（日本評論社，第3版，2013）

4) 拙稿「公正証書と不動産登記をめぐる諸問題」公証174号196頁

第6 不動産の共有

し，持分権を対抗することができない。この登記請求権については，①実体的な権利の変動に応じて，それに登記を即応させるために生ずるという考え方（実体的権利変動発生説），②登記をする特約によって生ずるという考え方（債権的請求権説），③実体的な権利関係と登記簿上の権利関係が符合しない場合に，これを符合させるために生ずるという考え方（物権的請求権説）[5]がある。

登記は，原則として登記権利者及び登記義務者の共同申請によってなされるから（不登法60条），登記の申請に当たり，登記義務者が任意に協力しない場合には，法律上，登記権利者が登記義務者に対し，その協力を請求し得る権利を認める必要があり，このような登記申請について相手方の協力を請求し得る権利を登記請求権という（不登法60条）。

例えば，不動産の買主は，それを転売により，その不動産の所有権を喪失しても，売主に対して自己の登記請求権を行使できる（大判大正5年4月1日民録22輯674頁）。

したがって，一般に「登記請求権は，登記法上，共同申請の原則がとられているから認められているものではあるけれども，その法律的性質は，物の引渡請求権と同じく実体法上の権利であると解される。そして，登記請求権は，私人が私人に対して登記の申請について必要な協力を求める私法上の権利であるから，私人が登記官に対し，登記という行政行為を求める公法上の権利である登記申請権とは区別される」[6]。

登記請求権が基本的には引渡請求権と同じように考察し得るにかかわらず，なおかなり異なった面を持つのは，「物引渡しにおける物支配の移転」がその態様において千態万状であるのに対し，登記という物支配の形式や，その私人間における移転は，国家機関が関与してなされる高度に定式化された手続であり，一箇の公的制度を形成しているからであって，この公的制度＝公法的法律関係を直接に規律しているのが不動産登記法であるとすれば，一方において，登記請求権をある程度統一的に観察することが可能かつ必要であ

---

5) 松尾英夫「共同所有形態の登記をめぐる諸問題(2)」登記研究502号31頁
6) 舟橋諄一ほか『注釈民法(6)・物権(1)』458頁〔石田喜久夫・石田剛〕（有斐閣，新版，2009）

るとともに，他方において，登記請求権の一般的根拠を登記法上の共同申請主義に求める通説的見解，ないし，登記請求権が実体法上独自に存在するものではなくて，もっぱら登記法に基づいて発生するとする考え方[7]はもとより，登記請求権を実体法的観点のみから考察し，登記請求権実現の方法を無視しがちな理論のゆきすぎも指摘されている[8]。

(2) 登記請求権の発生
① 現在の権利関係と登記が一致していない場合
実際に物権変動が生じているのにその登記がなされていない場合には，売主は売買契約の内容として登記義務を負担し，その不履行は民法541条の債務不履行に該当する（大判明治44年11月14日民録17輯708頁）。

実質的には物権が存在しないか，物権変動が生じていないのに登記がある場合，つまりこの場合は，この不一致を除去するため，法律上当然に登記請求権が発生する。実質的権利者が不正登記の抹消登記請求権を有する（大判大正7年5月13日民録24輯957頁，大判明治43年5月24日民録16輯422頁，大判大正7年7月10日民録24輯1441頁など）表示の登記についても，抵当権者の登記請求権につき，甲建物について滅失の事実がないのにその旨の登記がされた後に別に乙建物として表示の登記等がされた場合に，甲建物の根抵当権者は，乙建物の所有名義人に対して建物の表示の登記及び所有権保存登記の抹消登記手続を，甲建物の所有名義人であった者に対し甲建物の滅失の登記の抹消登記手続をそれぞれ請求できるとしている（最判平成6年5月12日民集48巻4号1005頁）。

② 実質的な物権変動がある場合
実質的に物権変動があったのに登記が随伴しないときは，物権変動と登記の不一致を除去するため，当然に当事者間に登記請求権が発生する。例えば，前述した買主の登記請求（大判明治44年11月14日民録17輯710頁，大判大正9年11月22日民録26輯1857頁等），地上権者の登記請求（大判明治39年2月7日民録12輯180頁，大判明治43年4月30日民録16輯338頁），先順位抵当権の弁済による消滅の場合に

---

7) 香川保一「登記請求権について(1)〜(6)」登記研究134号〜136号，139号，144号，145号
8) 前掲（注6）459頁〔石田喜久夫・石田剛〕

おける後順位抵当権者の抹消請求（大判大正8年10月8日民録25輯1859頁）等があり，買主が目的不動産を転売した後でも売主に対する登記請求権を失わないこと（大判明治43年7月6日民録16輯537頁，大判大正5年4月1日民録22輯674頁），売主の登記義務につき約束しない場合にも買主の登記請求権が当然発生する（大判大正9年11月22日民録26輯1857頁など）のは，この理による。また，買主の移転登記請求権が独立して消滅時効に掛からないこと（大判大正5年4月1日民録22輯674頁，大判大正9年8月2日民録26輯1293頁など）もこの理由から引き出される[9]。

(3) 共有持分の登記

① 共有登記の必要性

共有者は共有の登記をしなければ第三者に対しその持分権を対抗することができない（大判大正5年12月27日民録22輯2524頁）。

② 共有の成立と登記

共有がいかなる場合に成立するかにつき，我が国の民法は明記していないが，まず，契約により共有関係が発生する場合がある。例えば，ＡＢ間で物を共有しようという合意が成立すると，そこに共有関係が発生する。その合意は明示でなくてもよく，不明のときは法律行為の解釈の原則に基づき確定されることになる。そのほか，共有関係は法律の規定によって発生することがある。例えば，①相隣関係につき，民法229条1項は，「境界線上に設けた境界標，囲障，障壁，溝及び堀は相隣者の共有に属するものと推定する。」と規定し，また，区分法4条1項は，「数個の専有部分に通ずる廊下又は階段室その他構造上区分所有者の全員又はその一部の共用に供されるべき建物の部分は，区分所有権の目的にならないものとする。」と規定している。また，区分法11条1項は，「共用部分は，区分所有者全員の共有に属する。ただし，一部共用部分は，これを共用すべき区分所有者の共有に属する。」と規定し，また，②所有権の取得に関し，民法241条ただし書（埋蔵物），244条

---

9) 前掲（注6）461頁〔石田喜久夫・石田剛〕

（付合），245条（混和）に共有に関する規定がある。㈢夫婦財産に関し，民法762条2項に法律上共有とみられる場合が規定されている[10]。

(4) 持分権

① 持分権の意義

持分権というのは共有者が共有するその物に対する権利のことをいう。共同所有において，各共同所有者が，共同所有の目的物について有する権利を持分又は持分権という。共有においては，持分権自体1つの所有権であって，ただ，他の共有者の持分権のために量的に制限された状態であると解されている。したがって，その内容は所有権と同じであり，各共有者は，自己の持分を認めない者に対して，持分権の確認を請求することができ，また，共有物に妨害を加える者に対して，持分権に基づく妨害排除を請求することができる。また，各共有者は，単独で自由に持分権を譲渡することができるが，共有物自体を譲渡すること，共有物の保存行為以外の管理に関する事項を単独で自由に決定すること，共有物の全部を単独で自由に使用することはできない点で単独所有と異なる。

② 持分権の弾力性

持分権には弾力性があるといわれる。共有は1つの物を多数の者が所有する関係であり，所有権は共有者間の持分権により制限されあっている。そして，所有権は，常に円満で無制限の状態に復帰しようとする性質がある。このような性質を持分権の弾力性という。民法255条は，「共有者の1人が，その持分を放棄したとき，……その持分は，他の共有者に帰属する。」と規定し（民法253条2項も同趣旨と解される。），その弾力性を示している。

③ 持分権処分の自由

持分権は所有権の実質を有するから，各共有者は自由に自らの持分権を処分することができる。

持分権の処分としては持分の譲渡のほか，持分に対する担保権の設定，持

10）前掲（注6）439頁〔川井健〕

第6　不動産の共有

分の放棄も可能である。

　ただ，持分に対する用益権の設定は，共有物の全部にかかわるため，各共有者がこれをすることはできない。最判昭和29年12月23日（民集8巻12号2235頁）は，「甲・乙共有の土地上に甲所有の建物が存在し，甲の土地持分に抵当権が設定された場合，競売の結果，共有土地に法定地上権が成立することはない。」旨判示している。つまり，「共有地全体に対する地上権は共有者全員の負担となるのであるから，共有地全体に対する地上権の設定には共有者全員の同意を必要とすること……この理は民法388条のいわゆる法定地上権についても同様であり偶々本件の如く，右法条により地上権を設定したものと看做すべき事由が単に土地共有者の一人だけについて発生したとしても，これがため他の共有者の意思如何に拘わらずそのものの持分までが無視さるべきいわれはないのであって，当該共有土地については地上権を設定したと看做すべきでない」と述べている。

　なお，持分の処分については，組合財産（民法676条1項）及び相続財産（民法905条）において特則が置かれている。前者については，民法676条1項は，「組合員は，組合財産についてその持分を処分したときは，その処分をもって組合及び組合と取引をした第三者に対抗することができない。」と規定し，その2項は，「組合員は，清算前に組合財産の分割を求めることができない。」と規定している。そのため組合員の持分に対する差押えについては，「組合員の債権者は，組合の全財産に対する組合員の持分を差し押えることはできない。」（大判昭和6年9月1日新聞3313号9頁）とされ，清算前の分割の合意については，「組合員全員の合意があれば一部の財産を分割することは差し支えない。」（大判大正2年6月28日民録19輯573頁）としている。

　後者については，民法905条1項は，「共同相続人の1人が遺産の分割前にその相続分を第三者に譲り渡したときは，他の共同相続人は，その価額及び費用を償還して，その相続分を譲り受けることができる。」と規定しているが，共同相続人の1人が遺産中の特定不動産について同人の有する共有持分権を第三者に譲り渡した場合は，本条（民法905条）を適用又は類推適用できない（最判昭和53年7月13日判時908号41頁）としている。共同相続人による特定

80

3　共有不動産をめぐる登記請求

財産上の共有持分権の譲渡と共同相続財産全体に対する包括的な持分である相続分の譲渡とは別問題である。

　持分権の譲渡は登記をしなければ第三者に対抗することができない（大判大正 5 年12月27日民録22輯2524頁における傍論）。

④　持分権の登記請求

i　持分登記の必要性

　共有者は共有登記をしなければ第三者に対し持分権を対抗することができない[11]。

ii　持分の登記

　共有者は共有の登記をしていても持分の登記をしていないと民法250条により持分は平等と扱われ，それと異なった割合を第三者に対抗することはできないとされる（大判昭和19年 9 月28日大審院民集23巻555頁）。逆にいえば，持分の異なった割合を定めたとき，その共有者の 1 人から当該不動産の一部を譲り受けた者から転得した者は，他の共有者の登記がないことを主張する利益を有する第三者に該当することになる[12]。しかし，現在は，共有の場合には申請書に必ず持分を記載することになっており（登記令 3 条 9 号），その登記がされる（不登法27条 3 号，59条 4 号）。

⑤　持分権の侵害

　共有物について妨害する者があれば，それが第三者であろうと共有者の 1 人であろうと各共有者は単独でその排除を請求できる（大判大正 7 年 4 月19日民録24輯731頁，大判大正 8 年 9 月27日民録25輯1664頁）。ただし，損害賠償は自分の持分についてのみ請求できる（最判昭和41年 3 月 3 日判時443号32頁）。保存行為も各共有者がすることができる（民法252条ただし書）。保存行為は単に現状を維持する行為であり，その例としては，共有地の不法占有に対する妨害排除と明渡請求（大判大正 7 年 4 月19日民録24輯731頁，大判大正10年 6 月13日民録77輯1155頁），無権限で登記簿上所有名義を有する者に対する抹消請求（最判昭和31年 5 月10日民集10巻 5 号487頁，最判昭和33年 7 月22日民集12巻12号1805頁）などが

11）最判昭和46年 6 月18日民集25巻 4 号550頁

12）前掲（注 6 ）662頁〔吉原〕

第6　不動産の共有

ある。共有に属する土地が地役権の要役地である場合に，要役地のために承
役地につき地役権設定登記手続を請求するのは保存行為であり，各共有者が
単独で共有者全員のために訴訟を起こすことができる（最判平成7年7月18日
民集49巻7号2684頁）[13]。

　共有物を第三者が占有している場合には，その引渡しは，各共有者がそれ
ぞれ単独で求めることができる（大判大正10年3月18日民録27輯547頁）。

　各共有者は，自分の持分権の確認を求め，侵害の排除を求めたり，その登
記を求めることは単独でできるが（大判大正10年7月18日民録27輯1392頁，最判昭
和31年5月10日民集10巻5号487頁，最判昭和40年5月20日民集19巻4号859頁），共有
物の所有権確認，又は共有名義の登記を求めるのには，共有者が全員で共同
しなければならない（大判大正5年6月13日民録22輯1200頁，大判昭和3年12月17日
大審院民集7巻1095頁，大判大正13年5月19日大審院民集3巻211頁）。

　各共有者が単独で請求できるとされた例としては，他の共有者の持分につ
いて実体上の権利を有しないのに不実の持分移転登記をしている者に対して，
共有者の1人はその持分移転登記の抹消登記請求をすることができる（最判
平成15年7月11日民集57巻7号787頁）。

　なお，不動産の共同相続において相続人の1人が勝手に単独所有登記をし
て第三者に移転した場合について，他の相続人が請求できるのは，登記全部
の抹消ではなくて，自分の持分についてのみの一部抹消（更正）登記手続で
あるとした判例がある（最判昭和38年2月22日民集17巻1号235頁）。また，土地所
有者の中に境界確定の訴えを提起することに同調しないときは，その余の共
有者はその者と隣地所有者を被告としてその訴えを提起することができると
した判例（最判平成11年11月9日民集53巻8号1421頁）がある[14]。

4　共有と固有必要的共同訴訟

　必要的共同訴訟というのは，「訴訟の目的が共同訴訟人の全員について合

---

13)　前掲（注3）433頁〔我妻・有泉〕
14)　前掲（注3）430頁〔我妻・有泉〕

一にのみ確定すべき場合」（民事訴訟法40条1項）の訴訟形態であり，合一確定の必要がある結果，常に関係者全員が共同して訴え，又は訴えられる必要があるとされるものが固有必要的共同訴訟である[15]。

訴訟物である権利又は法律関係について数人が共同でのみ管理・処分ができる場合や他人間の法律関係の変動を生じさせることを目的とする形成訴訟又は変動を生じさせると同程度に重大な影響を与える確認訴訟等がこれに当たる。

共有に係る訴訟例を中心に若干の考察を加えると以下のとおりである。

(1) 共有権の確認請求

土地の共有者全員が共同原告となって，共有権に基づき，共有権を争う登記名義人に対して，その確認，登記の移転を求める訴訟は，共有者の1個の所有権が紛争の対象であって，共有者全員にとって矛盾なき解決の必要があるから，固有必要的共同訴訟とされるべきであり，原告の1名による訴えの取下げは無効である（最判昭和46年10月7日民集25巻7号885頁）。

(2) 共有登記名義人に対する登記抹消請求

建物につき，競売申立て前に付けられた所有権移転請求権保全の仮登記に基づき所有権本登記を経由した者が，競落により所有権移転登記を経由した共有名義人に対しその抹消を求める訴えは，必要的共同訴訟であり，被告の1人につき控訴期間が徒過しても，他の者の控訴により全員が控訴人となる（最判昭和38年3月12日民集17巻2号310頁）。

(3) 共有者による境界確定の訴え

① 隣接する土地の一方又は双方が共有に属する場合の境界確定の訴えは，共有者全員が訴え又は訴えられることを要する固有必要的共同訴訟である。原告側共有者のうち行方不明の1人を除く13人により提訴

---

15) 拙稿「共有と登記─1 共有（物）関係」『新・不動産登記講座 第4巻（各論I）』170頁（日本評論社，2000）

された訴えは，当事者適格を欠き不適法である（最判昭和46年12月9日
民集25巻9号1457頁）。

② 土地共有者が隣地との境界の確定を求める訴えはその全員が原告と
なるべき固有必要的共同訴訟であるが，訴えの提起に同調しない者が
いたとしても，隣接する土地との境界に争いがあるときにはその確定
が必要なことに変わりなく，同訴えにおいては，裁判所は当事者の主
張に拘束されず，当事者の主張しない境界線を確定しても民訴法246
条に違反しないという特質に照らせば，共有者全員が共同歩調をとる
ことは必要でなく，全員が原告又は被告のいずれかの立場で訴訟に関
与しておれば足り，提訴に賛成する共有者は，隣地所有者と供に非同
調共有者を被告として訴えを提起することができる（最判平成11年11月
9日民集53巻8号1421頁）。

(4) 遺産確認の訴え

遺産確認の訴えは，当該財産が現に共同相続人による遺産分割前の共有関
係にあることの確認を求める訴えであり，その原告勝訴の確定判決は，当該
財産が遺産分割の対象である財産であることを既判力をもって確定し，これ
に続く遺産分割審判の手続及び右審判の確定後において，当該財産の遺産帰
属性を争わせないことによって共同相続人間の紛争の解決に資するのである
から，右訴えは，共同相続人全員が当事者として関与し，その間で合一にの
み確定することを要する固有必要的共同訴訟である（最判平成元年3月28日民集
43巻3号167頁）。

(5) 共同相続人間における相続人たる地位不存在確認の訴え

特定の共同相続人が相続欠格を理由に被相続人の遺産につき相続人たる地
位を失ったか否かは，遺産分割手続の前提問題であり，その地位の不存在確
認の訴えは，共同相続人全員が当事者として関与し，その間で合一に確定す
ることを要する固有必要的共同訴訟である（最判平成16年7月6日民集58巻5号
1319頁）。

5 共有不動産と保存行為

(1) 共有不動産の表示に関する登記

　共有不動産の表示に関する登記については，報告的登記に属する登記の申請を共有者の1人から他の共有者のためにすることは，民法252条ただし書に規定する保存行為に当たると解される。したがって，新たに土地が発生した場合の土地の表示登記（不登法36条）や建物を新築した場合の建物の表示登記（不登法47条）は，不動産の物理的状況を正確に登記簿に公示することを目的とするいわゆる報告的登記であるから，それらの不動産が共有である場合には共有者の1人からその表示の登記を申請することができる。共有不動産の表示変更又は更正の登記についても同様である。この表示登記の申請情報には，共有者全員の住所氏名とそれぞれの持分を記録することが必要である（不登法39条，78条，91条）。

　表示登記が未了のうちに所有者が死亡した場合には，相続人から相続を証する情報を提供して表示登記の申請をすることができる。この場合には，相続人名義又は被相続人名義のいずれにでも登記することができるが，登記の申請人については民法252条ただし書に規定する保存行為として共同相続人の1人からでも申請することができる。未登記の共有不動産について，共有者の一部の者から他の共有者全員のための所有権保存登記の申請があった場合，これを受理して差し支えない旨の先例（明治33年12月18日民刑1661号民刑局長回答）がある。

　共有土地については，共有者の1人のみから土地の表示の変更又は更正の登記を申請することができる（大正8年8月1日民2926号民事局長回答・登記研究555号45頁）ことは前述のとおりであるが，共有不動産の滅失登記を申請する場合の申請人も，必ずしも共有者全員である必要はない（登記研究389号121頁）。共有建物の一部取壊しによる床面積の変更登記申請も共有者の1人からでもすることができる（登記研究403号78頁）。その申請は民法252条ただし書の保存行為に該当すると考えられ，必ずしも共有者全員による申請を必要としないと考えられるからである（登記研究555号47頁）。

第6 不動産の共有

被相続人名義の不動産について相続人からの表示登記の申請をする場合に
は，被相続人名義の土地について，遺産分割による相続の登記を申請する前
提として，土地の合筆の登記をした上で土地の分筆の登記をする必要がある
場合，相続を証する書面を提供して，相続人から合筆の登記を申請すること
ができる（登記研究404号134頁）。

被相続人名義の不動産につき，相続人から現地調査を必要とする表示に関
する登記を申請する場合には，申請書に相続を証する書面を添付（提供）す
る必要がある（昭和38年1月24日民事甲158号民事局長回答）。被相続人名義の不動
産について，相続人から登記申請をすることができるのは，不動産の表示の
変更のような報告的登記のみでなく，分筆・合筆の登記についても同様であ
り，相続による所有権移転登記をしないままで，相続人からその登記を申請
することができる。この場合，相続人が複数であるときは相続人全員でする
必要がある（登記研究555号49頁）。

不動産の共有者の1人がその持分権に基づき，当該不動産につき登記簿上
所有名義者たる者に対してその登記の抹消を求めることは，妨害排除の請求
にほかならず，いわゆる保存行為に属する（最判昭和31年5月10日民集10巻5号
487頁）。つまり，不動産の共有権者の1人がその持分権に基づき所有名義人
に対し登記の抹消を請求することは，妨害排除請求にほかならず保存行為で
あるから，各共同相続人は単独で登記の全部の抹消を請求できる。

また，不動産の共有者の1人は，その持分権に基づき，共有不動産に対す
る妨害排除請求ができるので，当該不動産について全く実体上の権利を有し
ないのに持分移転登記を経由している者に対して，単独で，その抹消登記手
続を求めることができる（最判平成15年7月11日民集57巻7号787頁）。

さらに，土地の各共有者は，土地の一部が自己の所有に属すると主張する
第三者に対して，単独で，係争地が自己の共有持分権に属することの確認を
訴求することができる（最判昭和40年5月20日民集19巻4号859頁）。つまり，共有
持分権の範囲は共有地の全部にわたるのであるから，各共有者は持分権に基
づき単独で，土地の所有権を主張する第三者に対し，係争地が自己の共有持
分権に属することの確認を求めることができる。

(2) 共有不動産の分筆及び合筆の登記

分筆登記は，1筆の土地を分割して数筆の土地にする登記であり，合筆の登記は，数筆の土地を合併して1筆の土地とする登記である（不登法39条）。これらの登記は，土地の個数に変更が生じる処分行為であり，登記によって変更の効果が発生することから，創設的登記であるといわれている。この土地の分筆・合筆の登記又は建物の分割・合併等のいわゆる創設的登記は所有者の意思により行われる登記であるから，これらの不動産が共有である場合には共有者全員の意思が合致する必要があり，共有者全員から申請しなければならない。したがって，共有者が他の共有者の意思を無視して勝手に他の共有者を代位の上分筆登記を申請することは原則としてできない。しかし，被相続人名義のままの土地について，遺産分割等によりその土地を分筆して各相続人が取得することとなったときは，遺産分割の遡及効（民法909条）により，取得者は被相続人から直接分筆部分を取得することになるので，共同相続の登記をすることなく，相続を証する書面（登記原因証明情報）等を提供して分筆登記を申請することができる。また，共有者の一部の者に代位して共有土地の分筆の登記をすることができる。

共有土地の一部が国道拡張計画による買収予定地にかかり，その共有者の一部との間に買収協議が成立したとして，国が協議成立者を相手方とする仮登記仮処分命令を得て，代位による共有土地の分筆登記を申請してきた場合，受理すべきでない（昭和37年3月13日民三発214号民事局第三課長電報回答）。共有土地の分筆の登記は，共有物のいわゆる保存行為に該当しないので，共有者全員の申請によるべきである（登記研究211号53頁）。不動産の表示に関する登記のうち，土地の分筆・合筆の登記，又は建物の分割・合併の登記等いわゆる形成的登記と解されている登記の申請は，不動産が共有の場合，共有者全員によって行わなければならない。これらの登記は所有権の一作用として所有者の意思によって行われるべきものであるから，共有不動産にあっては，共有者全員の合意が必要であるとされるのである（登記研究555号47頁）。ただ，形成的登記であっても，土地の一部が別地目になった場合にすべき分筆（地目変更）の登記に限っては，共有者の1人から申請できる（登記研究396号105

第6 不動産の共有

頁）。この場合には，所有者からの申請がないときは，登記官の職権で登記することができるとされている（不登法39条2項）ことから明らかなように，分筆登記の申請が所有者に義務付けられていると解すべきである（登記研究555号47頁）。共有土地が別地目となった場合の一部地目変更及び分筆の登記の申請は，登記官の職権分筆（不登法39条2項）や地目変更登記の申請義務の関係から共有者の1人から申請できる[16]。共有の土地を現物分割の上，分割後の土地を単独の所有とする共有物分割の協議において，共有者の1人がこれに応じないので，他の共有者は訴えを提起し，その結果，その者を被告とした共有物分割の確定判決又は和解調書が得られた場合には，その正本を代位原因を証する情報として代位により当該土地の分筆の登記申請をすることができる（平成6年1月5日民三265号民事局第三課長回答・民事月報49巻2号99頁，登記研究556号123頁）。なお，一部の土地を買い受けて所有権を取得した買受人，土地の一部を遺贈する旨の遺言があった場合の遺言執行者等は，相手の意思に関係なく代位して分筆登記ができる（昭和45年5月30日民三発435号民事局第三課長回答）。

　上記平成6年1月5日の法務省先例の事案は，もともとAの所有地に各借地人が居住していたわけであるが，その後，各借地人は，Aからその底地を場所や面積を特定してそれぞれ買い取っている。しかし，当時本件土地は土地区画整理による仮換地中であり，分筆の登記をすることができないため，その後も6人の共有になっていたということである。

　しかし，その後，換地処分がなされ，その換地後に，共有者の1人が分筆登記をしたいと考えたが，共有者の1人であるBが応じない。そこで，B以外の他の共有者が原告となり，Bを被告として共有物分割訴訟が提起された。そうなると登記手続の面からは，共有物分割の確定判決又は和解調書の正本を代位原因証明情報として，Bに代位して分筆登記を申請できるかどうかが問題となるが，上記先例は，共有物分割の確定判決又は和解調書の正本が，分筆登記申請をするに当たっての代位原因を証する情報（登記令7条1項3

16）小松崎茂「共有不動産に関する登記申請について」法務通信578号12頁，登記研究367
　　号137頁，同396号105頁

号）になるとしている。なお，分筆登記であるから，隣接する土地との境界の確認ができることが前提となる。

　共有の土地を現物分割の上，分割後の土地を単独の所有とする共有物分割の協議において，共有者のうちの1人がこれに応じないので，他の共有者は，その者を被告として共有物分割の確定判決又は和解調書が得られた場合に，その正本を代位原因を証する情報として代位により当該土地の分筆の登記申請をすることができるか否かについては，共有物については，各共有者は何時でもその分割を請求することができるものとされており（民法256条1項本文），この分割の請求権は一種の形成権とされている。したがって，各共有者は分割協議により共有物を分割することができるが，その協議が調わない場合には，裁判所にその分割を請求することができ，共有物分割の結果，共有関係は終了し，共有者間において持分の移転の効力が生ずるものと解される（最判昭和42年8月25日民集21巻7号1729頁）。

　登記の実務においては，共有の土地を現物分割した場合の登記手続は，分筆の登記をした後でなければこれをすることができないとされており（明治33年2月12日民刑126号民刑局長回答），その登記は，持分移転の登記によるものとされている（昭和36年1月17日民事甲106号民事局長回答）。

　土地の分筆は，登記官の処分により登記上1筆の土地を分割して数筆の土地とする土地の法律上の個数の変更である。分筆の登記は，土地の物理的な状況の変化を前提として行われる，いわゆる報告的な登記ではなく，原則として表題部に記載された所有者又は所有権登記名義人の土地の個数を変更しようとする自由な意思に基づく申請行為を前提として行われる，いわゆる形成的な登記であるから，その性質上分筆する土地が共有関係にあるときは，共有者全員でその申請をすることを要し，その一部の者のみからする申請は認められない（昭和37年3月13日民三発214号民事局第三課長電報回答・登記研究174号56頁）。正に共有者の一部の者に代位してする共有土地の分筆登記は受理されないわけである。

　ところで，前述した平成6年1月5日の法務省先例の事案は，共有物分割の裁判又は訴訟上の和解によって共有物が分割された場合であるから，現物

第6　不動産の共有

分割がされ，共有物分割を登記原因とする登記の前提として，分筆登記をする必要があるが，土地の共有者の1人が分筆の登記申請に協力しないということで，他の共有者は，この者に代位して土地の分筆の登記申請をすることができるかどうかということを問題としている。

　分筆の登記は本来当該不動産の所有者の自由な意思に基づいて行われるべきものであり，債権者であってもその意思を無視して当然には分筆の登記申請をすることはできないと考えられる。しかし，例えば，1筆の土地の一部について所有権を取得した者は，当該取得した部分について所有権移転登記を受けるべき請求権を保全する必要があるものとして，債権者代位による分筆の登記申請をすることができるものと解されている（昭和44年6月4日民三発590号民事局第三課長電信回答）。また，共同相続の登記後，被相続人名義の土地を数筆に分割し，それぞれを相続人の一部の者の単有又は共有とする遺産分割の調停が成立した場合において，当該調停に基づく土地の分筆の登記をするにつき相続人の一部の者の協力が得られないときには，当該土地の一部を相続することになった者はこの調停調書の正本又は謄本を代位原因を証する情報として，協力を得られない者に代位して分筆の登記を申請することができるとされている（平成2年4月24日民三1528号民事局第三課長回答・登記研究516号163頁）。分筆登記は，所有者の自由な意思によって行われるべき性質のものであるから，登記手続上も，共有土地の分筆登記の申請は，共有者全員の申請によるべきものとされている（昭和37年3月13日民三発214号民事局第三課長電報回答・登記研究174号56頁）。つまり，共有土地の分筆の登記は，共有物のいわゆる保存行為に該当しませんから，共有者全員の申請によるべきであり，共有者の1人から申請することはできない（登記研究211号53頁）。しかし，1筆の土地の一部について所有権を取得した者は，当該取得した部分について所有権移転の登記（共同相続登記後の遺産分割を登記原因とする登記）を受けるべき請求権を保全する必要がある以上，代位による分筆登記を申請することは許されるものと解されている（昭和44年6月4日民三発590号民事局第三課長電信回答・登記研究260号53頁・同211号53頁）。この先例に照らせば，分筆の登記も，債権者代位により申請することができるものと解される。そうなると共有物分

割による所有権移転（持分移転）の登記請求権が債権者代位における保全すべき債権となり得るかどうかが問題となる。

　判例は，登記簿上共有名義の土地が実際には各共有名義人によって分割所有されているときは，各共有名義人は互いに分割地の所有の現状に符合させる登記手続をするよう請求する権利（登記請求権）を有し，また，義務を負うものとしている（大判大正4年10月22日民録21輯1674頁）。この判決は，登記簿上は共有の土地になっているにもかかわらず，現地では既に共有物の分割が行われている事案についてのものであるが，この判決の趣旨によれば，共有の土地につき共有物分割の協議が調うか，又は共有物分割の勝訴判決があった場合には，各共有者は互いに分割地を単独所有する権利を有し，義務を負うものと解されるので，各共有者は共有物の分割によって互いに他の共有者に対する自己の分割地についての所有権移転請求権（持分移転請求権）及び自己の分割地以外の分割地についての登記引取請求権を有するものと考えられる。

　そして，共有物分割についての所有権移転登記を申請するためには，その土地についての分筆をする必要がある。そこで，共有物分割の確定判決が得られたか，又は和解が調った場合には，その判決等を得た共有者は共有物分割を登記原因とする所有権移転（持分移転）の登記請求権を保全する必要があるため，この請求権を代位原因として分筆の登記に協力しない共有者に代位して分筆の登記申請をすることができるものと解される。このことを明らかにするため，当該登記申請書には，共有物分割の確定判決又は和解調書を提供する必要がある（登記研究556号126頁）。

　なお，共有者の一部の者に代位してする共有土地の分筆の登記は受理することができない（昭和37年3月13日民三発214号民事局第三課長電報回答）。つまり，前述したように，共有土地の一部が国道拡張計画による買収予定地にかかり，その共有者の一部との間に買収協議が成立したとして，国が協議成立者を相手方とする仮登記仮処分命令を得て，代位による共有土地の分筆登記を申請をしてきた場合，受理すべきでないとしている（登記研究174号56頁）。

第6　不動産の共有

⑶　共同相続と土地の分筆

　前述したように，共同相続の登記後，当該土地を数筆に分筆し，分筆後の土地をそれぞれ相続人らの一部の者の単有又は共有とする旨の遺産分割の調停が成立した場合において，その調停に基づく土地の分筆登記をするにつき，他の相続人らの協力が得られないときは，当該土地の一部を相続することとなった者は，その調停書の正本又は謄本を代位原因証書とし，協力を得られない者に代位して分筆登記の申請をすることができる（平成2年4月24日民三1528号民事局第三課長回答）。

　上記の先例は，甲土地を相続人ＡＢＣが法定相続分に応じた持分（各3分の1）で相続し，共同相続登記後に，甲土地を甲$_1$，甲$_2$，甲$_3$の3筆に分割する分筆の登記をし，甲$_1$と甲$_2$については，Ａが単独で相続し，甲$_3$の土地については，ＢとＣが共有で取得する旨の遺産分割調停が成立した場合において，相続人ＢとＣが甲土地の分筆登記申請に協力しないとき，Ａは，測量図を添付した当該調停調書を代位原因証書として単独で分筆登記を申請することができるか否か問題となったものである。

　土地の分筆というのは，登記がされて初めてその効力が生ずる形成的な処分の登記であるから，その性質上，当該土地の表題部に記載された所有者又は所有権の登記名義人（共有の場合は共有者全員）の申請に基づいてすることになる（不登法39条，登記令4条，規則35条）。

　ところで，相続財産である土地について，法定相続分に応じた持分で相続人全員名義に相続の登記を経由した後に遺産分割の協議が成立した場合の登記の手続は，遺産分割を原因とする持分移転の方式によることとされている（昭和28年8月10日民事甲1392号民事局長電報回答）が，遺産分割は相続開始時に遡ってその効力が生ずるので（民法909条），登記の形式は持分移転の手続によることになるが，遺産分割により当該不動産を取得することとなった者は，被相続人から直接その不動産を承継したこととされる。

　そうなると，相続開始時に遡って，甲$_1$，甲$_2$をＡが，甲$_3$をＢとＣがそれぞれ所有権を取得することになる。そこでまずＡは，当該調停調書のとおり甲$_1$及び甲$_2$の土地について自己の所有権の登記をすることになるが，そのた

めには，その前提として，甲土地を甲$_1$，甲$_2$，甲$_3$の３筆の土地に分割する分筆の登記をする必要がある。ちなみに，この分筆登記の申請にＢとＣが協力しない場合には，Ａは，ＢとＣに代位して単独で当該甲土地の分筆登記申請ができるか否かが問題となるが，分筆登記は，本来は所有者の自由な意思によって行われるべき性質のものであるから，共有土地の分筆登記の申請は，共有者全員の申請によるべきものとされている（昭和37年３月13日民三発214号民事局第三課長電報回答）ことは，前述のとおりである。しかし，一筆の土地の一部について所有権を取得した者は，当該取得した部分について所有権移転の登記（共同相続登記後の遺産分割を登記原因とする登記）を受けるべき請求権を保全する必要がある以上，代位による分筆登記を申請することは許されるものと解されている（昭和44年６月４日民三発590号民事局第三課長電信回答）。

したがって，Ａは自己が取得する甲$_1$及び甲$_2$の土地について，他の相続人Ｂ及びＣが共有持分を取得する甲$_3$の土地について，遺産分割を原因とする所有権移転登記を受ける前提として，遺産分割の相手方である他の相続人に代位して，分筆登記を申請することができると解される。

なお，その登記申請の際に必要な代位原因を証する情報としては，Ａの所有権移転登記請求権が発生していることを証明している当該調停調書（測量図添付）の正本が必要であると考えられる（登記研究516号165頁）。

⑷　共有不動産と同一の申請書（申請情報）

ある不動産をＡＢＣが共有している場合に，これを甲に売却する方法としては，①ＡＢＣの各持分を各別に甲に売却する方法と，②ＡＢＣ全員が一体となって不動産を甲に売却する方法の２通りが考えられる。①の場合は，売買契約は，Ａ甲間，Ｂ甲間，Ｃ甲間において各別に存在し，登記の目的は持分の移転登記として三者共通ではあるが，登記原因が異なるので，不動産登記令４条による同一の申請情報として持分の移転登記を申請することはできない（登記令４条，規則35条）。それでは，②の場合は，登記原因が同一であるとして，同一の申請書（申請情報）をもって登記申請ができるであろうか。

不動産登記令４条は，「申請情報は，登記の目的及び登記原因に応じ，一

第6　不動産の共有

の不動産ごとに作成して提供しなければならない。ただし，同一の登記所の管轄区域内にある二以上の不動産について申請する登記の目的並びに登記原因及びその日付が同一であるときその他法務省令で定めるときは，この限りでない。」と規定している。この趣旨は，旧不登法46条と同趣旨であるが，例えば，同一の登記所の管轄区域内にある甲乙不動産について同一の登記原因による抵当権の設定登記を申請する場合等が該当する。また，同一の登記所の管轄区域内にある2以上の土地について2以上の分筆の登記又は合筆の登記を申請する場合等がこれに含まれると解される。その他法務省令で定める場合（規則35条）としては，例えば，ある土地を分筆して，その分筆した土地を他の土地に合筆しようとする場合の分筆の登記と合筆の登記を申請する場合等が考えられる[17]。

　ちなみに，数人が共有している1つの不動産を第三者に所有権移転した場合，登記原因及び登記の目的は同一であるが各当事者が異なるので，不動産登記令4条を適用できるかどうかが疑問となる。条文上は前述のとおり登記原因が同一であることを要件としているので，登記原因となる法律行為又は法律事実の内容及び成立ないし発生の日付が同一であることはもちろん，当事者も同一であることを要すると考えられる。しかし，登記実務の取扱いは，所有者を異にする場合であっても，法律行為の内容及び成立ないし発生日付が同一であれば数個の不動産について同一申請書（申請情報）で申請することを認めている（明治32年6月29日民刑1191号民刑局長回答）。上記明治32年の先例は，債権者Aの1個の債権に対し，債務者Bが自己の不動産に抵当権を設定すると同時に，第三者Cが債務者Bのために自己所有の不動産に抵当権を設定する場合に，同一の申請書で抵当権設定登記の申請ができるかどうかという点につき，甲説は，旧不登法46条は，登記原因とその目的及び申請人が同一である場合に限り，1つの申請書でもって登記申請ができるという趣旨であると解し，乙説は，旧不登法46条は，登記原因，その目的及び申請人が同一の場合の規定であることは甲説のとおりであるが，この事案の場合は，

17）河合芳光『逐条不動産登記令』53頁（金融財政事情，2005）

債務者及び第三者は物質的に見れば2個の人に相違ないが，抵当権設定という法律行為の面から見るときは共に義務者として共通の位置に立ち，互いに分離すべからざる立場にあるので，同一の人と見るべきである。したがって，旧不登法46条は，登記原因及び登記の目的が同一であるときは，当事者の同一であることは必要としないと解している[18]。

　ただ，ここで考察するのは，数人が共有している1つの不動産を第三者に所有権移転した場合，登記原因及び登記の目的が同一であっても各当事者が別個であるので，不動産登記令4条（旧不登法46条）を適用できるかどうかという観点からである。つまり，ここで考察の対象としているのは，1個の不動産を共有している場合であり，共有は，目的物の上に各共有者がそれぞれ1個の所有権を互いに分有し（持分），この持分権を他の共有者と無関係に自由に処分することができるのである。したがって，登記原因は当事者を異にすることになり，同一ではないのであるが，前記先例に見られるように，数個の不動産の場合にも不動産登記令4条（旧不登法46条）の取扱いを認めているので，数人共有の不動産の第三者への所有権移転の登記申請の場合にも，法律行為の内容及び成立ないし発生日付が同一であれば同一申請情報で申請することができると考えられる（登記研究152号34頁）。

(5) 甲乙共有にかかる1個の不動産について，ＡＢＣの共有にする所有権移転の登記と同一の申請書（申請情報）

　甲乙共有の不動産について，ＡＢＣの共有とする所有権移転の登記を同一の申請書（申請情報）で申請できるか。取引としては，甲乙を売主とし，ＡＢＣを買主として，ＡＢＣ3名で買い受ける契約が成立し，登記義務者を甲乙，登記権利者をＡＢＣ3名として，甲乙2名の共有から直接ＡＢＣ3名の共有とする所有権移転の登記が申請された場合，法律的には甲の持分をＡＢＣ3名に移転し，また乙の持分をＡＢＣ3名に移転する契約がされたものと解される。そうなると登記義務者を異にすることになり，甲の持分の移転と

---

18)『登記関係先例集（上）』86頁（テイハン，1955）

乙の持分の移転とは登記原因を異にするのであって同一の申請書で申請することはできない。しかも，この場合の登記の形式としても，甲乙の共有から直接ＡＢＣの共有とする１個の所有権移転の登記はできず，まず甲の持分についてＡＢＣ３名への所有権移転登記をし，また，乙の持分についても同様の登記をする必要があり，結局２個の登記をすることになる。その理由としては，甲又は乙の持分がどのような割合によりＡＢＣ３名に移転したかを登記記録上明らかにする必要があるからである。そうでなければ，例えば，甲の持分について抵当権その他の権利の登記がされているときには，甲乙の共有から直接ＡＢＣの共有の登記をすれば，Ａの取得した持分は，甲又は乙の持分の承継取得か又は甲の持分と乙の持分のそれぞれの一部の承継移転かが登記記録上明らかでないため，甲の持分上の第三者の権利がいかなる状態でＡＢＣに対抗できるのかが不明となるからである。したがって，甲の持分と乙の持分について，それぞれ別個の登記としてＡＢＣへの持分移転の登記を各別の申請書で申請する必要があることになると解される（登記研究163号21頁）。

⑹　共有不動産と第三者名義による登記

　例えば，ＡＢ共有の不動産について，第三者Ｃがほしいままに所有権移転登記をしているような場合である。

　民法252条ただし書によれば，共有物の保存行為は，共有者が単独ですることができるものとしている。したがって，共有者の登記請求権の行使が共有不動産の保存行為とみられる場合には，共有者の１人が単独でその登記請求権を行使することができる。

　判例もその趣旨を明確にしている。「ある不動産の共有者の１人が，その持分に基づき，当該不動産につき登記簿上所有名義者である者に対してその登記の抹消を求めることは，妨害排除の請求にほかならず，いわゆる保存行為に属する。被相続人が土地を買い受けてその所有権を取得したにもかかわらず，第三者名義への所有権移転登記がされた場合，共同相続人の１人は単独で，登記簿上の所有名義人に対して所有権移転登記の抹消を求めることが

できる。」（最判昭和31年5月10日民集10巻5号487頁）とし，また，「不動産の共有者
の1人は，その持分権に基づき，共有不動産に対して加えられた妨害を排除
することができるところ，不実の持分移転登記がされている場合には，その
登記によって共有不動産に対する妨害状態が生じているということができる
から，共有不動産について全く実体上の権利を有しないのに持分移転登記を
経由している者に対し，その持分権に基づく保存行為として，単独でその持
分移転登記の抹消登記手続を請求することができる。」（最判平成15年7月11日
民集57巻7号787頁）旨判示している。上記判例の事例のような場合，登記は
実体関係の伴わない無効な登記であるから，実体上の権利者は抹消登記請求
権を有し，その権利の行使は共有不動産の保存行為とみることができる。先
例は，抹消に代わる移転登記を認めている（昭和39年2月17日民三発125号民事局
第三課長回答）。

(7) 共同相続による登記

　共同相続登記は，相続を登記原因として，相続人全員を法定相続分（ない
し指定相続分）に応じた持分で共有名義人にする登記（共同相続登記）である。
相続財産が相続人に帰属すること，及び相続財産が共有であることを公示す
る機能を有している。共同相続登記は，相続を登記原因とする権利移転の登
記に属し，相続人が単独で申請することができる（不登法63条2項）。死亡相
続においては登記義務者が存在せず，また，登記原因である相続の事実も相
続の内容も戸籍謄本等によって容易かつ確実に推認できるからである。この
場合の相続人は相続人全員を指すが，相続人の1人が相続財産の保存行為と
して相続登記を申請することができる。相続人全員のための，つまり相続人
全員を権利者とする相続登記に限って認められ，自己の相続分のみについて
相続登記を申請することはできない。

　申請情報には必ず相続人全員の氏名，住所及び法定相続分（遺言による相続
分の指定があれば指定相続分）の割合に応じた持分を記載し，登記原因証明情報
として相続人全員の戸籍謄本（不登法61条）及び住所を証する情報（登記令7条
別表28・ニ）を提供する。

第6 不動産の共有

　このように，共同相続の場合には，共同相続人全員のため，相続によって
取得した財産の保存行為として，相続人の1人からもこれを申請することが
できるのである。共同相続の場合であっても，共同相続人全員が各々自己の
相続分のみについて個々に別件として相続登記を申請することはできない。
　共同相続人ＡＢＣＤのうちＡＢＣがその相続分をＤに譲渡した場合には，
被相続人名義の不動産につき，ＡＢＣの印鑑証明書付相続分譲渡証書を添付
（提供）してＤから自己のみを相続人とする相続登記を申請することができる。
また，共同相続人ＡＢＣＤのうちＡＢがその相続分をＤに譲渡し，ＤＣ間で
不動産はＤが取得する旨の遺産分割協議が成立した場合には，被相続人名義
の不動産につき，ＡＢの印鑑証明書付相続分譲渡証書及びＤＣ間の遺産分割
協議書を添付して，Ｄ1人から，自己のみを相続人とする相続登記をするこ
とができる（昭和59年10月15日民三5195号民事局第三課長回答・登記研究444号99頁）。
　また，被相続人Ａの共同相続人ＢＣＤＥＦ（法定相続分各5分の1）のうち，
ＣＤＥがその相続分をＢに譲渡した場合には，被相続人名義の不動産につき，
Ｂ持分5分の4，Ｆ持分5分の1とするＢＦ共有の相続登記をすることがで
きる（昭和59年10月15日民三5196号民事局第三課長回答・登記研究444号103頁）。

⑻　不動産の共有持分と相続登記

　例えば，不動産の所有者であるＡについて相続が開始したため，相続人で
あるＢとＣが共同相続の登記をしようとしたところ，Ａがその不動産の所有
権の3分の1をＤに遺贈する旨の遺言を残していた場合において，Ｄに対し
持分3分の1について所有権持分移転の登記をしようとしたところＤが応じ
ない。そこで相続人ＢとＣが相続することになる当該不動産の3分の2のみ
について，ＢとＣの共同名義の相続登記をすることになったが，この相続登
記ができるかどうかということが問題となる。当該相続不動産の3分の2の
持分についての相続登記ということになると，「被相続人の持分の一部のみ
についての相続登記」ということになり，この登記申請は受理されない。こ
の場合はまず，Ｄへの遺贈を原因とする持分3分の1についての移転登記を
し，その後に持分3分の2となったＡの持分について，ＢとＣへの共同相続

98

の登記をすることになる（昭和30年10月15日民事甲2216号民事局長電報回答，昭和34年4月6日民事甲658号民事局長回答）。そうしなければ，Dに遺贈した不動産の3分の1が登記記録上Aの所有にかかるものとして残ってしまうことになり，既に死亡したAとAの死亡により持分権を相続したBとCが当該不動産を共有しているかのごとく公示されることになる。そうなると既に死亡しているAの所有として公示されている持分3分の1の帰属が登記記録上，分からなくなってしまう。Dに対する遺贈により所有権の一部（3分の1）の移転登記がされていれば，残りの持分3分の2は，相続人BとCに移転しているとの推定が働くことになり，登記による公示上の問題はなくなる。つまり，共有の登記をするのであれば，互いに制約し合う共有持分権の全ての権利関係が公示上明らかになっている必要がある。Dへの所有権の一部遺贈の登記が認められているのは，他の持分は相続人に相続されているという推定が成り立ち，共有持分権の全ての権利関係が公示されていると判断できるからであると考えられる。相続登記の対象であるAの持分3分の2が相続財産の全部であるということが登記記録上公示されてからでないとその持分についての相続登記は受理できないということになる[19]。

(9) 数次相続と遺産分割協議

Aの死亡により，Aの配偶者BとABの子Cが共同相続人となったが，相続登記未了の間にBが死亡した場合において，AからCに相続を原因とする所有権移転の登記をするためには，Cを相続人とする遺産分割協議書又はBの特別受益証明書を提供する必要があり，これらの提供がない場合には，まず，ＢＣへの相続を原因とする所有権の移転の登記（共有）をした上で，Bの持分についてCへの相続を原因とする所有権移転の登記をする必要がある（登記研究758号171頁，同759号113頁）。

---

19) 登記簿「持分権の遺贈と残りの相続財産（持分権）の登記手続について」登記研究494号表紙

第6 不動産の共有

6 共有不動産と所有権保存の登記

⑴ 所有権保存の登記

所有権保存の登記は，不動産につき初めてする所有権の登記であり，当該不動産についてする権利変動の登記の起点となるものである（不登法74条）。

所有権保存の登記は，登記記録の権利部の甲区に初めて所有者（共有者）を記録する登記であり，全ての権利に関する登記の起点となるものであることから，真実の所有者が登記できるよう，当該登記を申請できる者を定めている。

所有権保存の登記は，権利部の甲区に初めてする登記であり，登記義務者となるべき登記名義人は存在しないから，当該所有権の保存登記の登記名義人となるべき者が単独で申請することができる。

所有権の保存の登記の申請人は，ⅰ表題部所有者又はその相続人その他一般承継人（不登法74条1項1号），ⅱ所有権を有することが確定判決によって確認された者（同条1項2号），ⅲ収用によって所有権を取得した者（同条1項3号），ⅳ区分建物の表題部所有者から所有権を取得した者（同条2項）である。なお，当該建物が敷地権付区分建物であるときは，当該敷地権の登記名義人の承諾を得なければならない。これらの者は真実の所有者である蓋然性が高いからである。

⑵ 共有持分についての所有権

表題部に記録された所有者が数人の共有名義の場合には，その共有者全員を所有者として所有権保存登記を申請しなければならないか，それとも数人の共有者の持分につき各別に所有権保存登記をすることができるかどうかが問題となる。この点につき，法務省先例は，所有権の保存の登記をしようとする不動産が共有である場合に，共有者の一部が自己の共有持分のみの所有権の保存の登記を申請することはできないとしている（明治32年8月8日民刑1311号民刑局長回答，昭和40年9月2日民事甲1939号民事局長回答）。共有は数人が共同して一の所有権を有する状態であり，各共有者は物の全部について所有権

100

を有し，他の共有者の同一の権利によって縮限されているにすぎないものと解されており，所有権の一部だけを公示することは，公示上好ましくないからである。ただし，保存行為として（民法252条ただし書），共有者の1人が単独で，共有者全員のために申請することはできるとされている（明治33年10月2日民刑1413号民刑局長回答，明治33年12月18日民刑1661号民刑局長回答）。したがって，この場合は他の共有者は各自の持分につき改めて保存登記を申請する必要はない。

　その後の法務省先例（昭和40年9月2日民事甲1939号民事局長回答）は，78名共有の土地について，共有者のうちA，B及びCの持分各78分の1についてのみA，B，Cの順序で各別に所有権保存登記がなされた後，それぞれについて所有権移転登記がされている場合には，誤って共有持分について保存登記がされ，さらにそれに続いて共有持分の移転登記がされた場合であるので，各保存登記及び移転登記を旧不登法149条（現不登法71条）以下の規定により職権で抹消すべきであるとしている（登記研究215号56項）。この先例の考え方は，共有持分の一部についての保存登記は本来認められていないということであるが，その理由としては，共有の本質をどのように考えるかということにも関係してくる。その1つは，1個の所有権が分量的に分割されて数人に属すると解する見解であり，もう1つは，1個の物の上に数人が各自1個ずつの所有権を有しているが，その所有権は，一定の割合に応じて互いに制限されているのであって，その内容の総和が1個の所有権の内容に等しい状態であると解する見解である。一物一権主義という物権法上の建前からみると1個の物の上には1個の所有権しか存在しないと解すべきであり，したがって，不登法74条の規定によってする所有権保存の登記は，共有不動産については，所有権の一部である各共有持分ごとに各別にすることはできず，1個の所有権の全体についてなすべきものと解される。つまり，各共有者が個々に持分についてだけの保存登記をすると，共有物が誰と誰との共有であるのかが登記簿上明らかとならないため，それは権利者の権利関係を反映させるべき登記制度の趣旨に合致しないこととなる。実体法的にみると各共有者は所有権の一態様として持分権を有し，その持分権には，妨害排除請求権，登

記請求権等物権に由来する諸権能が含まれており，それぞれの持分だけの登記も実体法的には認められるはずであるということになるが，しかし，各自の持分だけを相互に関係なく独自に登記記録に反映させることは，持分権の権利関係を公示すべき登記制度の在り方から見て望ましくないといえる。

　未登記の所有権について初めて登記をするときは，保存の登記をするべきであるから，その所有権の取得の原因が取得時効のような原始取得の場合（明治44年6月22日民事414号民事局長回答）であると，承継取得の場合（大判明治37年9月21日民録10巻1136頁，大判大正8年2月6日民録25輯68頁等）であるとを問わず，全て初めてする所有権の登記は所有権の保存登記である。もっとも，未登記所有権を承継取得した者は，まず前主に対して所有権の保存の登記をすべきことを請求し，次いで自己のために所有権移転の登記を申請することも可能である。特に表題部に前主が所有者として記載されている場合には，表題部の所有者の変更はできないから（旧不登法81条の6），原則として前主がまず所有権保存の登記をし，次いで承継取得者のために所有権移転の登記をしなければならない（旧不登法100条1項1号，現不登法74条1項1号）。ただし，承継取得が相続，合併等の包括承継の場合及び前主に対する判決によってその所有権を証明できる場合は，ただちに自己のために所有権保存の登記を申請することができる（旧不登法100条1項2号，現不登法74条1項2号）。時効取得のような原始取得の場合でも，表題部に他人が所有者として記録されている以上，同様である。したがって，その他人が所有権保存の登記をして時効取得者のために所有権移転の登記の申請に協力してくれない場合には，時効取得者は，その他人を被告として，もし死亡しているときはその相続人を被告として所有権確認の訴えを提起し，その確定判決をもってただちに自己のために所有権保存の登記を申請することができる（吉野衛『注釈不動産登記法総論上』（金融財政事情研究会，新版，1982）78頁）。

⑶　共有不動産全体についての所有権保存登記

　共有者の一部の者は，共有物の保存行為として民法252条ただし書の規定により共有不動産の全体について保存登記の申請ができる。共有不動産の全

体についての所有権保存登記が共有者の1人の単独申請によりされても，これにより各共有者に不利益を及ぼすものではないからである。

表題部に記載された共有者全員が死亡している場合には，当該共有者の1人（相続人）が所有権保存登記を申請するときは，申請人である相続人（共同相続の場合は共同相続人全員）と表題部に記載された他の共有者（死亡者）全員を共に所有名義人（共有者）として申請しなければならない。例えば，表題部に甲乙2人が共有者として登記されている場合に，甲が死亡してその相続人Aが申請するときは，申請者には，共有者としてA及び乙の氏名，住所及び共有持分を記載する。また，甲乙共に死亡し，Aが甲の，Bが乙の相続人である場合に共有者としてAが申請するときは，共有者としてA及び乙（Bを記録できない）の氏名，住所及び共有持分を記載しなければならない。

なお，共有者の1人が保存登記を申請するときは，申請書に申請人として当該申請人の氏名及び住所を記載するほか，共有者として，共有者全員の氏名，住所及び共有持分を記載しなければならない（不登法59条4号）。

(4) 被相続人名義の保存登記

被相続人が生前において売却した未登記の不動産については，買受人名義の登記の前提として，相続人において被相続人名義に所有権保存の登記をすることができる（昭和32年10月18日民事甲1953号民事局長通達）。相続人は，売主である被相続人の買主への所有権移転登記義務を承継しているからである。

表題部所有者に数次の相続があった場合には，現在の相続人は直接自己名義での所有権保存登記を申請することができる（昭和30年12月16日民事甲2670号民事局長通達）。登記原因が相続ということであれば，そのことだけで権利変動の過程は明らかになるものといえるし，そうであるとすれば，既に死亡している中間の相続人のための所有権移転登記を強いてしなければならないと解することはその実益がなく，必要がないものと考えられるからである[20]。

---

20) 飛沢隆志「数次相続と相続による所有権移転登記」別冊ジュリスト75号54頁

第6　不動産の共有

(5)　共有名義にする所有権の更正登記と農地法の許可

　相続を原因としてA名義に登記されている農地について，A・B共有とする所有権の更正登記をする場合は農地法の許可書の提供は要しない（登記研究417号104頁）。

(6)　相続による保存登記の抹消

　相続による所有権保存登記を抹消する場合の登記申請人は，登記簿上の登記名義人がなり，相続人全員が登記申請人となる必要はない（登記研究417号104頁）。

(7)　分筆後の所有権の更正登記

　1番の土地についてAが相続による所有権移転の登記を受けた後に，当該土地について1番1及び1番2に分筆をした。この場合において，上記1番1及び1番2の各土地につき，その所有者をA及びBに更正する所有権更正の登記は，分筆後の各土地を分筆錯誤により，1番の土地に戻すことなく，することができる（登記研究417号105頁）。

(8)　「A外何名」と所有権保存登記
①　表題部所有者欄と「A外何名」

　表題部の所有者欄「A外何名」との記載があるが，Aのみを被告とする所有権確認訴訟において勝訴した者から所有権保存登記が申請された場合はどうか。登記簿の一元化作業により旧土地台帳から移記された登記簿の表題部の所有者欄に「A外何名」との記載があるが，共同人名簿が移管されなかった等の理由により，「外何名」の住所氏名が明らかでない土地について，Aのみを被告とする所有権確認訴訟で勝訴した者が，当該訴訟の判決書を申請書に添付（提供）して旧不登法100条（現不登法74条）1項2号の規定により所有権保存の登記を申請する場合，その判決の理由中において当該土地が登記簿の記載（記録）にかかわらず，原告の所有に属することが証拠に基づいて認定されているときは，便宜その判決を同号（旧不登法100条1項2号，現不登法

104

74条1項2号）の判決として取り扱うことができる（平成10年3月20日民三551号民事局長回答）としている。

つまり，このテーマは，不登法74条1項2号（旧不登法100条1項2号）の規定に基づく所有権保存登記の申請書に添付すべき判決の被告適格に関する問題である。

所有権の保存登記の申請人適格は，不登法74条1項2号により，「所有権を有することが確定判決によって確認された者」とされているが，その判決の種類及び内容については，専ら解釈に委ねられている。この点については，登記実務は，表題部に記載（記録）されている全員を被告とする必要があるとしている。前記平成10年3月20日民三551号民事局長回答は，従来の登記実務の伝統的な考え方である消極説による旨を改めて確認した趣旨であると解される（登記研究615号213頁）。

旧土地台帳法時代においては，土地台帳に記載されるべき土地の共有者が多数いる場合には，土地台帳の所有者欄には，単に「何某外何名」と記載し，共同人名票を別冊として設け，そこに他の共有者全員の氏名住所を記載するという取扱いがされていた。土地台帳は，昭和25年に家屋台帳とともに税務署から法務局に移管され，一元化が完了するまでの間，法務局において台帳事務が行われていたが，昭和35年の「不動産登記法の一部を改正する法律」（昭和35年法律14号）により，表示に関する登記手続が新設されるとともに，土地台帳制度が廃止され，未登記の土地で土地台帳に登録されているものについては，この台帳に基づいて登記簿の表題部を新設することとされた（同法附則2条1項，昭和35年改正省令附則3条1項，登記簿・台帳一元化実施要領3条）。

この一元化作業において，土地台帳の所有者欄に「何某外何名」と記載されていた土地の表題部を作成する際に，共同人名票等が税務署から登記所に移管されなかった等の理由により，「外何名」を明らかにすることができなかったものについては，共同人名票を作成する（不動産登記法施行細則52条）ことなく，単に登記簿等の表題部の所有権欄に「何某外何名」と移記され，その後の登記がされることなく今日まで存置されている登記簿がある。このような登記されている土地が，いわゆる記名共有地といわれているものである。

第6　不動産の共有

　このいわゆる記名共有地の実体は，明治期からの小さな集落の共同体とし
ての権利能力なき社団の所有，市区町村の所有，旧財産区の所有等であると
考えられ，また，登記簿の地目から推測される当時の利用形態としては，墓
地あるいは入会地が圧倒的に多かったものと思われる。このことから，これ
らの多くの土地は，所有者自身も自己の財産であるとの認識を持つことなく，
また，十分な管理もされなかったなどの理由から，相続や担保権の設定の登
記等がされることなく今日に至っているものが多いと考えられる（登記研究
615号214頁）。

　このようないわゆる記名共有地について所有権の保存登記を申請しようと
する場合には，登記所に移管されるべきであった「外何名」の氏名住所を記
載した別冊の共同人名票を探し出すか，あるいは，旧土地台帳法時代に交付
を受けた土地台帳謄本等の共有者を明らかにする資料を探し出し，それらの
書類に基づいて，表題部の所有者の更正を行い，表題部の所有者全員を登記
簿上明らかにした上で，これらの者又はその相続人の名義で所有権の保存登
記を申請すべきであり，また，「何某外何名」以外に真実の所有者がいる場
合であっても，真実の所有者は「外何名」を明らかにし，これらの者又はそ
の相続人の名義に所有権の保存登記をした上で，改めて自己名義へ所有権の
移転登記を受けるか，あるいは，登記簿の表題部に記載された共有者全員を
明らかにした上で，これらの者全員を被告として，所有権確認訴訟を提起し，
その勝訴判決を得て，旧不登法100条1項2号（現不登法74条1項2号）の規定
に基づいて，直接自己の名義で所有権保存登記の申請をするしかないと考え
られてきた。

　確かに，「外何名」は，歴史的なある時点を捉えれば知り得ることができ
るはずであり，登記所に共同人名票が移管されなかったとしても，関係者な
どが所持する資料等によって，「外何名」を明らかにすることは理論的には
可能であるといえなくもない。しかしながら，現実には，関係者が「外何
名」を明らかにする資料を登記所に提出することができるケースは極めて少
なく，また，仮に何らかの資料が提出されたとしても，直ちにこの資料によ
り表題部の所有者欄を更正することはできないことから，その結果，所有者

としては，新たな登記を申請することができず，止むを得ず土地台帳から移記されたままの状態で存置せざるを得ないケースが相当あったものと考えられる。

このことは，真実の所有者が別に存在する場合であっても同様であるといえる。現行の不登法の規定は，登記簿上不利益を受ける者を何らかの形で手続的に関与させることを前提に構成されているので，「外何名」を明らかにしない限り，新たな登記の申請をすることはできないからである。

その結果，従来の考え方を堅持すると，「外何名」を明らかにすることができない場合には，およそ登記をすることができなくなる可能性が高いことから，これを救済するため，表題部の所有者欄に「甲外何名」と記載されている場合において，〔甲〕のみを被告とする所有権確認訴訟に勝訴した者が，当該訴訟の判決書を申請書に添付して，所有権の保存登記を申請したときは，次の要件を満たすものに限って，便宜，当該判決書を旧不登法100条1項2号（現不登法74条1項2号）にいう判決として取り扱って差し支えないとするものとしている。

② いわゆる記名共有地であること

この先例は，いわゆる記名共有地における所有権の保存登記に関する回答であるから，対象物件がいわゆる記名共有地である場合に限定される。したがって，建物はもちろんのこと，土地台帳の一元化作業以降に表示の登記がされた土地はこの取扱いの対象にならない。

また，一元化前の土地であっても，表題部又は共同人名票から共有者が明らかにされている者は本先例の対象外であることは当然である。

この先例は，いわゆる記名共有地における登記手続の問題を解決するために，旧不登法100条1項2号（現不登法74条1項2号）の判決の被告適格について例外を認める便宜的な回答であるから，その趣旨を考慮すると，登記用紙に共同人名票が編てつされていないことのみを理由に，直ちに対象物件をいわゆる記名共有地であるとして取り扱うことは相当でなく，共同人名簿（票）が登記所内に保管されていないかどうかを再度改めて確認した上で，この先例による登記事務処理をするのが相当であると解される。

第6 不動産の共有

③ 甲を被告としていること

表題部に「甲外何名」と記載されている場合には，少なくとも「甲」は表題部に記載された共有者の1人であり，この者を登記手続において無視することはできない。この先例は，「外何名」の氏名住所が明らかでない部分について，便宜的な取扱いを認めるものであるから，登記簿上，特定することが可能な者全員を被告とする所有権確認訴訟であることが要件となる。したがって，例えば，表題部の所有者欄に，「甲及び乙外何名」と記載（記録）されている場合には，「甲」及び「乙」の両名は少なくとも被告とする必要があると解される。なお，「甲」が既に死亡しているような場合は，「甲の相続人」を被告とすべきことになる。

④ 原告の所有権を確認する判決であること

一般に，判決による登記を認めている場合，確定判決と同一の効力を有する裁判上の和解，調停等によっても差し支えないものとされているが，この先例は，判決の理由中において，当該土地が登記簿の記載にかかわらず，原告の所有に属することが証拠に基づいて認定されているときに限ってこの便宜的取扱いを認めているものであるから，本案判決に限るものと考えられ，その他裁判上の和解，調停等は含まないとするのが相当であるとされている。

⑤ 判決の理由中において，登記簿の表題部の記載にかかわらず，当該土地が原告の所有に属することが，証拠に基づいて認定されていること

判決の理由中において，登記簿の表題部に記載された「甲外何名」の所有権が否定され，原告の所有に属することが証拠によって認定されている必要がある。したがって，欠席判決や自白事件の判決の場合には，証拠に基づいて明確に認定されているとは認められないので，この取扱いの対象外になると解される（登記研究615号216頁）。

(9) 認可地縁団体と登記名義

自治会等の地縁による団体は「権利能力なき社団」に当たるため，団体名義で登記することはできなかったが，平成3年の地方自治法（昭和22年法律67

108

号）の一部を改正する法律（平成 3 年法律24号）により，認可地縁団体名義で登記が可能となった。しかし，この改正によっても登記手続においては亡くなった地権者の相続人全員の関与が必要となるため，相続人が多数存在する場合には，認可地縁団体名義への所有権移転の登記は現実的にはかなり困難である[21]。

そこで，地方自治法の一部を改正する法律（平成26年法律42号）により，認可地縁団体が所有する不動産については，相続人全員の関与に代えて市町村長が証明書を発行することによって，認可地縁団体が単独で認可地縁団体名義への所有権の移転の登記申請ができることとなった。つまり，一定の要件を満たした場合には，相続人全員と売買契約を締結することなく，認可地縁団体が単独で申請できることとなった[22]。

しかし，地縁団体の所有する不動産については，認可地縁団体となるためには，一定の要件を満たした自治会等の団体が市町村長の認可を得る必要があるとされたため（地方自治法260条の 2 第 1 項，2 項等）か，当該地縁団体の代表者やその構成員が表題部所有者又は所有権の登記名義人となっている場合が多く，認可地縁団体名義に所有権の保存又は移転の登記を申請しようとしても，表題部所有者又は登記義務者たる当該登記名義人の数が多数に上り，また，その所在が不明であるなどの事情から，その協力を得ることが非常に困難であり，実質的には当該登記の申請をすることができないとの指摘がされてきた[23]。

そこで，地方自治法に認可地縁団体が所有する不動産に係る不動産登記法（平成16年法律123号）の特例を設け，一定の要件を満たした認可地縁団体が所有する不動産については，市町村長が一定の手続を経て証明書を発行することで，認可地縁団体が単独で登記を申請できるように登記の特例を盛り込ん

---

21) 伊東光「被災地自治体職員からみた被災地支援」登記情報652号37頁
22) 前掲（注21）伊東39頁
23) 江口幹太「地方自治法の一部を改正する法律の施行に伴う不動産登記事務の取扱いについて」民事月報70巻 6 号44頁，小野瀬厚「認可地縁団体制度の創設について」民事月報46巻 9 号 7 頁，民事月報70巻 4 号281頁

だ地方自治法の一部を改正する法律（平成26年法律42号）として平成26年5月30日に公布され，当該登記の特例に関する部分は，平成27年4月1日から施行された。同法の施行に伴う不動産登記の取扱いは次のとおりである。

① 認可地縁団体が所有する不動産の登記に係る登記の特例

この特例が地方自治法の一部を改正する法律による改正後の地方自治法260条の38及び260条の39に設けられている。

認可地縁団体が所有する不動産であって表題部所有者又は所有権の登記名義人の全てが当該認可地縁団体の構成員又はかつて当該認可地縁団体の構成員であった者であるもの（当該認可地縁団体によって，10年以上所有の意思をもって平穏かつ公然と占有されているものに限る。）について，当該不動産の表題部所有者若しくは所有権の登記名義人又はこれらの相続人（以下「登記関係者」という。）の全部又は一部の所在が知れない場合において，当該認可地縁団体が当該認可地縁団体を登記名義人とする当該不動産の所有権の保存又は移転の登記をしようとするときは，当該認可地縁団体は，当該不動産に係る公告を求める旨を市町村長に申請することができる。この場合において，当該申請を行う認可地縁団体は，次の事項を疎明するに足りる資料を提供しなければならない。

㋐当該認可地縁団体が当該所有権を所有していること。㋑当該認可地縁団体が当該不動産を10年以上所有の意思をもって平穏かつ公然と占有していること。㋒当該不動産の表題部所有者又は所有権の登記名義人の全てが当該認可地縁団体の構成員又はかつての当該認可地縁団体の構成員であった者であること。㋓当該不動産の登記関係者の全部又は一部の所在が知れないこと（地方自治法260条の38）である。

つまり，登記記録に過去の地縁団体の構成員の氏名が列挙され，その相続人を探し出すことができない場合は，裁判による所有権の確定を行うことができず，また，土地の所有者等の所在が不明な場合や相続人が明らかでない場合に，その財産を管理する者をおく制度として，不在者財産管理人制度（民法25条），相続財産管理人制度（民法952条）が存在するが，これらの制度は，従来の住所又は居所を去り，容易に戻る見込みがない者（不在者）に係る一

6　共有不動産と所有権保存の登記

切の財産を管理するためのものであり，認可地縁団体の事例とは異なる場面を想定している。

認可地縁団体の場合は，地縁団体が権利能力なき社団であったことにより，登記が便宜上構成員になっているだけであり，その所有権はあくまでも当該認可地縁団体が有していると考えられる。認可地縁団体の財産権の保障という観点からも，簡易な手続により認可地縁団体名義の登記をする必要があると考えられる[24]。

②　認可地縁団体が所有する不動産の登記に係る登記の特例を受けるための要件

認可地縁団体が所有する一定の要件を満たした不動産について，当該認可地縁団体が自己を表題部所有者又は所有権の登記名義人とする当該不動産の所有権の保存又は移転の登記をしようとするときは，当該認可地縁団体は，地方自治法施行規則22条の2で定めるところにより，当該不動産に係る地方自治法260条の38第2項の公告を求める旨を市町村長に申請することができる。そして，この場合には，地方自治法260条の38第1項1号から4号までの事項を疎明するに足りる資料を市町村長に提出しなければならない。

市町村長がこの手続を行うこととされたのは，地域の事情を最も把握している公共団体であること，固定資産課税台帳を備えていること，認可地縁団体となるための認可や規約の変更認可を行っていることなどから，認可地縁団体から提出される疎明資料を確認する能力があると認められ，確認行為を行う主体として最も適していると考えられるからである。

③　疎明の対象となる事項（地方自治法260条の38第1項）

ⅰ　当該不動産を所有していること（同項1号）

申請時点において，認可地縁団体が当該不動産を所有していることが必要である。平成26年の改正の対象となる認可地縁団体の場合は，地縁団体が権利能力なき社団であったことにより，登記が便宜上構成員になっているだけであり，その所有権はあくまでも当該認可地縁団体が有していると考えられ

24）前掲（注23）江口48頁

111

第6 不動産の共有

るためである。

　例えば，登記記録に過去の地縁団体の構成員の氏名が列挙され，その相続人を探し出すことができないような場合，所有権を争う相手方を特定することができず，訴訟手続により認可地縁団体が時効を援用して所有権を確定させ，登記の申請を行うことは実務的に困難と考えられる。そこで，平成26年の改正の対象となる認可地縁団体というのは，地縁団体が権利能力なき社団であったことにより，登記が便宜上構成員になっているだけであり，その所有権はあくまでも当該認可地縁団体が有していると考えられるものがあり，そのような場合には，認可地縁団体の財産権の保障という観点からも，簡易な手続により認可地縁団体名義の登記をする必要がある。この特例はそのような趣旨から設けられたものである[25]。

ii 取得時効の成立（同項2号）

　当該認可地縁団体によって10年以上所有の意思をもって平穏かつ公然と占有されているものに限って認められる（民法162条2項）。

iii 表題部所有者等が当該認可地縁団体の構成員等であること（同項 3号）

　対象となる不動産の表題部所有者又は所有権の登記名義人の全てが当該認可地縁団体の現在の構成員であるか過去に構成員であった者であることが必要である。本特例は，過去に代表者名義等で登記されたものの，認可地縁団体が所有し続けている不動産を適用対象として想定しており，地縁団体の構成員でない第三者が登記簿に記録されているようなものについては対象外となるからである。

iv 所在不明であること（同項4号）

　当該不動産の登記関係者の全部又は一部の所在が知れないときであることが必要である。このような不動産登記の特例を認めるのは，財産権をいたずらに侵害しないため，登記義務者と登記権利者が共同で申請することが不動産登記法の原則であるから，登記義務者の所在を知ることができる場合には，

25）前掲（注23）江口48〜49頁

6 共有不動産と所有権保存の登記

共同申請することが適当であるためである[26]。

v 異議の公告 (同条2項)

市町村長は，当該認可地縁団体が当該認可地縁団体を登記名義人とする当該不動産の所有権の保存又は移転の登記の申請を相当と認めるときは，当該不動産の所有権の保存又移転の登記をすることについて異議のある者は，異議を述べるべき旨を公告することになる。

異議を述べることができる者としては，当該不動産の所有権に関わりのある者に限られるべきであり，具体的には，当該不動産の登記関係者又は当該不動産の所有権を有することを疎明する者に限られている (2項)。公告期間内に異議が述べられなかった場合には，当該公告に係る登記関係者の承諾があったものとみなされる (3項)。

市町村長は，登記関係者の承諾があったものとみなされた場合には，当該市町村長は，公告をしたこと，登記関係者等が期間内に異議を述べなかったことを証する情報を認可地縁団体に提供することになる (4項)。

異議を述べたときは，市町村長はその旨及びその内容を認可地縁団体に通知するものとされている (5項)。異議があった場合には，市町村長は当該異議を申述した者に係る資格要件を確認し，資格が認められたときは，この通知を行うことにより，この特例手続は中止される。これは，この特例手続が，認可地縁団体の所有する不動産で，その表題部所有者又は登記名義人が当該認可地縁団体となっていないものの，表題部所有者又は登記名義人を当該認可地縁団体に変更することを目的としているためであり，所有権の帰属自体に疑義がある場合を想定していないためである[27]。

vi 登記の申請

① 認可地縁団体による所有権保存登記の申請

不動産登記においては，所有権の保存の登記については，表題部所有者又はその相続人その他の一般承継人などによる申請 (不登法74条1項) をするか，「異議を述べなかったことを証する情報」(以下「証する情報」という。) を登記

---

26) 前掲 (注23) 江口51頁

27) 前掲 (注23) 江口55頁

113

所に提供して，認可地縁団体が所有権の保存の登記の申請をすることを認めている（地方自治法260条の39第１項）。これは不登法74条１項の特例を定めたものである。

　また，認可地縁団体は，不登法60条の規定にかかわらず，「証する情報」を申請情報と併せて提供するときは，当該認可地縁団体のみで当該証する情報に係る不動産の所有権の登記を申請することができるとされている（地方自治法260条の39第２項）。不登法60条の特例を定めたものである。

　この特例に基づく不動産登記の取扱いについては，平成27年２月26日民二124号民事局長通達がある（民事月報70巻４号281頁）。その要点は次のとおりである。

　所有権保存の登記の申請における登記名義人となる者の住所の認定は，不動産登記令７条１項１号の当該法人の代表者の資格を証する情報として，地方自治法260条の２第12項の証明書が提供されることが予定されており，当該証明書には，当該申請における登記名義人となる認可地縁団体の主たる事務所の所在地が記載されているため，これをもって，その住所を認定することになる（平成３年４月２日民三2246号民事局長通達第２の１）。

　「証する情報」が提供された場合における所有権の移転の登記の申請における登記原因及びその日付の認定は，所有権の移転の登記の申請に係る登記原因証明情報について，平成３年の法務省民事局長通達を踏まえ，その通達において，台帳の写しであることが明確にされたほか，原因を「委任の終了」とし，その日付を地方自治法260条の２第１項の市町村長の認可の日とすることとされた（前記民事局長通達第２）。

　　ⅱ　所有権の保存の登記の申請

　表題部の所有者欄に，地縁団体の代表者又は構成員が登記されている場合については，これまでは，不登法74条１項１号を類推適用することはできず，同号に基づき，当該代表者又は構成員名義で所有権の保存の登記を行った後に，認可地縁団体名義への所有権の移転の登記をすべきとされていたが，「証する情報」を登記所に提供する場合には，認可地縁団体が自己名義で所有権の保存の登記を申請することができる（地方自治法260条の39第１項）。これ

114

は，表題部所有者として記録されている地縁団体の代表者又は構成員が死亡している場合も同様であると考えられる。

ⅲ　所有権の移転の登記の申請

地縁団体の代表者又は構成員名義で所有権の登記がされた後に，その者の死亡による相続を原因とする相続人への所有権の移転の登記がされている場合であっても，「証する情報」を登記所に提供する場合には，認可地縁団体が単独で自己名義の所有権の移転の登記を申請することができる（地方自治法260条の39第2項）。これは，所有権の登記名義人として記録されている地縁団体の代表者又は構成員が死亡している場合も同様であると考えられる。

ⅳ　地縁団体が法人格を取得する前の不動産の取得

地縁団体が法人格を取得する前に，不動産を取得した場合において，代表者又は構成員名義の所有権の登記がされていない場合には，実体的な権利変動を正しく反映することを原則とする不動産登記の基本構造を踏まえ，いったん当該不動産を取得した当時の代表者又は構成員名義で所有権の移転の登記をした後に，当該代表者又は構成員から法人格取得後の認可地縁団体への所有権移転の登記をすべきであると考えられる。

ⅴ　登記関係者等の異議

登記関係者が異議を述べた場合には，市区町村長により，当該異議を述べた登記関係者等の氏名や住所，異議を述べた理由等が通知され（地方自治法260条の38第5項，同法施行則22条の5），当該通知を受領した認可地縁団体においては，通知書に記載された異議を述べた者との協議等を行うことが可能となる。

当事者との間で，認可地縁団体を表題部所有者の登記名義人とすることについての協議が調った場合において，当該者以外に所在が知れない者がいないときは，不動産登記法の原則どおり，表題登記のみがされている場合は，全ての登記関係者が表題部所有者の名義の所有権の保存の登記を申請した上で，全ての登記関係者と認可地縁団体が共同で所有権の移転の登記の申請を行うことになり，認可地縁団体の構成員（かつて構成員であった者を含む。）が所有権の登記名義人とされている場合は，当該所有権の登記名義人と認可地縁

第6 不動産の共有

団体が共同で所有権の移転の登記を行うことになる。

　なお，当該者以外に所在の知れない者がいる場合には，再び同法260条の38第1項に規定する公告の申請を行うことができ，公告の結果，異議を述べる者がいなければ，同法260条の39の規定により，所有権の保存又は移転の登記の申請をすることができるものと解される[28]。

　以上のとおり，認可地縁団体が所有する一定の要件を満たした不動産の所有権保存登記申請について，地方自治法260条の38の規定により「当該市町村長が公告をしたこと及び登記関係者等が同条第2項の期間内に異議を述べなかったことを証する情報」を提供した場合，当該団体の代表者の資格を証する情報として，同法260条の2第12項の証明書（台帳の写し）に当該団体の主たる事務所の所在地が記載されているので，これをもって，その住所とする。また，所有権移転登記申請について，登記原因は「委任の終了」，登記原因日付は同法260条の2第1項の市町村長の認可の日，登記原因証明情報は，同法260条の2第12項の証明書（台帳の写し）である（前掲平成27年2月26日民二124号民事局長通達）。

⑽　表題部所有者と抹消登記

　所有権の登記のない表題部に記載された所有者から，売買契約の解除を登記原因としてなされた表示登記の抹消登記申請は受理できないとされている（登記研究258号73頁）。売買契約の解除があったとしても，それのみによって表題部に記載された所有者が抹消登記申請時点で所有者でないとは必ずしもいえないと考えられるからではないかと解される。

⑾　買戻特約の登記と合筆の登記

　買戻特約の期間経過後，その登記が抹消されないまま，第三者のために売買による所有権移転登記がされている土地についてなされた合筆登記の申請は受理できない（登記研究258号73頁）。

28）前掲（注23）江口59頁，民事月報70巻4号281頁，小野瀬厚「認可地縁団体の創設について」民事月報46巻9号7頁

買戻の特約の登記に記載されている買戻期間が経過した場合においても，その登記が抹消されないままに，第三者のために売買による所有権移転登記がされているような場合には，買戻期間の延長等により，買戻特約の効力が必ずしも消滅しているとはいえない場合も考えられるので，受理すべきでないと解することもできるからではないかと考えられる。

⑿ 共有不動産と他の共有者の相続登記

共有の不動産について共有者の1人が他の共有者の相続登記を申請することはできない（登記研究258号74頁）。

AとBが共有する不動産について，Bの死亡による相続登記をBの相続人でないAがBの相続人全員のために相続登記を申請することはできない。不動産の共有者の1人がその持分に基づき，当該不動産につき登記簿上所有名義者たる者に対してその登記の抹消を求めることは，妨害排除の請求にほかならず，いわゆる保存行為に属し（最判昭和31年5月10日民集10巻5号487頁），また，不動産の共有者の1人は，その持分権に基づき，共有不動産に対する妨害排除請求として，当該不動産について全く実体上の権利を有しないのに持分移転登記を経由している者に対して，単独で，その抹消登記手続を求めることができる（最判平成15年7月11日民集57巻7号787頁）が，この場合のB死亡による相続登記は，共有不動産に対する妨害排除の問題ではなく各共有者の保存行為として各共有者が申請すべきものであるからであると考えられる。

⒀ 相続放棄者と登記申請義務

相続放棄をした者は，被相続人が生前に売り渡した不動産の所有権移転登記の申請義務はない（登記研究258号74頁）。

被相続人が生前売り渡した不動産について所有権移転登記の申請をする場合には，相続人全員が登記義務者として登記申請をする必要があるが，相続放棄をした者がいる場合はその者を除いて申請することができる。ただ，申請情報には相続放棄の申述（民法938条）を受理した旨の家庭裁判所の証明書を提供する必要がある（昭和34年9月15日民事甲2067号民事局長回答）。この場合，

第6　不動産の共有

相続放棄をした者を除く相続人全員が登記申請義務を負うべきであるから，例えば，遺産分割によって登記申請義務を一部の相続人に負わせるようなことはできない（登記研究143号22頁）。

⒁　抵当権の準共有と抵当権の設定登記

　複数の抵当権者が抵当権を準共有する場合において，抵当権設定登記手続請求訴訟を抵当権の準共有者の１人が単独で提起できるか。

　抵当権設定の登記は，原則として，登記権利者である抵当権者（債権者）と登記義務者である抵当権設定者（目的不動産の所有権その他の権利の登記名義人）との共同申請による（不登法60条）。被担保債権を数人が共有し，抵当権を準共有する場合は，その共有者全員が申請人となるほか，その１人が保存行為（民法252条ただし書）として登記権利者全員のために申請することができると解される。目的不動産が数人の共有で，共有者全員が第三者の債務を担保する場合（物上保証）は，その共有登記名義人全員が登記義務者として申請する。もっとも，共有者の１人の持分を目的とする場合は，その共有者のみが登記義務者として申請する。

　なお，抵当権の設定後その登記未了の間に登記権利者又は登記義務者が死亡した場合は，その法定相続人全員（又は登記権利者の法定相続人の１人が保存行為としてその者のみ）が承継人としてその相続人であることを証する情報（戸籍謄本等）を提供して申請する（登記権利者が死亡した場合は，その死亡した登記権利者名義で申請する。不登法30条，62条）。

⒂　抵当権者の死亡と抵当権の登記の抹消

　債務が完済された後に抵当権者が死亡した場合は，抵当権抹消の登記は，抵当権設定者を登記権利者，抵当権者の法定相続人全員を登記義務者として共同申請する（昭和37年２月22日民事甲321号民事局長回答・登記研究176号49頁，登記研究118号43頁）。

　抵当権によって担保された債権が弁済等により消滅した後に抵当権者が死亡した場合，登記実務の取扱いとしては相続人全員が登記義務者として申請

していたのであるが，抹消登記に応ずべき債務は，不可分債務であるから，共同相続人中の1人に対しても抹消登記を請求できる（民法430条，432条）旨の判決もあり（高松高判昭和35年4月14日下民11巻4号844頁，大判昭和10年11月22日），疑義が生じたものであるが，相続人が数人あるときは，その相続財産はその共有に属する（民法898条）ので，その財産について保存行為をする場合は格別（民法252条ただし書），登記簿に記録されている抵当権の抹消登記をするという行為は，いわば共有物の処分行為に該当するものと解すべきであるから，共同相続人全員が登記義務者として抵当権の抹消登記の申請行為をしなければならない（登記研究176号49頁）。

⒃　要役地の共有と地役権の設定

①　地役権の特色

地役権は設定行為で定めた目的に従い，他人の土地（承役地）を自己の土地（要役地）の便益に共する権利である（民法280条）。民法280条は，「地役権者は，設定行為で定めた目的に従い，他人の土地を自己の土地の便益に供する権利を有する。ただし，第3章第1節（所有権の限界）の規定（公の秩序に関するものに限る。）に違反しないものでなければならない。」旨規定している。土地の便益の種類はないが，地役権の設定によって要役地の利用価値が客観的に増大する場合（例えば，通行・引水など）でなければならず，ある時期において要役地を利用する者の個人的便益（例えば，狩猟・採集など）のために地役権を設定することはできない。しかし，要役地と承役地は必ずしも隣接していることを要しない。

地役権は設定行為（契約，遺言）によるほか，譲渡・相続・時効（民法283条）によっても取得できる。この地役権の取得を第三者に対抗するためにはその旨の登記が必要である。ただ，通行地役権の場合，黙示の合意で設定されることが多く，この場合の地役権の登記がされることはあまり多くないといわれている[29]。近時の最高裁判例（最判平成10年2月13日民集52巻1号65頁）は，

29）松岡久和・中田邦博編『新・コンメンタール民法（財産法）』394頁（日本評論社，2012）

第 6　不動産の共有

要役地所有者の継続的な使用が客観的に明らかであり，かつ，それについて
譲受人が認識する可能性があった場合，譲受人が通行地役権の設定を知らな
かったとしても，この譲受人は登記の欠缺を主張するについて正当な利益を
有する第三者に当たらないとし，未登記の通行地役権を保護している。つま
り，登記されることがほとんどない一方，権利の存在が客観的外形に現れや
すい通行地役権の場合の特殊性を考慮したものと考えられる[30]。

　また，この場合には，通行地役権の設定登記を新所有者に対して請求でき
るとしている（最判平成10年12月18日民集52巻 9 号1975頁）。

　要役地又は承役地が数人の共有に属する場合には，地役権は共有者全員に
ついて共通にのみ発生又は消滅することを要し（不可分性・民法282条，284条，
292条），要役地の共有者の 1 人について地役権が発生する場合には，共有者
全員がこの利益に預り，また共有者の 1 人だけが地役権を消滅させることは
できない。例えば，要役地甲がAとBの共有である場合に，A又はBだけの
持分について地役権を消滅させることはできない。また，同様に，承役地乙
がCとDの共有である場合は，C又はDの持分だけについて地役権を消滅さ
せることはできない（民法282条 1 項）。

　また，民法282条 2 項によれば，例えば，共有の要役地甲が分割又は一部
譲渡によって，甲$_1$及び甲$_2$となった場合，又は，共有の承役地乙が分割又は
一部譲渡によって乙$_1$及び乙$_2$となった場合においては，甲$_1$及び甲$_2$のそれぞ
れのために，乙$_1$及び乙$_2$それぞれの上に地役権が存続する（民法282条 2 項）。

　土地の共有者の 1 人が時効によって地役権を取得したときは，他の共有者
もこれを取得する（民法284条 1 項）。共有者に対する時効の中断は，地役権を
行使する各共有者に対してしなければ，その効力を生じない（民法284条 2 項）。
地役権を行使する共有者が数人ある場合には，その 1 人について時効の停止
の原因があっても，時効は，各共有者のために進行する。

　民法284条は，土地の共有と地役権の時効取得との関係を規律し，民法282
条の地役権の不可分性に関する規定の趣旨を受けて，地役権の共有者にとっ

30）前掲（注29）松岡・中田308頁

て有利な扱い，つまり，共有者の1人についてでも時効が完成すれば全員がそれを享受できるとしている。

時効の中断の効果は，民法148条によれば，原則として相対的である。民法148条は，時効の中断は，その中断の事由が生じた当事者及びその承継人の間においてのみ，その効力を有する旨規定している。そうなると共有者の一部の者に対して時効を中断したとしても，他の者の時効取得を妨げないことになる。

そして，地役権を行使する共有者が数人ある場合には，その1人について時効の停止の原因があっても，時効は各共有者のために進行する（民法284条3項）。また，民法292条の「要役地が数人の共有に属する場合において，その1人のために時効の中断又は停止があるときは，その中断又は停止は，他の共有者のためにも，その効力を生ずる。」と規定し，1人の時効の中断又は停止が他の共有者のためにもその効力が生ずるとしている。

結局，要役地又は承役地が数人の共有に属する場合には，地役権は共有者全員について共通にのみ発生し，又は消滅する（民法282条，284条，292条）。要役地の共有者の1人について地役権が発生する場合には，共有者全員がこの利益に預り，また共有者の1人だけが地役権を消滅させることはできないということである。当事者は，設定行為で地役権の存続期間を定めることができ，永久の地役権も認めることができると解される。存続期間を登記すれば第三者に対抗することができる。

このように地役権はある土地の便益のために設定される権利であるから，要役地の所有権移転とともに土地に随伴して移転し（随伴性），また，要役地又は承役地が共有の場合には地役権の時効取得は全員に効力を生じ（民法284条），1人による消滅は他の者に効力を生じないとともに（民法282条1項），1人による消滅時効の停止・中断は全員に効力が生じる（不可分性。民法292条）。

② 地役権と持分権

今まで考察してきたように要役地又は承役地が共有である場合には，持分権のために，又は持分権の上に，地役権が成立するということはあり得ない。その結果，そのような事態を避けるために，前述した規定，すなわち民法

282条，284条，292条の規定を置いているわけである[31]。そして，これを地役権の不可分性ということについても現に詳しく考察したところである。

③　地役権の存続期間

地役権の存続期間については民法に規定がなく，存続期間を永久と定めることもできる。存続期間の定めをしなかったときは，一方の終了の意思表示の後，相当の期間を経て地役権は消滅すると考えられる[32]。地役権の時効による消滅に関しては前述のごとく，民法289条〜293条に規定されている。

④　地役権設定登記と登記権利者

要役地の土地所有者はもちろん，要役地上に地役権，永小作権などの用益物権を有する者は地役権を取得することができる（昭和36年9月15日民事甲2324号民事局長回答）。

地役権は，要役地の所有権の従たる権利であり，地役権の成立には要役権の存在を前提とし，また，要役地の所有権が移転されたり，他の権利の目的となるときは，地役権も原則としてこれと運命を共にする（民法281条1項）。したがって，要役地の所有権が移転した場合，その所有権の移転を承役地の所有者に対抗しうるときは，地役権の移転も登記なくして対抗できる（大判大正13年3月17日大審院民集3巻169頁）。

要役地の土地所有者はもちろん，要役地上に地上権，永小作権などの用益物権を有する者は地役権を取得することができ（昭和36年9月15日民事甲2324号民事局長回答・登記研究169号34頁），地上権設定登記の登記権利者になることができる。

ただ，要役地の賃借権者が地役権を取得できるか否かについては争いがあり，判例（大判昭和2年4月22日大審院民集6巻198頁）は，要役地を直接支配できる権利を有しないと地役権者にはなれないとしてこれを否定している。学説は賃借権の物権化を根拠に肯定しているものが多い。判例がこのように，地役権者足りうるのは，土地所有権者並びに地上権者（民法267条の準用）等の物権者に限られ，賃借人は地役権者足りえないという態度をとっているの

31）前掲（注3）我妻ほか459頁
32）前掲（注3）我妻ほか460頁

は，地役権は自己の土地のための権利であるから，地役権者は原則として土地所有権であること，ただ，地上権者は同法267条の準用により地役権者足り得ること，賃借権は債権であるから賃借人に権利を認めると人的役権を認めることになり，地役権の本旨に反するというのが理由である。そして，この判旨からすれば，永小作権者や入会権者も地役権者足り得ると解される[33]。

しかし，最近の判例は，囲繞地通行権につき，引渡しを受けた農地の賃借権者は民法213条の通行権を有する（最判昭和36年3月24日民集15巻3号542頁）とされ，登記その他の対抗要件を具備した賃借権者は，物権的効力を有する者として，地役権を取得し，登記権利者に足り得るものとし，登記実務上も，賃借権の登記がされている場合には，賃借権を要役地とする地役権設定の登記はできるとしている（昭和39年7月31日民事甲2700号民事局長回答）。もっとも，登記を有しない賃借権者は，引渡しや地上建物の登記によって対抗要件を取得しても，地役権の登記を受けることはできない[34]。

⑤　1筆の土地の一部と要役地

地役権は，承役地の一部について設定することはできるが，一筆の要役地の一部に限定して設定することはできない。

前述したように承役地の一部については，その位置，範囲を明確にして地役権を設定しその登記をすることができるが，その場合には地役権の範囲としてその一部を記載する。また，要役地の一部のために地役権の設定をすることもできるが，1筆の土地の一部を要役地として登記することはできないから，その場合には，要役地である土地の一部を分筆してから申請すべきである。承役地又は要役地が数筆であることも差し支えない。

なお，前述したように，共有地の持分の上に，又は持分のために地役権の設定の登記をすることはできない。共有持分のために地役権を設定し，又は共有者の1人が地役権を取得したときは，その地役権は，全共有者のため，すなわち，共有地について生ずることになるのであり，共有地の持分の上に

33）川島武宜・川井健編集『注釈民法(7)・物権(2)』945頁〔中尾〕（有斐閣，新版，2007）

34）林良平・青山正明編『注解　不動産法6・不動産登記法』749頁（青林書院，1988）

123

第6　不動産の共有

地役権を設定し，又は取得することはあり得ないからである[35]。

⑥　承役地（要役地）と数筆の土地

一所有者の１個の土地を要役地とし，数十人の各単独所有である数十筆の土地を承役地とする地役権設定登記の場合には，承役地の各所有者ごとに各別に申請しなければならない（昭和33年２月22日民事甲421号民事局長心得回答・登記研究125号31頁）。また，ある土地を承役地として地役権の登記をした後，同一の土地を承役地として先の地役権の要役地とは別の土地のために地役権を設定し，登記することもできる（昭和38年２月12日民事甲390号民事局長回答，昭和43年12月27日民事甲3671号民事局長回答）。

この先例は，同一の土地を承役地として，異なる地役権者のために送電線保持を目的とする数個の地役権の設定登記をすることができるとするものである。送電線保持を目的とする地役権とは，一般に発電所，変電所又は送電線支持物の敷地を要役地とし，空中に架設された送電線の下となる土地を承役地として設定される地役権であって，電線路の障害となる工作物を設置しないこと，あるいは送電線保持のための土地立入り等を目的とするものであると考えられる（昭和38年10月５日民事甲2808号民事局長通達は，特別高圧送電線架設に伴う地役権設定登記に関するものであり，参考になる。）。地役権者は，電気事業者又は自家用電気工作物の設置者であり，設定者は送電線下の土地の所有者である。つまり，この地役権設定のねらいは，空中送電線下の土地所有者に一定の受忍義務を課することによって，送電線の保持を全うしようとする点にある。

このような性質を持った地役権を，同一の土地を承役地として，異なる地役権者のために２個以上設定できるかどうかについて，この先例は明確にしている。

地役権は用益物権の１つであるが，その性質は土地相互間の利用調整を図るところにあり，いわゆる相隣関係（民法209条以下）と同一の作用を含むものと解されている。したがって，一物一権主義を，地役権に関して形式的に

---

35)　香川保一編著『全訂　不動産登記書式精義　上』982頁

適用することは妥当でなく，承役地の所有者が，地役権の目的を妨げない範囲においてその利用を継続できる（民法285条1項，288条）ことはもとより，同一の承役地の上に数個の地役権が成立することも法律上可能であると考えられる（民法285条2項）。昭和38年2月12日民事甲390号民事局長回答は，通行地役権に関し，2個の地役権の併存を認めている。同先例は，既に通行地役権の登記のある承役地につき，更に当該土地を承役地とする通行地役権の設定の登記をすることができるとするものである。

　物権は排他的な権利であるから，同一物上に互いに相容れない内容の物権が2個以上同時に成立することは許されない（一物一権主義）。第三者が時効で所有権を取得するときは，所有者はその権利を失い，また，地上権の登記のある土地につき更に地上権の登記をすることができないのもこの理によるのである。しかしながら，一物一権主義は同一物上に互いに相容れない内容の物権が2個以上並存することを許さないという意味であって，同一物上に同じ物権が2個以上並存することは必ずしも許されないものではないと解される。つまり，内容の量的に制限された所有権（持分）の並存が共有関係として是認され，また，質権，抵当権等の担保物権が順位を異にして同一物上に成立するのも，それらが量的あるいは価値的に相容れないものではなく，両立することが可能である以上，一物一権主義に反することはないからである。

　ただ，用益物権である地上権又は永小作権については，順位を異にするも2個以上並存することが許されないのは，それが土地の全部について独占的に使用収益する権利であることから，一方の成立は当然他方の全面的な否定を導き，したがって，順位（優劣）の観念を容れる余地がないからであって，それが用益物権であるからということによるものではないと考えられる。

　そうなると地役権の場合はどうかということになるが，地役権は一定の土地（要役地）の便益のために他の土地（承役地）の上に支配を及ぼす権利であって，用益物権（一定の目的のために他人の土地を使用・収益できる制限物権）の1つではあるが，作用的（機能的）には隣接土地間の利用調整のために認められる相隣関係（民法209条以下）と同じである。したがって，承役地の受け

る拘束は地役権の目的を達し得る最小限に止められ，これと両立する範囲内において承役地の所有者はその利用を継続することができるのである（民法285条1項，288条）。そして，このように先の地役権を妨げない範囲内において後の地役権の成立を認めることに何の支障もないばかりでなく，これを認めることが，近傍土地相互間の利用の調整と土地の利用価値の増大を狙いとする地役権利度の要請に合致するゆえんであると考えられる（登記研究185号28頁）。

ただ，地役権も物権の1つである以上，2個の地役権の内容が相互に全く相容れないものであるとすれば，両者が有効に並存する余地はないことになる。したがって，書面審査（書面による実質審査）によって，登記申請された地役権が既に登記されている地役権と相容れないものであることが明らかなときは，その地役権設定登記申請は却下されるが，そのことが明らかでないとき，すなわち既登記の地役権と申請に係る地役権とが並存できる場合があると判断できるときには，その申請は受理すべきものと考えられる。

具体的には，後順位の地役権者としては，先順位の地役権者の送電線保持を妨げない範囲（高度，方向等）において，承役地上を通過する送電線を架設すればよいはずであり，また，このような利用関係を承認することが，前述のごとく，土地の高度利用という現下の社会的要請の1つに応える所以でもあるから，同一の土地を承役地として，異なる地役権者のために送電線保持を目的とする地役権の並存は認められてよく，したがってこの場合の後順位地役権のための登記申請は受理すべきものとなる（前記昭和43年12月27日民事甲3671号民事局長回答・登記研究256号65頁）。

一所有者の1個の土地を要役地とし，数十人の各単独所有である数十筆の土地を承役地とする地役権設定登記の場合には，承役地の各所有者ごとに各別に申請しなければならない（昭和33年2月22日民事甲421号民事局長心得回答・登記研究125号31頁）。

⑦　共有地と地役権

地役権は，要役地全部の利益のために承役地の物質的利用を目的とする用益物権であるから，共有地（要役地）の持分のため，又は共有地（承役地）の

持分の上に地役権を設定することができないことは，既にいろいろな角度から考察してきたところである。したがって，共有者の１人がした共有地を承役地とする地役権設定契約は無効であるとされる（東京地判昭和48年８月16日判タ301号217頁）が，地役権の不可分性から，要役地の共有者の１人が時効により地役権を取得したときは他の共有者も地役権を時効取得したことになり（民法284条１項），要役地の共有者の１人に地役権の消滅時効について中断又は停止の事由があるときは，他の共有者のためにも効力を生じ，消滅時効は全共有者について完成しない（民法292条）。また，要役地の共有者の１人が自己の持分のために地役権を消滅させたり，承役地の共有者の１人が自己の持分につき地役権を消滅させたりすることはできない（民法282条１項）[36]。

⑧　地役権と登記

ⅰ　所有権の登記と地役権設定の登記

地役権設定の登記は，承役地はもちろん，要役地についても所有権の登記がされていなければ申請することができない（昭和35年３月31日民事甲712号民事局長通達）。

ⅱ　要役地の地上権と地役権

要役地の地上権者は，その権利の存続期間の範囲内において，地役権の主体となることができる（昭和36年９月15日民事甲2324号民事局長回答）。地上権等については明確に規定していないが所有権が土地利用の基本的な権利であるから所有権を中心に規定したにすぎず，地上権者，永小作権者，賃借権者も含むと考えられる（登記研究169号35頁）。

ⅲ　賃借権の登記と地役権の登記

登記された貸借権の登記名義人（賃借人）は，当該賃借権の目的たる土地を要役地として，地役権の設定を受け，その登記をすることができる（昭和39年７月31日民事甲2700号民事局長回答）。

ⅳ　地役権の移転とその登記

地役権の移転についてはその登記をすることができない（昭和35年３月31日

---

36) 前掲（注34）林・青山749頁

第6 不動産の共有

民事甲712号民事局長回答）。地役権は，設定行為に別段の定め，つまり，要役地の所有権の従として共に移転しない旨の特約がある場合（地役権が移転しない別段の定めがある場合の要役地の所有権の移転に伴う消滅登記の記録例については，平成21年2月20日民二500号民事局長通達285）を除き，要役地の従としてそれとともに移転する。すなわち，要役地について所有権の移転があったときは，法律上当然に地役権も要役地の新所有者に移転する。そして，この場合の地役権の移転は，要役地について所有権の移転の登記がされれば当然第三者に対抗できるものと解される。そこで，不登法は，地役権の設定の登記において登記権利者（地役権者）を記載（記録）しないものとしている（不登法80条2項）。結局，地役権の移転の登記はその必要もなく，また，することができないと解される。

なお，要役地の所有権の登記がされていないときは不登法80条3項により，「登記すべきものでないときとして政令で定めるとき」に該当し，その地役権の設定の登記の申請は却下される（不登法25条13号，80条3項，登記令20条3号）[37]。

---

37) 前掲（注35）香川986頁，鎌田薫・寺田逸郎編『新基本法コンメンタール』240頁〔大橋光典〕（日本評論社，2010)

7 共有不動産とその移転の登記

(1) 民法と共有

　複数人が同一の物を同時に所有する場合の原則的な法形式のことを共有という。民法は，共有が成立した場合の共有者相互間の法律関係と，共有物を分割して共有を終了させる場合の法律関係を中心に規定している。どのような場合に共有が成立するかについては，民法は，組合財産が組合員の共有となり（民法668条），共同相続財産が共同相続人の共有になる（民法898条）と規定し，その共同所有の性質については，「相続財産の共有は，民法改正の前後を通じ，民法249条以下に規定する共有とその性質を異にするものではない。」旨判示している（最判昭和30年5月31日民集9巻6号793頁）。また，境界線上の界標などについては相隣者の共有に属するものと推定している（民法229条）。区分所有建物の共用部分も区分所有者全員の共有である（区分法11条1項）。ただし，一部共用部分は，これを共用すべき区分所有者の共有に属する（同条1項ただし書）。

　そして，同一の物を同時に所有する複数人を共有者，複数人に同時に所有される物を共有物という。共有者は，共有物について各自権利を有する。この権利を持分又は持分権という。各共有者は，単独で自由に，持分を譲渡することができ，また持分に担保権を設定することができる。持分が譲渡されると，共有者の交替が生ずる。各共有者は，単独で自由に，共有物分割の訴えを裁判所に提起することができる（民法256条）。共有物の分割は，共有者相互間において，共有物の各部分につき，その有する持分の交換又は売買が行われることであって，各共有者がその取得部分について単独所有権を原始的に取得するものではない（最判昭和42年8月25日民集21巻7号1729頁）。各共有者は，単独で共有を終了させることができる。境界線の界標などの共有については，共有物分割の訴えは認められず（民法257条），組合の共有については，持分の処分の効力は制限され，また，清算前の組合財産の分割は認められない（民法676条2項）。ただし，組合員全員の合意があれば一部の財産を分割することは差し支えない（大判大正2年6月28日民録19輯573頁）。

129

第6　不動産の共有

⑵　共有不動産と権利変動の公示

　共有不動産についても，その権利変動の過程と態様を正確に登記する必要がある。不動産登記は，権利変動の過程と態様を正確に公示し，それによって同時に現在の権利の帰属状態を公示することも目的としており，現在の権利の状態さえ登記されていれば，その途中の過程は問わないというものではない。可能な限り権利変動の過程と態様を実体関係に即して公示する必要がある。例えば，不動産についてAの権利が消滅する一方で，Bが権利を取得した場合には，Aの権利につき抹消登記をした上で，Bの権利取得の登記をすべきである。また，不動産をAからB，BからCへと譲渡した場合は，AからBへの所有権移転登記，BからCへの同じく所有権移転登記をする，つまり2段のプロセスを登記して，権利変動の過程と態様を正確に公示すべきであるということになる。若干留意すべき登記として次のようなものがある。

⑶　取得時効と権利変動の公示

　権利が取得時効によって原始取得され，その反射として元の所有者の権利が消滅する場合の登記は，既登記不動産に関しては，所有権移転登記手続によるべきものとされている（大判昭和2年10月10日大審院民集6巻554頁，明治44年6月22日民事414号民事局長回答）。未登記の不動産であれば所有権保存登記の手続によることになる。

⑷　共有持分の放棄と権利変動の公示

　　①　共有持分の放棄の場合，共有の弾力性として，他の共有者の持分が拡大する（民法255条）。通謀虚偽表示は必ずしも双方行為に限らず，相手方のある単独行為についても成立し得る（最判昭和31年12月28日民集10巻12号1613頁）ので，共有持分の放棄の場合，つまり相手方のない単独行為につき，放棄によって直接利益を受ける他の共有者と通謀して虚偽の意思表示がされたとき（最判昭和42年6月22日民集21巻6号1479頁）にも類推適用される。したがって，この場合には，「持分取得の登記をすべきであって，持分登記の抹消をすることは許されない」と解さ

130

れており（大決大正 3 年11月 3 日民録20輯881頁），具体的には，放棄者と放棄により持分が帰属した者との共同申請により，持分移転の登記申請がされる（昭和37年 9 月29日民事甲2751号民事局長回答）。

　ところで，Ａ，Ｂ，Ｃ 3 人の共有不動産について，Ａが共有持分を放棄した場合に，放棄したＡの持分は，民法255条の規定により他の共有者Ｂ及びＣにそれぞれ帰属することになるのであるが，この場合のＢ及びＣに帰属した持分の取得の登記は，Ｂに帰属した持分については，ＡとＢの共同申請により，Ｃに帰属した持分については，ＡとＣの共同申請によりそれぞれ登記することができる。民法255条の規定によれば，共有者の 1 人がその持分を放棄した場合又は相続人なくして死亡したときは，その持分は他の共有者に帰属するものとされているが，この共有持分の放棄による他の共有者への帰属の関係を権利取得の面よりみれば，その持分は一旦消滅し，その消滅と同時に他の共有者がその持分を原始的に取得するものであり，いわゆる移転的承継取得の場合と性質を異にするものである。そのため，その登記手続は，持分放棄を登記原因として共有持分の登記を抹消すべきであるとする考え方もあるが，共有持分放棄による権利取得の登記は，移転的承継取得の登記の場合と同様に持分取得による所有権移転の登記をすべきであって，持分登記の抹消登記をすべきではないとするのが判例である（大判大正 3 年11月 3 日民録20輯881頁）。

　そうなると本事案のような持分移転の登記については，Ｂに帰属した持分移転の登記は，Ａ及びＢの共同申請により，Ｃに帰属した持分移転の登記は，Ａ及びＣの共同申請によりそれぞれ登記すべきものか，それとも民法上の共有は，一個の所有権を数人が量的に分有する状態にあるのであるから，その性質上，Ｂ及びＣに帰属した持分の取得の登記は，Ａ，Ｂ，Ｃ共有の一個の所有権に変更される状態において所有権移転の登記をすべきであり，したがって，Ｂ，Ｃに帰属した持分の取得の登記は，Ａ，Ｂ，Ｃの共有者全員の共同申請によりその登記をすべきではないかという問題がある。

B及びCに帰属した持分の取得の登記は，それぞれの申請によりすることができるものと解されるが，共同相続の場合においては，共同相続人中の一部の者のみが，自己の相続持分について相続による所有権移転の登記をすることは許されないとする登記先例がある（昭和30年10月15日民事甲2216号民事局長電報回答・登記先例集追加編Ⅰ482頁）。共同相続人中の一部の者の相続持分について所有権移転の登記を認めるとすれば，登記簿上は，被相続人と共同相続人中の一部の者との共有関係の登記として公示される結果となり，しかもその登記は相続を原因としてなされた登記であるにもかかわらず，死亡者との共有の登記として存続することになって，いかにも不合理な公示となるので，登記の形式上許されないものとしているのである。このことは，共有持分放棄の場合における他の共有者の一部のためにする持分帰属の登記の可否についても，同様に解され，もし共有者の中の一部の者の持分移転の登記が許されるとした場合は，共有持分放棄の登記原因により既に放棄者，すなわちAは実体上所有者でないことが明瞭であるのにかかわらず，依然Aとの共有の登記として存続することになり不都合である。したがって，共同相続の登記の場合と同様に共有者全員の申請により持分取得の登記をしなければならないものと解されるのであるが，しかし，共有持分放棄による登記の場合は，共同相続登記における相続人と異なり，登記簿上において共有持分の放棄による登記原因により，その持分を取得した他の共有者は明らかである。仮に共有者のうちの1人の者についてのみの持分取得の登記がなされ，実体上所有権を失っている共有持分放棄者との共有関係の登記として公示されても，持分移転の登記については，共有持分の放棄を登記原因として登記される関係上，登記簿上他の共有者の持分取得の登記がなされていなくとも，また持分放棄者と形式的に共有の登記として公示されていても，共同相続登記のような不都合は何ら生じない。すなわち，民法255条の規定により未だ持分取得の登記のされていない他の共有者が持分を取得したことが容易に推測できるからである。

持分取得の登記について，B及びCがAと共に必ず三者共同して，その登記を申請しなければならないものとしても，B又はCのいずれか一方が登記を欲しない場合があり，また登記を欲しないことは自由である。換言すれば，B又はCのAに対する登記請求権は不可分的であり，必ず共同して行使しなければならないとする法律上の根拠はないものと解される。昭和37年9月29日民事甲2751号民事局長回答は，A，B，Cの共有者全員の共同申請によりB及びCの持分取得の登記を同時にすることは何ら差し支えないが，B又はCがAとともにそれぞれ持分取得の登記を別個の申請によってすることも差し支えないものとしているのはその理由による。

なお，未登記の共有不動産につき，共有者のうちのある者のみの持分につき，所有権保存の登記をすることは許されないとするのが実務上の取扱いであるが，前述した持分の移転の登記は，前記の持分のみの所有権の保存登記とは趣旨を異にするものである[38]。

なお，表題部所有者が共有の場合，共有者の1人が自己の持分のみについて，所有権保存登記を申請することはできない（明治32年8月8日民刑1311号民刑局長回答・登記関係先例集上99頁）。また，共有者中の一部の者の申請によって共有地全部について保存登記を申請する場合には，共有者全員を登記する。したがって，他の共有者は，各自の持分につき改めて保存登記を申請する必要はない（明治33年10月2日民刑1413号民刑局長回答・民法252条ただし書）。

② 登記簿上，夫の単有となっている不動産について，「共有物分割」を登記原因とする夫から妻への所有権移転登記の申請は，受理することができない（昭和53年10月27日民三5940号民事局第三課長回答）。

③ A・B共有名義の不動産につき，Aの持分について共有名義人でないCのために「持分放棄」を登記原因とする共有持分移転の登記は，受理することができない（昭和60年12月2日民三5441号民事局長通達・民事

---

38) 前掲（注34）林・青山45頁，七戸克彦監修『条解不動産登記法』35頁（弘文堂，2013），登記研究182号89頁，同183号67頁

第6 不動産の共有

月報41巻4号183頁，登記研究459号95頁，七戸克彦監修「条解不動産登記法」196頁）。なお，この通達により，これを認める昭和44年6月5日民事甲1132号民事局長回答，昭和45年2月2日民事甲439号民事局長回答による従前の取扱いは変更された。

　誰が共有者であるかは登記簿（記録）によって判断すればよく（登記には推定力がある。），実体上の所有者が誰かということを審査して登記の手続をする必要はないと解されるからである。

④　A・B・C共有の不動産につき，Aが持分放棄をした場合，Aの持分は他の共有者BとCに帰属するが，Bのみについて持分取得登記を申請することができる（昭和37年9月29日民事甲2751号民事局長通達・登記研究183号67頁）。持分取得の登記については，B及びCがAとともに必ず三者共同してその登記を申請しなければならないわけではなく，B又はCが登記を欲しないことは自由であり，必ず共同して申請しなければならないものではないからである（登記研究183号67頁）。この点は，共同相続の場合に，共同相続人のうちの一部の者のみが自己の相続持分についてのみ相続による所有権移転の登記をすることができない（昭和30年10月15日民事甲2216号民事局長電報回答）こととされている場合とは異なる。相続の場合において，これを認めないのは，これを認めると相続人と被相続人が権利を共有するという，死亡者との共有の登記を認めることになり，実体上あり得ない登記がされることになり，登記の形式上許されないと解されるからである（登記研究183号67頁）。

(5) 共有者の1人による持分移転登記の抹消と権利変動の公示

　不動産の共有者の1人は，共有不動産について全く実体上の権利を有しないのに持分移転登記を経由している者に対して，単独でその持分移転登記の抹消登記手続を請求することができる（最判平成15年7月11日民集57巻7号787頁）。

　最判平成15年の前記判例は，「不動産の共有者の1人は，その持分権に基づき，共有不動産に対して加えられた妨害を排除することができるところ，不実の持分移転登記がされている場合には，その登記によって共有不動産に

対する妨害状態が生じているということができるから，共有不動産について全く実体上の権利を有しないのに持分移転登記を経由している者に対し，その持分権に基づく保存行為として，単独でその持分移転登記の抹消登記手続を請求することができる。」旨判示している。

判例は，訴訟における当事者適格については，共有者が原告となる場合については，例えば，共有権（共有関係）の確認及び同権利に基づく移転登記請求訴訟においては，共有者全員が関わるので，全員が当事者とならなければならない固有必要的共同訴訟であるとし（最判昭和46年10月7日判時651号72頁），共有持分権については，登記の抹消請求訴訟の場合において，「保存行為」（民法252条ただし書）等を理由として各共有者の単独訴訟を認めている（最判昭和31年5月10日判タ60号48頁）。

他方，共有者が被告となる場合については，共同相続による共有者が絡む場合が典型的であるが，この場合は，固有必要的共同訴訟ではないとして個々の共有者に対する訴訟を認める判例が見受けられる。例えば，共同相続した建物の収去土地明渡しを求める訴訟において，土地明渡義務は不可分債務であることを理由として固有必要的共同訴訟ではないとしている（最判昭和43年3月15日判時513号5頁）。

もっとも，共有者の内部紛争の場合，つまり，共有者相互間で共有物分割の訴えがなされた場合のように，共有者各人に極めて重大な利害関係があり，当事者として訴訟に関与させるという手続保証を必要とする場合には，共有者全員を当事者とすべき固有必要的共同訴訟となるとされている（大判明治41年9月25日民録14輯931頁）。

なお，「数名の者の共有に属する不動産につき共有者のうちの一部の者が勝手に自己名義で所有権移転登記又は所有権移転請求権仮登記を経由した場合に，共有者の1人がその共有持分に対する妨害排除として登記を実体的権利に合致させるためその名義人に対し請求することができるのは，自己の持分についてのみの一部抹消（更正）登記手続であると解するのが相当である」（最判昭和59年4月24日判時1120号38頁）と判示している。

また，対抗力の関係においても，相続財産に属する不動産につき，共同相

続人中の乙が単独所有権移転登記を経由し，さらに第三者丙に移転登記をした場合でも，乙の登記は他の共同相続人甲の持分に関する限り無権利の登記であり，登記に公信力のない結果，丙も甲の持分に関する限り，その権利を取得することはできないから，甲は自分の持分を登記なくして乙及び丙に対抗することができる（最判昭和38年2月22日民集17巻1号235頁）。

⑹　数人による不動産の購入と権利変動の公示

　既に詳しく考察してきたように，民法252条ただし書は「……ただし，保存行為は，各共有者がすることができる。」と規定しており，この保存行為は，共有物の現状を維持する行為のことをいうので，一般的には共有者の1人が，他の共有者のために登記を申請することは，保存行為に当たるものと考えられている。

　したがって，不動産登記の手続においても，例えば，共同相続の登記の場合には，共同相続人全員が登記申請人になることはできるが，その申請は必ずしも相続人全員が申請人となる必要はなく，共同相続人中の一部の者が保存行為として登記を申請することができるものとされている（昭和30年10月15日民事甲2216号民事局長電報回答）。また，表題部の所有者欄に記載（記録）されている共有者の一部の者から，他の共有者全員のためにする所有権保存登記の申請も，同様に保存登記に当たるものと解される。さらには，未登記の共有不動産について，共有者の一部の者から他の共有者全員のための所有権保存登記の申請があった場合，これを受理することができるとされている（明治33年12月18日民刑1661号民刑局長回答）。

　ところで，本項で取り上げた先例は，いずれも単独申請による登記に関するものであるが，共同申請による売買を登記原因とする所有権移転の登記申請についても，前記保存行為と同様に買受人の一部の者と売主との申請によりすることができるか否かが問題となる。この点については，積極に解する考え方と消極に解する考え方がある。

　不動産の権利に関する登記の申請手続については，法令に別段の定めがある場合を除き，登記権利者及び登記義務者が共同してしなければならず（不

登法60条），その場合に登記名義人となる者が2人以上であるときは，登記名義人となる者ごとの持分を記載（記録）する必要がある（登記令3条9号）。このことは，共有の場合等登記権利者が2名以上である場合であっても，登記権利者及び登記義務者の全員から申請をすべきことを前提としていると考えられる。

　このように我が国の不動産登記制度は，その登記の真正を保持するため，その申請が適法であり，かつ正確であるかどうかを登記原因証明情報等による書面審査によって，その登記原因等の正確性，有効性，適法性等を審査する。単に形式的な事項のみを審査すればよいわけではない。形式審査といわれることもあるが，形式審査というと氏名，住所，不動産の所在，面積等の形式的な事項のみを審査すればよいとの誤解が生ずるおそれがあるので，ここでは書面審査と呼ぶことにする。書面審査というのは書面による実質審査であり，実体法上の有効・無効を判断する必要があるのである。ただ，その判断資料は申請書・添付情報に限られるということで，書面審査といっているのである。登記原因の真偽つまり有効・無効を確認するために当事者の出頭を求め，供述を得るといったことはできないということである。

　形式的審査権の概念は，審査の対象が登記手続法上の正確性，適法性等に限られる審査というよりも，審査の資料が登記簿，申請情報及び添付情報に限られる審査という意味で用いるのが適切であると考えられる。登記の申請がされた場合における登記官の審査の資料が登記簿，申請情報及び添付情報に限られる場合にも，審査の対象は，法定の却下事由の有無であって，却下事由の中には，実体法上の判断を必要とするものも含まれている。例えば，不登法25条13号は，「前各号に掲げる場合のほか，登記すべきものでないときとして政令で定めるとき。」と規定し，それを受けて登記令20条8号では，「前各号に掲げるもののほか，申請に係る登記が民法その他の法令の規定により無効とされることが申請情報若しくは添付情報又は登記記録から明らかであるとき。」と規定していることからも明らかなように，審査の対象が登記手続上の適法性，正確性等に限られることになるわけではない。すなわち，「登記官の審査権限は，その審査の対象たる事項に関する問題としてみれば，

単に登記申請が手続法的要件を具備しているかどうかだけでなく，申請にあたって提出された書面により可能な限度で，実体法上の事項についても，その有効性，正確性等を審査することができ，このような意味での実体法的事項の審査には実体法自体の解釈を必要とし，またこれを避けえないものであることは多言を要しない」（千葉地判昭和39年9月29日訟月10巻11号1578頁）ということになる。

　もとより，不動産の物権変動を正確に公示するという観点からみた場合，登記官に厳重な審査権限と義務を課し，真実申請どおりの物権変動の原因となる事実が発生したのか否かを具体的な証拠の提出を求めるなどして，精密な事実認定を要求することも考えられる。しかし，これは一方では，時間と手間がかかる作業であり，不動産取引の迅速・円滑の要請に反する。18世紀のプロイセンでは，このような実質的審査主義が登記の前提として行われていたが，登記のための複雑な審査手続を改善すべきであるとの要望が高まり，19世紀半ばに，物権変動の独自性及び無因性の理論と結合し，結局，登記官の審査の対象は，原因行為から切り離された物権行為に限られることとなり，同時に，このような物権行為の審査は，形式的審査になじむものであるから，審査の方法としても，形式的な窓口審査という方法が採用されたといわれている[39]。

　しかし，我が国の場合，民法は，物権変動の独自性及び無因性を認めていないから，物権変動の有無を確認するためには，審査の対象に原因関係も含めざるを得ない。例えば，申請情報及び添付情報から判断して登記原因となる法律行為をした者の行為能力について登記官が疑問を感じたときは，補正の前提として，申請人又はその代理人に対し，質問をすることはできるし，仮に，質問の結果，登記原因となる法律行為をした者が制限行為能力者であることが判明したときは，法定代理人の承諾を証する情報（登記令7条1項5号ハ）の追加提供を求める補正を促すことは認められると考えられる。この場合にも，登記簿，申請情報及び添付情報上，登記原因となる法律行為をし

---

[39] 鈴木禄弥「不動産登記におけるいわゆる実質的および形式的審査主義について」登記研究100号13頁

た者の行為能力に問題があることが前提となるから書面審査権の範囲を超えるものではないと解される。もちろん、この場合、形式的審査権の範囲を超えるものでもないと考えられる[40]。

前記昭和30年10月15日の先例は共同相続の登記の場合であるが、この場合は、相続人とその相続分は法定ないしは提供される相続を証する書面（情報）により明らかであること、また、前記明治33年12月18日の先例は、所有権保存登記の申請適格者は不登法74条1項1号により表題部所有者又はその相続人その他の一般承継人とされていることから、共有者の一部の者からの申請であっても、他の共有者の氏名及びその持分が明らかであり、その真正が担保できるので、認められているものと考えられる。

このように考えてくると、本項のテーマのように特定承継であり、かつ、共同申請による登記の申請手続においては、前述したような相続又は所有権保存の登記とは異なり、他の共有者及びそれぞれの持分についての真正担保の手段として、原則どおり、買主全員が申請人となることが必要であると考えられる[41]。

もっとも、共同申請による登記の場合であっても、共有者全員の持分に設定された抵当権設定登記の抹消は、共有者の1人から、共有者全員のために、抵当権者である登記義務者と共に申請することができると解される。抵当権が「放棄」、「解除」等によって消滅した場合も同様に解される。

この取扱いは、登記権利者からみれば、消滅した抵当権の抹消登記の申請であり、その申請行為は保存行為であると考えられるし、また、真正担保の観点からも、その抵当権の抹消により不利益を受ける抵当権者が申請行為に参加しているのであるから、その真正は担保されると解される[42]。

---

40) 前掲（注6）315頁（清水響「受附帳」（登記官の書面審査と鑑定評価書）登記研究459号92頁）

41)「カウンター相談」登記研究513号123頁

42) 拙著『不動産登記の実務上の諸問題』272頁（テイハン、1986）、「カウンター相談」登記研究513号125頁

第6　不動産の共有

8　共有権と固有必要的共同訴訟

　父母が共同して買い受けた土地について，便宜上長男名義で所有権移転登記をしていたところ，この長男が自分が真実の所有者であると主張して争った事案で，「思うに，1個の物を共有する数名の者全員が，共同原告となり，いわゆる共有権（数人が共同して有する1個の所有権）に基づき，その共有権を争う第三者を相手方として，共有権の確認を求めているときは，その訴訟の形態はいわゆる固有必要的共同訴訟と解するのが相当である。けだし，この場合には，共有者全員の有する1個の所有権そのものが紛争の対象となっているのであって，共有者全員が共同して訴訟追行権を有し，その紛争の解決いかんについては共有者全員が法律上利害関係を有するから，その判決による解決は，全員に矛盾なくなされることが要請され，かつ，紛争の合理的解決をはかるべき訴訟制度のたてまえからするも，共有者全員につき合一に確定する必要があるというべきだからである。また，これと同様に，1個の不動産を共有する数名の者全員が，共同原告となって，共有権に基づき所有権移転登記手続を求めているときは，その訴訟の形態も固有必要的共同訴訟と解するのが相当であり，その移転登記請求が真正な所有名義の回復の目的に出たものであったとしても，その理は異ならない」（最判昭和46年10月7日民集25巻7号885頁）として，移転登記の手続の請求については先述の大判大正11年7月10日大審院民集1巻386頁を援用している（つまり，被上告人らは，各自の取得した持分の取得登記手続を求めているものと解せられるとして差し戻している。）[43]。このように第三者を相手に，共有権を主張して移転登記を請求する場合については，判例は，共有者全員が共同してなすべきものとし，固有必要的共同訴訟になると解している。

　この場合の登記手続については，共同申請の場合については，登記権利者及び登記義務者の全員から，また，単独申請の場合も登記権利者全員から申請すべきことになる。ただ，共同相続の場合の登記手続を相続人の1人から

43）拙著『体系不動産登記』384頁（テイハン，2003）

140

することができるとする例外は，登記官の書面審査権との関係で，相続人と相続分が法定ないし相続を証する書面によって明らかとされているならば，たとえ，相続放棄，遺産分割協議等によって実体上の権利の承継と異なるものであっても，書面上これらの反証がない以上，受理せざるを得ないという理由によるものである。いわゆる特定承継の場合には，第1に，たまたま共同で買い受け，登記の目的・原因が同一であることを1個の登記として申請するにしても，実質的にはそれぞれの買主について別個の売買契約があったことに変わりはなく，当然に各買主について共同申請主義の原則の適用があるもの考えられること，第2に，登記手続上各登記権利者の持分についての真正担保の手段としては，共同相続登記申請のような場合は別として，登記権利者全員が申請人となることが真正担保の上からも必要であると解されること，不登法上登記権利者が2人以上の場合の申請手続については，登記令3条9号によりその持分の記載（記録）をする必要があり，このことは，当然に登記権利者が2名以上の場合には当然に全員が申請人となることを前提として，これによって登記名義の真正を担保することとしているのである[44]。

9 共有不動産と登記申請

(1) 我が国の社会経済状況と共有

　我が国は少子高齢化が進む中で，所有者不明土地，空家対策など社会問題化してきているが，一方では市街地を中心に不動産の高騰化，高層化，共有化といった傾向は依然として続いているように思われる。我が国は領土が狭く，しかも山林が多い中で可住面積が全体の約3割といわれ，可住面積が狭いといったことが原因となっているのではないかと考えられる。そうなると共有名義の不動産はこれからも増加するのではないかと考えられる。このことを不動産登記の観点から考えてみると共有名義の不動産についての不動産登記法上の諸問題についての考察ということが重要になるが，この項では，

---

44) 前掲（注43）386頁

第6　不動産の共有

共有名義の不動産に関する登記申請を中心に考察することとする。

⑵　不動産の表示に関する登記
①　共有不動産と表示登記

　新たに土地が生じた場合の土地の表題登記（不登法36条）や建物の表題登記（不登法47条）は，不動産の物理的状況を正確に登記簿に公示することを目的とする報告的登記である。

　共有不動産の場合，表示に関する登記のように報告的な登記の申請をすることは共有者の１人から民法252条ただし書の規定による保存行為として申請することができる。表示登記が未了のうちに所有者が死亡した場合には，相続人から相続を証する書面（情報）を提供して表示登記を申請することができる。民法252条ただし書に規定する保存行為として相続人の１人からでも申請できる。

②　共有不動産の表示の変更又は更正の登記

　不動産の表示の変更又は更正の登記は，既に表示の登記がされた土地，建物について，表題部に記載された事項に後発的な変更が生じた場合，又は当初から錯誤，遺漏がある場合に，登記と現況とを一致させる登記である（不登法32条，33条，38条，51条，53条）。

③　共有不動産の分筆登記と合筆登記

　分筆登記は，１筆の土地を分割して数筆の土地とする登記であり，合筆登記は，２筆以上の土地を合併して１筆の土地とする登記（不登法39条）であるが，これは土地の個数に変更が生ずる処分行為であり，登記をすることによりその変更の効果が発生するところから創設的登記であるといわれている。

　不動産の表示に関する登記のうち，土地の分筆，合筆の登記又は建物の分割，合併等の創設的登記は，所有者の意思に基づく登記であるから，共有不動産の場合には共有者全員の意思の合致が必要である。したがって，共有者の１人から登記を申請することはできず，共有者全員から申請しなければならない。そして，分筆又は合筆の登記は，表題部所有者又は所有権の登記名義人以外の者は，申請することができない（不登法39条１項）。

なお，被相続人名義のままの土地の場合について，遺産分割協議等により土地を分筆して各相続人が取得することとなったときは，遺産分割の遡及効により（民法909条）により，取得者は被相続人から直接分筆部分を取得することになるので，共同相続の登記をすることなく，相続を証する書面等を提供して分筆登記を申請することができる。しかし，相続人が共有で取得することになった場合には，共有者全員が申請人とならなければならないと考えられる[45]。なお，「遺産相続により相続人の共有となった財産の分割については，話合いができない場合は家庭裁判所が審判によってなすべきであって，民法258条による共有物分割請求の訴えは不適法である」旨判示している（最判昭和62年9月4日裁判集民151号645頁）。もっとも，共有土地の一部が別地目となった場合の一部地目変更及び分筆の登記申請は登記官の職権分筆（不登法39条2項，3項）や地目変更登記の申請義務の関係から，共有者の1人から申請できるとされている（「質疑応答」登記研究367号137頁，同396号105頁）。

(3) 不動産の権利に関する登記

① 共有不動産の所有権保存の登記

所有権の保存登記は，所有権の登記がされていない不動産について初めてされる所有権の登記であり，登記の申請人は，⒤表題部に自己又は被相続人が所有者として記載された者，⒤⒤判決により自己の所有権を証する者，⒤⒤⒤収用により所有権を取得した者，⒤v区分建物の表題部に記載されている者から所有権を取得したことを証する者である。この場合においては，当該建物が敷地権付き区分建物であるときは，当該敷地権の登記名義人の承諾を得なければならない（不登法74条）。

不動産が共有であるときは，共有者全員（共有者の1人が死亡した場合には，その相続人と他の共有者全員）で登記の申請をすることになるが，民法252条ただし書の規定により，保存行為として各共有者が単独で他の共有者全員のために所有権保存登記を申請することができる（明治33年12月18日民刑1661号民刑

---

45) 小松崎茂「共有不動産に関する登記申請について」法務通信578号12頁

第6　不動産の共有

局長回答）。しかし，自己の持分のみについての所有権の保存登記を申請することはできない（明治32年8月8日民刑1311号民刑局長回答）。被相続人が生前において売却した未登記の不動産については，買受人名義の登記の前提として，相続人において被相続人名義に所有権保存の登記をすることができる（昭和32年10月18日民事甲1953号民事局長通達）。

　表題所有者が共有の場合，共有者の1人が自己の持分のみについて，所有権保存の登記を申請することはできない（明治32年8月8日民刑1311号民刑局長回答）。共有者中の一部の者の申請によって共有地全部について保存登記をする場合には，共有者全員を登記する。したがって他の共有者は，各自の持分につき改めて保存登記を申請する必要はない（明治33年10月2日民刑1413号民刑局長回答）。

　登記簿の表題部に権利能力なき社団の旧代表者が所有者として記載されている場合，その相続人を被告とする所有権確認の判決に基づき，所有権保存の登記申請をすることができる（平成2年3月28日民三1147号民事局第三課長回答）。

　本条（不登法74条1項2号）にいう判決は，所有権確認の判決のみならず，未登記不動産（現・所有権の登記のない不動産）の売主たる被告に対する登記すべき旨を命ずる給付判決をも包含する（大判大正15年6月23日大審院民集5巻8号536頁）。

　旧不登法100条（現不登法74条）1項2号の規定により自己名義で所有権保存の登記を受けるために申請情報に添付（提供）すべき判決は，表題部に所有者として記載されている者の全員を被告とするものでなければならない。また登記簿（現登記事項証明書）の一元化作業により旧土地台帳から移記された登記簿の表題部の所有者欄に「A外何名」との記載があるが，共同人名簿が移管されなかった等の理由により「外何名」の住所氏名が明らかでない土地について，Aのみを被告とする所有権確認訴訟で勝訴した者が，当該訴訟の判決書を申請情報に添付して旧不登法100条（現不登法74条）1項2号の規定により所有権保存の登記を申請する場合，その判決の理由中において当該土地が登記簿（現登記事項証明書）の記載にかかわらず原告の所有に属することが証拠に基づいて認定されているときは，便宜，その判決を同号の判決と

144

して取り扱うことができる（平成10年3月20日民三551号民事局長回答）。

ところで，前述のごとく，前記①②の場合，不動産が共有であるときは，共有者全員（共有者の1人が死亡したときは，その相続人と他の共有者全員）で登記の申請をすることになるが，民法252条ただし書の規定により，保存行為として各共有者が単独で他の共有者全員のために所有権保存の登記を申請することができる（明治33年12月18日民刑1661号民刑局長回答）。しかし，自己の持分についてのみ所有権の保存登記を申請することはできない（明治32年8月8日民刑1311号民刑局長回答）ということになるので留意する必要がある。

　②　共同で取得した場合の所有権移転の登記

権利に関する登記の申請は，法令に別段の定めがある場合を除き，登記権利者及び登記義務者が共同してしなければならない（不登法60条）。また，登記権利者が2人以上の場合には，その持分を記載（記録）しなければならない（登記令3条9号）。

数人が共同して不動産を取得した場合の所有権の移転登記申請において，権利者の1人が他の権利者全員のために，登記義務者と共同して登記の申請をすることができるかどうかについては，共同相続の場合については可能であると解される。この場合に，相続人の1人が相続人全員のために登記を申請することができるのは，相続人とその相続分は提供された相続を証する書面（情報）により明らかであり，また，共有名義の所有権の保存登記の場合は，共有者の1人からの申請であっても，表題部の記録（記載）により他の共有者の氏名及びその持分は明らかであり，その真正が担保でき，また，民法252条ただし書の共有物の保存行為の規定からも同様に解される。しかし，売買等により数人が共同して不動産を取得した場合の所有権移転登記申請については，数人が共同して取得した場合の持分は，当事者の任意の契約等により定めることができるものであるので，相続の場合とは異なり，登記簿の記載（記録）あるいは添付書類（情報）からも持分の帰属等について形式上明白であると判断することはできず，共有者の一部の者からの申請では，真正の担保に欠けるからである。したがって，この場合においては，前記の相続または所有権保存登記と異なり，他の共有者及びそれぞれの持分についての

第6　不動産の共有

真正を担保するため，原則どおり登記権利者及び登記義務者の全員が申請人となることが必要であると考えられる（「カウンター相談②」登記研究513号123頁）。

③　数人が共同で不動産を買い受けた場合と登記の申請人

民法252条ただし書は，「……ただし，保存行為は，各共有者がすることができる。」と規定している。この「保存行為」というのは，共有物の現状を維持する行為をいうものとされており，一般的には，共有者の1人が他の共有者のために登記を申請することは，この保存行為に当たるものと考えられている。不動産登記の手続においても，例えば，共同相続の登記の場合には，共同相続人全員が登記申請人となり得ることはもちろんであるが，その申請は必ずしも相続人全員が申請人となる必要はなく，共同相続人中の一部の者が保存行為として登記を申請することができるとされている（昭和30年10月15日民事甲2216号民事局長電報回答）。また，表題部の所有者欄に記載されている共有者の一部の者から，他の共有者全員のためにする所有権保存登記の申請も，同様に保存登記に当たるものと解される。登記実務も未登記の共有不動産について，共有者の一部の者から他の共有者全員のための所有権保存登記の申請があった場合，これを受理して差し支えないとしている（明治33年12月18日民刑1661号民刑局長回答）。

ただ，今回の事例には，前述した単独申請による登記の場合とは異なり，共同申請によるべき売買を原因とする所有権移転の登記の申請においても，買受人の一部の者と売主との申請によることができるか否かが問題となるが，このような，いわゆる特定承継であり，かつ，共同申請による登記の申請手続においては，相続又は所有権保存の登記とは異なり，他の共有者及びそれぞれの持分についての真正担保の手段として，原則どおり，当事者全員が申請人となる必要があると考えられる。

もっとも，共同申請による登記の場合であっても，共有土地の上に設定された抵当権設定登記の弁済による抹消は，共有者の1人と抵当権者との共同申請により，共有者全員のため，申請することができる。例えば，甲乙共有の土地について，第1順位抵当権（抵当権者丙），第2順位抵当権（抵当権者丁）の登記がされている場合において，第1順位抵当権が弁済により消滅し

146

たときは，甲（又は乙）と丙との共同申請によって消滅した抵当権の抹消登記が申請できる。このように共有の不動産に設定された抵当権の登記を債務の弁済を登記原因として抹消の登記をするときは，所有権の保存行為として共有者の1人と抵当権者からその申請をすることができるのであるが，このように共有の土地の上に設定された抵当権ではなく，抵当権の共有者の1人が民法252条ただし書に規定する保存行為として債務の弁済を登記原因とする抵当権の抹消登記を申請することができるかどうかということも問題となる。

抵当権の抹消は権利の処分として構成すべきものであると考えられるので，共有者の1人から抵当権消滅の効果を主張することは必ずしも妥当ではなく，むしろ共有者全員からその効果を主張すべき性質のものであると考えられ，また理論的に考えても抵当権の登記の抹消は，まさに権利の登記の抹消であって権利の保存行為には該当せず，この場合の抵当権の抹消登記は抵当権の共有者全員と抵当権設定者から申請する必要があると解される（昭和37年2月22日民事甲321号民事局長回答）[46]。「放棄」，「解除」等についても同様に解して差し支えないものと解される（「カウンター相談②」登記研究513号125頁）。

④　共同相続による所有権の移転登記

相続による登記は登記権利者のみで申請でき（不登法63条2項），その登記の申請書には戸籍謄本等の相続を証する書面（情報）を提供する必要がある（不登法63条2項，登記令別表22）。遺産分割又は他の相続人の相続放棄若しくは特別受益者がいる場合や被相続人の遺言により相続分の指定があったり，相続人の一部の者が不動産を取得したときは，その所有権を取得した相続人のみが申請人となり，他の相続人は申請人とならない。

相続人の全員又は一部の相続人が，不動産を共同相続する場合の相続による所有権の移転登記は，その共同相続人全員の申請によることができることはもちろんのことであるが，民法252条ただし書に規定する，いわゆる共有物の保存行為として，共同相続人の1人から他の相続人全員のために相続登

---

46) 拙著『不動産登記の実務上の諸問題』272頁（テイハン，1986），登記研究244号69頁，
　同176号49頁

第6　不動産の共有

記を申請することができる。なお，共同相続人の1人から申請する場合であっても，自己の持分のみの相続登記を申請することはできないこと（昭和30年10月15日民事甲2216号民事局長電報回答）は前述のとおりである。

　不動産の共有者の1人は，その持分権に基づき，共有不動産に対して加えられた妨害を排除することができるところ，不実の持分移転登記がされている場合には，その登記によって共有不動産に対する妨害状態が生じているということができるから，共有不動産について全く実体上の権利を有しないのに持分移転登記を経由している者に対し，その持分権に基づく保存行為として，単独でその持分移転登記の抹消登記手続を請求することができる（最判平成15年7月11日民集57巻7号787頁）。

　また，被相続人が，生前に取得した不動産についてその所有権の移転登記が未了のまま死亡した場合，被相続人名義にする所有権の移転登記を，被相続人の所有権移転登記請求権を承継した1人から申請することは，他の相続人の不利益にはならないのであるから，保存行為として認められている。しかし，被相続人が，生前に売却した不動産について所有権の移転登記が未了のまま死亡した場合には，相続人は所有権移転登記義務を相続しており，その債務は不可分とされていることから，相続人全員が登記義務者として申請すべきである。ただし，既にその不動産に相続登記がされているときは，あえて相続登記を抹消することなく，相続登記を受けた相続人を登記義務者として，買受人への所有権の移転登記の申請があった場合には，受理して差し支えないとされている（昭和37年3月8日民事甲638号民事局長回答・法務通信578号13頁）。

(4)　同一人に対する数個の共有持分権移転登記と抵当権設定

　同一不動産につき，同一人が数回にわたって（各別の登記により）持分取得の登記を経由している場合は，その登記に係るそれぞれの持分（共有持分の一部）につき，抵当権を設定してその登記の申請をすることができる（この場合の登記の目的は，「何某持分一部（順位何番で登記した持分）の抵当権設定」とする）（昭和58年4月4日民三2252号民事局第三課長回答・登記研究428号140頁）。

148

同一名義人が数回に分けて各別の登記により持分を取得している場合には，その登記に係るそれぞれの持分につき抵当権設定の登記又は持分移転の登記を申請することができる。この場合における登記の目的の記載は「何某持分一部（順位何番で登記した持分）の抵当権設定（又は移転）の振合いによるものとし，申請書に添付すべき権利に関する登記済証は，その持分取得の登記の際に交付された登記済証で足りる。」としている。

所有権（共有持分）の一部を目的とする抵当権の設定登記の可否については，当初積極に解されていた（明治32年12月22日民刑2080号民刑局長回答，大正8年6月11日民事甲1907号民事局長回答）が，その後この取扱いは否定されている（昭和35年6月1日民事甲1340号民事局長回答，昭和36年1月17日民事甲106号民事局長回答）。

従前の先例を変更した前掲昭和35年の先例は，その理由として，所有権（又は共有持分）の一部を目的とする抵当権は成立し得ないとしているが，その趣旨は，物権の性質上抵当権の目的となし得る対象物は独立し，特定している必要があるが，持分の一部は，その後の持分の一部移転，抵当権の設定等が重ねられることによる法律関係の錯綜を考えれば，抵当権の目的としてその範囲が公示上独立し，特定しているとはいえないということにあるものと考えられる。ただ，昭和35年先例の場合は，持分5分の1の取得登記がある場合にその5分の1の2分の1（10分の1）を目的として抵当権設定の登記をすることは認められないとするものであり，本照会の場合は，5番で取得した持分10分の1の全部を目的とする抵当権設定の登記の可否を問うものであり，これを認めることが昭和35年先例と抵触することにはならないと考えられる。

今回の事案は，Bは所有権の共有持分10分の3を有しているが，各登記は持分10分の1ずつ3回にわたる各別の登記によって公示されているから，各持分は，それぞれ独立し特定していると解することができる。現に同一人が数回に分けて持分を取得する場合に，取得すべき持分に既に抵当権設定の登記がされている場合は，結果として持分の一部に抵当権が成立していることになるが，その抵当権の範囲は公示上独立性，特定性を有していると解され

第6　不動産の共有

る。登記先例もこれを認め，その後の所有権の一部移転の登記については，移転すべき持分を特定して登記すべきであるとしている（昭和37年6月28日民事甲1748号民事局長通達）。そうであるとすれば，共有持分の取得事項として独立した登記事項が数個あるときは，この各登記事項に係る持分の登記をそれぞれ独立した共有持分の登記として取り扱って差し支えなく，また，そのことにより公示上の権利関係が錯綜することもないから，これを目的として各別に抵当権設定の登記又は所有権移転の登記をすることを認めて差し支えないと考えられる。

そして，特定の取得登記事項に係る持分について抵当権設定の登記又は持分移転の登記をする場合には当該登記の目的となっている特定の持分をその取得登記の順位番号により特定して「登記の目的」を記載（記録）することが可能であり，そのような記載（記録）をすべきこととなる（登記研究428号140頁）。

なお，移転登記の前提として代位による相続登記をする場合，相続分不存在証明書を作成した者が死亡し，その者から他に相続人がいない旨の上申書が得られない場合であっても，その死亡者が先代から生前に相続分不存在証明書（印鑑証明書付）を得ていれば，その者を除いた他の相続人に対する相続登記をすることができる（登記研究428号139頁）。

⑸　**共有不動産の持分を数人に移転した場合の登記申請と同一の申請書**（情報）

共有不動産上の各共有者の持分の全部を同一の契約により数人に移転した場合の所有権移転登記の申請は，同一の申請書（情報）ですることができる。

共有不動産上の各共有者のそれぞれの持分の2分の1を同一の契約により数人に移転した場合も同様である（昭和42年10月30日民三発655号民事局第三課長回答・登記研究242号54頁）。

⑹　**甲及び乙を各別の設定者として同一の申請書で登記した抵当権の登記についての更正登記と同一の申請書**（情報）

甲所有のA，B不動産，乙所有のC，D不動産につき，甲及び乙を登記義

務者として同一の申請書でした共同担保の抵当権の登記であっても，その登記原因の遺漏による抵当権の更正登記の申請は，甲，乙各別にすべきである（昭和35年12月9日民事甲3106号民事局長回答）。

抵当権の登記原因の遺漏による更正の登記は，抵当権者が登記権利者となり，抵当権設定者が登記義務者となってその共同申請によってなされる（昭和31年11月28日民事甲2707号民事局長通達・登記研究109号35頁）。したがって，甲所有の不動産の抵当権の登記原因の遺漏による更正の登記の登記義務者は甲であり，乙所有の不動産の上記更正の登記の登記義務者は乙であるから，A，B不動産の抵当権の更正の登記とC，D不動産の抵当権の更正登記とは登記義務者を異にする。

例えば，甲所有の不動産（A，B）と乙所有の不動産（C，D）に同一の債権を担保するために抵当権設定の登記がなされている場合において，当該抵当権の登記原因の遺漏による更正の登記をするには，同一の申請書で申請できるかどうかである。前述のごとく，抵当権の登記原因の遺漏による更正の登記は，抵当権者が登記権利者となり，抵当権設定者が登記義務者となって，その共同申請によってなされる（昭和31年11月28日民事甲2707号民事局長通達）が，この場合の登記原因は「年月日錯誤」であり，登記の目的も同一であるから，同一の申請書による申請を認めても差し支えないと考えられる。しかし，共同抵当権設定の登記の登記原因の更正でない本件の場合は，登記義務者を異にする（甲所有の不動産の抵当権の登記原因の遺漏による更正の登記の登記義務者は甲であり，乙所有の不動産の抵当権の登記原因の遺漏による更正の登記の登記義務者は乙である。）ので，各別の申請書により更正の登記を申請すべきであると解される（登記研究160号30頁，登記研究159号21頁）。

(7) 数人共有の不動産の第三者への所有権移転登記の申請と同一の申請書（情報）

数人の共有にかかる不動産を第三者に所有権移転した場合の登記の申請は，その登記原因が同一である限り，旧不登法46条（現登記令4条）を適用して同一の申請情報により登記の申請をすることができる（昭和35年5月18日民事甲

第6 不動産の共有

1186号民事局長回答・登記研究152号34頁）。

　登記令4条は，「申請情報は，登記の目的及び登記原因に応じ，一の不動産ごとに作成して提供しなければならない。ただし，同一の登記所の管轄区域内にある2以上の不動産について申請する登記の目的並びに登記原因及びその日付が同一であるときその他法務省令で定めるときは，この限りでない。」と定めている。

　例えば，同一の登記所の管轄区域内にある甲乙不動産について同一の登記原因による抵当権の設定の登記を申請する場合等が該当する。また，同一の登記所の管轄区域内にある2以上の土地について2以上の分筆の登記又は合筆の登記を申請する場合も，これに含まれると考えられる[47]。

　ところで，数人が共有している不動産を第三者に所有権移転した場合，登記原因及び登記の目的が同一であっても各当事者が別個であるので，旧不登法46条（現登記令4条，規則35条）を適用できるかどうかが疑問となる。基本的な考え方としては，登記原因が同一であることを要件としているので，登記原因となる法律行為又は法律事実の内容及び成立ないし発生の日付が同一であることはもちろん，当事者も同一であることを要するのであるが，しかし，登記実務の取扱いは，所有者を異にする場合であっても，法律行為の内容及び成立ないし発生日付が同一であれば数個の不動産について同一の申請情報で申請することを認めている（明治32年6月29日民刑1191号民刑局長回答）。つまり，共同担保の登記を同一の申請書で申請する場合，すなわち，甲債権者の一個の債権に対し，債務者乙がその不動産に抵当権を設定すると同時に，第三者丙が乙債務者のため自己所有の不動産に当該債権の担保として抵当権を設定した場合の抵当権設定の登記の申請は，同一の申請情報ですることができる（明治32年6月29日民刑1191号民刑局長回答・法務省民事局『登記関係先例集上』85頁（テイハン，1983））。

　なお，同一の申請情報による登記申請に関する先例としては次のような先例が参考になる。

47）河合芳光『逐条不動産登記令』53頁（金融財政事情研究会，2005）

152

9 共有不動産と登記申請

ⅰ 未登記の土地と既登記の土地の相続登記の一括申請

未登記の土地と既登記の土地を相続したときは，登記原因及び登記の目的が同一でないから，同一の申請情報で登記を申請することはできない（明治33年12月28日民刑2044号民刑局長回答・法務省民事局『登記関係先例集上』206頁（テイハン，1983））。

ⅱ 甲が同時に乙から土地を丙から建物を買った場合とその登記の一括申請の可否

甲が乙から土地を買い受けると同時に丙から建物を買い受け，各所有権移転の登記を申請する場合は，同一の申請情報で申請することはできない（明治33年8月21日民刑1176号民刑局長回答・法務省民事局『登記関係先例集上』181頁（テイハン，1983））。

ⅲ 一不動産上に数個ある抵当権の会社合併による移転登記と同一申請情報

一不動産に数個設定している抵当権の会社合併による移転登記を同一申請情報で申請することができるか否かについては，同一の申請情報ですることができるとされている（昭和10年9月16日民事甲946号民事局長回答）。

また，各共有者の持分を数人に移転する登記の一括申請については，共有不動産上の各共有者の持分の全部又は一部が同一の契約により数人に移転した場合の登記の申請は，同一の申請書ですることができる（昭和42年10月30日民三発655号民事局第三課長回答）。

(8) 共有物分割による登記，所有権の一部についての抵当権設定登記と登記原因証明情報

① 共有者間における共有物の分割の結果，共有者の1人が当該不動産の所有権の全部を取得した場合，例えば，A，B，C3名の共有不動産について共有物の分割がなされ，Aがその不動産を単独で所有することになった場合，つまり，いわゆる価格賠償による分割，すなわち共有者の1人が所有権を単独で取得し，他の共有者がその者から価格の支払を受けるような場合に，その登記は，単独所有者となった共有者への所有権の全部移転の方法，

すなわちＡ，Ｂ，ＣからＡへの所有権の移転の方法によるのか，それとも他の共有者から単独所有者へのその持分移転の方法，すなわちＢ及びＣからＡへの持分移転の方法によるのかが問題となる。

いわゆる価格賠償による分割は，持分の売買であって（したがって，持分の移転と価格の支払は全て売買の理論に従って解決することになる。），Ｂの持分及びＣの持分をそれぞれＡに移転し，その結果，Ａが当該不動産を単独で取得することになる。したがって，その登記も，Ｂの持分及びＣの持分についてのＡへの移転の登記をすることになる。Ａは，既にその持分については取得の登記を受けているのであるから，Ａ，Ｂ，ＣからＡへの所有権の全部移転の登記をすることは不合理である。そして，この場合の登記原因は共有物分割となると解される。なお，この場合，Ｂの持分及びＣの持分について各別の申請情報によりＡへの移転の登記を申請すべきであるか，又はＢ及びＣの持分をＡに移転する２件の登記を同一の申請情報で申請できるかどうかが問題となるが，実体上Ｂの持分及びＣの持分がそれぞれＡに移転するのであるから，その登記も各別にすることになると解される。そして，その登記は，Ｂの持分及びＣの持分につき各別にすべきであると解される。例えば，Ｂの持分について差押えの登記がされている場合とか，Ａ及びＢの持分についてそれぞれ抵当権の登記がされているような場合には法律関係が複雑になり，不明確になるので，このような持分上に第三者の権利に関する登記がない場合に限り，便宜同一の申請情報で申請することができると解することになると考えられる（昭和35年５月18日民事甲1186号民事局長回答）。ただ，その場合でも，その登記はＢの持分，Ｃの持分につき各別にする必要があると考えられる（登記研究162号18頁）。

⑼　Ａ，Ｂ，Ｃ共有不動産と仮登記の抹消

Ａ，Ｂ，Ｃ共有不動産について，ＡがＢ，Ｃ共有持分に対して１件で条件付所有権移転仮登記をしたが，その後，Ａは，原因日付を異にしてＢ及びＣから各々その持分を取得し，持分移転の登記を受け，Ａの単有名義となった場合，混同を原因として上記仮登記の抹消の申請をすることができる。そし

9 共有不動産と登記申請

て，この場合の仮登記の抹消の申請は，異なる原因を併記して便宜1件ですることができるかどうかである。

A，B，C共有（各3分の1）の不動産に，AがB，C持分に対する条件付所有権移転仮登記をした後，Aが原因日付を異にしてB及びCよりそれぞれ持分を取得し，仮登記の本登記によることなく，持分移転の登記を完了し現在Aの単独名義となっている。

そこで，この仮登記を権利混同により抹消できるかどうかが問題となるが，Aが原因日付を異にしてB及びCよりそれぞれ持分を取得しているので，異なる原因を併記して権利混同により便宜1件の申請で抹消できると考えられる（登記研究418号100頁）。

⑽　登記名義人の氏名の表示更正登記の可否

登記名義人の氏名が「誤字俗字・正字一覧表」（平成6年11月16日民二7007号民事局長通達）中の正字で記載されている場合において，根抵当権設定登記の申請書に添付する印鑑証明書の氏名が上記一覧表中の誤字俗字が使用されているときでも，前提としての登記名義人の表示の更正の登記又はその者が同一人であることの証明書の提供は要しない（登記研究573号124頁）。

⑾　不動産に関する所有権その他の権利の一部又は共有持分の一部を目的とする所有権以外の権利の設定及びその登記の可否

①　所有権等の共有

単有の所有権の一部（持分的なもの）を目的とする抵当権その他の所有権以外の権利の設定の登記の可否，さらには所有権の一部のみならず，所有権以外の権利の一部をも含めて，このような疑問について，実体法及び登記法の双方から検討することとする。

民法は，不動産の共有を認めており（民法249条以下の規定），その共有所有権の各共有者の権利義務の共有により生ずる制約を定めている。

例えば，共有の法律関係としては，「持分権は一個の所有権であるから対内的にも対外的にも持分権者はその権利を主張しうる。すなわち，自己の持

155

分を否認する者に対し，単独で持分確認の訴を提起することができる」（大判大正13年5月19日大審院民集3巻211号，大判昭和3年12月17日大審院民集7巻1095頁）。また「共有者の一人が権限なくして，共有物を自己の単独所有に属するものとして売り渡した場合においても，売買契約は有効に成立し，自己の持分を超える部分については他人の権利の売買としての法律関係を生ずるとともに，自己の持分の範囲内では約旨に従った履行義務を負う」（最判昭和43年4月4日判時521号47頁）。そして，「不動産の共有者の一人が，単独で占有していることにより他の共有者が持分に応じた使用を妨げられる場合には，占有している者に対して，他の共有者は持分割合に応じた不当利得金ないし損害賠償金の支払いを請求できる」（最判平成12年4月7日判時1713号50頁）としている。

　不動産の所有権の共有は，原始的に生ずるものと後発的に生ずるものがある。前者の例としては，甲，乙がその資金を分担して一個の建物を新築し，その建物の所有権が原始的に甲，乙の共有となる場合があり，後者の例としては，甲，乙が資金を分担して，Ａの単独所有の土地又は建物を売買により取得し，後発的にその土地又は建物が甲，乙の共有となる場合又は被相続人の単独所有の土地若しくは建物を2人以上の相続人が共同相続若しくは遺産分割により取得し，その相続人の共有となる場合がある。

　共有の持分は，共有者間の権利義務の配分的基準であることから，当該共有不動産の収益（例えば，賃貸した場合の賃料）も，原則として持分に応じて共有者が取得するのであり，当該共有不動産を売却した場合の売買代金も，原則としてその「持分」に応じて各共有者が分配することになるのであるから，各共有者の共有所有権の財産的価値は，当該不動産の価格の「持分」に応じての割合の価格と評価される。

　　②　所有権以外の権利の共有

　不動産の所有権以外の権利（地上権等の用益権，抵当権等の担保権等）については，目的不動産（又は権利）の担保価値を把握しての被担保債権の優先弁済権を本質とするものであって，目的不動産（又は権利）の使用収益をするものではなく，また，共有による費用の支払その他の負担もないから，共有者の担保権を共有することから生ずる特別の権利義務の制約の基準となる「持

分」なるものは必要がなく，したがって共有持分というものはあり得ないということになるとされる（詳しくは香川保一「不動産登記の疑問の入出門（22）」登記インターネット5巻10号57頁以下）。

③ 権利の共有に関する登記手続

不登法59条4号は，権利に関する登記の登記事項として，「登記に係る権利の権利者の氏名又は名称及び住所並びに登記名義人が二人以上であるときは当該権利の登記名義人ごとの持分」（旧不登法39条も同旨の規定）と規定している。すなわち，土地又は建物の表示の登記を申請する場合，その登記用紙（記録）の表題部に記載（記録）されるべき所有者が2名以上のときは，当該権利の登記名義人ごとの持分を記録すると規定している。例えば，甲単有の所有権の一部が乙に譲渡され，乙へその持分3分の1として一部移転の登記がされた場合又は甲単有の所有権の全部が乙，丙に譲渡され，乙の持分3分の1，丙の持分3分の2として甲から乙，丙への所有権の全部移転の登記がされた場合には，その乙の持分3分の1の順位何番の乙の共有所有権を目的として，抵当権の設定の登記がされる場合の抵当権の目的（抵当権の設定の対象）は，乙の共有持分3分の1ではなく，乙の所有権（共有所有権）であり，その持分ではない。その乙の持分は，抵当権の目的である乙の所有権が共有のものであり，その共有のものであることによる制約の基準としての持分が所有権に内包されていることの乙の所有権の内容を明らかにしているに過ぎないとされる（前掲香川保一・登記インターネット5巻10号63頁）。持分というのは，共有を前提としてその共有所有権に内包されている共有者間の権利義務の制約の基準を示すものであって，「持分」それ自体が権利でもなければ財産権でもないのであって，抵当権の目的となるものではないとされる（前掲香川保一・登記インターネット5巻10号63頁）。

ところで，昭和58年4月4日民三2252号民事局長通達では，①同一名義人が数回に分けて各別の登記により持分を取得している場合には，その登記に係るそれぞれの持分につき抵当権設定の登記又は持分移転の登記を申請することができるとされている。

②この場合における登記の目的の記載には「何某持分の一部（順位何番で登

第6　不動産の共有

記した持分）の抵当権設定（又は移転）」の振合いによるものとし，申請書に添付すべき権利に関する登記済証（登記識別情報）は，その持分取得の登記の際に交付された登記済証（登記識別情報）で足りる，とする。

　このケースは，上記のとおり数回にわたって所有権の共有持分を取得した場合において，ⓐ特定の時期に取得した持分（例えば5番で取得した持分10分の1）を対象として抵当権の設定登記ができるかどうか，更にこれが可能であるとした場合に当該登記の申請書（申請情報）に添付（提供）すべき権利に関する登記済証（登記識別情報）は，登記の対象である持分の取得の際の登記済証（登記識別情報）で足りるかどうか，ⓑ数回に分けて共有持分を取得した者がその後に持分の一部を移転する場合に，ⓐと同様に取得した持分を特定して（例えば5番で取得した持分）移転することが可能か，またこの場合の移転登記の申請書（申請情報）に添付（提供）すべき登記済証（登記識別情報）は当該特定の持分の取得登記の際の登記済証（登記識別情報）のみで足りるかどうかを問うものである。

所有権（共有持分）の一部を目的とする抵当権設定登記の可否

　所有権（共有持分）の一部を目的とする抵当権の設定登記の可否については，当初積極に解されていた（明治32年12月22日民刑2080号民刑局長回答，大正8年6月11日民事甲1907号民事局長回答）が，その後この取扱いは否定された（昭和35年6月1日民事甲1340号民事局長通達で前掲二先例を変更している。昭和36年1月17日民事甲106号民事局長回答）。

　従前の先例を変更した昭和35年通達は，その理由において所有権（又は共有持分）の一部を目的とする抵当権は成立し得ない旨述べているが，その趣旨は，物権の性質上抵当権の目的となし得る対象物は独立し，特定していることを要する。しかし，持分の一部は（その後の持分の一部移転，抵当権設定等が重ねられることによる法律関係の錯綜を考慮すれば），抵当権の目的としてその範囲が公示上独立し，特定しているとはいえないことをいうものと解される。

　昭和35年の先例の事案は，持分5分の1の取得登記がある場合にその5分の1の2分の1（10分の1）を目的として抵当権設定の登記をすることは認められないとするものであるが，今回の照会の事案は，5番で取得した持分

10分の1の全部を目的とする抵当権設定の登記の可否を問うものであり，これを認めることが直ちに昭和35年の先例と抵触することにはならないと考えられる。

そこで，前記本件照会事案についてその可否を検討すると，Bは所有権の共有持分10分の3を有しているが，各登記は持分10分の1ずつ3回にわたる各別の登記により公示されているから，各持分は，それぞれ独立し特定していると解することができる。現に同一人が数回に分けて持分を取得する場合に，取得すべき持分に既に抵当権の登記がされている場合は，結果として持分の一部に抵当権が成立していることになるが，その抵当権の範囲は公示上独立性，特定性を有していると解される。登記先例もこれを認め，その後の所有権の一部移転の登記については，移転すべき持分を特定して登記すべきであるとしている（昭和37年6月28日民事甲1748号民事局長通達）。そうなると，共有持分の取得事項として独立した登記事項が数個あるときは，この各登記事項に係る持分の登記をそれぞれに独立した共有持分の登記として取り扱っても差し支えなく，また，そのことにより公示上の権利関係が錯綜することもないから，これを目的として各別に抵当権設定の登記又は所有権移転の登記をすることを認めても差し支えないと考えられる。また，このように解しても昭和35年の前記先例（前記昭和35年先例は，所有権（共有持分）の一部を目的とする抵当権設定登記を否定）の趣旨に抵触することにはならないと解される。

そして，特定の取得登記事項に係る持分について抵当権設定の登記又は持分移転の登記をする場合には当該登記の目的となっている特定の持分をその取得登記の順位番号により特定して「登記の目的」を記載（記録）することが可能であり，また，そのような記載をすべきこととなる（登記研究428号123頁）。

ただ，この先例の見解には反対の意見もある。つまり昭和58年4月4日民三2252号民事局長通達が，所有権の一部移転の登記を受けたA，B，Cの各共有者から甲がその各共有所有権の移転の登記を受けて，結果的に甲単有の所有権となった場合に，A，B又はCの所有権の一部移転の共有所有権を甲の所有権の一部として，抵当権の設定及びその登記をすることができるとし

第6　不動産の共有

ているのであるが，その考え方は極めて疑問であり，むしろ誤ったものといわざるを得ないとする見解がある（香川保一「不動産登記の疑問の入出門（22）」登記インターネット5巻10号63頁）。

　つまり，甲が各共有者の共有所有権の全部を取得し，その各移転の登記を受けて，実体上甲の単独不動産となったときは，共有関係が解消しているのであって，登記上A，B又はCの所有権の一部移転の登記とその持分の登記が残っていても，その登記は現に効力を有するものではなく，実体上も登記上も，共有所有権及びそれを前提とする持分なるものも存在しないのである。したがって，実体法上その共有所有権を甲の所有権の一部として抵当権の目的とすることができないのであるとされる。その設定の登記の目的として，「順位何番（一部移転の登記の順位番号）の共有持分を目的とする抵当権設定登記」の旨が記載（記録）されるのであろうが，実体法上も登記手続法上もそのような共有所有権及びその登記は存在しないのであるとされる。

　なお，その場合，例えば，共有者であったA，B又はCの持分3分の1を目的として抵当権その他の権利（処分制限を含む。）に関する第三者の登記（仮登記を含む。）が現に効力を有する登記として残存する場合，実体上甲の単有の所有権となっても，その第三者の権利はもちろん消滅するものではなく，その第三者の権利に関する限りにおいて，甲の所有権の一部（共有所有権）として相対的に存続していることになるのである（第三者の権利が例えば抵当権又は差押えであるときは，その抵当権の実行による競売又はその差押えに係る強制競売の場合の買受人の取得する所有権はその持分による制約のある所有権を甲と共有のものとして取得することになるのである。）。しかし，その共有所有権を目的として新たな抵当権その他の権利の登記をすることができると考えるのは極めて疑問でありむしろできないと解すべきではないかとされる見解もある（香川前掲64頁）。妥当な見解ではないかと考える。

⑿　**不動産の共同買受けと単独名義でされた所有権移転登記の登記名義人に対する他の共同買受人の持分に基づく移転登記請求**
この事案における不動産は，XとYの共有に属するが，Xは，Aから本件

不動産を買い受け，その所有権を取得したと主張し，Ｙは本件不動産は，Ｘ単独ではなく，ＹとＸが共有持分２分の１の割合で共同で買い受けたものであると主張している。本件不動産についてＸ単独名義に所有権移転登記をすることは認められないが，ＸとＹとの共有名義にするための所有権移転登記をすることについては異議はないと主張している。

　判決（津地判昭和30年８月３日下民６巻８号1567頁）は，本件不動産は，ＸとＹの共有に属すると認められ，Ｙも本件不動産について持分２分の１の所有権をもっているのであるから，その限度においては，Ｙのためになされた不動産登記は有効であるが，その限度を超える部分についてはＹの有する所有権移転登記は，登記原因を欠き無効というべきである。

　登記が有効であるためには，登記に記載（記録）した実体法上の権利関係が存在することが必要であり，これを欠くときは，手続的には瑕疵がなくとも，登記は無効ということになる。しかし，登記と実体との間に，権利変動の同一性を欠くほどの不一致ではなく，部分的不一致があるにすぎないときは，登記は全部を無効とする必要はなく，登記を一部無効と解するのが相当である。そうなると共有者の一部の者のみを権利者とする単独登記は，真実の権利関係に合致する限度において有効であり，不一致の部分は無効であると解される（幾代通・徳本伸一補訂『不動産登記法〔第四版〕』480頁（有斐閣，1994））。

　問題は，誤った単独登記を共有名義の登記にするにはどうすればよいかということになるが，古い判例には，単独所有権の登記を共有名義に改めるには，単独所有権の登記を抹消するほかないとしていた（大判大正８年11月３日民録25輯1944頁）が，その後，共有者の１人の単独名義でなされた所有権の登記もその者の持分に関しては実体関係に符合するものであり，他の共有者は自己の持分についてのみ妨害排除の請求権を有するにすぎないのであるから，登記を実体的権利関係に符合させるためには，名義人に対し自己の持分についてのみの一部抹消（更正）登記手続を求めることができるにとどまり，その全部の抹消登記手続を求めることはできないと解される（最判昭和38年２月22日判時334号37頁，最判昭和44年５月29日判時560号44頁）。

　ちなみに，前記津地方裁判所昭和30年判決は，不動産の共同買受人の１人

は，単独所有名義人となっている他の共同買受人に対し，自己の持分に基づく物権的請求権として自己の持分につき所有権移転登記手続を請求することができるとしている。したがって，この判決は，単独所有権の取得登記の一部抹消（更正）登記手続によるべきであるとする判例理論とは異なるが，全部抹消請求は認めておらず，単独所有の不動産の持分移転によって単有を共有にすることも現行登記法上認められると解される（塩崎勤『登記請求権事例解説集』124頁（新日本法規，2002））。

⒀ 累積式の根抵当権設定仮登記とそれに基づく共同根抵当権の本登記の可否

数個の物件についてされている累積式の根抵当権設定の仮登記に基づき，その本登記としての共同根抵当権の設定登記が可能であるか否かということが問題となる。

例えば，共同根抵当権設定の仮登記が認められないことにより，A・B物件について各別に，同じ日の設定契約により根抵当権設定仮登記がなされている場合，仮登記に基づく本登記として，A・B物件について共同担保として共同根抵当権設定の登記が申請されたときは受理できると解される（登記研究424号222頁）。

根抵当権は継続的取引関係から生ずる多数の債権につき，あらかじめ一定の限度額（極度額）を定めておき，その範囲内において，将来確定する債権を担保する抵当権のことをいい，昭和46年の民法の一部改正によって明文の規定が設けられた。もっとも判例は古くからその有効性を認めてきた。通常の抵当権の特徴である付従性，随伴性の原則が大幅に修正される点にその特色がある。

第**7** 複数の受託者と信託財産の合有等

1 民法上の所有権の共有

　数人共有での不動産の売買とその移転登記の申請情報については，まず不動産の売主が単有の不動産を全部買主に移転する場合，又はその一部を移転して売主と買主の共有とする場合，共有の不動産を共有者全員から第三者に移転する場合又は共有者の1人又は数人がその持分を他の共有者若しくは第三者に移転する場合等になされることが多い。

　また，売買契約の態様としては，いわゆる売買の一方の予約，すなわち相手方が売買を完結する意思表示をしたときに売買の効力の生ずる契約に基づき相手方が売買の完結の意思表示をして売買が成立する場合や，あるいは通常の売買予約をし，その予約に基づき売買の本契約をする場合とか，条件付売買，すなわち一定の条件が成就したときに売買により所有権が移転する停止条件付売買契約又は一定の条件が成就した場合に将来に向かって所有権が売主に復帰する解除条件付売買契約等があるが，買主が2人以上である場合にはその持分を記載（記録）し，たとえその持分が平等であっても持分は記載（記録）しなければならないということになる（登記令3条9号）。

2 2人以上の受託者と信託財産の合有

⑴　合有の意義

　信託法79条は，「受託者が2人以上ある信託においては，信託財産は，その合有とする。」と規定している。つまり，共同受託者は，信託財産に対して，ⅰ固有の利益を持たず，潜在的にすら持分を有しないこと，ⅱ共同受託者は，それぞれ信託財産の分割を請求したり，持分があるとしてこれを譲渡

第7 複数の受託者と信託財産の合有等

したりすることができないこと，⑩共同受託者の一部が欠けた場合には，信託財産は，残りの受託者に当然に帰属することになることという内容を有している。したがって，共同受託者は，それぞれ信託財産に対して固有の利益を持たず，共同受託者による信託財産の所有形態を民法上の共有と考えることはできず，他に類似の所有形態は見当たらないとされる。そこで，共同受託の信託においては，信託財産は，共同受託者の合有とすることにしたものといわれている[1]。そして，その場合には，例えば，所有権移転（合有）とすることとされている（平成21年2月20日民二500号民事局長通達512）。

共同の受託者による信託財産の所有形態については，法律関係が複雑化することを回避する等の観点から，常に合有とすることとし，信託行為で別段の定めをすることは認めていない。もっとも，共同受託者がその合有に係る信託財産を特定の受託者に再信託することによって，当該特定の受託者が単独で信託財産を所有する形態とすることは可能であると解される[2]。

(2) 共同受託の信託とその事務処理

① 共同受託の信託における信託事務の処理についての意思決定は，原則として，共同受託者の過半数をもって決することができる（信託法80条1項）。

信託行為の定めにより複数の者を共同受託者として選任した委託者の意図としては，信託事務の処理に受託者が相互に監視することによって信託違反行為が防止されることや，複数の者が意思決定に関与することによって慎重かつ合理的な信託事務の処理が行われることを期待しているものと考えられる。しかし，他方において，共同受託者の全員一致を原則とするのでは，効率的な事務処理を阻害しかねないこととなるおそれもないとはいえない。そこで，共同受託の信託においては，共同受託者の過半数をもって信託事務の処理についての意思決定をすることを原則としている。もっとも，信託行為に別段の定めがあるときはその定めるところによる（信託法80条6項）。

---

1) 寺本昌広『逐条解説新しい信託法』233頁（商事法務，補訂版，2008）
2) 前掲（注1）寺本233頁

② 共同受託の信託であっても，保存行為については，各受託者が単独
で意思決定できることを原則としている（信託法80条2項）。もっとも，
その対外的執行については，原則として，各受託者が単独ですること
ができるとする（同条3項）。

このように共同受託の信託における共同受託者による意思決定及びその執
行に関しては信託法80条1項から6項までに規定されているが，同条7項に
おいては，共同受託者に対する意思表示については，別段の定めがない限り，
その1人に対してすれば，その効果は共同受託者全員に及ぶとしている（信
託法80条7項）[3]。

3 受託者が複数の信託と受託者の職務の分掌

受託者が複数の信託においては，信託行為に受託者の職務の分掌に関する
定め（典型的には，信託財産の保管と運用とを別々の受託者が行うこととするとの定
め）がない場合とある場合とがあり得るわけであるが，職務分掌の定めがな
い場合には，信託行為の別段の定めを置かない限り，任務が終了した受託者
が行っていた職務は，残りの他の受託者が引き継いで行うことになるから
（信託法86条4項），信託財産の保護のために信託財産管理者を選任することが
できるとする必要がないことは明らかであるとされる。

これに対し，職務分掌の定めがある場合には，信託を設定した委託者とし
ては，任務の終了した受託者が分掌していた職務（例えば，信託財産の保管事
務）の全てを残りの他の受託者（例えば，信託財産の運用担当者）が引き継いで
行うことは期待していないと考えることが合理的であるが，この場合におい
ても，残りの他の受託者としては，（信託法60条2項によれば，前受託者の相続人
ですら，信託財産の保管と信託事務の引継ぎに必要な行為をしなければならないことに照
らせば）少なくとも，任務の終了した受託者が分掌していた職務のうち信託
財産の保管及び引継ぎに必要な行為はしなければならないものと解するのが

---

3) 前掲（注1）寺本237頁

第7　複数の受託者と信託財産の合有等

相当である。そうするとこれに加えて，信託財産管理者を選任する余地まで認める必要性はないものと考えられるからである。

　なお，残りの受託者としては，信託財産の保管事務を第三者に委託したり，新受託者の選任を速やかに申し立てることが可能であるから，信託財産管理者を選任できないとしても残りの受託者に酷に失することはないと考えられる[4]。なお，旧信託法24条は，信託事務の処理についての意思決定は共同受託者の全員一致によるべきこと，信託事務の執行は共同受託者の全員で行うべきである旨規定していた。

4　受託者である法人の合併又は分割と受託者の任務の承継

　受託者である法人が合併した場合には，信託行為に別段の定めがない限り，受託者の任務は終了せず，合併後存続する法人又は合併により設立する法人が受託者の任務を引き継ぐことになる（信託法56条1項4号）。つまり，受託者である法人の解散が合併の理由とするものであるときは，信託行為に別段の定めがない限り，受託者の任務終了事由にはならないとしている。旧信託法の下では，受託者である法人が合併により解散した場合には，当該受託者の任務は終了し（旧信託法42条1項），利害関係人が新受託者の選任を裁判所に請求するとしていた（旧信託法42条1項）。

　しかし，法人の合併の場合においては，債権債務や契約上の地位は合併により存続する法人又は設立する法人に包括承継されるのが原則であるから，合併により消滅する法人となる受託者の任務が一旦終了するとの構成をとる必要性があるかは疑問であるとされていた。そこで，現信託法56条2項前段及び3項は，信託行為に別段の定めがない限り，受託者である法人の合併によって受託者の任務は終了せず，合併後存続する法人又は合併により設立する法人が受託者の任務を引き継ぐこととしている。

　そこで，今度は受託者である法人が合併又は分割をした場合における受託

4）前掲（注1）寺本222頁

者の任務の承継がどうなるかということが問題となるが，信託法56条2項及び3項は，受託者である法人が合併又は分割をした場合における受託者の任務の承継について規定し，受託者である法人の合併については，信託行為に別段の定めがない限り，受託者の任務は終了せず，合併後存続する法人又は合併により設立する法人が受託者の任務を引き継ぐということになる。一方，受託者である法人の分割については明確でないが，現信託法は，合併の場合と同様に考え，信託行為に別段の定めがない限り，受託者の任務は終了せず，分割により受託者としての権利義務を承継する法人が受託者の任務を引き継ぐことになる[5]。

5 共有持分を目的とする信託の登記がされている2筆の土地と共有物分割

　共有持分を目的とする信託の登記がされている2筆の土地について，共有物分割をすることができるかどうかということが問題となる。

　共有持分を目的とする信託の登記がされている2筆の土地について，受託者は，信託行為の定めに反しない限り，共有物分割をすることができる。この場合において，当該2筆の土地をそれぞれ受託者と他の共有者の単独所有とするときは，受託者の単独所有となる土地については，所有権の移転の登記及び信託の登記の申請を，他方の土地については，所有権の移転の登記及び信託の登記の抹消の登記の申請をしなければならない。

　A及びBの共有の2筆の土地に係るAの各共有持分について，Cを受託者とする持分全部の移転の登記及び信託の登記がされたときは，Cは，信託行為の定めに反しない限り，信託財産の処分として，Bとともに，共有物分割により，各土地をそれぞれC及びBの単独所有とすることができ，この場合には，Cの単独所有となる土地については，共有物分割を登記原因とするB持分全部の移転の登記及び信託財産の物上代位性（信託法16条1号）に基づく信託財産の処分による信託の登記を，Bの単独所有となる土地については，

5）前掲（注1）寺本196頁

第7　複数の受託者と信託財産の合有等

共有物分割を登記原因とするC持分全部の移転登記及び信託財産の処分を登記原因とする信託の登記の抹消をそれぞれ申請することができる[6]。

6　共有物の分割と不動産登記

(1)　共有物分割と持分移転の登記

　共有物分割によって共有持分の移転がされる場合のうち，登記権利者及び登記義務者が同一人のときは，持分移転の登記ではなく，権利変更の登記がされる。

　固有財産の持分権を有するBが当該持分を信託財産の持分権を有するBに移転する場合には，移転する持分について信託財産となった旨の登記がされる。反対に，信託財産の持分権を有するBが当該持分を固有財産の持分権を有するBに移転する場合には，移転する部分について固有財産となった旨の登記がされる。また，A信託財産の持分権を有するBが当該持分をB信託財産の持分権を有するBに移転する場合には，移転する持分について他の信託財産となった旨の登記がされる。

(2)　共有物分割と信託登記の抹消

　共有分割がなされると当該不動産に設定されていた信託が消滅することがあり，この場合には，信託登記が抹消される。

　例えば，所有権の共有持分の一部が信託財産であり，その残部が固有財産である場合に，共有物分割によって信託財産の持分権を有するBが当該持分を固有財産の持分権を有するBに移転する場合には，信託財産に属する信託は消滅するので，信託の登記は抹消される。また，a信託財産の持分権を有するBが当該持分をb信託財産の持分権を有するBに移転する場合には，a信託財産の持分権に対する信託は消滅するので，当該信託の登記は抹消される[7]。

---

6)　登記研究749号155頁
7)　横山亘『信託に関する登記』652頁（テイハン，最新第二版，2016）

(3) 信託財産と固有財産等に属する共有物の分割

　共有物の分割は，①信託行為に定めた方法，②受託者と受益者との協議による方法，③分割することが信託の目的の達成のために合理的に必要であると認められる場合であって，受益者の利益を害しないことが明らかであるとき等において，受託者が決する方法によってする（信託法19条1項3号）。

　共有物の分割により持分の移転がされるときの登記の申請は，登記原因証明情報として，これらの方法により共有物分割が行われたことを証する情報を提供する（平成19年9月28日民二2048号民事局長通達第2，11）。

　ところで，信託法19条は，共有持分が，信託財産と固有財産又は信託財産と他の信託の信託財産とに属することになった場合の分割の方法を規定したものであるが，民法の共有の規定によれば，共有物の分割については，各共有者の分割請求に基づき，共有者間で協議し，協議が調わないときはその分割を裁判所に請求できることになる（民法256条，258条）。しかし，信託財産と固有財産又は信託財産と他の信託の信託財産とに共有持分が属する場合において，共有物の分割をしようとする場合には，誰を共有者として扱うべきかが当然には定まらないことから，信託法19条において，例えば，特定の財産の共有持分が信託財産と固有財産とに属する場合には，①信託行為において定めた方法，②受託者と受益者の協議による方法，③分割をすることが信託の目的の達成のために合理的に必要と認められる場合であって，受益者の利益を害しないことが明らかであるとき，又は当該分割の信託財産に与える影響，当該分割の目的及び態様，受託者と受益者との実質的な利害関係の状況その他の事情に照らして正当な理由があるときは，受託者が決する方法のいずれかの方法によって，当該共有物の分割をすることができるものとし（信託法19条1項），さらにその協議が調わないなどにより，前記方法による分割をすることができないときは，受託者又は受益者は，裁判所に対し，当該共有物の分割を請求することができる（信託法19条2項）[8]。

8）前掲（注1）寺本79頁

第7　複数の受託者と信託財産の合有等

7　共同相続登記後の相続人間における信託契約と遺産分割

　相続人の共有名義となっている不動産について，共有者の一部の者を各当事者とした信託の登記がされている場合に，この不動産につき信託の当事者でない相続人を所有者とする遺産分割の審判がなされたが，遺産分割の遡及効（民法909条）によりこの信託の登記は否定され，無効となるので，この信託の登記を抹消する場合，この抹消の原因をどうするかということが問題となる。

　共同相続登記後の共同相続人間における信託契約は，遺産分割がされるまでは有効であるとされる登記を前提に成立したものであるから，相続人らによる遺産分割協議がされても，その信託契約は遡及して無効とはならず，受益者が受けた利益もそのまま受益者に帰属すると考えられる。

　ただし，遺産分割によって相続財産を取得した相続人は，相続開始時に遡って相続財産を取得し，それ以外の相続人は信託契約の基礎である相続財産を喪失することになるので，遺産分割後は，信託契約そのものが成立しなくなり，信託の終了事由である「信託の目的を達することができないとき」に該当し信託契約は終了する。そうなると，信託契約は既に信託終了事由が発生して終了しているので，旧信託法62条，現信託法183条によれば，信託が終了した場合においては，信託行為に定めた信託財産の帰属権利者がないときは，信託財産は委託者又はその相続人又は信託行為の定めにより帰属権利者となるべき者として指定された者に帰属することとなると解される。そこで，その場合には遺産分割による持分移転の登記をする前に，「年月日信託財産引継」を登記原因として，信託終了による所有権移転登記及び信託登記の抹消登記をすることになると解される（登記研究629号123頁，不動産登記記録例集・平成21年2月20日民二500号民事局長通達548）。

8　共有物分割と権利の変更の登記

　受託者に属する特定財産につきその共有持分が信託財産と固有財産とに属

する場合において，不動産に関する権利が固有財産に属する財産から信託財産に属する財産となったときは，共有分割による権利の変更の登記をすることになるが，この登記は，信託の登記と併せてしなければならない（不登法98条1項）。

共有物分割を登記原因として不動産に属するBの共有持分2分の1が，固有財産に属する財産から信託財産に属する財産になった場合の登記の目的は「B持分2分の1（順位2番で登記した持分）が信託財産となった旨の登記及び信託」である。登記の原因は，共有物分割について信託行為にその定めがある場合にはその日付を，受託者と受益者による協議による場合は協議の成立日を，受託者が決定する方法による場合は決定した日をもって，「年月日共有物分割」とする。

登記原因証明情報は，受託者に属する固有財産を信託財産とする旨の共有物の分割が成立したことが明らかな情報（報告的登記原因証明情報）を提供することになる（登記令7条1項5号，同別表65項添付情報欄ロ）[9]。

9　信託の分割による登記と登記原因証明情報

信託の分割により信託財産に属する不動産に関する権利の帰属に変更が生じた場合には，受託者である当該権利の登記名義人には変更はないが，信託の分割を原因とする権利の変更の登記をすることになる（不登法104条の2第1項）。

登記原因証明情報は，信託分割が成立したことが明らかとなる情報（報告的登記原因証明情報）を提供することになる（不登法61条，同登記令7条1項5号ロ，同別表65項添付情報欄ロ）[10]。

9）前掲（注7）横山490頁
10）前掲（注7）横山485頁

第7 複数の受託者と信託財産の合有等

10 共同受託とその責任

　信託法100条は，「受益債権に係る債務については，受託者は，信託財産に属する財産のみをもってこれを履行する責任を負う。」と規定している。したがって，受益債権に係る債務については，信託財産に属する財産のみが責任財産となり（いわゆる物的有限責任），受託者の固有財産による責任は負わない。

　この受益債権に係る債務の物的有限責任については，受託者が単数であるか複数であるかによって異なるものではないから，共同受託の場合にも当てはまり，共同受託者は，その固有財産をもって責任を負うことにはならない[11]。

11 受託者の倒産手続と受託者の任務

　受託者が個人である場合はその個人の死亡が任務終了事由となる（信託法56条1項1号，旧信託法42条1項）。受託者である地位は，一身専属的なものであって，受託者の相続人に承継されることはない。もっとも，そうなると前受託者の死亡後，新受託者の就任までの間の信託財産の所有者は誰かという問題がある。

　受託者である個人の死亡によりその任務が終了した場合（信託法56条1項1号）における信託財産の帰属等については，信託法74条に規定がある。

　信託財産は，受託者の所有に属するものの，受託者の固有財産とは区別されるという意味において，独立性を有するものである。そうすると，前受託者の死亡により任務が終了した場合には，信託財産は，前受託者の相続財産に含まれないため，相続人に信託財産の所有権が帰属するということもできないから，新受託者が就任して信託財産の所有権の帰属主体が存在するに至るまでの間は，所有者がいないということになる。

---

11) 前掲（注1）寺本275頁

172

そこで，信託法74条1項では，死亡により受託者の任務が終了した場合につき，相続人の不存在の場合に関する民法951条（相続財産法人の成立）の規定に準じて信託財産を法人とするとともに（信託法74条1項），その後に新受託者が就任したときは，信託財産を法人とする理由を失うことから，相続財産法人の不成立（民法955条）の規定に準じて，信託財産法人は始めから成立しなかったものとみなすこととしている（信託法74条4項）。つまり，新受託者が就任したときは，新受託者，前受託者の任務が終了した時，すなわち前受託者の死亡時に信託財産を前受託者から承継したものとみなされ（信託法75条1項），この法人は成立しなかったものとみなすことになる（信託法74条1項）[12]。

12 信託財産の共有物分割と登記原因証明情報

受託者に属する特定の財産について，その共有持分が信託財産と固有財産とに属する場合（信託法19条1項），信託財産と他の信託財産とに属する場合（信託法19条3項）には，信託行為において定める方法，受託者と受益者との協議による方法による共有物分割により，固有財産に属する共有持分を信託財産に帰属させたり，その逆に信託財産に属する共有持分を固有財産に帰属させたり，ある信託財産に属する共有持分を固有財産に帰属させたり，ある信託財産に属する共有持分を他の信託財産に帰属させたりすることができる（信託法19条）。

受託者に属する特定財産について，その共有持分が信託財産と固有財産とに分属する場合において，当該財産を①信託行為に定めた方法，ⅱ受託者と受益者の協議による方法，ⅲ分割することが信託の目的の達成のために合理的に必要と認められる場合であって，受益者の利益を害しないことが明らかであるときなどにおいて，受託者が決する方法によって，共有物の分割をすることが考えられる（信託法19条1項）。

この信託法の規定を受けて，不登法104条の2において，信託の併合又は

---

12) 前掲（注1）寺本102頁

第7 複数の受託者と信託財産の合有等

分割による権利の変更の登記（不登法104条の2第1項），信託財産の共有物分割による権利の変更の登記（不登法104条の2第2項）等の特則を設け，共有物分割等を登記原因として，①不動産に関する権利が固有財産に属する財産から信託財産に属する財産となった場合，②不動産に関する権利が信託財産から固有財産となった場合，③不動産に関する権利が1つの信託財産に属する財産から他の信託の信託財産に属する財産になった場合において，その信託の登記の抹消及び信託の登記の申請は，権利の変更の登記の申請と同時に申請しなければならない。

　例えば，共有物分割により固有財産に属する財産から信託財産に属する財産に変更の登記をする場合には，登記の目的として「A持分2分の1（順位1番で登記した持分）が信託財産となった旨の登記及び信託」とし，権利変更の登記と信託の登記である旨を明らかにする。登記原因及びその日付としては「年月日共有物分割」と記載し，その日付として，信託行為にその定めがある場合はその日付を，受託者と受益者との協議による場合は協議が整った日付を，受託者が決する方法による場合は決定した日を記載（記録）する。登記原因証明情報は，受託者に属する固有財産を信託財産とする旨の共有物分割が成立したことを明らかにした登記原因となる事実又は法律行為を証する事実を記載した書面（情報）ということになる（登記令別表65項添付情報欄ロ）[13]。

13 委付による移転登記と共有持分割合

　委付は，信託が終わるときにその信託財産を受託者個人の財産にする制度である。委付というのは，「自己の所有物とか権利を相手方に交付して，自己と相手方との法律関係を証明させる行為である。」ということであるが，ここでいう「委付」は信託財産の独立性が基本になっていると考えられる[14]。

---

13) 藤原勇喜『信託登記の理論と実務』58頁（民事法研究会，第3版，2014）
14) 前掲（注13）藤原264頁

ところで，「信託財産委付による信託終了」を登記原因とする信託抹消登記のみの申請がなされた場合には，旧不登法49条4号（「申請書カ方式ニ適合セサルトキ」，現不登法25条5号（申請情報又はその提供の方法がこの法律に基づく命令又はその他の法令の規定により定められた方式に適合しないとき））により当該申請を却下すべきものとしている（昭和37年2月8日民事甲271号民事局長電報回答・登記研究174号60頁）。なお，この場合に，受託者に対し委付による所有権移転の登記申請が同時にされても，信託法の趣旨から受理すべきでないとしている。もっとも上記昭和37年の先例は，旧信託法22条1項ただし書（受託者ハ何人ノ名義ヲ以テスルヲ問ハス信託財産ヲ固有財産ト為シ又ハ之ニ付権利ヲ取得スルコトヲ得ス但シ已ムコトヲ得サル事由アル場合ニ於テ裁判所ノ許可ヲ受ケ信託財産ヲ固有財産ト為スハ此ノ限ニ在ラス）により固有財産とすることについての裁判所の許可があった場合には，信託の登記の抹消と個有財産となった旨の所有権の変更の登記を同時に申請すべきであるとしている（前掲（注13）藤原371頁，登記研究174号61頁）。

信託財産が受託者の固有財産となった場合については，信託法は，信託財産に属する財産を受託者の固有財産に帰属させることは，原則として，利益相反行為として禁止している（信託法31条1項1号）が，ⅰ信託行為に当該行為をすることを許容する旨の定めがあるとき，ⅱ受託者が当該行為について重要な事実を開示して受益者の承認を得たとき，ⅲ相続その他の包括承継により信託財産に属する財産に係る権利が固有財産に帰属したとき，ⅳ「受託者が当該行為をすることが信託の目的の達成のために合理的に必要と認められる場合であって，受益者の利益を害しないことが明らかであるとき」，又は「当該行為の信託財産に与える影響，当該行為の目的及び態様，受託者と受益者との実質的な利害関係の状況その他の事情に照らして正当な理由があるとき」には，例外として認められている（信託法31条2項）。この場合は「委付」を原因とする受託者の固有財産となった旨の変更の登記及び信託の登記の抹消の登記をする（平成19年9月28日民二2048号民事局長通達「第3　登記の記録例22，23」（民事月報62巻11号145頁，登記研究716号72頁，前掲（注13）藤原372頁））。

第7 複数の受託者と信託財産の合有等

14 委付により複数の受託者の固有財産となる場合と持分の記載（記録）

　受託者は，信託財産と固有財産を別個に管理しなければならず（旧信託法28条），また，信託の目的に従って信託財産の管理又は処分をすべきであって信託の利益を受けてはならないとされている。したがって，受託者は，原則として信託財産を自己の固有財産とすることはできない（同法22条1項本文）。ただし，委託者が受託者に対して一定の報酬を支払うべきであるのに，その支払ができず，信託財産そのものを受益者に与えることで対処するような場合，あるいは信託財産を処分する必要があるが，適当な買い手のいない場合等やむを得ない事由があるときには，裁判所の許可があれば，信託財産を受託者の固有財産とすることができる（同法22条1項ただし書）。この場合は，「委付」を登記原因として受託者の固有財産となった旨の登記及び信託登記の抹消登記をすることとされている。「委付」というのは自己の所有物又は権利を相手方に交付し，自己と相手方との間の法律関係を消滅させるとの意味であり，信託財産を信託法22条1項ただし書の規定による裁判所の許可を受け受託者の固有財産とした場合にも，「委付」という登記原因が用いられている（登記研究624号126頁）。そして，この場合に，信託財産を委付により複数の受託者の固有財産とする場合の登記の申請について，委託者及び複数の受託者の双方から，委付による信託終了を登記原因として，「受託者の固有財産となった旨の登記及び信託登記抹消」の登記申請をする場合に，登記申請書に，権利者の持分の記載（記録）が必要かどうかということが問題となる。

　受託者は，信託財産と固有財産とを別個に管理しなければならず（旧信託法28条，信託法34条），また，信託の目的に従って信託財産の管理又は処分をすべきであって，信託の利益を受けてはならないとされている。したがって，受託者は，原則として信託財産を自己の固有財産とすることはできない（信託法34条）。ただし，委託者が受託者に対して一定の報酬を支払うべきであるのに，その支払ができず，信託財産そのものを受益者に与えることで対処するような場合，あるいは信託財産を処分する必要はあるが，適当な買手のい

ない場合等や信託行為に別段の定めがある等やむを得ない事由があるときは，裁判所の許可があれば信託財産を受託者の固有財産とすることができる（信託法34条）。この場合は，「委付」を登記原因として受託者の固有財産となった旨の登記及び信託の登記の抹消登記をすることができる。受託者が複数の場合は，共有者の持分を記載（記録）し，原因を「委付」とし，登記の目的は「受託者の固有財産となった旨の登記」とする（平成21年2月20日民二500号民事局長通達・登記研究624号125頁）。

15 信託の登記と合筆の登記

　信託の登記がされている不動産について合筆の登記の申請がされた場合には，受理することができないとするのが登記実務の取扱いであったが（昭和48年8月30日民三6677号法務省民事局長回答），現信託法の施行に伴い，規則105条が改正され，「信託の登記であって，法第97条第1項各号に掲げる登記事項が同一のもの」である場合が追加され（規則105条3号），合筆の登記の制限が緩和された。あわせて，合筆の登記における権利部の記録方法に変更が加えられ，合筆後の土地の登記記録の権利部の相当区に当該信託の登記を記録することとされた（規則107条1項4号）。なお，この場合，各筆の土地の所有権の全部が同一の信託に属する場合のほか，各筆の土地が共有されており，その共有持分が異なる複数の信託に属する場合も含まれることとされた。この場合は，合筆後の土地の登記記録の甲区には，各信託について信託の登記をそれぞれ記録しなければならないとされた。

　また，建物の場合についても，所有権等の登記以外の権利に関する登記がある建物の合併の登記が原則として禁止されているところ，前述の土地の場合と同様に，規則131条が改正され，「信託の登記であって，法第97条第1項各号に掲げる登記事項が同一のもの」である場合が追加され（規則131条2号），新たに合併の登記制限が緩和された。この場合の建物の合併の登記における権利部の記録方法についても，前記土地の場合と同様である（規則134条1項において準用する107条1項・登記研究716号82頁）。

第7　複数の受託者と信託財産の合有等

16　権利能力なき社団と信託的理論構成

(1)　代表者名義の登記

　権利能力なき社団が不動産の所有権を取得した場合にその登記をどうするかという問題がある。

　不動産の売買により権利能力なき社団が所有権を取得した場合，権利能力なき社団の名義で所有権移転登記を受けることができないとしている（昭和28年12月24日民事甲2523号民事局長回答・登記研究75号33）。

　その理由は，「権利能力なき社団の資産はその社団の構成員全員に総有的に帰属しているのであって，社団自身が私法上の権利義務の主体となることはないから，社団の資産たる不動産についても，社団はその権利主体となり得るものではなく，したがって，登記請求権を有するものではないとされている（最判昭和47年6月2日民集26巻5号957頁）。前記昭和47年の最高裁判決は，「社団の資産である不動産は，本来は，構成員の総有に属するものであるが，構成員全員のため信託的に社団代表者個人の所有者とされるものであるから，代表者は自己の名義でその登記をすることができ，代表者が交替したときは，新代表者は旧代表者に自己の名義に登記手続をすることを請求できる。」とする。そして，権利能力のない社団は，構成員全員に総有的に帰属する不動産について，その所有権の登記名義人に対し，当該社団の代表者の個人名義に所有権移転登記手続をすることを求める訴訟の原告適格を有するとされ（最判平成26年2月27日民集68巻2号192頁），また，権利能力のない社団を債務者とする金銭債権を表示した債務名義を有する債権者は，社団の構成員全員の総有に属し第三者を登記名義人とする不動産に対して強制執行をしようとする場合，その不動産が社団の構成員全員の総有に属することを確認する旨の確定判決等を添付して社団を債務者とする強制執行の申立てをすべきであり，登記名義人を債務者として執行文の付与を求めることはできないとされる（最判平成22年6月29日民集64巻4号1235頁）。

　そうなると権利能力なき社団の代表者については，登記等の公示方法がないから，権利能力なき社団を登記名義人とする登記の申請はできないという

ことになるので，当該社団（団体）の規約によって財産を代表者名義とする定めがあるときは，その代表者の個人名義で登記をし，そういう定めがないため，この方法により難い場合は，当該社団（団体）の構成員全員の個人名義で共有登記をすることになる。

そのほか，最判昭和39年10月15日（民集18巻8号1671頁）は，「権利能力なき社団においては，その実質的権利者たる構成員全部の名を登記できない（困難であるという意味であると解される。）結果として，その代表者名義をもって不動産登記簿に登記するよりほかに方法がない」旨判示し，また，最判昭和47年6月2日（民集26巻5号957頁）は，「権利能力なき社団の構成員全員の総有に属する社団の資産たる不動産については，従来から，その公示方法として，本件のように社団の代表者個人の名義で所有権の登記をすることが行われているのである。これは，不動産登記法が社団自身を当事者とする登記を許さないこと，社団構成員全員の名において登記をすることは，構成員の変動が予想される場合に常時真実の権利者関係を公示することが困難であることなどの事情に由来する」，代表者は，自己の名をもって登記することができるものと解すべきである旨判示している[15]。

(2) 登記先例の考え方

権利能力なき社団の代表者個人名義で所有権登記をしている場合に，その代表者に変更があったときは，「委任の終了」を登記原因として，旧代表者から新代表者に所有権移転登記をする（昭和41年4月18日民事甲1126号民事局長電報回答）。この先例は，共有名義の不動産につき，共有者のうちの1人を単独所有者とする旨の共有持分移転登記申請があった場合の登記原因は「委任の終了」とするのが相当であるとしている。前記昭和39年10月15日の最高裁判例は，法人でない社団の権利義務の主体となり得ることを否定し，その代表者により取得した財産は，その社団の構成員に総有的に，つまり，構成員となった者は当然取得し，構成員でなくなった者は当然権利を失う意味におい

15）青山修『共有に関する登記の実務』100頁（新日本法規，1998）

第 7 複数の受託者と信託財産の合有等

て，帰属するものとしている。民法により権利義務の主体となり得る者は自然人と法人のみであって，法人格を有しない団体は権利義務の主体となり得ないからである[16]。

　前述したように最判昭和47年 6 月 2 日（民集26巻 5 号967頁）のように信託的理論構成をし，権利能力なき社団の代表者は構成員全員の受託者たる地位において個人名義で所有権の登記をすることができるとし，代表者の交替による場合は，信託法による受託者の更迭の場合に準ずると構成している。

　この判決は，権利能力なき社団の代表者は構成員全員の受託者たる地位において個人名義で所有権の登記をすることができるとする。また，代表者の交替による場合は，信託法における受託者の更迭の場合に準ずるとしている。そして，権利能力なき社団の「構成員の総有に属する不動産は，右構成員のために信託的に社団代表者個人の所有とされるものであるから，代表者は，右の趣旨における受託者たるの地位において右不動産につき自己の名義をもって登記することができるものと解すべきであり，したがつて，登記上の所有名義人となった権利能力なき社団の代表者がその地位を失ってこれに代わる新代表者が選任されたときは，旧代表者は右の受託者たる地位を失い，新代表者においてその地位を取得し，新代表者は，信託法の信託における受託者の更迭の場合に準じ，旧代表者に対して，当該不動産につき自己の個人名義に所有権移転登記手続をすることの協力を求め，これを訴求することができるものと解するのが相当である。」とする。

　しかし，登記実務においては，社団名での登記も社団の代表者の肩書を付した代表者個人名義での登記も認めず，代表者の個人名義で登記するか，社団構成員全員の共有名義で登記するほかないとしている[17]。

16）香川保一「判例紹介」登記研究211号12頁
17）昭和23年 6 月21日民事甲1892号民事局長回答，昭和36年 7 月21日民三発625号民事局第三課長回答

180

17 共有持分についての信託登記と他の共有持分全部の放棄による登記手続

　甲，乙両名の共有地につき，甲が自己の持分について，信託行為により受託者丙のために持分移転並びに信託行為を完了している。

　その後，他の共有者乙が持分を放棄した場合における当該持分の帰属並びにその登記手続については，①受託者丙のため「乙の持分放棄による持分移転の登記」を乙，丙が共同して申請する，②受託者丙は，持分移転登記を受けた後，信託財産に属した旨の登記をする，③乙，丙が共同して，受託者丙のため「持分放棄による持分移転及び信託登記」を申請する，④乙，甲（委託者）が共同して，甲のため「持分放棄による持分移転登記」を申請する，とする考え方があるが，前記①の考え方により，受託者丙のため「乙の持分放棄による持分移転の登記」を乙，丙が共同して申請すると同時に同一書面で受託者丙から信託の登記を申請すべきである（昭和33年4月11日民事甲765号民事局長心得電報回答・登記研究126号34頁）。

第8 共有の登記とその更正

第8 共有の登記とその更正

1 共有不動産と所有権保存登記の更正

(1) 申請人

申請人は更正登記によって権利を失う者が登記義務者，更正登記によって権利を取得する者が登記権利者となる。持分に変動のない共有者は申請人とならない。

更正登記によって所有者（共有者）に変動がある場合（更正登記によって名義人の出入りがある場合），前登記名義人（譲渡人・売主）も登記義務者に加えなければならない。

更正登記の範囲としては，AからBへと登記名義人を完全に入れ替えてしまうことは，その範囲を逸脱するもので許されない。

(2) 所有権保存登記の更正

① A名義で建物の保存登記をしたが，その建物はA2分の1，B2分の1の共有であった場合，Aを登記義務者，Bを登記権利者としてその所有権保存登記の更正登記を申請することができる。この建物に，乙区1番でCの抵当権設定登記されているような場合は，Cの承諾書等を提供する必要がある。

② ABの共有名義で建物の所有権保存登記がされているが，実はその建物はAの単独所有であったような場合は，その所有権保存登記を共有名義から単独名義に更正する必要がある。抵当権が設定されている場合はその承諾書等を提供しなければならない。

この所有権保存登記が債権者代位でされているような場合は，その代位権者の承諾が必要である。更正登記によってAは2分の1の共有者から単有の

182

所有者になるのであるから，代位債権者にとって不利益とならないのではないかとも考えられるが，登記実務上は，代位債権者は利害関係者に該当するものとしている[1]。

代位債権者の有する債権は，「A持分抵当権設定登記請求権」であり，これを保全するためにA・B共有の相続登記を代位によりした後，このAB共有名義をA単独名義に更正するのであるから，登記の形式上，この更正登記により代位債権者が不利益を受けることはないとも考えられる。しかし，代位債権者の不知の間にA単有への更正登記がされてしまうと代位債権者は自己の債権を保全するためのA持分を目的とする抵当権の設定登記が不可能になってしまう。代位債権者の承諾書の提供を要すると考える所以である。登記上の利害関係を有する第三者が存在する所有権の登記の更正登記にあっては，その実質は所有権の一部又は共有持分の全部又は一部についての抹消の登記にほかならず，ただ権利の一部の抹消登記の手続が存在しないために更正登記の方法でなされているにすぎないから，やはり承諾書の提供が必要であると解される。

(3) 不登法74条2項の所有権保存登記の更正

① 敷地権の表示の登記がされている区分建物につき，なされている単有の所有権保存登記を更正して共有とする場合

ⅰ 敷地権の表示の登記のある建物について，本来AB共有名義で所有権保存登記をすべきところを誤ってA単有名義の登記がされ，その後CがA単有名義の所有権保存登記に対して1番抵当権を設定したような場合，AB共有名義に更正するにはどうすればよいか。

また，Cが区分建物全体に抵当権を設定したいと考える場合はどうすればよいかというテーマである。

敷地権の表示のあるAB共有の区分建物につき，単有の所有権保存登記がされた場合は，実体に合致しない登記であるので，AB共有名義に更正登記

---

1) 登記先例解説集322号104頁，大決大正9年10月13日民録26号1475頁

第8　共有の登記とその更正

を申請することになる。

　この場合，敷地権の表示の登記ある区分建物のみ，あるいは，敷地権たる旨の登記ある土地のみの更正登記はできず，申請情報に敷地の表示を記載して（不登令3条11項），区分建物につき更正登記をすれば，その登記は敷地権についても同一の登記原因により更正の登記をしたのと同一の効力を生ずることになる（不登法73条1項）。

　⒤　更正登記の申請人は，ＡＢ共有名義に更正することになるので，新しく登記名義人となるＢが登記権利者，単独の所有者から共有者の1人となるＡが登記義務者となる。

　不登法74条2項の所有権保存登記は，実質は専有部分と敷地権の移転登記であり，その更正登記については，所有権移転登記の更正と同様に，前所有者である表題部所有者や敷地権の登記名義人を登記義務者として関与する必要があるのではないかとも考えられなくはない。Ａ単有をＡＢ共有に更正するということは，当初の表題部所有者や敷地の登記名義人とＡとの契約に錯誤があったと考えられなくはないからである。しかし，所有権保存登記の更正という形式をとるので，前所有者は申請人となることができず，承諾証明情報を提供するということになると解される。

　⒤⒤⒤　登記上の利害関係人の承諾書の要否ということになるが，前述のごとく，所有権保存登記の更正登記は，実質的には所有権の一部抹消登記としての性質を有するので，登記上の利害関係人がある場合の規定，つまり，不登法66条及び不登規則150条の規定のほか，不登法68条の規定が適用され，その者の承諾証明情報（承諾書）又はこれに対抗することができる裁判の謄本を提供する必要がある。したがって，Ａの単有をＡＢの共有に更正する場合には，Ａ単有の不動産を目的とする抵当権者Ｃは，登記上の利害関係人となる。抵当権設定契約はＡとしてなされているが，所有権の更正登記によってＡは持分2分の1の所有者となり，残りの2分の1については所有者ではなかったことになるからである。抵当権者Ｃの承諾証明情報を提供して更正登記がされると抵当権の目的がＡ持分であるということに更正されることにな

184

る[2)]。

ⅳ　A単有名義でされた不登法74条2項の所有権保存登記を，AB共有名義に更正する場合，表題部所有者の所有権譲渡証明情報及び敷地権の登記名義人の承諾証明情報を提供しなければならない。不登法74条2項の所有権保存登記は，実質専有部分と敷地権の移転登記であり，その更正登記に際しては，前所有者である表題部所有者や敷地権の登記名義人がかかわってくるので，表題部所有者から直接Bに所有権の譲渡があった旨の証明が必要となる。

②　更正後の抵当権の処理

更正後の抵当権の処理については，A持分のみの抵当権と更正されたCの抵当権の効力を，従前どおり所有権全体に拡張するためには，新たに共有者として加わったBの持分の上に共同抵当権を追加設定すればよいということになる。

登記原因証明情報としてB持分の抵当権追加設定の契約書を提供する。

なお，AからAB名義に更正した場合には，「抵当権の効力を所有権の全部に及ぼす変更の登記」をすることはできない[3)]。

ところで，債権者代位によりされた相続を原因とする共有名義（A・B）の所有権移転登記を，錯誤を原因として単有名義（A）に更正する更正登記の申請書には，代位した債権者の承諾書の提供を要するものとしている（昭和39年4月14日民事甲1498号民事局長通達）。つまり，代位債権者の不知の間にA単有への更正登記がなされてしまうと代位債権者は，自己の債権を保全するためのA持分を目的とする抵当権設定の登記が不可能となってしまう。そうであれば，この事案においても，代位債権者は，前記通達と同様の立場にある者と解すべきであるから，この者の承諾書の提供を必要とすると考えられる（登記先例解説集28巻9号105頁，106頁）。ただ，登記上の利害関係を有する第三者が存在する所有権の登記の更正登記の場合は，その実質は所有権の一部又は共有持分の全部又は一部についての抹消登記にほかならず，これらの場

2）平成21年2月20日民二500号民事局長通達（登記記録例235，事例式不動産登記申請マニュアル1532頁）

3）平成21年2月20日民二500号民事局長通達408

第8　共有の登記とその更正

合には，旧不登法146条及び旧不登法147条の規定（現不登法66条，68条）を適用するのが相当であると解される。したがって，所有権の更正登記には，常に登記上の利害関係人の承諾書の提供を必要とし，その登記の形式も付記登記によってのみなされることになる。

　なお，抵当権の効力を所有権全部に及ぼす変更の登記の登記事項は，抵当権が設定された旨及びその日付並びに被担保債権の発生原因である債権契約及びその日付である[4]。

　例えば，甲乙共有の不動産につき，甲の持分について抵当権設定の登記がなされた後，甲が乙の持分所有権を取得し，単独所有となったような場合には，その抵当権の効力を不動産全部に及ぼす変更の付記登記をすることができ，この場合の抵当権変更の登記の登記原因は，甲が乙から取得した持分についての抵当権設定契約である（登記研究102号29頁）。

2　甲乙の共有に属する不動産につき，甲乙丙を共有者とする所有権保存登記がされている場合と登記の更正

　最判昭和38年2月22日（民集17巻1号235頁・金融法務事情342号10頁）は，ⅰ X・Y両名が共同相続した不動産につき，Yが勝手に単独の所有権移転登記をした場合に，XがYに対して請求できるのは，Xの持分についてのみの一部抹消（更正）の手続手続である。ⅱ XがYに上記移転登記全部の抹消登記手続を求めたのに対し，裁判所がYに上記一部抹消（更正）登記手続を命ずる判決をしても，この場合の更正登記は，その実質において一部抹消登記であるから，原判決はXの申立ての範囲内でその分量的な一部を認容したものにほかならないから，民事訴訟法246条に反しないとしている。民事訴訟法246条は，「裁判所は，当事者が申し立てていない事項について，判決をすることができない。」と規定しているがその規定の趣旨には反しないということである。

4）昭和31年4月9日民事甲758号民事局長回答

2 甲乙の共有に属する不動産につき，甲乙丙を共有者
とする所有権保存登記がされている場合と登記の更正

　したがって，この理を前提に考察すると，例えば，境界確定の訴えのような場合においても，「境界確定の訴えは，隣地間の境界不明からくる紛争を断ち権利状態を安定させるものであるから裁判所は当事者の主張する境界線に拘束されることなく，自ら真実なりと認める境界線を定めるべきである。」（大判大正12年6月2日大審院民集2巻345頁）ということになり，また，相続に関しても，「原告らが，係争不動産は原告らの被相続人乙が甲から買い受け乙の死亡によって原告らが共同相続したものであると主張して，不動産の所有名義人である被告に対し，共有持分権に基づき各持分に応ずる所有権移転登記手続を求め，これに対し，被告が，不動産は被告の夫丙が甲から買い受けたものであり，丙の死亡によって被告がそれを相続取得したものであると主張したにとどまる場合において，裁判所が不動産は乙が甲から買い受けたのち丙に死因贈与したものであるとの事実を認定し，原告らの請求を排斥するのは，弁論主義に違反する。」（最判昭和55年2月7日民集34巻2号123頁）としている。

　ところで，甲の単独所有名義でされている所有権移転登記を甲乙丙丁の共同所有名義に改めるには，更正登記によるものとされ，逆に，甲乙らの共有名義の登記を甲の単独所有名義の登記に改めるときも同じである。これらのことは，前述した判例（最判昭和38年2月22日民集17巻1号235頁）のほか，最判昭和37年5月24日（裁判集民60号767頁），法務省先例として，昭和33年7月5日民事甲1366号民事局長心得回答，昭和36年10月14日民事甲2604号民事局長回答等により確立されている。

　前記昭和37年の最高裁判例は，A等複数名の共同相続人のうちのAの単独名義でされた所有権移転登記を，Aほか数名の共有名義に更正する場合であり[5]（最判昭和38年2月22日民集17巻1号235頁も同旨），上記昭和33年7月5日の先例は，甲乙の共同相続にかかる不動産を乙の相続分なきことの証明により甲単独名義に所有権移転登記をした後，これを錯誤によるものとして甲乙共有名義に更正する登記は，申請の錯誤により共同相続人の一部を遺漏した相続

---

[5] 七戸克彦監修『条解不動産登記法』450頁（弘文堂，2013）

第8　共有の登記とその更正

登記の更正であるから，共同相続人全員の申請によるべきであり，所問の登記の申請者には，甲，乙がともに相続人であることを証する書面及び甲の印鑑証明を提供する必要がある[6]。

また，昭和36年の先例は，共有登記名義人の所有権移転登記完了後に，その登記を単独所有名義人への移転登記に更正するケースであり，この場合は，前所有権登記名義人甲並びに丙が登記義務者となり，乙が登記権利者となって，乙及び丙の共有名義に行われた所有権移転登記を，錯誤を登記原因として，乙の単独所有名義とする更正登記を申請することができるとするものである。

更正登記は，更正の前後を通じて登記としての同一性が認められる必要がある。権利の登記は，実体上の権利を表象するものであるから，登記の同一性があるかどうかは，権利の同一性の有無によって決められる。権利主体が異なるときは権利の同一性があるとはいえないから，甲名義で登記しているものを真実は乙の所有であるとして，乙名義に更正登記することはできない。この場合は，甲名義の登記は実体に符合せず無効であり，更正登記という方法によることはできないのである。しかし，甲名義で登記されているものが，実は甲乙丙の共有であるというときは，甲の有する実体上の共有持分権の範囲では，前後同一であり，その限りにおいて登記は実体関係に符合していて無効ではないから，既存の登記を全部抹消するのではなく，更正の方法により是正することができることになる。このことを前記最判昭和38年2月22日は，更正登記は実質において一部抹消登記であるとしている[7]。

3　共有者による登記請求権の行使とその態様

(1)　他の共有者の名義となっている場合

不動産の共有者がその不動産について権利行使をする場合の1つは，共有者の内部関係において，共有者が他の共有者の単独名義となっているものに

6）登記研究129号34頁
7）藤井正雄「民法と登記（中）登記請求権12」330頁

ついて，その是正を求める場合がある。その場合は，共有者の1人がその持分につき登記名義人である他の共有者に対し更正登記を請求できることができることについては，既に考察してきたとおりである。

(2) 共有不動産につき第三者が不実の登記を経由している場合

① 共有者の1人からの請求

　共有不動産につき第三者が不実の登記を経由しているときは，共有者の1人がその持分権により単独で第三者に対し抹消登記を請求できる（最判昭和31年5月10日民集10巻5号487頁）。その根拠は，民法252条ただし書の保存行為に当たるからである。同判例は，「ある不動産の共有者の1人がその持分に基き当該不動産につき登記簿上所有名義者たるものに対してその登記の抹消を求めることは，妨害排除の請求に外ならずいわゆる保存行為に属する。被相続人が土地を買い受けてその所有権を取得したが，第三者名義への所有権移転登記を行った場合，共同相続人の1人は単独で，登記簿上の所有名義人に対して右所有権移転登記の抹消を求めることができる。」旨判示している。

② 数名の共有者からの請求

　数名の共有者が，登記名義を有する第三者に対しその共有権（その数名が共同して有する1個の所有権）に基づき所有権移転登記を請求する場合について，判例（最判昭和46年10月7日民集25巻7号885頁）は，共有者全員について合一に確定する必要があるから，その訴訟の形態は固有必要的共同訴訟であると解すべきであるとしている。

　また，不動産の共有者の1人は，その持分権に基づき，共有不動産に対して加えられた妨害を排除することができるところ，不実の持分移転登記がされている場合には，その登記によって共有不動産に対する妨害状態が生じているということができるから，共有不動産について全く実体上の権利を有しないのに持分移転登記を経由している者に対し，その持分権に基づく保存行為として，単独でその持分移転登記の抹消登記手続を請求することができる（最判平成15年7月11日民集57巻7号787頁）。

第8　共有の登記とその更正

③　相続人の1人が勝手にした相続登記の更正

相続人の1人である甲が無断で自己のためにした相続による所有権移転登記と他の相続人乙からの相続人全員（甲，乙，丙，丁）のための更正登記

　　ⅰ　共同相続における相続財産の共有も民法249条以下の共有と性質を異にするものではないと解されているから，共同相続人の1人である乙が，単独の登記名義を有する他の相続人甲に対して登記請求することは，共有者間の内部関係に属する事柄であり，乙が自己の持分につき更正登記を求めることはできる。もっとも，共同相続人中の一部の者が自己の相続分のみについて相続登記を申請することはできない（昭和30年10月15日民事甲2216号民事局長電報回答）が，既に相続登記がされているものの更正には，この理は当てはまらない。共同相続人中の一部の者が自己の相続分のみについて相続登記をすることを認めると被相続人と相続人の共有という，法律的にあり得ない共有関係を公示することになるからである。

　　ⅱ　それでは，乙が単独で相続人全員のための更正登記を求めることはどうかということになるが，先例（明治33年12月18日民刑1661号民刑局長回答）は，共有者中の一部の者が民法252条ただし書の規定により共有物の全部につき，全共有者のために，所有権保存登記を申請することができるとし，また，共同相続中の1人が相続人全員のために全員を登記権利者として相続登記を申請することも，保存登記に該当するので，可能であると解されている[8]。

　　ⅲ　ちなみに，甲が任意の登記に応じないときも同様に，乙が保存登記であることを理由として，甲，乙，丙，丁全員の共有名義に更正登記をすることを訴求することができるであろうか。

乙が共有持分を有する不動産について甲が単独で登記名義を有することは，一部の共有者による他の共有者の権利の侵害であり，その限りにおいては，第三者の不実の登記による侵害と異なるところはない。そうするとこの場合には，第三者に対する抹消登記請求の場合と同様に保存行為として相続人全員のための更正登記を求め得るという考え方が成り立つ可能性はあると考え

8）吉野衛『注釈不動産登記法総論上』607頁（金融財政事情研究会，新版，1982）

190

られなくはないように思われる。

　保存行為の理論は，共有物に関する権利行使について，共有者全員によることなく，ある共有者が単独ですることができるものとする法的なテクニックとして用いられてきた。共有物を不法に占有する者に対する引渡請求や不実の登記を有する者に対する抹消登記請求について，この理論がよく使われたといわれる。しかし，引渡請求や抹消登記請求においては，各共有者の有する持分権に基づく妨害排除請求権（返還請求権や抹消登記請求権）をその者が行使していると解すれば足りる[9]。

　ただ，移転登記請求の場合には，判例は，各共有者がそれぞれ有している持分権のほかに，全共有者共同して有する1個の所有権（共有権）があるという考え方に立っているので，これらの権利に対応して各共有者の有するそれぞれの持分権についての移転登記請求権と，全共有者の有する1個の共有権についての移転登記請求権を観念することができる。一共有者が保存行為として全共有者のために移転登記を請求できるということは，他の共有者の有するこれらの登記請求権を行使できるということにほかならない。しかし，相手方である登記名義人が任意に応じないときに訴えをもってこれを求めることを認めるならば，一共有者の受けた判決の効力が他の共有者にも及ぶことを承認しなければならない。そうでなければ判決により全共有者のために登記できないことになる。しかし，このことは，訴えを提起した者が勝訴したときはよいが，敗訴したときは他の者の権利を失わせることになる。

　このように考えると乙が共有者全員のための更正登記を請求するということは，全員の更正登記請求権を行使することに帰するので，移転登記の場合と同様に，結局，共有者全員のために移転登記や更正登記を受けようとする場合には，全員が共同して訴訟追行をするしかないということになると考えられる[10]。

　ⅳ　このように解すると，乙は，甲が任意に登記に応じた場合は別として，そうでないときは，単独で自己の持分についてしか更正登記を求め得な

9）前掲（注3）藤井334頁

10）前掲（注3）藤井335頁

いので，その結果，甲単独名義の登記が甲乙共有の登記に改められることになる。これでは甲乙丙丁の共有であるという真実の権利関係を公示していないという疑問を生じる。しかし，乙の権利が正しく表示されたという限りでは，その範囲においてであるとしても，実体関係に合致しているということになる。乙とすれば，甲乙ではなく，甲乙丙丁という共有関係であることが正しく表示される必要ないし利益があるわけであるが，共有者全員に強制力を及ぼすためには，共有者全員による訴訟をもってするほかないということになると解される[11]。

　　ⓥ　甲乙共有の不動産につき，甲乙丙を共有者とする所有権保存登記がされている場合の更正登記

　甲乙の共有に属する不動産につき，甲乙丙を共有者とする所有権保存登記がされている場合における，甲の丙に対する丙の持分に関する部分の抹消登記手続請求は，その部分を実体的権利に合致させるための更正登記手続を求める趣旨を含むものと解することができる。ただ，この場合においても，甲は，丙に対し，甲の持分についての更正登記手続を求めることができるにとどまり，乙の持分についての更正登記手続を求めることはできないとしている（最判平成22年4月20日金融法務事情1915号104頁）。

　この点につき，最判昭和59年4月24日（金融法務事情1067号28頁）は，最判昭和38年2月22日（民集17巻1号235頁）を引用し，「①Ｘ・Ｙ両名が共同相続した不動産につきＹが勝手に単独の所有権移転登記をした場合に，ＸがＹに対して請求できるのは，Ｘの持分についてのみの一部抹消（更正）登記手続であるとした上で，②ＸがＹに上記移転登記全部の抹消登記手続を求めたのに対して裁判所がＹに上記一部抹消（更正）登記手続を命ずる判決をしても，この場合，更正登記は実質において一部抹消登記であるから，原判決はＸの申立ての範囲内でその分量的な一部を認容したものにほかならないとして，民事訴訟法246条（「裁判所は，当事者が申し立てていない事項について，判決をすることができない。」）に反しない」旨判旨している。更正登記は，その実質にお

11）前掲（注3）藤井335頁

いて一部移転登記であると解するともいうことができるからである[12]。

　最判昭和59年 4 月24日（金融法務事情1067号28頁）は，前記最判昭和38年 2 月22日を引用し，「数名の者の共有に属する不動産につき共有者のうちの一部の者が勝手に自己名義で所有権移転登記を経由した場合に，共有者の 1 人がその共有持分に対する妨害排除として登記を実体的権利に合致させるため上記名義人に対し請求することができるのは，自己の持分についてのみの一部抹消（更正）登記手続であると解するのが相当である」旨判示して，Ｘ，Ｙほか 3 名が各 5 分の 1 の持分を有している不動産にＹが単独で所有権移転登記を経由している場合に，ＸがＹに上記登記の全部抹消登記手続を求める請求は，Ｘの持分を 5 分の 1 ，Ｙの持分を 5 分の 4 とする更正登記手続を命ずる限度で認容すべきであるとしている。

　なお，不動産の共有者の 1 人が，当該不動産につき実体と異なる登記を経由している者に対して，その抹消登記手続を請求できるかどうかについては，訴訟類型として，ⅰ共有者の 1 人から登記名義を有する第三者に対して請求する場合（甲類型）と，ⅱ共有者の 1 人から，登記名義を有する他の共有者に請求する場合（乙類型）がある。そして，判例には，甲類型の事件で，共有者の一部が自己の共有持分を超えて実体に合致しない登記の抹消を請求することを認めるもの（最判昭和31年 5 月10日判タ60号48頁，最判平成15年 7 月11日民集57巻 7 号787頁）がある。例えば，平成15年 7 月11日の判例（民集57巻 7 号787頁）は，「不動産の共有者の 1 人は，その持分権に基づき，共有不動産に対して加えられた妨害を排除することができるところ，不実の持分移転登記がされている場合には，その登記によって共有不動産に対する妨害状態が生じているということができるから，共有不動産について全く実体上の権利を有しないのに持分移転登記を経由している者に対し，その持分権に基づく保存行為として，単独でその持分移転登記の抹消登記手続を請求することができる。」旨判示している。しかし，一方では，乙類型の事件で，実体に合致しない部分があっても，自己の共有部分の範囲内においてのみ一部抹消（更

---

12) 前掲（注 3 ）藤井331頁

第8　共有の登記とその更正

正）を請求できるにすぎないとするもの（前掲最判昭和38年2月22日民集17巻1号235頁，最判昭和44年5月29日判時560号44頁，最判昭和59年4月24日金融法務事情1067号28頁）とがある。このことについては，個々の事案ごとに詳細に検討する必要があると考えられるが，登記手続には，持分を超える部分の一部抹消登記（更正登記）を求めることはできないと解され，実体に合致しない部分があっても，自己の共有持分の範囲内においてのみ一部抹消（更正）を請求できるにすぎないと解される[13]。

4　共有者の持分権確認請求

　共有権の確認請求については，共有者全員でこれをする必要があるかという問題があるが，持分権だけの確認請求であれば，他の共有者及び第三者に対してこれをなし得ると解される[14]。最判昭和40年5月20日最高裁判所判例解説民事篇（昭和40年度）172頁は，「土地の共有者は，その土地の一部が自己の所有に属すると主張する第三者に対し，各自単独で，係争地が自己の共有持分権に属することの確認を訴求することができる。」と判示している。

　共有者は共有の登記をしなければ第三者に対しその持分権を対抗することができない。共有者は共有の登記をしていても持分の登記をしていないと民法250条の適用によりその持分は平等として扱われる。

　共有物が他人の名義になっている場合，各共有者は自己名義の持分の登記を請求することができるのであるから，共有物につき第三者が不法な登記名義を有するときは，共有者はその登記の抹消請求をすることができる（最判平成15年7月11日民集57巻7号787頁）。この場合の共有者の訴えは，共有物全体に関する民法252条の問題ではなく，持分権の問題であると解されるので，必要的共同訴訟には該当しないと解される[15]。

　不動産の共有者についても不法登記の抹消請求が問題となるが，A名義の

---

13)　金融法務事情1915号106頁
14)　川島武宜・川井健編『注釈民法(7)・物権(2)』437頁〔川井〕（有斐閣，新版，2007）
15)　前掲（注14）川井440頁

不動産について，B，Yが順次相続したことを原因として直接Yに対して所有権移転登記がされている場合に，Aの共同相続人であるXが，Yの登記の全部抹消を求めることができるかにつき，判例は，これを肯定し，「Yが本件各土地に共有持分権を有するということは，上記請求を妨げる事由にならない」としている（最判平成17年12月15日判時1920号35頁）。この点，他人の持分権の処分につき全部の抹消登記請求を否定し更正をすべきであるとした前掲最判昭和38年2月22日判決との関係が問題となるが，この昭和38年判決については，「更正の前後を通じて登記としての同一性がある事案についての判決であって，上記平成17年の最高裁判とは事案を異にする」ということになると考えられる[16]。

なお，共有に関連して，必要的共同訴訟となるか否かについては，入会権確認の訴え（最判昭和41年11月25日民集20巻9号1921頁），共有者全員が提起した共有権確認・所有権移転登記手続請求訴訟（最判昭和46年10月7日民集25巻7号885頁），共有地についての境界確定の訴え（最判昭和46年12月9日民集25巻9号1457頁）は必要的共同訴訟とされ，数人の共有の要役地のために地役権設定登記を求める訴えは各共有者の保存行為であって固有必要的共同訴訟に当たらないとされる（最判平成7年7月18日民集49巻7号2684頁）[17]。

5 共有の所有権移転の登記すべきときに，その共有者の1人又はその一部のために所有権移転の登記がされている場合と登記の更正

A所有の不動産について，B，Cが共有で買い受け，その所有権を取得したにもかかわらず，共有者の1人であるB単独の所有権移転の登記がされた場合，そのBの所有権取得の登記は，Bの共有持分に関する部分については有効であると解されるから，Bの所有権移転の登記を全部抹消することは，Bの持分の取得についての対抗力を失わせることになるから，Bの単独の所有権取得の登記をBCの共有の所有権取得の登記に更正すべきであると考え

---

16) 前掲（注14）川井440頁

17) 前掲（注14）川井447頁

第8　共有の登記とその更正

られる。このことは，例えば，A所有の不動産について，B，C，Dが共有
で買い受け所有権を取得したにもかかわらず，誤ってB，Cへの所有権移転
がされた場合にも，同様にB，C，Dへの所有権移転の登記に更正すること
ができると解される[18]こと前述のとおりである。

6　遺留分減殺による共同相続登記の更正

　共同相続登記と更正登記の可否に関する最高裁平成12年5月30日判決（登
記インターネット15号86頁）は，遺贈の対象不動産についてされた共同相続登記
を遺留分減殺請求による持分の相続登記に更正することの可否につき，訴訟
上の和解によって，本件各土地について遺留分に相当する持分割合を取得し，
現在においては本件各土地に関する実体関係と本件相続登記との間に不一致
が生じているとしても，遺留分減殺によって取得した本件各土地の持分は，
相続開始後の新たな物権変動（遺留分減殺）によるものであって，相続登記と
実体関係との間に原始的不一致があった場合ではないから，本件相続登記の
更正登記によりその不一致を補正・訂正することが許されないことは明らか
である旨判示している。

　更正登記というのは，既にされた登記に，当初から登記手続に「錯誤」又
は遺漏があり，そのために登記記録と実体関係とが一致しない場合に，これ
を補正するために既存の登記の一部を訂正する目的でなされる登記のことで
あり（不登法63条），したがって，権利に関する登記について更正登記が許さ
れるのは，①既存登記に錯誤あるいは遺漏があり，実体関係と登記との間に
不一致が生じていること，②更正の前後を通じて同一性が存在していること
の2要件を具備することが必要であるとされており，新たな物権変動に基づ
く新しい登記を既存の登記の更正によってすることはできないと解されている。

　更正登記が許される具体例としては，①物権変動自体については錯誤や遺
漏はないが，その登記原因に誤りがある場合（昭和33年4月28日民事甲786号民事

18）香川保一「所有権の更正の登記（三）」登記研究194号29頁

局長通達），ⅱ抵当権設定登記において被担保債権の発生についての記載を遺漏した場合（昭和30年12月23日民事甲2747号民事局長通達），ⅲ抵当権設定登記において被担保債権の債務者が設定者以外の者であるのに設定者自身を債務者と表示した場合（大判昭和9年11月17日大審院民集13巻2138頁），ⅳ共有持分の移転登記において，持分の記載に誤りがある場合（昭和40年10月2日民事甲2807号民事局長回答），ⅴ地上権設定登記等において，地代や存続期間に関する記載などに錯誤・遺漏がある場合（大判明治35年5月30日民録8輯5巻156頁），ⅵ甲から乙へ所有権移転登記をすべきところ錯誤により甲から乙丙共有名義への所有権移転登記がされた場合（昭和36年10月14日民事甲2604号民事局長回答）などがある[19]。

7 共同相続による登記とその更正

(1) 相続開始当時既に死亡していた場合

相続開始当時既に死亡し，又は相続権を喪失していた者をも加えて相続登記がされた場合，その死亡者又は相続権喪失者の相続による所有権の一部（相続持分）の取得の登記に関する部分は実体に合致しない無効なものであるから，死亡者又は相続権喪失者の相続分の取得の登記の実質的な抹消と本来の相続人の相続分の一部の取得の登記を1個の登記としてする方法として，相続によるその所有権の移転の登記の更正が許される[20]。上記昭和28年の先例は，相続登記後，相続人の1人が死亡していた場合の相続登記の更正に関するものであるが，A，B，C，D，Eの5人が相続の登記をし，その後Cの持分放棄による共有持分移転登記をしてABDEの共有となっている場合において，その後，出征中であったEが戦死していたことが判明したということで，まず，A，B，C，D並びにEの相続人の申請により，Cの持分放棄による共有持分移転の登記を更正し，次いで，相続による所有権移転の

19）塩崎勤「共同相続登記と更正登記の可否（判例解説）」登記インターネット15号88頁
20）昭和28年12月3日民事甲2259号民事局長回答

第8　共有の登記とその更正

登記を更正することができる[21]。

⑵　相続人でない者と相続人との共同相続登記の更正

　例えば，相続人Ａ，Ｂと相続人でないＣとの共同相続による所有権の移転の登記を相続人Ａ，Ｂの共同相続による所有権移転登記に更正する登記をすることができる。

⑶　相続人Ａ，Ｂ，Ｃのうち，Ｃを遺漏した相続による所有権移転登記の更正

　相続登記を受けた相続人の所有権の登記のうち，相続分に対応する部分は有効であると解されるが，それを超過する部分は無効であり，また，相続登記を受けなかった相続人については，相続による所有権の一部（相続分）の取得の登記を遺漏しているのであるから，その相続人の一部（Ｃ）を遺漏した相続登記の更正の登記をすることができる。

⑷　Ａ，Ｂ，Ｃの共同相続登記と相続放棄による更正

　Ａ，Ｂ，Ｃの共同相続の登記後，共同相続人の１人であるＣが相続放棄をした場合には，民法939条の規定によりＣは初めから相続人でなかった者とみなされるのであるから，相続開始当時に遡及してＡ及びＢが相続したことになる。そこで，この相続登記を実体に合致させるため，その更正の登記をすることができる。

　相続放棄の効力は絶対的であり，個人に対しても，登記等なくしてその効力を生ずる。放棄した相続人の債権者が当該相続人に代位して相続不動産の保存行為をし，その持分に対してした仮差押登記は無効である（最判昭和42年１月20日民集21巻１号16頁）。同判例は，「相続人は，相続の放棄をした場合には相続開始時にさかのぼって相続開始がなかったのと同じ地位に立ち，当該相続放棄の効力は，登記等の有無を問わず，何人に対してもその効力を生ず

21）　登記研究73号34頁

べきものと解すべきであって，相続の放棄をした相続人の債権者が，相続の放棄後に，相続財産たる未登記の不動産について，右相続人も共同相続したものとして，代位による所有権保存登記をしたうえ，持分に対する仮差押登記を経由したとしても，その仮差押登記は，無効である。」旨判示している。相続の放棄は，それにより相続債権者に損害を与えることを目的としていたとしても，権利の濫用にはならず（最判昭和42年5月30日民集21巻4号988頁），相続の放棄のような身分行為は詐害行為取消権行使の対象にもならないとされている（最判昭和49年9月20日民集28巻6号1202頁）。

そのほか，二重資格者の放棄に関する登記先例として，弟としての身分を有する養子が相続を放棄した場合は，直系卑属としての相続権を放棄するとともに，兄弟としての相続権も放棄したものとなる（昭和32年1月10日民事甲61号民事局長回答）とし，また，被相続人の長女が兄弟たる二男を養子とし，長女は被相続人よりも先に死亡していた場合，二男の相続放棄は，子としての相続権も，長女の代襲相続人としての相続権も放棄したものとなるとしている[22]。

共同相続人の1人が相続放棄をし，又は生前贈与により相続分不存在であるにもかかわらず，その放棄者又は相続分のない者と他の共同相続人との共同相続による所有権移転登記がされた場合にも，あたかも相続人でない者と相続人との共同相続の登記がされたのと同じように，放棄者又は相続分のない者を除く他の相続人の相続の登記に更正することができると解される。

(5) 相続人でない者のためになされた相続登記とその更正の登記

その不動産を相続により取得しなかった者のみの名義で相続による所有権移転登記がされた場合，その者が相続権を喪失した者であったか，あるいは全く相続人でない者であった場合も，全て更正の登記はできず，その登記を抹消して，改めて相続による所有権の移転の登記をしなければならない。

---

22) 昭和41年2月21日民三発172号民事局第三課長回答

第8 共有の登記とその更正

(6) 生前贈与を受けた相続人と他の相続人との共同申請による相続登記の更正

被相続人甲の不動産を相続人Aが生前贈与を受けていたのに，Aと他の相続人Bとの共同相続の登記がされた場合，その登記をA，Bの共同申請により更正して甲の遺贈によるA名義の所有権の移転の登記とすることができる[23]。

(7) 債権者代位による共同相続登記とその更正の登記

共同相続人A，Bのうち，Bの債権者Cが債権者代位によってAB共有の相続登記をした後，Bが相続人でないとき（又はBには相続分がないとき，又は相続放棄があったとき），A単独の登記に更正できるかどうかが問題となる。Bの債権者Cは，自己の債権を保全するために（民法423条），代位権を行使して，AB共有の相続登記をすることができる。昭和39年4月14日民事甲1498号民事局長回答は，抵当権の登記のある甲名義の不動産について，他の債権者Aから相続人乙，丙，丁（いずれも被相続人の子）のため相続による所有権移転の代位登記がされた後，相続放棄申述受理証明書（債権者代位による相続登記後，登記名義人中にその登記前に相続放棄者があった場合，その相続登記を更正するには，代位債権者の承諾書の添付を要する。〔質疑応答7038〕登記研究499号183頁），又は民法903条2項の規定に該当することの証明書を提供して，登記権利者を乙，同登記義務者を丙，丁として，先にされた相続登記の更正の登記の申請があった場合の登記事務の取扱いに関するものであるが，債権者Aの承諾書等がある場合は付記登記により，ない場合は却下する旨回答されている（登記研究198号39頁）。

また，単独名義の不動産につき，抵当権設定後，共有名義に更正登記がなされた場合の抵当権の効力につき，昭和35年10月4日民事甲2493号民事局長事務代理回答は，特別受益がある旨の証明書を添付して甲単独名義でした相続登記は錯誤であって，遺産分割協議により，甲，乙，丙で共同相続すべき

---

23) 香川保一『新訂　不動産登記書式精義（上)』1711頁（テイハン，1994）

ものであったとして当該相続登記の更正登記が付記登記でされた場合におい
て，この不動産について更正登記前に甲がした抵当権設定登記の効力につい
ては，甲単独所有名義でした抵当権の効力は，当該不動産全部に及んでいる
ので，甲，乙，丙共同相続人の所有名義に更正された場合でも，抵当権の効
力は，直ちに甲の持分のみに限定されるものではないとする考え方と，甲，
乙，丙共同相続人名義に更正登記がされたときは，抵当権の効力は甲の持分
のみに限定されるとする考え方があるが，前記更正登記が抵当権者の承諾書
を提供して付記登記でされた場合には，抵当権の効力は甲の持分のみに限定
されると解される。その場合には，職権で何番抵当権更正，甲区順位何番付
記登記何号の登記をしたので，抵当権の目的を共有者甲の持分何分の何と更
正する旨を登記をすることになると考えられる[24]。

(8) 「相続させる」旨の遺言と分割方法の協議

　共同相続人中の2名に相続させ，分割の方法はその2名の協議で決める旨
の遺言がある場合，遺言書及び当該2名の相続人による遺産分割協議書を添
付（提供）してする相続登記の申請はすることができる（登記研究565号141頁）。

8　遺贈による登記とその更正

　例えば，相続人B，C，Dのために相続登記がされている不動産がある。
しかし，この不動産には被相続人A（BCDの父）の公正証書によるBへの特
定遺贈遺言があり，その遺言を知らないで（あるいは誰かが故意に隠して），相
続人B，C，Dのための共同相続登記がされている。

　この遺言書には，「当該不動産は長男Bに遺贈する」旨記載され，遺言執
行者甲が指定されている。にもかかわらず相続人B，C，Dのために共同相
続登記がされている前記不動産について，この登記を遺言のとおり受遺者B
の単独所有名義とするために，CとDの相続による持分登記について，「遺

24）登記研究156号33頁

第8　共有の登記とその更正

贈」を登記原因とするＢへの持分移転の登記を遺言執行者甲がその資格で申
請することができれば，遺言書どおりの登記が実現することになる。しかし，
昭和44年10月31日民事甲2337号民事局長電報回答はこれを否定している[25]。

　前記先例は，被相続人Ａから当該不動産の遺贈を受けた共同相続人の１人
Ｂが遺贈による登記をする前に，他の相続人の申請により，相続人全員であ
るＢ，Ｃ，Ｄに各３分の１の共有持分による相続登記がされている場合にお
いて，その後，受遺者Ｂを登記権利者，遺言によって指定された遺言執行者
甲を登記義務者として，共同申請により，受遺者Ｂと遺言執行者甲との間の，
Ｃ，Ｄの持分移転登記手続をせよとする旨の記載のある和解調書を提供して，
「遺贈」を登記原因とする相続人Ｃ及びＤの持分移転登記申請があった場合，
遺言執行者甲は実質的には遺言者Ａの所有名義の土地についてはその代理人
として「遺贈」による登記をする権限を有するが，一旦相続による所有権移
転登記がされた後は，登記記録上の所有名義人（Ｂ，Ｃ，Ｄ）と登記義務者
（遺贈者Ａ）の表示が符合しないので，不動産登記法規定（旧不登法49条６号，現
不登法25条７号）により却下することになるとしている。

　上記昭和44年の先例については，検討すべき問題点が２点あると考えられ
る。

　１点目は，相続登記完了後，その被相続人からの遺贈を登記原因とする相
続人からの持分移転登記が許されるかということであり，２点目は，遺言執
行者が，相続登記を完了した相続人の代理人として遺言執行者の資格で当該
登記された権利の移転の登記の申請ができるかということである[26]。

　特定不動産の所有権について遺贈があった場合に，遺贈が物権的効力を持
つか否か，すなわち，受遺者は，遺贈の効力を生ずると同時に当該不動産の
所有権を当然に取得するのか，それとも，遺贈された権利の移転を相続人に
請求することのできる債権を取得するにとどまるかは，遺贈が特定遺贈であ
る場合，見解が分かれているようであるが，判例は物権的効力説をとり，ま
た，登記先例もこの考え方をとっているものと解される。例えば，昭和34年

25）登記研究269号57頁

26）前掲（注25）58頁

9 月21日民事甲2071号民事局長回答は，台帳上被相続人名義で登録されている未登記不動産の遺贈登記は，まず，遺贈者の相続人名義で，もし，相続人が不存在の場合には，「亡何某相続財産」なる法人名義に所有権保存の登記をしたのち，遺贈による所有権移転の登記をすべきものと解されている（明治33年 8 月 2 日民刑798号民刑局長回答及び昭和29年 4 月 7 日民事甲710号民事局長回答，昭和32年10月18日民事甲1953号民事局長通達）ので，その場合と同様，遺贈者（被相続人）名義に所有権保存の登記をして差し支えないかという照会に対し，その回答は，遺贈者（被相続人）名義に所有権保存の登記をすべきものと考えるとの回答がなされ，従来の前記明治33年及び昭和29年の先例は，この回答（通達）によって変更されている[27]。

　台帳上被相続人（遺贈者）名義に登録（登記）されている場合の遺贈による所有権取得の登記手続については，前述のごとくかつての先例（明治33年及び昭和29年の各先例）は，前説をとっている。その根底には，死亡者名義に権利の登記をすることができないのではないかという考え方があるようである。遺贈者は既に死亡しているのであるから，もはや死亡者である遺贈者（被相続人）名義で所有権保存の登記をすることはできないから，相続人名義（相続人不存在の場合には相続財産名義）に所有権保存登記をせざるを得ず，したがって相続人（又は相続財産）から受遺者への遺贈による所有推移転の登記をすることになるものとする[28]。

　しかし，相続人（又は相続財産）から受遺者への遺贈による所有権移転の登記をすることは権利変動の過程に合致しない登記となる。受遺者は，被相続人から遺贈を受け，遺贈者死亡の時から遺贈の効力が生じ，その結果，被相続人から受遺者に所有権が移転したのである。したがって，遺贈者の死亡によって相続人は当該不動産を相続しないのであって，相続人から受遺者に所有権が移転するものではないのである。もし，死亡者名義に登記をすることができないとする考え方があるとすれば，その考え方自体が疑問である。権利変動の過程と態様を如実に登記簿に反映させることが，公信力のない我が

27）登記研究144号25頁

28）登記研究144号25頁

第8 共有の登記とその更正

国の不動産登記法の下で，不動産取引の安全と円滑を確保するために極めて
重要なことであり，このことは正に不動産登記法の基本的な要請であり，こ
の要請を貫くためには，当然死亡者名義に登記をすることも肯定せざるを得
ないと考えられるのである[29]。既に，甲が乙に売買した不動産につきその
登記未了のうちに死亡した場合の乙の所有権取得の登記未了のうちに甲が死
亡した場合の乙の所有権取得の登記手続に関して，死亡者である甲名義に所
有権保存登記をした上で，乙への所有権移転の登記をすべき旨の先例[30]が
死亡者名義に登記することを認めているのである。

　この場合の遺贈が，いわゆる包括遺贈であっても，受遺者名義に直接所有
権保存の登記することはできないと解される。遺贈の効力については，物権
的効力がある（昭和34年9月21日民事甲2071号民事局長回答）。つまり，被相続人
名義に登記されている場合における遺贈による所有権取得の登記手続に関し，
遺贈者の相続人名義に所有権保存登記をした上で遺贈による所有権移転の登
記をすべきか（債権説），それとも遺贈者つまり被相続人名義に所有権保存の
登記をした上で遺贈による所有権移転登記をすべきかにつき，明治33年8月
2日民刑798号民刑局長回答及び昭和29年4月7日民事甲710号民事局長回答
は，前説をとっている。その理由の根底には，死亡者名義に権利の登記をす
ることができないという考え方があったようである。すなわち，遺贈者は既
に死亡しているのであるから，もはや死亡者である遺贈者（被相続人）名義
で所有権保存登記をすることができないから，相続人名義（相続人不存在の場
合は，相続財産たる法人名義）に所有権保存登記をせざるを得ず，その結果，相
続人（又は相続財産）から受遺者への遺贈による所有権移転登記をすることに
なるものとする。

　しかし，前述のごとく，相続人（又は相続財産）から受遺者への遺贈による
所有権移転登記をすることは，権利変動の過程に沿わない登記をすることに
なる。

　つまり，受遺者は，被相続人から遺贈を受け，遺贈者の死亡の時に遺贈の

29）登記研究144号26頁
30）昭和32年10月18日民事甲1953号民事局長通達

効力が生じ，被相続人から受遺者に当該不動産の所有権が移転したのであって，遺贈者の死亡によって相続人が当該財産を相続しているわけではないのである（物権的効力）。要は，相続人から受遺者に所有権が移転するものではないということである。やはり，権利変動の過程と態様を如実に登記記録に反映させることが，不動産登記法の要請であり，その要請を貫くためには，死亡者名義に登記をすることも肯定せざるを得ないと考えられる。このことも既に考察したところである。

つまり，AがBに売買した不動産につき，その登記未了のうちにAが死亡した場合のBの所有権取得の登記手続に関して，死亡者であるA名義に所有権保存登記をした上で，Bへの所有権移転登記をすべき旨の先例（昭和32年10月18日民事甲1953号民事局長通達）があり，死亡者名義に登記することはできると解されている。死亡者名義の登記をすることができないとすれば，権利変動の過程と態様を如実に登記に反映することができないことになるからである。

この場合，相続人は，被相続人から当該不動産を買い受けた者との関係においては，相続により当該不動産の所有権を取得したことを主張することができないのみならず，被相続人の負担する買受人への所有権移転の登記を申請する義務を負担しているのであるから，この場合の登記手続としては，一旦相続人名義に相続による所有権移転登記をすることなく，被相続人の登記名義から直接買受人のための所有権移転登記をすべきであって，不登法62条（旧不登法42条）は，この趣旨に基づく規定であると解される。

判例によれば，被相続人から，当該不動産を買い受けた者が，当該被相続人及びその権利義務の包括承継人である相続人以外の第三者に対してその所有権を主張するためには登記を必要とするから，当該被相続人は，当該買受人のための所有権取得の登記がされない間は，当該買受人以外の第三者との関係においては，依然として当該不動産の所有者たる地位を有するのであり，したがって，当該相続人は，このような関係的所有権を承継するものと解され，もし被相続人から当該不動産を買い受けた者がその登記を受けない間において，相続人がその登記をし，当該不動産を他の第三者に譲渡し，その登

第 8　共有の登記とその更正

記をしてしまったときは，その譲受人は完全に所有権を取得し，被相続人か
ら当該不動産を買い受けた者は，その所有権を失うことになるので，この間
の関係は同一不動産の二重売買の様相を呈することになるとする[31]。

　なお，判例によれば，その不動産について既に相続登記がされているとき
は，必ずしもその登記を抹消することなく，当該相続人を登記名義人とする
当該買受人のための所有権移転の登記をしても差し支えないとしている[32]。
その理由としては，登記は，「不動産に関する現在の真実な権利状態を公示
する」ことを目的とするものであるとする判例理論からすると，買受人のた
めの所有権の登記を実現する方法としては，相続人を登記名義人として所有
権移転登記を受ける，あるいは被相続人を登記名義人として所有権移転登記
を受ける，そのいずれの方法によるとしても差し支えないことになる。裁判
のように既に発生している紛争を解決することを目的とするという観点から
は，権利変動の過程と態様の公示というよりも，現在の真実な権利状態の公
示に重きを置くことになるというのはやむを得ないとも考えられるが，しか
し，不動産登記制度は，紛争の解決を主たる目的とする制度ではなく，紛争
が発生しないようにすることを主たる目的とする制度であり，まさに紛争予
防を目的とする制度である。裁判制度は，紛争の解決に主眼があるが，行政
である不動産登記制度は紛争が発生しないように，紛争予防を目的とする制
度であり，そのためには現在の所有者を公示して，その所有者に権利者とし
ての御墨付きを与えればよい（対抗要件としての登記）というだけではなく（そ
のこと自体大変重要な意義を有していることは勿論であるが），そこに至る物権変動
の過程と態様を公示し，国民に調査資料を提供して，安心して物件の購入等
の不動産取引ができるようにする必要があるわけである。登記記録のほかに
登記原因証明情報を30年間公開することにしている（規則28条10号）のは登記
記録と同時に登記原因証明情報を提供して，当該不動産について安心して取
引をしてもよいかどうかを国民が調査をしてその是非を判断できるようにす
るためである。

31）大判大正15年 2 月 1 日大審院民集 5 巻44頁
32）大判大正15年 4 月30日大審院民集 5 巻344頁

206

ところで，前記昭和44年の先例の事案は長男Bに遺贈する旨の遺言があるにもかかわらず，相続人全員であるB，C，Dに法定相続分各3分の1の割合による相続登記がされているために，遺言による物権変動の登記ができなくなっている。そこで，遺言による物権変動の登記をするには，どうすればよいかということになるが，この点については，相続人B，C，Dのために相続登記がされている不動産について，これを受遺者Bのために，CとDの持分について，遺贈を登記原因とするBへの持分移転の登記を申請することは前述のごとくできない[33]としているのであるが，遺贈に物権的効力が認められるとする見解によれば，遺贈不動産につき相続登記がされた場合には，受遺者と相続登記名義人が同一であればその登記は有効であると解することも可能である。ただ，遺贈の効力につき債権説をとれば，相続人名義で登記をしたとしてもそれが誤りであるということが判明すれば，受遺者であるBは，遺贈された権利の移転を相続人C，Dに請求することができる債権を取得し，相続人C，Dはその債務を負担するので，受遺者であるB名義に所有権移転登記をすべき義務を負担すると構成することも考えられなくはないが，判例・通説である前記物権説に立てば，遺贈には物権的効力が認められることになるので，被相続人であるA名義から直ちに受遺者であるB名義に遺贈を登記原因として所有権移転登記をすべきことになる。にもかかわらず，実際には遺言による物権変動は実現されず，法定相続によるB，C，Dへの相続登記がなされてしまっている。

　このように考えてくると，Bの持分として登記された部分については有効であり，CとDの持分として登記された部分は無効であるので，一部の者の持分の登記に無効原因があることになり，当事者の申請によって相続登記全部の抹消をした上で遺贈による登記をすることも考えられ，また，Bの登記は有効であるということで，更正の登記によってBの単独所有名義とすることも考えられなくはない。しかし，そのためには，当事者の合意等が前提となり，遺言の内容に沿った登記を実現することは相当な困難を伴うことにな

33）昭和44年10月31日民事甲2337号民事局長電報回答

第8　共有の登記とその更正

る。

　しかし，Ｂ，Ｃ，Ｄ各名義でされた相続登記については，Ｂの３分の１の登記については，実体関係と一致しているのであるから，その部分も抹消しなければならないということにはならないと解される。Ｂの持分である３分の１については，遺贈による権利取得という実体関係と一致する範囲においては対抗要件としての効力を有するものといえるからである。したがって，ＢＣＤ名義に共同相続の登記がされた後に，その不動産が共同相続人の１人であるＢに遺贈されていることが明らかになった場合には，その共同相続登記を更正して，Ｂのための遺贈による所有権移転登記に更正することは許されると解される[34]。昭和41年６月24日民事甲1792号民事局長回答は，登記原因が「遺贈」とあるのを「相続」と更正することはできるとする（登記研究226号60頁）。そうであれば，登記原因が「相続」とあるのを「遺贈」と更正することは可能であると考えられる。よって，ＢＣＤ名義に共同相続の登記がされた後，その不動産が共同相続人の１人であるＢに遺贈されたことが明らかになった場合には，その共同相続登記を更正して，Ｂのための遺贈による所有推移転登記とする更正登記をすることが可能であると解される[35]。その登記手続は，遺贈によって単独所有権を取得するＢを登記権利者，更正登記によって権利を失う他の相続人ＣとＤを登記義務者とする共同申請によってすることになると解される[36]。

　なお，これに関連して，所有権登記名義人Ａが死亡し，甲不動産につき相続を原因として，Ａの共同相続人ＢＣＤ名義に法定相続分による共同相続登記がされている場合において，その後，当該不動産をＢに「相続させる」旨の公正証書遺言があることが判明した場合，共有者Ｃ及びＤを登記義務者，Ｂを登記権利者として，ＢＣＤ名義の共同相続登記をＢの単独相続登記に更正することができる。この場合に，共有持分を喪失するＣ又はＤの持分を目的とする第三者Ｅの権利の登記がされているような場合には，この第三者Ｅ

34）平成21年２月20日民二500号民事局長通達（登記記録例234）

35）平成21年２月20日民二500号民事局長通達（登記記録例234）

36）前掲（注23）香川1818頁

208

の承諾書を提供する必要がある。

　最高裁昭和38年2月22日判決[37]は，被相続人所有の不動産をＢＣが共同相続したにもかかわらず，共同相続人Ｂの夫Ｂ'が相続証明書（相続分なき旨の証明書）を偽造してＢ名義の単独相続をした上，Ｂ'の借金の担保のために当該不動産に債権者Ｙを権利者とする売買予約の仮登記をしたので，ＣはＢの単独相続登記の抹消登記及び債権者Ｙの仮登記の抹消登記を求めた場合について，抹消登記ではなく，一部抹消（更正）登記をすべきであるとする。

　前記昭和38年の最高裁判決は，「相続財産に属する不動産につき単独所有権移転の登記をした共同相続人中のＢならびにＢから単独所有権移転の登記をうけた第三取得者Ｙに対し，他の共同相続人Ａは自己の持分を登記なくして対抗しうるものと解すべきである。けだしＢの登記はＡの持分に関する限り無権利の登記であり，登記に公信力なき結果ＹもＡの持分に関する限りその権利を取得するに由ないからである（省略）。そして，この場合にＡがその共有権に対する妨害排除として登記を実体的権利に合致させるためＢ，Ｙに対し請求できるのは，各所有権取得登記の全部抹消登記手続ではなくして，Ａの持分についてのみの一部抹消（更正）登記手続でなければならない（省略）。けだし右各移転登記はＢの持分に関する限り実体関係に符号しており，またＡは自己の持分についてのみ防害排除の請求権を有するに過ぎないからである。

　したがって本件において，共同相続人たるＡらが，本件各不動産につき単独所有権の移転登記をした他の共同相続人であるＢから売買予約による所有権移転請求権保全の仮登記を経由した被上告人Ｙらに対し，その登記の全部抹消登記手続を求めたのに対し，原判決が，Ｂが有する持分9分の2についての仮登記に更正登記手続を求める限度においてのみ認容したのは正当である。」と判示している。この判決に基づき本事例を考えてみると既になされているＢＣＤの共同相続登記のうちＢの持分についての登記は有効な登記であるから，ＢＣＤの共同権続登記の全部を抹消することなく，ＢＣＤの共同

37）民集17巻1号235頁

第8 共有の登記とその更正

相続登記をBの単独相続登記に更正登記をすることになる。

　平成2年1月20日民三156号民事局第三課長回答は，相続人中の1名に対して「相続させる」旨の遺言がされた相続財産について共同相続の登記がされた場合の更正手続は，共同相続の登記を単独相続の登記に更正する手続によるのが相当であるとしている（昭和28年12月3日民事甲2259号民事局長通達，昭和47年4月17日民事甲1442号民事局長通達・民事月報27巻5号65頁，登記研究508号152頁）。なお，共同相続登記は，1個の主登記（1個の所有権枠）でなされるものであるから，共同相続人の1人だけの持分を登記することはできない（昭和30年10月15日民事甲2216号民事局長電報回答）。旧不登法49条2号（現不登法25条2号）により却下すべきものとされている。相続人A，B，Cの共同相続登記事項のうちBとCの所有権（持分）を抹消することは所有権の一部抹消となるので登記できない（事例式不動産登記申請マニュアル2）。

　結局，遺言書どおりの権利変動を公示するためには，C，Dの同意が得られない限り，訴訟の提起といったことも考えながら検討せざるを得ないことになる。財産をめぐって争いが起きないようにということで，公正証書による遺言がなされているのに，その発見が遅れたために，かえって複雑になってしまっている。遺言書があるということを知らずに相続登記がされてしまったために発生した事例であるが，遺言書をどこに保管するかということも，紛争を防止するためのポイントになる。

　被相続人名義の不動産であれば，遺言執行者と受遺者のみで受遺者のための登記申請をすることができるのに対し，既に相続人名義に登記されてしまった場合には，遺言執行者が抹消することはできない[38]。ここで問題になっているのは，C，D等相続人名義になっている相続による不動産の持分の移転登記を遺言執行者が申請できるかというものであるが，移転登記といえども，結果において相続権を否定するものであるから抹消登記となんら異なる理由はないと考えられる[39]。被相続人名義の不動産について相続による所有権取得の登記をした場合には，遺言執行者は民法1012条の規定により

38）登記研究269号60頁

39）登記研究269号61頁

相続人に対し上記所有権移転登記の抹消を請求する権利がある[40]とされているが，遺言執行者が相続人に請求する権利があるということは，この場合，遺言執行者と相続人の地位は全く独立の地位にあることが前提であると考えざるを得ず，本事例のように遺言執行者は自らが相続人名義にした登記の抹消をその資格でＣ，Ｄに代理して登記申請することは認められないと考えられ，他にＣ，Ｄに対する遺言執行者の代理権限を証するに足る書面（例えば委任状等）があれば別であるがその書面がないのであるから，相続人Ｂ，Ｃ，Ｄ名義にした登記を抹消することはできないものと考えられる。

　ＢＣＤの共同相続登記がされたが，その不動産は共同相続人の１人であるＢに遺贈されていたことが明らかになったということで，ＣとＤの協力が得られれば，前述のごとくその共同相続の登記を更正して，Ｂのための遺贈による所有権の移転登記とすることはできると解される[41]。少なくとも，遺贈により取得した所有権の３分の１の持分については，第三者対抗要件としての効力を有するのであって（登記原因の更正ができる。），その利益を失わせなければならない合理的理由もないから，上記更正の登記を許容して差し支えないと考えられる。本事例の場合は，Ｂ，Ｃ，Ｄはそれぞれ相続人ではあるが被相続人であるＡのＢに対する遺贈により，Ｃ，Ｄはその不動産については相続権を喪失している。つまりＣ，Ｄの相続登記は実体に合致しない無効なものであり，Ｂの登記は相続分の一部の所有権の取得の登記としても有効ではあるけれども本来の相続分に合致しない登記であるから，このような相続による所有権の登記も実体に合致させるためにはＣ，Ｄの協力がなければその更正の登記は（訴訟によることは別として）できないと考えられること前述のとおりである[42]。

40）大判昭和15年２月13日法律評論29巻民606頁，法曹時報20巻９号135頁
41）前掲（注23）香川1819頁
42）前掲（注23）香川1708頁

第8　共有の登記とその更正

9　被相続人からの相続人の１人に対する売買による所有権移転登記とその更正の登記

　被相続人から相続人の１人であるＡに売買による所有権移転登記が被相続人の生前になされている場合に，実際にはその登記は誤りでその事実は全くなかったとして被相続人からの相続を原因とする相続人Ａ，Ｂへの共同相続登記に更正登記をしたいというものである（最判平成11年３月９日裁判集民192号65頁，民事法情報153号21頁）。

　このケースは，被相続人甲から相続人の１人であるＡに対してされている売買による所有権移転登記を，甲から相続人であるＡ，Ｂへの相続による所有権移転登記に更正したいということである。しかし，甲の生存中の日付によるＡとの売買と甲の死亡によるＡ，Ｂへの相続の登記とは，その登記の一部の不一致にすぎないとはいい難く，原始的に一致する部分がない。仮にこれを認めると甲の生前にＡ，Ｂへの相続が発生したかのような登記をしてしまうことになる。この場合の方法としては，判例も認める真正な登記名義の回復を原因とするＡからＢへの持分移転登記が考えられる[43]。

　なお，従来更正が認められているケースとしては，登記原因「贈与」を「売買」と更正（昭和33年４月28日民事甲786号民事局長通達），「遺贈」を「相続」と更正（昭和41年６月24日民事甲1792号民事局長回答）等がある。もっとも，「信託」と「売買」，「受託者」を「所有者」とする更正は，信託と売買とは法律的性質を異にするのでできないと解される。

　被相続人が生前に売り渡した不動産の所有権移転登記義務を履行しないうちに，売主が死亡し，相続が発生して相続人間の遺産分割により相続人名義に相続登記がされてしまったという昭和37年３月８日民事甲638号民事局長電報回答のケースにおいて，仮に遺産分割ではなく，特定の相続人に「相続させる」旨の遺言がされていた場合はどうであろうか。

　具体的に，まず被相続人甲が，その所有する不動産を第三者Ａに売買によ

43）大手昭宏「相続等に関する登記の訂正手続について」民事法情報182号146頁，拙稿「遺言・遺産分割等と不動産登記をめぐる諸問題（下の３）」登記研究792号109頁

212

9 被相続人からの相続人の1人に対する売買による所有権移転登記とその更正の登記

り譲渡した後，当該不動産の相続人の1人であるBに「相続させる」旨の遺言をした場合において，被相続人甲が死亡した場合には相続人Bは甲がAに対して負う移転登記義務を承継することになる。つまり，譲渡人甲の包括承継人であるBは甲がAに対して負う移転登記義務を承継することになる。譲渡人甲の包括承継人であるBは民法177条に規定する第三者は含まれない。したがって，甲の死亡後，当該不動産について，Bが「相続させる」旨の遺言に基づき相続を原因とする所有権移転登記を備えたとしても，Aは受益相続人であるBに対して甲からAへの所有権の移転を対抗することができると解される。したがって，AはBに対し，相続登記の抹消登記，又は，それに代わるBからAへの所有権移転登記を求めることができると解される。この場合，もし，「相続させる」旨の遺言がなく，BC間の遺産分割がされていない場合であればB，Cに対し，もし遺産分割の協議又は審判がなされた後であれば，当該不動産を取得する者（例えばB）に対し，その登記の抹消（登記のされている場合）又はそれに代わるBからAへの所有権移転登記を請求することができると解される[44]。

　そのほか，類似のケースとして，まず被相続人甲がその所有する不動産をAに譲渡した後，相続人であるBを受遺者として当該不動産をBに遺贈する遺言をしていた場合に，その後甲が死亡し，当該不動産について，この遺言に基づき，Bを登記権利者とする特定遺贈による所有権移転登記がされたときに，AがBに対して，BからAへの所有権移転登記を請求することができるかということが問題となる。

　この場合，Bは甲の相続人であり，したがって，譲渡人である甲の包括承継人であるという立場を重くみるか，それともBが甲の特定遺贈に基づいて所有権を取得しその登記をして対抗要件を備えていることを重くみて，AとBとの関係は，先に対抗要件を備えた者が優先すると考えるべきかということが問題となる。そうなると，この場合は遺贈という意思表示による物権変動が相続による物権変動に優先するとみて先に対抗要件を備えた者が優先す

44）山田誠一「いわゆる『相続させる』旨の遺言について」民事研修632号15頁，前掲（注43）拙稿111頁

第 8　共有の登記とその更正

る考えるべきではないかと解される[45]。

10　寄与分と共同相続登記の更正

⑴　所有権の登記名義人であるＡが死亡したため，その共同相続人である
　　ＢＣＤ名義に相続を原因とする所有権移転登記がされた後に，共同相続
　　人間で寄与分協議が成立した場合の相続登記の更正

　共同相続の登記をした後に，相続人間において寄与分の協議が成立したこ
とによって，共同相続人の相続分が登記された相続分と異なることとなった
場合には，相続登記の更正をすることができる。共同相続人の中に，被相続
人の財産の維持又は増加について，特別の寄与をした者があるときは，被相
続人が相続開始時に有した財産の価額から共同相続人の協議又は家庭裁判所
における調停・審判により定められたその者の寄与分を控除したものを相続
財産とみなし，民法900条から902条までの規定に従って計算した相続分に寄
与分を加えた額をもって，その者の相続分とする（同法904条の 2 ）。

　寄与分と遺留分については民法が遺留分の制度を設け，これを侵害する遺
贈及び生前贈与については，遺留分権利者及びその承継人に減殺請求権を認
めている一方，寄与分については，家庭裁判所は寄与の時期，方法及び程度，
相続財産の額その他一切の事情を考慮して定める旨規定していることからす
れば，裁判所が寄与分を定めるに当たっては，他の相続人の遺留分を侵害し
ないかどうかについても考慮すべきである。相続人たる子 4 名のうち 1 名に
ついて，家業である農業を続け，遺産である農地等の維持管理に努めたり，
被相続人の療養看護に当たったというだけでは，その相続人に 7 割の寄与分
を認めるのは相当でない[46]としている。

　寄与分と登記手続については，共同相続の登記前に寄与分が定められ，相
続分に変更が生じた場合には，寄与分によって修正された相続分による相続

45）道垣内弘人『不動産法の課題と展望』（日本評論社，1990）120頁，前掲（注43）拙稿
　　111頁
46）東京高決平成 3 年12月24日判タ794号215頁

214

登記を申請する。

この場合，相続証明書（登記原因証明情報）の一部として寄与分協議書，寄与分を定める審判書の謄本等を提供しなければならない[47]。

(2) 共同相続の登記の後に寄与分が定められ，相続分に変更が生じた場合の，既にされている相続登記を寄与分によって修正された相続分に更正する登記の申請

法定相続分等による共同相続の登記が経由されている場合において，共同相続人の協議等により寄与分が定められたため，共同相続人の相続分が法定相続分と異なるものとなった場合には，①法定相続分等による共同相続登記の更正の登記によるべきか，あるいは⑪持分の全部又は一部の移転の登記によるべきかという問題がある。

同様の問題は，法定相続分等による共同相続の登記が経由されている場合において，遺産分割の協議が成立し，又は共同相続人のうちの１人若しくは数人が相続の放棄をしたときにも生じる。民法は，「遺産の分割は，相続開始の時にさかのぼってその効力を生ずる。」旨（同法909条本文）あるいは，「相続の放棄をした者は，その相続に関しては，初めから相続人とならなかったものとみなす。」旨（同法939条）規定しているので，この遡及効を重視する立場に立てば，更正登記説に傾くし，そうでなくて，相続の時間的経過に従った登記の方法を考えるとすれば移転登記説に傾斜することになりそうであるが，登記先例は，遺産分割の場合には移転登記説による[48]のに対し，相続の放棄の場合には，当初は移転登記説をとっていた[49]。しかし，相続の放棄の取消しについてであるが昭和29年１月26日民事甲174号民事局長回答が，昭和54年３月31日民三2112号民事局長通達をもって変更し，更正登記

---

47) 登記研究397号47頁
48) 昭和28年８月10日民事甲1392号民事局長回答，昭和39年４月１日民事甲839号民事局長通達
49) 昭和26年12月４日民事甲2268号民事局長通達，昭和33年４月15日民事甲771号民事局長心得回答

第8　共有の登記とその更正

説をとっている[50]。相続の登記の更正の登記の登記原因は「錯誤」であり，
その登記の申請書には，寄与分を定める協議書又は審判書の謄本を提供する
ことを要しないことは更正の登記の一般原則どおりである[51]。

11　単独相続登記と相続放棄の取消しによる相続登記の更正

　例えば，Aが死亡し相続が開始したが，妻Bと子Cが相続を放棄したため，
子Dの単独相続登記がされた。

　しかし，その後，BとCは，相続放棄は子Dの詐欺によるものであるとし
て，その取消しを家庭裁判所に申述し，受理された[52]。

　このように，単独相続による所有権移転登記をした後，相続放棄をした他
の共同相続人が相続放棄の意思表示の取消しを家庭裁判所に申述し，これが
受理され相続放棄の申述受理の審判が取り消された場合には，相続による所
有権移転登記の更正登記をすることができる。更正登記の登記原因は「錯
誤」ではなく，「年月日相続放棄取消」とする[53]。

　家庭裁判所にした相続放棄の意思表示を取り消すことができる場合として
は，ⓘ詐欺又は強迫によって相続放棄をした場合（民法919条2項，96条1項）
のほか民法95条（錯誤）の適用もある。最判昭和40年5月27日（家月17巻6号
251頁）は，「相続放棄は，家庭裁判所がその申述を受理することで効力を生
ずるが，その性質は私法上の財産法の法律行為であるから，民法95条の適用
がある。」旨判示している。ⓘⓘ未成年者が法定代理人の同意を得ないで単独
で相続放棄をした場合（同法5条），ⓘⓘⓘ成年被後見人が相続放棄をした場合
（同法9条），ⓘⓥ被保佐人が保佐人の同意を得ないで相続の放棄をした場合（同

50）昭和39年4月14日民事甲1498号民事局長通達

51）昭和39年4月14日民事甲1498号民事局長通達，高橋輝雄「民法及び家事審判法の一部
　改正に伴う登記事務の取扱いについて」登記研究397号48頁

52）登記申請実務研究会『事例式不動産登記申請マニュアル2』1603頁（新日本法規，改
　訂版，2005）

53）平成21年2月20日民二500号民事局長通達195・不動産登記記録例集189頁

216

法13条1項6号）、ⓥ後見監督人がある場合に、未成年被後見人又は後見人が
その同意を得ないで相続放棄をした場合（同法864条、865条）は相続放棄の取
消しをすることができる。

　相続放棄の取消しが有効になされると、相続の放棄は始めからされなかっ
たものとなる。したがって、相続放棄をした者も通常どおり被相続人の財産
を相続することになるので、これに伴い、その者を除外してなされた相続登
記を更正する必要が生ずる。もっとも相続人が全く入れ替わる結果となると
きは更正登記ではなく、抹消登記をする必要がある[54]。

12 相続の放棄と相続分の帰属

　配属者甲と嫡出子乙、丙とが共同相続人である場合において、丙が相続の
放棄をした場合、丙の相続分の帰属については、その放棄した人については、
初めから相続人として存在しなかったことになるので他の子と配偶者が相続
することになる。この場合、放棄した相続分は他の子乙に帰属し、配偶者の
相続分2分の1は変わることはない[55]。

13 債権者代位による相続登記と相続人全員による相続放棄

　債権者代位により甲、乙、丙のために相続登記をし、仮差押、仮処分の登
記がされたが、その後甲、乙、丙は民法938条による相続放棄の申述をした
ため、第2順位である丁が相続することになった。

　そこで、丁名義にするについて、①代位による相続登記を錯誤により抹消
し、改めて相続登記をする。②丁のため帰属による所有権移転登記をすると
する考え方があるが、先例（昭和33年4月15日民事甲771号民事局長心得回答）は②
の考え方によるとしている（登記研究126号34頁）。そして、この場合には、登

---

54) 前掲（注52）登記申請実務研究会1605頁
55) 松尾英夫編著『これで安心　相続のすべてQ＆A』57頁〜68頁（民事法情報センター、
　2010）、昭和29年4月16日民事甲800号民事局長回答（登記研究81号27頁）

217

記原因を「甲，乙及び丙の相続放棄」とすべきであり，その日付は相続放棄の申述に対する受理の審判の告知の日であるとする。

　相続が開始し，相続人が数人いる場合，相続人中のある者が民法915条の規定による相続の放棄をしたときは，放棄は相続開始の時に遡ってその効力を生ずるのであり，その放棄をした者の相続分は，他の相続人の相続分に応じてこれに帰属することになる（民法939条）。

　「自己のために相続開始があったことを知った時」というのは，相続人が相続開始の原因たる事実の発生を知り，かつそのために自己が相続人となったことを覚知した時を指す（大決大正15年８月３日大審院民集５巻679頁）。相続人が数人いる場合には，民法915条１項が定める３か月の期間は，相続人がそれぞれ自己のために相続の開始があったときから各別に進行する。右期間を徒過した相続人は，もはや相続の放棄をすることはできない（最判昭和51年７月１日家月29巻２号91頁）。

　相続放棄は，家庭裁判所がその申述を受理することで効力を生ずるが，その性質は私法上の財産法による法律行為であるから民法95条の適用がある（最判昭和40年５月27日家月17巻６号251頁）。

　また，相続人は相続の放棄をした場合には相続開始時に遡って相続開始がなかったのと同じ地位に立ち，当該相続放棄の効力は，登記等の有無を問わず，何人に対してもその効力を生ずべきものと解すべきであって，相続の放棄をした相続人の債権者が，相続の放棄後に，相続財産たる未登記の不動産について，右相続人も共同相続したものとして，代位による所有権保存登記をした上，持分に対する仮差押登記を経由したとしても，その仮差押登記は無効である（最判昭和42年１月20日民集21巻１号16頁）。

　結局，相続放棄があった場合には，相続開始の時において，放棄した者以外の相続人が相続財産を取得したことになる。

　そして，この場合の不動産についての相続による所有権移転の登記手続については，もし放棄した者も含めて共同相続による登記がなされていないときは，放棄した者を除いた他の相続人のために直接被相続人からの所有権移転の登記をすることができるのであるが（登記原因は相続），もし，放棄した

者も含めて共同相続人全員のために既に共同相続による登記がなされている
ときは、「相続放棄」を登記原因として、放棄した者の持分について他の相
続人への持分移転登記をすることになると考えられる（登記研究126号35頁）。

もっとも、「錯誤」を登記原因として抹消することはできない。甲、乙、
丙の登記がなされた当時は適法な登記であったからである。

14 無断相続登記と所有権移転登記の更正

不動産の共同相続人ＡＢのうちＢが相続登記未了のうちに、遺産分割協議
書を偽造し、Ｂ単独名義の相続登記をし、その土地を第三者であるＸに売却
してその所有権移転登記をしている。この場合、共同相続人の１人であるＡ
が第三者Ｘの所有権移転登記の抹消登記を請求できるかどうかがポイントに
なるが、この土地は、偽造の登記原因証明情報によって共同相続人の１人で
あるＢが単独相続登記をして第三者Ｘに売却したものであり、Ｂの法定相続
分である２分の１については有効な登記であることになる。

したがって、相続人Ａが他の相続人であるＢ及び第三者Ｘに対して請求で
きるのは、所有権移転登記を持分移転登記とする旨の更正登記手続である。
ＡとＢが法定相続分による共同相続をしたにもかかわらず、その共同相続登
記が未了のうちに、共同相続人の１人Ｂが、自己が単独相続した旨の登記原
因証明情報を偽造してＢ単独名義の相続登記をし、その不動産を第三者Ｘに
売却した場合には、他の相続人Ａは、共同相続登記を経ていなくとも第三者
Ｘに自己の相続分（持分）を対抗することができる[56]。

上記判例は、「相続財産に属する不動産につき単独所有権移転の登記をし
た共同相続人中のＢならびにＢから単独所有権移転の登記をうけた第三取得
者Ｙに対し、他の共同相続人Ａは自己の持分を登記なくして対抗しうる。」
としている。

無権利者は、民法177条にいう第三者に当たらないというのが判例・通説

56）最判昭和38年２月22日民集17巻１号235頁

第8　共有の登記とその更正

であり，相続人Aは自己の相続分2分の1については登記なくして，無権利
者であるYに対抗できることになる。したがって，Aは第三者Yに対して，
「所有権移転」と登記されているのを「B持分全部移転」登記とする更正登
記の手続を求めることができるとする（前掲昭和38年2月22日判決）。前記昭和
38年2月22日民集17巻1号235頁は，「相続財産に属する不動産につき，共同
相続人中の乙が単独所有権移転の登記を経由し，さらに第三者丙に移転登記
をした場合でも，乙の登記は他の共同相続人甲の持分に関する限り無権利の
登記であり，登記に公信力のない結果，丙も甲の持分に関する限りその権利
を取得することができないから，甲は自分の持分を登記なくして乙及び丙に
対抗することができる。」旨判示している。

15　債権者代位による相続登記と相続人の1人の相続放棄による更正登記

　所有者Aが平成27年5月27日死亡したが，平成27年9月6日，Bの債権者
兼抵当権者Dが債権者代位により，法定相続分に基づいて共同相続人BC名
義に相続登記をした。しかし，その登記前の平成27年7月8日，Cの相続放
棄申述が受理されていた。

　つまり，この事例では，BCの共同相続登記の前にCが相続放棄をしてい
た（民法939条）ので，その時点でBCの共同相続登記は実体と符合しないこ
ととなる。そこで，この相続登記を実体に合致させるためには，Cの部分に
関する登記を抹消する更正登記をすべきであり，登記権利者はBであり登記
義務者はCとなる。

　このように債権者代位による相続登記の前に，相続人の1人が相続放棄を
していた場合，その相続登記を更正するには，代位債権者の承諾証明情報
（承諾書）の提供をしなければならない。債権者が代位でした相続登記を，そ
の債権者の知らない間に，相続人がその更正登記をすると代位の対象となる
権利関係に変化が生じ，債権者の代位の目的が達せられない場合が生ずるこ
とになるため，その債権者は「登記上の利害の関係を有する第三者」に該当
することになる。つまり，債権者代位により，債務者亡甲の遺産を第1順位

の法定相続人乙，丙，丁のために相続登記がなされたが，その登記前に丙，丁が相続放棄の申述をし受理されていた場合，乙単独名義の登記にするためには，代位債権者の承諾を証する情報が提供されていれば，乙単独名義に更正登記をすることができると解される[57]。

16 債権者代位による共有名義の相続登記の更正と登記上利害関係を有する第三者

　債権者代位（代位原因年月日設定のA持分抵当権設定登記請求権）によりされた相続を原因とする共有名義（A・B）の所有権移転登記を，錯誤を原因として単有名義（A）に更正する更正登記の申請書には，代位した債権者の承諾書の提供を必要とする。

　登記実務は，抵当権の登記にある甲名義の不動産について，他の債権者から相続人乙，丙，丁のために相続による所有権移転の代位登記がなされた後，登記権利者を乙，登記義務者を丙，丁として，相続登記の更正登記申請をするに当たっては，相続登記の代位債権者は，旧不登法56条1項前段（現不登法66条）でいう「登記上ノ利害関係ヲ有スル第三者」に該当すると解している[58]。

　不動産登記法は，登記を申請する場合において，登記の形式からみて，一般的に当該登記によって損害を被るおそれがあると認められる登記簿上の利害関係人があるときは，実質的，具体的な損害発生の有無にかかわらず，申請書にその者の承諾書を提供することとされているが，この趣旨は，この登記がされる前の権利状態を前提として権利を取得した者に不測の損害を及ぼすことを防ぎ，かつ，その登記をめぐる紛争を未然に防止することによって取引の安全を図らんとするものである。

　そうすると，この事案の場合，代位債権者の有する債権は，「A持分抵当権設定登記請求権」であり，これを保全するためにAB共有名義の相続登記

57）登記研究499号183頁〔質疑応答7038〕
58）昭和39年4月14日民事甲1498号民事局長通達

第8 共有の登記とその更正

を代位によりした後，このＡＢ共有名義をＡ単有名義に更正するのであるか
ら，登記の形式上，この更正登記により代位債権者が不利益を受けることは
ないのではないかとも考えられる。

　しかし，代位債権者の不知の間にＡ単有への更正登記がなされてしまうと
代位債権者は，自己の債権を保全するためのＡ持分を目的とする抵当権設定
の登記が不可能となってしまう。そうであれば，代位債権者は前記通達（昭
和39年4月14日民事甲1498号民事局長通達）の見解と同様の立場にある者と解すべ
きであるから，この者の承諾書の提供を要するものと考える。

　なお，登記上の利害関係を有する第三者が存在する所有権の登記の更正登
記にあっては，その実質は所有権の一部又は共有持分の全部又は一部につい
ての抹消の登記にほかならず，ただ，権利の一部の抹消登記の手続が存在し
ないために更正登記の方法でなされるにすぎないから，これらの場合は旧不
登法146条等（現66条等）の規定を適用するのが相当であると解されている。
したがって，所有権の更正登記には，常に登記上の利害関係人の承諾書の提
供を必要とし，その登記の形式も付記登記によってのみなされることにな
る[59]。

17 相続人を追加する相続登記の更正と提供情報

　Ａ，Ｂの共同相続にかかる不動産をＢの相続分がないことの証明により，
Ａ単独名義に所有権移転登記をした後，これを錯誤によるものとして，Ａ，
Ｂ共有名義に更正する登記は，登記義務者Ａと登記権利者Ｂの申請により，
申請の錯誤による共同相続人の一部を遺漏した相続登記の更正として共同相
続人全員の申請によるべきである（昭和31年3月23日民事甲614号民事局長通達）
から，当該登記申請情報には，Ａ，Ｂがともに相続人であることを証する登
記原因証明情報及びＡの印鑑証明情報を提供するのが相当である（昭和33年
7月5日民事甲1366号民事局長心得回答・登記研究129号34頁）。

---

[59] 登記先例解説集322号106頁

18 相続による所有権移転登記の更正と提供情報

相続分を有する相続人を除外して単独相続による所有権移転の登記がされた後に，共同相続の登記に更正する登記の申請情報には，新たに共同相続人となる者についての相続を証する情報（登記原因証明情報）の提供をする必要があるかどうかが問題となる。

例えば，A名義の不動産について，相続人B，C，Dの一部C，Dを遺漏してB単独の相続による所有権移転の登記をした後，B，C，Dの共同相続に更正する場合，その登記の申請情報にはC，DがAの相続人であることを証する情報として戸籍謄本の提供が必要であるかどうかということが問題となる。

提供を要するとするものとして，昭和33年7月5日民事甲1366号民事局長心得回答（登記研究129号34頁，桜井正三郎「相続登記の更正登記について」登記研究183号41頁・186号39頁）があり，提供を要しないとするものとして，昭和39年4月14日民事甲1498号民事局長通達（登記研究198号39頁）があるが，この昭和39年通達により，前記昭和33年回答は変更されている。

19 共有名義への更正登記と抵当権の効力

単有名義の不動産に抵当権を設定したが，その後その不動産が共有名義に更正登記がなされた場合，その抵当権の効力はどうなるかという問題があるが，特別受益がある旨の証明書を提供して甲単独名義にした相続登記は錯誤であって，遺産分割協議により，甲，乙，丙で共同相続すべきものであったとして当該相続登記の更正登記が付記登記でなされた場合，つまり，その更正登記が抵当権者の承諾書を提供して付記登記でなされた場合は，抵当権の効力は甲の持分のみに限定されると解される（昭和35年10月4日民事甲2493号民事局長事務代理回答・登記研究156号33頁）。

第8 共有の登記とその更正

20 相続等による所有権移転登記の更正登記（昭和37年8月6日民事甲2230号 民事局長回答）

　配偶者（相続分12分の4）及び直系卑属甲，乙，丙，丁（各相続分12分の2）に相続登記をし，丁を除くその他の共有者の持分全部（持分12分の10）を第三者戊に所有権移転登記した後，丁が失踪宣告により相続開始前に死亡（代襲相続人なし）したものとみなされた場合の更正登記は，錯誤を原因として，前記相続人及び戊の申請により，戊の所有権持分移転登記を，甲，乙，丙の各持分のうちの18分の3の権利の移転登記に更正し，次いで相続人から（必ずしも相続人全員でなくてもよい）戊の承諾書を添付せず相続登記を配偶者の相続分18分の6，及び甲，乙，丙の各相続分18分の4と更正できるかという質問に対し，結論としては，先になされた相続登記を配偶者及び甲，乙，丙の共同相続登記に更正する登記をし（戊の承諾書不要），次いで甲，乙，丙及び戊の申請により所有権持分移転登記の更正の登記をすべきであると回答している（昭和37年8月6日民事甲2230号民事局長回答・登記研究179号44頁）。

　この問題は共同相続人4人のために，相続による所有権移転の登記を受け，相続人中1人を除く他の者の持分の全部を第三者に移転し，その登記を受けた後に持分を移転しなかった相続人が，失踪を宣告され，相続開始前に死亡したものとみなされた結果，それらの登記について是正をする必要がある。更正手続による是正については，参考になる法務省先例として昭和28年12月3日民事甲2259号民事局長通達及び昭和37年1月26日民事甲74号民事局長通達（登記研究174号58頁）がある。

　前記昭和28年の先例は，昭和26年11月30日に相続人甲，乙，丙，丁，戊の5人が相続の登記をし，更に丙の持分放棄により共有持分移転登記をして甲，乙，丁，戊の共有になっているが，戊は前記相続登記申請の際は出征中であった。その後，昭和27年3月29日に，昭和20年5月20日戦死した旨の公報によりその旨戸籍に記載された。このように，相続登記後，相続人の1人が死亡していたような場合には，甲，乙，丙及び丁並びに戊の相続人の申請により，まず丙の持分放棄による共有持分移転の登記を更正し，次いで，相続

224

による所有権移転の登記を更正することができるとしている（登記研究73号34頁，登記関係先例集下2124頁）。

　また，昭和37年の前記先例（登記研究174号58頁）は，昭和19年に開始した遺産相続を登記原因として，昭和23年に共同相続人甲，乙，丙及び丁のため所有権移転の登記を了したところ，昭和36年に前記相続人の１人である乙に対する失踪宣告の審判が確定（死亡とみなされたのは昭和２年である。）した。この場合の登記については，錯誤を登記原因として，先になされた相続登記を甲，丙及び丁の共同相続に更正するとしている。

　ところで，以上の先例を参考としながら，本事例を考察すると，失踪宣告によって，相続開始以前に相続人なくして死亡したとみなされる者も含めて相続による所有権の登記を受けているが，失踪宣告は，生死不明の永続する不在者について，その者の身分上，財産上の法律関係を確定するための制度であり，その効果は，失踪期間満了のときに死亡したとみなされる（民法31条）。したがって，本ケースの場合も，失踪宣告を受けた者は，その宣告が相続開始後になされた場合であっても，その効果は，相続開始前，つまり，失踪期間満了のときに遡るのであるから，相続開始の時期には存在しなかったことになる。よって，不在者も含めて相続人として受けた所有権移転登記は，実質上の権利関係と符合しない登記であるので是正の登記をする必要がある。

　そこで，まず第三者への持分移転の登記が実質上の権利関係に符合しているかどうかが問題となる。

　当時共同相続人とされた丁を含めて計算された相続分，すなわち，配偶者12分の４，直系卑属甲，乙，丙，丁それぞれ12分の２のうち，丁を除く他の者の持分全部，つまり12分の10の持分を第三者戊は取得したのである。ところが，丁は失踪宣告によって相続人から除かれ，しかも代襲相続人は存在しないので，相続分を再計算すると，配偶者18分の６，直系卑属甲，乙，丙はそれぞれ18分の４の相続分となる。この結果，配偶者の相続分は実質上変わりがなかったが，直系卑属の相続分はそれぞれ18分の１ずつ増加する。そこで，その移転した持分について更正登記を申請すべきものと解される（登記

225

第8　共有の登記とその更正

研究179号45頁）。結局，甲，乙，丙及び丁並びに戊の相続人の申請により，ま
ず丙の持分放棄による共有持分移転の登記を更正し，次いで相続による所有
権移転の登記を更正することができるものと解される。

21　所有権の更正登記と利害関係人の承諾書

　ＡＢＣ共有（共有持分各3分の1）の不動産についてＡＢ共有（共有持分各2分
の1）の所有権保存登記がなされている場合は，ＡＢの共有持分については，
有効であるので，ＡＢ共有の登記を全部抹消することは相当でなく，ＡＢの
所有権保存登記をＡＢＣの共有とする所有権更正登記をすることができる。

　この更正登記申請は，登記を新たにすることになるＣが登記権利者，ＡＢ
が登記義務者となって申請する。この場合においてＡＢ共有の不動産を目的
として抵当権設定の登記がされている場合には，その所有権の登記を更正し
てＡＢＣの共有のものとするときは，実質的にはＡＢ共有持分の一部抹消に
当たるので，抵当権者の承諾を証する書面（印鑑証明書付）又はその抵当権者
に対抗することができる裁判の謄本を提供しなければ更正登記はできない。
抵当権者の承諾書を提供して更正の登記がされたときは，登記官は，現不登
法66条（旧不登法147条2項），不動産登記規則150条の規定により職権でその抵
当権の更正の登記をしなければならない（昭和35年10月4日民事甲2493号民事局
長事務代理回答・登記研究156号33頁）[60]。

　所有権の登記は，第三者に対して効力を異にすることは許されず，また，
所有権の共有持分の更正登記は，実質的には所有権の一部抹消の登記にほか
ならないため，登記上の利害関係を有する第三者がある場合は必ずその承諾
を要し，常に付記登記によってすることとされている（不動産登記記録例（平
成28年6月8日民二386号民事局長通達）239）。例えば，（1）Ａ単有をＡ・Ｂ共有
にする更正登記（Ａの持分が減少），（2）Ａ・Ｂ共有をＡ単有とする更正登記
（Ｂの持分が消滅）の場合などが考えられる（和久田明生「『登記上の利害関係を有す

---

60)「実務コーナー・所有権更正の登記について・登記部門」たかまつ法務191号

る第三者』の承諾を要する登記について」法務通信810号12頁以下に詳しく解説されている。）。

22 買戻特約の付記されている所有権移転登記と更正の登記

　AからBCへの売買による所有権移転登記をすべきところを，誤ってB単有名義の登記及び買戻特約の登記をした場合に，BCの共有名義とする所有権の更正登記ができるかどうか。

　AからBCへの所有権移転の登記をすべきところを，誤ってB単独名義の登記がされた場合には，そのBの登記は，少なくともBの共有持分に関する部分については有効であり，Bの登記を全部抹消することは，Bの持分についての対抗力を失わせ相当でないことから，BCの共有名義とする更正の登記をすることができると解されている（昭和36年10月14日民事甲2604号民事局長回答）。

　買戻の特約は売買契約と同時にしなければならず（民法579条），この買戻の特約を登記しなかった場合における不動産の買戻権は，売主の地位とともにのみ譲渡することができ，これを買主に対抗するには，買主に対する通知又はその承諾を必要とし，かつ，これをもって足りる（最判昭和35年4月26日民集14巻6号1071頁）としている。その登記の申請は，売買による登記と同時に，別個の申請書でなされ，売買登記と同一の受付番号が付される（昭和35年3月31日民事甲712号民事局長通達）。そして，売買契約と同時にすることによって，目的物の転得者等買主以外の第三者に対してもその効力を主張できる（民法581条）。したがって，買戻約款付売買により不動産を取得した者が，これを第三者に転売し，その登記を経由した場合には，最初の売主は転得者に対して買戻権を行使すべきである（最判昭和36年5月30日民集15巻5号1459頁）。そこで，このような買戻特約の登記が付記登記でされている場合に，BC共有名義への更正の登記が可能であるか否かが問題となる。甲から「乙・丙」共有名義への所有権移転の登記がなされている場合において，これを原因錯誤として「乙」単独名義に更正する場合は，乙を登記権利者，甲丙を共同登

227

第8 共有の登記とその更正

記義務者として，これらの者の共同申請により，その所有権の更正の登記を申請することができる（昭和36年10月14日民事甲2604号民事局長回答）とされている。そうすると逆に，単独名義でなされた所有権移転登記につき，これを共有名義とする更正の登記をする場合も同様であると考えられ，例えば，AからBへの所有権移転の登記を「B・C」共有名義とする場合は，Cを登記権利者，ABを共同登記義務者として更正の登記をすることができると考えられる。したがって，転得者についても同様に考えることができると解される。

23 抵当権の更正登記（昭和37年7月26日民事甲2074号民事局長回答）

抵当権設定契約書作成の際，甲を債務者とすべきを表示行為の錯誤により乙を債務者とした当該契約証書（登記原因証明情報）に基づき抵当権設定契約書を作成し，その登記を受けた後，登記原因を錯誤として，甲を債務者とする抵当権の更正登記申請があった場合，受理することができる（登記研究179号39頁）。つまり，錯誤により，抵当権設定契約及びその登記において，誤って別人を債務者として掲げた場合には，真実の債務者表示とする更正の登記をすることができるということである。

24 登記名義人の表示変更（更正）の登記申請と更正登記の省略の可否

判決による所有権移転の登記を申請する場合において，申請書に記載されている登記義務者の住所の表示が登記簿（記録）に記載（記録）されている住所と相違しているが，判決書の正本には，登記簿上の住所も併記されている場合，便宜，判決による登記の前提としての登記名義人の表示更正の登記を省略しても差し支えないかどうかということが問題となる。

判決による所有権移転の登記を申請する場合において，申請書に登記義務者の住所の表示を判決正本に基づき乙と表示したが，登記簿上の住所が甲である場合は，申請書に添付の判決正本に登記簿上の住所である甲が併記されているときであっても，この場合の所有権移転登記の前提として住所変更

228

（更正）の登記を省略することはできないと解されている（登記研究429号120頁）。

25 所有権の更正登記と利害関係人の範囲

　甲所有の不動産について，抵当権者乙の代位により，共有者ABCDEの相続登記（共有持分各5分の1）がなされたが，その相続登記をA単有の相続登記に更正する登記が申請された場合に，共同相続登記後になされた競売開始決定に係る差押登記は更正登記によってどのような影響を受けるかということが問題となる。つまり，差押債権者乙は更正登記について登記上利害関係を有する第三者に該当するから，この更正登記の申請書に乙の承諾書が添付されていたかどうかが問題となるが，差押債権者としては，共同相続登記をA単有に更正することに承諾はしたが，そのことは差押登記の効力には何らの影響を及ぼさないと判断して更正登記に承諾した場合どうなるのか。

　もし，この場合の差押登記が不動産を対象とするものであれば，前述のような更正登記をした場合であっても，差押登記には何らの効力を及ぼさないと考えられるが，差押登記が各共有者の共有持分を対象とするものであれば，差押債権者は更正登記に利害関係人として承諾したことになり，差押の効力は更正前に登記されているAの持分5分の1にしか及ばなくなるのではないかと解される。一般的には，更正の登記をすることにより減少又は消滅する所有権又は共有持分を目的とする権利がなされているときに，それらの権利者は登記上の利害関係人に当たるとされる。そうなると，この場合のように差押登記の目的となっているA〜E5名の共同相続登記をA単有の登記に更正する場合には，BCDEの共有持分5分の4は消滅することになり，それを目的とする差押登記の名義人は登記上の利害関係人に当たるということになる。

　繰り返しになるが，結局，この場合の差押登記の名義人が利害関係人に当たるかどうかは，更正登記の対象となった共同相続登記は競売手続の前提として抵当権者から代位によってなされたものであるから，その後になされた差押登記の債権者は登記上利害関係を有する第三者には該当しないというこ

とになるのか，それとも差押登記は各債権者を対象とするものであるから，
それが共同相続登記前になされた抵当権を目的とするものであっても，差押
債権者は更正登記における登記上の利害関係人に該当することになるのかと
いうことである。前者であるとすれば，共同相続登記が単有の相続登記に更
正されたとしても，後順位の差押登記には何らの影響を及ぼさず，差押債権
者は利害関係人として更正登記に承諾する義務はないと考えられるが，後者
であるとすれば，差押登記は5名の各共有持分に対してなされたものであり，
内4名が当初から共有者でなかったとすれば，これからの者を対象とする差
押は失効し，したがって，差押債権者が利害関係人として更正登記を承諾し
たとすると，差押の効力は当初のA持分5分の1にしか及ばなくなる。

　参考になる先例としては，「抵当権設定登記後になされた所有権移転登記
を抹消するにつき，当該所有権移転登記後になされた任意競売申立記入登記
の登記名義人は，登記上利害関係を有する第三者に該当する」としている
（昭和35年8月4日民事甲1976号民事局長回答・登記研究154号17頁）。

　上記先例は，任意競売開始決定による目的不動産の差押えは，その不動産
に対する処分の制限の効力を有するから，差押えの登記は，その登記された
ときの所有権の登記を基礎としている。したがって，所有権の登記が抹消さ
れると，差押えの登記はその存立の基礎を失うことになるため，差押登記の
登記名義人は所有権抹消登記につき，登記上利害関係を有する第三者に該当
すると解したものであると考えられる。ただ，この先例の場合も，差押えの
登記そのものは抹消登記の対象となる所有権移転登記よりも前になされた抵
当権の実行に基づくものであり，この抵当権に基づく差押えの登記は，所有
権の登記を基礎としているものではなく，むしろ，抵当権の登記を基礎とし
ているものと考えることもできなくはないと解され，そのように考えること
ができれば，差押えの登記の時の所有権の登記が抹消されても差押登記は存
立の基礎を失うものではなく，差押登記名義人は，登記上の利害関係を有す
る第三者には該当しないと解することもできる。そうなると，今回の事例の
場合にも，共同相続登記を単有に更正するとしても，差押債権者は，登記上
の利害関係人には該当しないと解することもできなくはないのではないかと

考えることもできそうである。

　ただし，差押登記が各共有者の共有持分を対象とするものであるならば，たとえ差押登記が更正登記の対象となる共同相続登記より前になされた抵当権の実行に基づくものであるとしても，差押債権者は利害関係人に当たると解さざるを得ないと考えられる。

　結局，このケースの場合，担保権者がその実行のため差押登記の前提として代位による相続登記をする例は少なくないと考えられるが，この場合の差押債権者乙としては，債権の満足を図るために代位による共同相続登記をした上，更に更正登記の承諾をして差押の効力が所有権の5分の1に縮減されてしまう結果となっている。登記の更正をする場合に，誰が利害関係を有する第三者に該当するか判断の難しさが痛感されるケースである。

　結局，この場合の差押登記の名義人が利害関係人に当たるかどうか更正登記の対象となった共同相続登記は競売手続の前提として抵当権者から代位によってされたものであるが，参考になる先例として，前述した「抵当権設定登記後になされた所有権移転登記登記を抹消するにつき，当該所有権移転登記後になされた任意競売申立記入登記の登記名義人は，登記上利害関係を有する第三者に該当する。」とする先例（昭和35年8月4日民事甲1976号民事局長回答）がある。

　既に考察したように，この先例は，任意競売開始決定による目的不動産の差押えは，その不動産に対する処分制限の効力を有するとされるから，差押えの登記は，その登記がされたときの所有権の登記を基礎としている。したがって，所有権の登記が抹消されると，差押えの登記はその存立の基礎を失うことになるため，差押登記の登記名義人は所有権抹消登記につき，登記上利害関係を有する第三者に該当すると解したものであると考えられる。ただ，この先例も，差押えの登記が抹消登記の対象となる所有権移転登記よりも前になされた抵当権の実行に基づくものであり，この抵当権に基づく差押えの登記は，所有権の登記を基礎としているものではなく，むしろ抵当権の登記を基礎としているもの考えることができれば，差押えの登記の時の所有権の登記が抹消されても差押登記は存立の基礎を失うものではなく，差押登記の

第8　共有の登記とその更正

登記名義人は，登記上の利害関係を有する第三者には該当しないということになる。このように解することができれば，共同相続登記を単有に更正するとしても，差押債権者は，登記上の利害関係人に該当しないと解することもできそうである。このことも既に前述したとおりである。

ただ，そうであるとしても差押登記が各共有者の共有持分を対象とするものであるならば，たとえ差押登記が更正登記の対象となる共同相続登記より前になされた抵当権の実行に基づくものであるとしても，差押債権者はやはり利害関係人に当たると考えられる。

例えば，「仮処分登記前に登記され抵当権の実行としての差押えの登記が仮処分の登記後にされているときは，仮処分権利者が単独で自己への所有権移転の登記の申請と同時にした当該差押登記の抹消の申請は，不登法49条2号（現不登法25条2号）により却下すべきである。」とする先例（昭和58年6月22日民三3671号民事局長回答）がある。この先例は，処分禁止の仮処分の登記後に第三者のために権利の登記がされているときは，仮処分権利者は，自己への所有権移転の登記の申請と同時に単独でその抹消を申請することができる（昭和28年11月21日民事甲2164号民事局長通達，昭和37年6月18日民事甲1562号民事局長通達）としている。この取扱いは，仮処分権利者がその仮処分によって保全されている権利を有することが確定したときは，仮処分に対抗できない第三者の権利は当然に失効するものと解されるから，その登記の抹消は，仮処分権利者が単独で申請することができるとしたものである。

仮処分権利者が自己への所有権移転登記の申請と同時に単独で仮処分の登記後になされた第三者の登記の抹消を申請できるのは，仮処分権利者がその仮処分によって保全されている権利を有することが確定したときは，仮処分に対抗できない第三者の権利は当然に失効すると解されるから，その登記の抹消は，仮処分権利者が単独で申請することができる。しかし，当該先例における乙の抵当権設定の登記は，丙の仮処分の登記に優先するものであるため，乙の差押えの登記が乙の抵当権の実行としての差押えの登記であるとすれば，その登記も丙の仮処分登記に優先すると解されるから，それが仮処分により失効することはないのではないかとも考えられる。

そうなると前記昭和35年の先例とこの28年の先例は矛盾することにならないかということになる。いずれの先例の事案も，差押えの登記は担保権の実行に基づくものであり，かつ，担保権の登記は抹消又は移転の目的となっている所有権の登記よりも前になされている。しかし，昭和61年7月15日民三5706号民事局第三課長回答（登記研究466号103頁）は，「抵当権設定の登記後になされた所有権移転登記の抹消登記につき，その登記後にされた競売開始決定に係る差押えの登記の登記名義人は旧不登法146条（現不登法68条）に規定する登記上の利害関係人に該当する。」とする。つまり，「甲名義の所有権移転の登記，乙のための抵当権設定の登記，甲から丙への所有権移転の登記，乙の申立にかかる担保不動産競売開始決定に基づく差押えの登記が順次されている場合において，甲から丙への所有権移転登記の抹消登記について，差押登記名義人乙は，不動産登記法68条の利害関係人に該当する。」としている。

これは，任意競売開始決定による目的不動産の差押えは，その不動産の所有権に対する処分制限の効力を有すると解されるから，差押えの登記は，その登記がされたときの所有権の登記を基礎として存立している。したがって，差押えの登記は，その基礎となる所有権の登記が抹消されると，いわば宙に浮いた状態となり，登記の整合性を乱するものとして，抹消を免れないことになるので，その抹消されるべき運命にある差押えの登記の登記名義人は登記上利害関係を有する第三者に該当するものと解することもできる。

もっとも，前述のごとく，差押えの登記が抹消登記の対象となる所有権移転登記よりも前になされた担保権の実行に基づくものである場合には，前述した登記先例の考え方と異なる考え方もできそうである。すなわち，登記された担保権は，所有者の処分に対抗できるのであって，これを実行する際に，その時点の所有者を債務者として競売の申立て，差押えの登記をすべきものとされているのは手続上の要請にすぎない。したがって，この考え方によれば，登記された担保権に基づく差押えの登記は，所有権の登記を基礎としているのではなく，むしろ担保権の登記を基礎としているものと理解でき，そうであれば，この差押えの登記の時の所有権の登記が抹消されても存立の基

第8 共有の登記とその更正

礎を失うものでないから，その登記名義人は，登記上の利害関係を有する第三者には該当しないと解することもできそうである。

結局，この場合の差押えの登記は，前述のとおりその基礎となる所有権の登記が抹消されると，いわば宙に浮いた状態となり，登記の整合性を乱すものとして，抹消を免れないことになるので，その抹消されるべき運命にある差押えの登記の登記名義人は登記上利害関係を有する第三者に該当するものと解したものと考えられる（登記研究466号106頁）。

26 所有権の更正登記と利害関係人の承諾書

債権者代位により乙丙丁の共有とする相続登記がなされたが，その相続登記を乙単有とする更正登記をする場合，代位債権者の承諾書の提供が必要であるか否かが問題となる。

抵当権の登記がある甲名義の不動産について他の債権者Aから相続人乙，丙，丁（いずれも被相続人の子）のため相続による所有権移転の代位申請がなされた後，相続放棄申述受理証明書又は民法903条2項の規定に該当することの証明書を提供して，登記権利者を乙，登記義務者を丙，丁として，先になされた相続登記の更正登記の申請があった場合，代位債権者の更正登記についての承諾書又はこれに対抗することを得べき判決がある場合は付記登記によって更正登記をすることができる（現不登法66条）がその提供がなければ受理されない。先例（昭和39年4月14日民事甲1498号民事局長通達）も，債権者の代位申請によってなされた相続の登記の更正については，代位者（債権者）は「登記上の利害関係を有する第三者に該当する。」としている（登記研究198号39頁，同487号168頁）。

また，債権者代位によりAB共有とする相続登記後，相続登記をA単有に更正するには，代位債権者の承諾書の提供を要する。債権者代位（代位原因年月日設定のA持分抵当権設定登記請求権）によりされた相続を原因とする共有名義（A・B）の所有権移転登記について，錯誤を原因として単有名義（A）に更正する更正登記の申請書には，代位した債権者の承諾書の提供を必要とす

28　更正登記とその対象となる登記

るということである。

27　相続登記の更正と提供情報

　相続登記後，相続分を更正する更正登記の申請書には，相続を証する書面の提供は要しないとされている。

　すなわち，相続を原因とするＡ単有名義になされた所有権移転登記を，ＡＢ共有名義に更正する更正登記の申請には相続を証する書面の提供は要しない（登記研究475号131頁）。

　しかし，被相続人から遺贈を受けた共同相続人の一部の者（Ａ，Ｂ）が，遺贈による所有権移転の登記をした後，遺産分割を登記原因としてＡの単有とする登記申請はできない。なぜなら，遺贈を登記原因として共同相続人中の一部の者（Ａ，Ｂ）に所有権移転登記がなされている不動産について，遺産分割を登記原因としてＡ又はＢの単有とする所有権移転登記をすることはできないからである。遺産分割は相続人全員でする必要があり，共同相続人の一部であるＡとＢとの間のみでは遺産分割はできないからである（登記研究475号131頁）。

28　更正登記とその対象となる登記

　更正登記の対象となる登記は，現に効力を有する登記に限られる。例えば，Ａから所有権を無償で取得したＢは，事情があって「売買」を登記原因として所有権移転登記を受けた。Ｂはその後，その不動産をＣに売買し，その旨の登記をしている。この場合，今この時点でＢへの移転登記の原因を「贈与」と更正する登記の申請は受理されない（登記研究506号148頁）。

　この登記原因及びその日付の記載は，権利変動の過程と態様を明らかにするためと虚偽の登記の発生を防止するために登記するものであり，その更正登記の対象となる登記は，現に効力を有する登記に限られるのである。そのことは，その原因が登記官の過誤によるものであっても，当該登記は現に効

235

第8　共有の登記とその更正

力を有しない登記であるので，現時点で更正登記をすることは相当でないということになる（旧不登法64条，現不登法67条。登記研究516号195頁）。

29 持分移転の登記とその更正の登記

　甲区順位1番でAほか9名で共有の所有権保存登記がなされている不動産について，Aの持分全部（18分の2）を甲に移転するため順位2番で「A持分全部移転」の登記をしたが，持分の記載を誤って「18分の1」とした場合，これを持分「18分の2」とする更正の登記の申請人は，甲を登記権利者，Aを登記義務者として所有権の更正の登記を申請することができる。

　考え方としては，持分の増加する甲が登記権利者となり，他の共有者全員が登記義務者となる，あるいは他の共有者は，更正前と更正後においてその共有持分に何らの増減も来さないので，甲の単独申請となるとする考え方もあり得るようにも考えられるが，やはり所問の場合は，甲を登記権利者，Aを登記義務者として更正の登記をすべきであると解される（登記研究429号125頁）。

　なお，甲から乙への所有権移転の登記がされ，さらに乙から丙への所有権移転の登記がされている場合において，甲から乙への所有権移転の登記原因に誤りがあることが判明したときは，当該登記は現に効力を有しない登記であるので，旧不登法64条（現不登法67条）の規定による更正登記をすることは相当でない（登記研究516号195頁）。

30 登記義務者が共有者とならない共有所有権移転登記の更正とその更正の登記の申請人

　①　甲所有の不動産が乙，丙，丁の3名に売却されたが，誤って甲から乙，丙への所有権の移転の登記がされた場合，その登記を更正して乙，丙，丁への所有権移転登記とする登記の更正登記をする必要があるが，この登記の更正は，登記権利者を丁とし，登記義務者を甲，乙，丙として申請する必要が

ある。この場合，甲から乙，丙，丁への所有権移転登記をすべきところを誤って甲から乙，丙への所有権の移転の登記がされたのであるから，乙，丙の登記はその真正な共有持分の範囲で有効であり，乙，丙への所有権の移転の登記を抹消することは，乙，丙の登記がその真正な共有持分の範囲において有効であるにもかかわらず，その有効な共有持分に関する対抗力を失わせることになり，乙，丙にとって不利益となるので，その権益を保護するため，乙，丙への所有権の移転の登記を更正して，乙，丙，丁への所有権移転の登記にすることができると解される。

　この更正の登記により登記上直接利益を受けるのは丁であるから，丁が登記権利者となり，その更正の登記により登記上直接不利益を受けるのは，乙，丙であるから乙，丙が登記義務者となる。そして，甲は，共有者である丁への登記の義務を履行していないので，その登記義務を履行すべき登記義務者となると解される。

　②　甲所有の不動産を乙，丙に売却し，甲から乙，丙に乙，丙各持分2分の1の所有権移転の登記をすべきであるのに誤って，乙持分2分の1，丙，丁持分各4分の1の所有権の移転の登記がされた場合の登記の更正は，登記権利者を丙とし，登記義務者を甲，丁として申請すべきである。甲から乙，丙，丁への所有権移転登記を乙，丙への所有権移転登記とする場合，乙，丙，丁への所有権移転登記を抹消し，改めて甲から乙，丙への所有権移転の登記をすることは，乙，丙のその共有持分の一部の登記が有効であり，その一部の取得の登記の対抗力を失わせることになるから，その乙，丙の権益の保護から，乙，丙，丁への所有権移転の登記を更正して乙，丙への所有権移転登記とすることができるものと解される。そして，その更正の登記により登記上直接利益を受ける（持分の増大する）丙が登記権利者となり，登記上直接不利益を受ける（共有者でなくなる）丁が登記義務者となり，その登記の更正を申請する。そして，甲は，共有者でない丁への不真正な所有権の登記を解消する義務を履行すべきであるから，その義務の履行として，登記義務者となるべきであり，したがって，丙を登記権利者，甲，丁を登記義務者として，その登記の更正を申請すべきである。なお，乙は，真正な持分2分の1の所

第8 共有の登記とその更正

有権移転の登記を受けているのであるから，申請人となる必要はないと解される。

③　甲から乙，丙，丁へと所有権の移転の登記がされたが，持分を乙，丙，丁均分の３分の１あてとすべきを誤って，乙２分の１，丙，丁それぞれ４分の１とする所有権移転の登記がされた場合，乙，丙，丁の持分を更正して，均分の３分の１あてとする登記の更正は，登記権利者を丙，丁とし，登記義務者を乙として申請すべきであり，甲は登記義務者とはならない。この場合，乙の所有権の取得の登記は，その持分の真正な３分の１に相当する部分は有効であり，丙及び丁の真正な持分の一部に相当する部分も有効である。したがって，いずれもその乙，丙，丁への所有権の移転の登記を抹消することは，その有効な一部の取得の対抗力を失わせるものであるから，その登記の更正をすることができることになる。その登記の更正は，更正の登記により持分が減少し，登記上直接不利益を受ける乙が登記義務者となり，その更正の登記により持分が増加する丙及び丁が登記権利者となるべきである。共有者である乙，丙，丁の持分は，共有者である乙，丙，丁間の約定（約定がないときは均分）つまり契約による持分移転の登記である（旧不登法39条　現登記令３条９号，登記インターネット６巻10号179頁）。

なお，Ａ所有名義の不動産を，Ａ，Ｂ及びＣの各３分の１の所有とするための所有権更正の登記をする場合の登記権利者はＢ及びＣであり，登記義務者はＡである（登記研究430号173頁）。

また，Ａほか９名が共有する不動産についてＡの持分全部（18分の２）を甲に移転登記すべきところ，誤って持分を18分の１として移転登記がされた場合は，甲を登記権利者，Ａを登記義務者として所有権の更正の登記を申請することができること前述のとおりである（登記研究429号125頁）。

31 欺罔による相続登記とその更正登記

被相続人Ａが死亡し，その妻Ｂ並びにその子Ｃ（Ｃについては相続放棄の陳述あり。）及び甲が相続人であるところ，戸籍には，Ｃ及び甲のほか乙がＡＢ間

の子として記載されていたことから，乙がB，C，甲を欺罔して遺産分割協議書を作成し，A所有名義の不動産につきB及び乙の共有として相続登記がされている。

この場合において，A，Bと乙と間において親子関係が存在しないことを確認する旨の判決の正本を相続を証する書面の一部として提供し，先にされた相続登記をB及び甲の共同相続に更正する登記をすることができるか否かが問題となる。

所有権の更正登記は，更正前の登記と更正後の登記との間に同一性がなければならない。権利の主体である登記名義人の同一性が部分的にでも確保されているならば，その範囲において更正登記は許される。実体上の権利関係と合致している部分の登記はその限りにおいて有効であり，他の部分が実体関係に合致しない無効なものであるからといって，その登記自体を全部抹消して新たに実体上の権利関係に合致した登記をしなければならないとするのは相当ではなく，誤っている部分について更正登記をすればそれで足りるからである。この事例の場合は，真実の相続人はBと甲であり，現実に登記されているのはBと乙であるから，前述のとおり，この登記を一旦抹消の上，改めて相続登記をするのは相当ではなく，B・乙名義の相続登記をB・甲名義の相続登記に更正する更正の登記により是正すべきであると考えられる（昭和56年2月13日民三837号民事局第三課長回答・登記研究410号38頁。なお，昭和28年12月3日民事甲2259号民事局長通達，昭和37年8月6日民事甲2230号民事局長回答，昭和53年3月15日民三1524号民事局第三課長依命回答）。

32 錯誤等による共有の相続登記とその更正の登記

更正登記は，錯誤又は遺漏のため登記と実体関係との間に原始的な不一致がある場合に，その不一致を解消させるべく既存登記の内容の一部を訂正補充する目的をもってされる登記であり，更正の前後を通じて登記としての同一性がある場合に限り認められるものである（最判平成12年1月27日裁判集民196号239頁）。例えば，登記名義人をAとすべきところをBと登記した場合には

第8 共有の登記とその更正

更正登記は許されない。この場合に更正登記が許されるとすると，登記官には形式的審査権（書面審査権）しかないから，関係者のなれ合いで登記名義人更正登記を濫用して，権利移転の登記の代用にするといった弊害が伴ってはならないからである。

　この更正登記については，旧不登法には特に定義規定を置いていなかったが，現不登法（平成16年法律123号）は，「更正の登記」について，「登記事項に錯誤又は遺漏があった場合に当該登記事項を訂正する登記をいう。」と規定している（同法2条16号）。同条6号は，「登記事項」について，「この法律の規定により登記記録として登記すべき事項」と定義している。つまり，登記事項のみが登記記録として登記することができる。そのため，登記事項以外の事項を登記記録として登記することはできない（同法25条2号）。例えば，違約金の定めは，抵当権の設定の登記事項ではないというようにである（昭和34年7月25日民事甲1567号民事局長通達・登記研究142号27頁）。

　なお，更正の登記は，更正の前後を通じて登記としての同一性がある場合に限り認められることは，旧不登法下での解釈と異ならない。つまり，「更正の登記」というのは，登記事項に錯誤又は遺漏があった場合に当該事項を訂正する登記（不登法2条16号）をいい，更正の登記が認められるためには，更正の前後を通じて登記に同一性が認められることが必要であることも旧不登法の下における解釈と同じである。

　ちなみに「登記の更正」ということもいわれるが，この場合は，登記官の過誤による場合にこれを是正するための登記手続を意味し，「更正の登記」を含むが，これよりも広い概念である。例えば，登記事項の全部に遺漏があった場合や，申請に係る不動産以外の不動産について誤って登記をしてしまった場合には，登記の前後の同一性ということは問題とならないが，登記の更正は認められると考えられている。このように解するのは，登記の更正は，登記官の過誤によるものであるから，申請の有無にかかわらずこれを認める必要があるからである[61]。

---

61) 清水響『一問一答 新不動産登記法』（商事法務，2005） 181頁

ところで，最判平成17年12月15日（裁判集民218号1191頁）は，「甲名義の不動産につき，乙，丙が順次相続したことを原因として直接丙に対して所有権移転登記がなされる場合に，甲の共同相続人であるＸは，丙が右不動産につき共有持分権を有しているとしても，上記登記の全部の抹消を請求することができる。」旨判示している。つまり，上記判例は，この場合の是正方法として更正手続はできないと判断して，本件登記の全部抹消の登記手続を求めることができるとしている。しかし，最判昭和38年2月22日（民集17巻1号235頁）は，「甲乙両名が共同相続した不動産につき乙が勝手に単独所有権取得の登記をし，さらに第三取得者丙が乙から移転登記を受けた場合，甲が乙丙に対して請求できるのは，甲の持分についての一部抹消（更正）登記手続だけであって，右登記の全部抹消を請求することは許されないが，甲が乙丙に対し上記登記の全部抹消手続を請求したのに対し，裁判所は乙丙に対し一部抹消（更正）登記手続を命ずる判決をすることができる。」旨判示している。

33 遺産分割による相続登記後に重婚であることが判明した場合と更正の登記

我が国の民法は，婚姻の成立につき「婚姻は，戸籍法の定めるところにより届け出ることによって，その効力を生ずる。」（民法739条）と規定して法律婚方式を採用している。

また，民法732条は，「重ねて婚姻をすることができない。」と規定しているが，この規定にもかかわらず重婚が成立した場合には，民法は重婚を無効とせず，単に取り消し得るにすぎないものとし，かつ，取消しの効果は，遡及効を有しないとして取消しに至るまでの重婚の継続状態を是認している（同法748条）。戸籍上重婚となる婚姻の届出は当然受理されないことになる（同法740条）が，しかし例えば，①不注意で二重に婚姻届が受理されたような場合，②離婚後再婚したところ，離婚が無効とされ，又は取り消された場合，③失踪宣告を受けた者の配偶者が再婚した後，失踪宣告が取り消された場合等には重婚が生ずることがあり得ると考えられる。このような重婚の状

第8　共有の登記とその更正

態が発生した後，相続が開始した場合，配偶者の相続権はどうなるかということが問題になる。

重婚が生じた場合，後婚は公序良俗違反として当然無効となるのではなく，各当事者，その親族，検察官又は前婚の配偶者から，その取消しを裁判所に請求できる（民法744条）。

例えば，Ａ男は妻Ｂと子供２人（Ｃ男，Ｄ男）がいるにもかかわらず，Ｅ女と婚姻の届出をして夫婦になり，Ｅ女との間にＦ男がいる。そしてＡ男死亡により，Ａ男の相続人は，Ｅ女とＦ男のみであるとしてＥとＦ名義に各２分の１の相続登記がされている。ところで，民法744条，732条によると，重婚が婚姻取消の事由とされている。このように，重婚が生じた場合，後婚は公序良俗違反として当然に無効となるのではなく，各当事者，その親族，検察官又は前婚の配偶者からその取消しを裁判所に請求し得るにすぎないということになる（同法744条）。また，仮に婚姻が取り消されても，遡及効がないので，既に生じた重婚状態は法律上是認されたことになる。

そこで，所問の場合には，まず，Ｂ女，Ｃ男及びＤ男が権利者，Ｅ女及びＦ男が義務者となってＢ女持分４分の１，Ｃ男持分６分の１，Ｄ男持分６分の１，Ｅ女４分の１，Ｆ男６分の１という割合に相続する所有権移転登記の更正登記をすることになると解される。そして，その更正登記をした後，後婚取消決定によって，後婚者の持分を前婚者に「婚姻取消」を登記原因として所有権移転登記をすべきであると考えられる（登記研究515号195頁）。

34　債権者代位による共同相続登記と更正登記の申請人

債権者代位によって，法定相続分により相続人全員のために相続登記がされたが，その代位登記前既に相続人の一部の者が相続放棄の申述をして受理されていることが判明したので，「錯誤」を登記原因として正当な相続人名義に更正する登記をする場合には，代位債権者の承諾書を添付した上，放棄者を登記義務者，他の相続人を登記権利者として申請する必要がある。したがって，債権者が代位により，相続放棄申述受理証明書を添付して更正登記

242

を申請したり，あるいは相続放棄者を除く他の相続人全員から，代位債権者の承諾書，相続放棄申述受理証明書を添付（提供）して更正登記を申請することはできない（登記研究504号199頁）。

35 所有権移転の登記を仮登記に基づく所有権移転の本登記にするための更正登記の可否

　売買予約による売買の本契約が成立し，所有権移転の登記を申請するに際し，その申請書に仮登記の表示及びその本登記である旨の記載を欠いていたため，別個の新たな順位番号をもって登記が完了していることを後日発見した場合，その登記原因が仮登記の登記原因と相関連し登記上利害の関係を有する第三者がいない限り，所有権移転の登記を仮登記に基づく所有権移転の本登記として移記する更正の登記の申請はできないかということである。

　このケースは，売買による所有権移転請求権保全の仮登記がなされている不動産について売買の本契約が成立し，その仮登記に基づく本登記を申請するに際して，当該申請書に仮登記に基づく本登記である旨の記載を欠いたため，新たな順位番号をもって所有権移転の登記がなされた場合に，登記上利害の関係を有する第三者が存しないときは，その登記を仮登記に基づく本登記にする更正登記，すなわち仮登記をしたときに設けた余白に移転する更正の登記を申請することができるかどうかという問題である。

　この仮登記は不登法105条（旧不登法2条）の規定によって認められるものであり，その目的とするところは，仮登記に基づきなされた本登記の順位を保全するため，この本登記の順位をあらかじめ確保し，他の第三者の権利が登記上出現しても，自己の権利を保全しようとするためのものである。

　問題意識としては，この場合，利害関係人（仮登記後に権利を取得した第三者）がいないので，仮登記の余白にこのような登記を移記する更正の登記を認めたとしても，権利関係には何ら影響がないので，このような更正の登記申請を認めても差し支えないのではないかということで，照会がされたものと推測される。

第8　共有の登記とその更正

　このケースの場合，極めて重要な意味をもっている登記の目的として「年月日受付第何号の所有権請求権保全の仮登記に基づく所有権移転の本登記」と記載すべきを，誤って，「所有権移転の登記」と記載した結果このような事態を生じたものであるから，登記の目的（内容）がこのように明確に異なる以上，やはり更正の登記の範囲を超えていると解さざるを得ないと考えられる（昭和36年3月31日民事甲773号民事局長回答・登記研究164号25頁）。

36 単独相続の登記を共同相続の登記に更正する登記申請と登記原因証明情報

　甲から乙への相続による所有権移転登記がされている不動産について，その所有者を乙及び丙とする所有権の更正の登記を申請する場合の登記原因証明情報の内容が問題となる。

　不動産に関する所有権の得喪変更を第三者に対抗するためには登記を必要とし（同法177条），その所有形態が単有（単独所有）である場合と共有である場合（同法249条以下）である場合とを問わない。したがって，単独相続による所有権の登記を共同相続による所有権の登記に更正する場合には，登記原因は錯誤とし，登記原因証明情報として共同相続があったことを証する情報を提供する必要がある（登記研究775号139頁）。

　また，数人の所有名義に共同相続の登記をした後，そのうちの一部の者が相続人でなかった，例えば，甲，乙の名義に共同相続の登記をしたが，乙が相続開始前に既に死亡していた場合，乙が失踪宣告により相続開始前に死亡したものとみなされた場合，甲が胎児を含めて共同相続の登記をした後その胎児が死体で生まれた場合（明治31年10月19日民刑1406号民刑局長回答，昭和29年6月15日民事甲1188号民事局長回答）には，先になされた共同相続の登記を甲の単独所有名義にする登記の更正をすることができると解される。

　さらに，数人の共有名義に共同相続の登記をした後，そのうちの一部の者が権利者でなかったとき，例えば，甲，乙共同相続の登記をしたが，乙が被相続人から生前に相続分を超える財産の贈与を受けていて相続開始当時相続

244

分を受けることができなかった場合，乙が民法891条に該当する相続の欠格者である場合，乙が推定相続人を廃除された者である場合，その他乙が共同相続人でなかった場合には，やはり，その共同相続の登記を甲の単独所有名義にする相続登記の更正をすることができるものと解され，また，甲，乙の共同相続の登記をした後，乙が相続の放棄（民法915条）をした場合にも，甲，乙の共同相続の登記を甲の単独所有名義にする登記の更正をすることができると解される。

　放棄に関しては，民法の一部を改正する法律（昭和37年3月29日法律第40号，昭和37年7月1日施行）により，民法939条の規定が改正され，改正後の同条は，「相続の放棄をした者は，その相続に関しては，初めから相続人とならなかったものとみなす。」と規定された（改正前は「第1項放棄は，相続開始の時にさかのぼって効力を生ずる。第2項数人の相続人がある場合において，その1人が放棄したときは，その相続分は，他の相続人の相続分に応じてこれに帰属する。」と規定されていたので，たとえば，配偶者と3人の子供が相続人である場合に，子の1人が放棄したとき，その子の相続分は他の子供のみに帰属するのか，それとも配偶者にも帰属するのかについて見解が対立していた。しかし，改正により，放棄者はその相続に関し初めから相続人とならなかったものとされたので，この場合は，相続人としての子の数が当初から2人であったにすぎないことになり，配偶者の相続分には変化がないことが明らかになった。）ので，この改正法律の施行後に，相続の放棄をした者は相続開始の時期が改正法律の施行の前後にかかわらず，相続人とならなかったことになり（昭和37年6月15日民事甲第1606号民事局長通達），甲，乙の共有名義に相続の登記をした後，乙が改正法律施行後に相続の放棄をしたときは，甲の単独所有名義とする登記の更正をすることができると解される。

　しかし，昭和37年の改正法律前においては，前述のごとく，甲，乙が共同相続の登記をした後，乙が相続を放棄をしたときは，「放棄は，相続開始の時にさかのぼってその効力を生ずる。」のであるが（昭和33年4月15日法律第62号，民法939条1項），その相続分は，他の相続人の相続分に応じてこれに帰属する（すなわち，移転する）ことになり，その相続登記は誤ってされたものではないので，乙の持分の甲への移転登記をすべきものとされていた（昭和26

第8　共有の登記とその更正

年12月 4 日民事甲2268号民事局長通達，昭和33年 4 月15日民事甲771号民事局長心得回答）。この考え方は，改正法律施行前に既に相続の放棄がされていたものについては，改正法律の施行後においても変りがないとされた（前掲昭和37年 6 月15日民事甲1606号の第 4 ）。

　もっとも，甲，乙の共有名義に相続の登記をした場合において，既に乙が相続の放棄をしていたときには，乙は当該不動産の所有権（共有権）をもっていなかったのであるから，この場合は，その共同相続の登記を甲の単独所有権名義にする更正の登記をすることができると解されること前述のとおりである。

　更にまた，共同相続の登記をした後，遺産分割の協議が成立したときは，「遺産分割は，相続開始の時にさかのぼってその効力を生ずる」（民法909条）が，その共同相続により一旦共同相続人の共有に属したのであり，従って，この共同相続の登記は，実体上の権利関係に符合した登記であるので，共同相続人の申請により，持分移転の登記をすることになる（昭和28年 8 月10日民事甲1392号民事局長電報回答，昭和36年 1 月17日民事甲106号民事局長回答）。

　しかし，共同相続の登記をした時，既に当該不動産を共同相続人中の 1 人，甲の単独取得者とする遺産分割の協議が成立していた場合には，その共同相続の登記を甲の単独所有名義とする更正の登記をすることができる。

　現時点においては，単独所有名義の相続の登記がされている場合，これを他の共有者（共同相続人）との共有名義にする更正の登記をすることもでき，また，反対に数人の所有名義の共同相続登記がなされている場合に，これをその一部の者（相続人）の所有名義にする更正の登記をすることも可能であるとされている。

　このように更正の登記を認容している理由としては，既になされた相続の登記は，実体上の権利関係と完全には符合しないけれども，一部分は実体上の権利状態と符合しているので，この実体上の真実の権利状態が存する限度において（すなわち，全部符合していなくても，一部分が符合しているときは），その相続の登記を有効と解すべきではないかと考えられるからである。

　例えば，甲，乙（それぞれ相続分 2 分の 1 ）が共同相続したにもかかわらず，

246

甲の単独所有名義に相続の登記がなされているときは，少くとも，甲の持分
２分の１の限度において実体上の権利状態と符合しているのであり，しかも，
もし，その相続登記の抹消をするときは，甲の持分２分の１について具備し
た対抗力を失わせる結果となり，また，乙が単独相続したにもかかわらず，
甲，乙（それぞれ持分２分の１）の共有名義に相続の登記がなされている場合
には，乙の所有権の一部，すなわち２分の１については，真実の権利状態と
符合しているのであって，もし，その共同相続の登記を抹消して改めて甲の
単独所有とする相続の登記をすべきものとすれば，一旦乙の所有権の一部
（２分の１）について具備した対抗力をも喪失させることになるからであり，
しかも，登記の更正は，既存の登記の一部抹消も包含すると解されるからで
ある[62]。

37 単有名義の不動産について抵当権設定後共有名義に更正登記がなされた場合の抵当権の効力（昭和35年10月４日民事甲2493号民事局長事務代理通達）

　特別受益がある旨の証明書を添付して甲単独名義にした相続登記は錯誤で
あって，遺産分割協議により，甲，乙，丙で共同相続すべきものであったと
して当該相続登記の更正登記が付記登記でされた場合，この不動産について
更正登記前に甲が単独名義でした抵当権設定登記の抵当権の効力は，当該不
動産全部に及んでいるので，甲，乙，丙の共同所有名義に更正された場合で
も，抵当権の効力は，直ちに甲の持分のみに限定されないとする考え方と，
甲，乙，丙の共同相続人名義に更正登記がされたときは，抵当権の効力は甲
の持分のみに限定されるとする考え方があるが，前記更正登記が抵当権者の
承諾書を添付（提供）して付記登記でされた場合には，抵当権の効力は甲の
持分のみに限定されると解される（登記研究156号33頁・登記先例解説集追加編Ⅲ
321頁）。

62）桜井正三郎「相続登記の更正について(1)」登記研究183号33頁

第8 共有の登記とその更正

38 仮登記の本登記申請と仮登記原因日付の更正の要否

農地法の許可を条件とした所有権移転の仮登記の本登記申請の際に，仮登記の登記原因日付につき誤りがあることが発見された場合，その登記原因の日付が所有権移転の効力が生じた日（農地法の許可の日）以前であるときは，仮登記の原因日付の更正は省略して差し支えないとされる（登記研究371号78頁）。仮登記に基づいて行われた本登記の順位は，仮登記の順位による（不登法106条）が，農地の場合は許可の日が基準となると解されるからである。

39 共有所有権の更正の登記とその態様

共有に関する所有権の更正の登記は，前述のごとく，所有権の登記の性質上付記登記によってなされる（主登記による所有権の更正の登記はあり得ないのであって，第三者の一部の者に対してその更正後の所有権を対抗できるが，その他の第三者に対しては対抗することができないというような相対的な効力の所有権はあり得ないと解される。）[63] が，その態様としては次のようなものが考えられる。

(1) 単有のAからB，Cへの共有の所有権移転登記のB，Cの持分の更正

例えば，A単有の所有権がB，Cに譲渡され，そのB，Cの持分の登記に誤りがある場合，例えばBの持分3分の2，Cの持分3分の1とすべきを誤って，B，Cいずれも2分の1と登記されたような場合である。この場合には，Bが登記権利者，Cが登記義務者としてその共同申請により所有権の持分の更正の付記登記を申請することになる。この場合，Aは，B，Cの持分に関しては，何ら関与していないので，Aは申請人とならない。

(2) A単有の所有権の一部のBへの移転登記が誤ってB単有の登記がされた場合の更正

例えば，A単有の所有権の一部3分の2をBに譲渡したのを誤って所有権全部のBへの移転の登記がされた場合，Aが登記権利者，Bが登記義務者と

---

63) 香川保一「共有に関する登記の諸問題」登記研究608号9頁

してその共同申請によりBへの所有権移転の登記の目的を所有権の一部の移転の登記とし，Bの持分を3分の2とする所有権の更正の登記をすることになる。この場合，Bの単有の所有権を目的とするCの抵当権その他の権利に関する登記又は仮登記がされているときは，Cはこの更正の登記の登記上の利害関係人に該当し，その承諾を証する情報を提供しなければならない。この場合，Bの所有権の移転の登記を抹消することは，Bの実体上有効に取得している所有権の3分の2に関する対抗力を失わせることになり，不都合であるから，所有権の一部移転の登記とする更正の登記によるべきである。この場合，Bの単独の所有権を目的とするCの抵当権その他の権利に関する登記又は仮登記がされているときは，Cは，上記更正の登記の登記上の利害関係人に該当し，その承諾を証する情報を提供しなければならない。

なお，「ABの共有に属する不動産につき，ABCを共有者とする所有権保存登記がされている場合における，AのCに対する前記登記のうちCの持分に関する部分の抹消登記手続請求は，更正登記手続を求める趣旨を含む。ABの共有に属する不動産につき，ABCを共有者とする所有権保存登記がされている場合において，Aは，Cに対し，Aの持分についての更正登記手続を求めることができるにとどまり，Bの持分について更正登記手続を求めることはできない」（最判平成22年4月20日判時2078号22頁）としている。また，「遺贈の対象の不動産についてなされた共同相続の登記について，遺留分減殺請求による持分の相続登記にこれを更正することはできない。」（最判平成12年5月30日判時1724号45頁）としている。この場合は，遺留分減殺という新たな物権変動原因に基づくものであるからであると解される。

(3) **A単有の所有権のB，Cへの移転登記を誤ってB単有の登記がされた場合**

A単有の所有権をB，Cの共有として譲渡したが，誤ってBへの単独の所有権の移転の登記がされた場合は，Cを登記権利者とし，AとBを登記義務者として，B単有の登記をBとCの共有とする所有権の更正の登記を申請することになる。この場合，更正前のBの単有の所有権を目的とする第三者の権利に関する登記又は仮登記がされているときは，更正登記の申請書に登記

第8　共有の登記とその更正

上の利害関係人としてその第三者の承諾を証する情報を提供する。

⑷　単有のＡからＢへの所有権移転の登記を誤ってＡからＢ，Ｃへの所有権移転の登記がされた場合

この場合，Ｂの所有権（一部）の移転の登記は有効であるから，Ｂ，Ｃへの移転の登記を更正して，Ｂ単有とする所有権の更正の登記をするのが相当であり，この場合はＢが登記権利者，Ａ及びＣが登記義務者として申請する。

なお，更正前のＣの共有持分を目的とするＤの抵当権その他の権利の登記又は仮登記がされている場合は，この更正登記はＣの持分を抹消する登記にほかならないから，登記上の利害関係人としてＣの承諾を証する情報を提供する。

⑸　Ａ，Ｂ共有の所有権のＡの持分全部のＣへの移転の登記をすべきを誤って，Ａ，Ｂの持分全部のＣへの移転の登記がされた場合

ＡＢ共有の不動産について，Ａの持分の全部をＣに移転する登記をすべきものを誤って，Ａの持分及びＢの持分の全部のＣへの移転の登記がされた場合は，Ｂの持分の全部の移転の登記の部分は無効であるので，実質的にその部分を抹消する意味における所有権の更正登記をすることになる。

この登記はＡ，Ｂの各持分の全部のＣへの一つの移転の登記としてされているので，当該不動産を共有者全員（Ａ，Ｂ）が合同して売却等の処分ができるものと解することができると解される。そうすると登記を是正する方法として，Ｂを登記権利者，Ｃを登記義務者として所有権の更正の登記をする。この場合には，登記の目的（「所有権移転」）を更正して「Ａ持分全部移転」とし，登記原因を錯誤として，Ｃの取得持分を「何分の何」（Ａの持分相当）とする所有権の更正の登記（付記登記）をする。丙の所有権の移転の登記中，Ａの持分の移転部分は有効であるから，その全部の登記を抹消することは，その対抗力を失わせることになって不合理であるからである[64]。

⑹　相続登記の更正

相続による不動産の所有権又は被相続人の共有持分の移転の登記がされた

64）前掲（注63）香川16頁

場合において，その共同相続人の登記された持分（相続分）に誤りがあるとき，法定相続人全員の相続登記がされたが，遺産分割により又は寄与分として共同相続人の一人が当該所有権又は共有持分を取得したとき，相続人として取得した者を遺漏したとき又は相続放棄者若しくは特別受益により相続しなかった者を相続人として登記したとき等には，その相続登記を更正することができる。この場合，誤った相続分を是正し，相続人（登記権利者）を追加し若しくは削除し又はそれに応じて相続分（持分）を更正することになる。そして，その更正の登記は，その登記をすることによって登記上不利益を受ける者を登記義務者，登記上利益を受ける者を登記権利者としての共同申請による。

40 更正登記の手続

　A所有不動産について，AからB，Cにそれぞれ2分の1ずつ所有権を移転したにもかかわらず，AからBへの所有権移転の登記がされた場合，Bの単独の所有権移転の登記は，Bの取得持分2分の1を超える部分については無効であって，その登記を実体に合致させるための登記として，Bの登記をB，Cの持分2分の1ずつの登記に更正することになるが，この登記を妨害排除請求としてCがBに対して更正登記の請求をすることができると解される[65]。そして，Aは，Cに対して所有権の2分の1を譲渡しているので，Aは実体関係に合致させるために，この登記をする義務を負うべきであると考えられる。登記先例（昭和40年8月26日民事甲2429号民事局長回答・登記研究215号54頁）も，「甲から乙への売買による所有権移転登記を乙・丙共有名義への移転登記に更正する場合の登記義務者は甲と乙である。」としている。つまり，甲から乙への所有権移転登記につき，錯誤を原因として，乙及び丙の共有名義とする更正の登記を申請するについては，乙のみを登記義務者とする取扱いは許されないということである。

65）石原明「共有に関する所有権の更正の登記の疑問点について」登記研究807号169頁

第8　共有の登記とその更正

　なお，旧不登法においては，権利の更正の場合，更正を証する書面の提供
の規定はなかったが，現不登法においては，登記原因証明情報を提供するこ
ととされている（登記令別表25項添付情報欄）。

　ところで，甲単独の所有権移転の登記を甲乙共有の所有権移転登記に更正
する登記は，実質的には，甲の所有権の一部抹消であるから，旧不登法146
条及び147条（現不登法67条及び68条）の規定が適用されるべきであり，した
がって，例えば，甲単独所有権を目的とした抵当権設定の登記がされている
ような場合には，その抵当権者は，登記上の利害関係人に該当することとな
り，更正登記の申請書には，その者の抹消についての承諾書の提供が必須要
件となる。一方権利の更正登記は，旧不登法66条及び56条（現不登法66条）の
規定により，登記上の利害関係人が存在する場合にはその者の承諾を証する
情報の提供があるときは付記登記により更正登記がされる。

　ちなみに，昭和37年6月28日民事甲1717号民事局長通達（登記研究177号50
頁）は，「乙，丙共同相続による所有権保存登記をし，次いで丁のために抵
当権の設定登記をした後，乙に遺産全部を包括遺贈する旨の遺言書が発見さ
れ，当該遺言により乙が所有権全部を取得する登記手続として，乙及び丙の
申請により乙及び丙の所有権保存の登記を乙単独の所有名義とする更正の登
記をすることができる。なお，抵当権者丁の承諾書を添付して付記登記でな
された場合には，職権で当該抵当権の更正登記をすべきである。」としてい
る。

　「登記の更正」は，「更正の登記」よりも広い概念であり，登記事項の全部
に遺漏があった場合や，申請に係る不動産以外の不動産について誤って登記
をしてしまった場合にも，登記の更正は認められる。例えば，A，B2筆の
土地について所有権移転の登記をすべき場合に，誤ってB地について記載を
遺漏した場合や，A地にすべき登記を誤ってB地にしてしまった場合にも登
記の更正をすることができる（昭和32年8月3日民事甲1454号民事局長通達・登記
研究118号28頁，昭和36年8月14日民事甲2030号民事局長回答・登記研究168号27頁）。

　なお，所有権の更正の登記（登記原因の更正，単有名義を共有名義にする所有権
の更正の登記等）は，必ず付記登記である（平成28年6月8日民二第386号民事局長

252

通達238・239[66]）

41 抵当権の更正登記と登記権利者及び登記義務者

　甲単独名義でなされた（根）抵当権設定登記を甲・乙共有名義に更正する場合の登記権利者は新たに加入する抵当権者乙であり，登記義務者は設定者及び従前の抵当権者甲である。（質疑応答6785・登記研究466号113頁）。

66）前掲（注21）石原172頁

第9　共同（共有）所有権の移転等とその登記の態様

第9　共同（共有）所有権の移転等とその登記の態様

1　第1順位の相続人の相続登記とその後の相続人全員の相続放棄

　第1順位の相続人のために相続による所有権の移転の登記がされた後，その相続人全員が相続放棄をした場合，第2順位の相続人がその不動産を相続するが，その放棄者のためにされた相続登記を第2順位の相続登記に更正することはできず，その登記を抹消した上，第2順位の相続人のために改めて相続登記をする必要がある。

2　遺産分割と異なる相続による所有権移転登記

　遺産分割の結果と異なる相続による所有権の移転の登記がされた場合，その相続登記を遺産分割の結果に相応するように更正の登記をすることができるが，その相続登記を受けた者が全て遺産分割によりその不動産の全部又は一部を取得しなかった場合には，その登記を全て抹消すべきであって，その更正の登記はできない。

3　再転相続と相続財産の共有

(1)　遺産分割協議証明書

　父であるAが死亡し，妻Bと子CがAを相続したが，BC間での遺産分割未了のままBが死亡し，子CがBを相続した。そこで，子CがA名義の不動産につき，子CがAから直接権利を取得した旨が記載された遺産処分決定書を提供して，AからCへの共有持分全部移転登記申請ができるか否かが問題となる。

東京高判平成26年9月30日は，上記Aから直接権利を取得した旨が記載された遺産処分決定書を添付し，AからCへの共有持分全部移転登記申請は，不動産登記法61条所定の登記原因を証する情報の提供がないとして不登法25条9号に基づき却下している[1]。

この点については，Cは，母Bの死亡後も，Bの1次相続（夫の相続）による相続人としての地位とC個有の相続人としての地位を併有しており，遺産共有状態は実質的には継続していたと主張する。

Cは，2次相続により相続したBの相続分とC固有の相続分とを合わせて，Cが各共有持分を全て単独で取得する旨の遺産処分決定を行い，これにより，各共有持分の遺産共有状態が解消され，Cが各共有持分を全部相続するとする。

そして，遺産分割の協議，調停又は審判の申立てができる法的地位は相続の対象となるのであるから，2次相続の結果，相続人が1人となった場合においても，遺産分割（遺産処分決定）を行うことは可能であるとし，2次相続により相続人が取得した1次相続の未分割遺産について，きょうだいがいる場合には，遺産分割協議が認められており，この場合と相続人が一人っ子の場合とで，包括承継する権利の性質が異なるのは不合理であるとする[2]。

これに対し，判決（要旨）は，遺産処分決定の可否につき，民法は，相続が死亡によって開始し（民法882条），相続人は相続開始の被相続人の財産に属した一切の権利義務を承継すること（同法896条），相続人が数人あるときは，相続財産が共同相続人の共有に属すること（同法898条）を規定しており，相続人が1人である場合においては当該相続人が，相続開始（被相続人の死亡）時に，被相続人の相続財産を承継するもの解される。

そうである以上，Cは，2次相続の開始（Bの死亡）時においてBの遺産を取得しており，Cが2次相続の開始後，既に自己に帰属しているBの遺産（Aの遺産に対する相続分）を，改めて自己に帰属させる旨の意思表示を観念する余地はなく，Cの主張する遺産処分決定は，法的に無意味なものといわざ

1）民事研修691号29頁

2）前掲（注1）32頁

255

第9　共同（共有）所有権の移転等とその登記の態様

るを得ない。Bの死亡による２次相続の開始時にAの遺産に係る遺産共有状態は解消されており，Cが，Bの死亡後において，Bの１次相続における相続人としての地位と，C個有の相続人としての地位を併有しているということもできない。遺産分割は複数の相続人（共同相続人）の存在が当然の前提とされており，単独の相続人による遺産分割は認められない。Cは，２次相続によって取得した１次相続の未分割遺産について，相続人が一人っ子の場合ときょうだいがいる場合とで，包括承継する権利の性質が変わることは不合理であるとするが，きょうだいがいる場合は遺産分割等があるまでは１次相続の未分割遺産状態が解消されないのに対し，一人っ子の場合には２次相続によって１次相続の未分割遺産状態が解消されているので，共有状態が解消されている以上，遺産分割の余地はないと解さざるを得ないと考えられる[3]。

　なお，遺産分割の協議後に他の相続人が死亡して当該協議の証明者が１人となった場合における相続による所有権の移転の登記の可否については，平成28年３月２日民二153号民事局民事第二課長回答があり，BとCの間でCが単独でAの遺産を取得する旨のAの遺産の分割の協議が行われた後にBが死亡したときは，遺産の分割の協議は要式行為ではないことから，Bの生前にBとCの間で遺産分割協議書が作成されていなくとも当該協議は有効であり，また，Cは，当該協議の内容を証明することができる唯一の相続人であるから，当該協議の内容を明記してCがBの死後に作成した遺産分割協議証明書は，登記原因証明情報としての適格性を有し，これがCの印鑑証明書とともに提供されたときは，相続による所有権の移転の登記の申請に係る登記をすることができるとしている。

　ただ，当該遺産分割協議証明書については，登記権利者であるC１人による証明であるから，相続を証する登記原因証明情報としての適格性（不動産登記令別表の22の項添付情報欄）を有しているかという疑問もある。

　権利に関する登記を申請する場合には，申請人は，原則として登記原因証明情報を提供する必要がある（不登法61条）。登記原因証明情報というのは，

3）前掲（注１）34頁

既に考察してきたところであるが，申請に係る「登記の原因となる事実又は
法律行為」及びこれに基づき現に権利変動等の登記を申請すべき原因が生じ
たことを明らかにする情報であり，相続を原因とする権利の移転の登記の登
記原因証明情報は，相続があったという事実を証する情報である。そこで，
相続による権利の移転の登記の申請をするときは，⒤相続を証する市町村長
その他の公務員が職務上作成した情報（公務員が職務上作成した情報がない場合に
あっては，これに代わるべき情報）及び⒤⒤その他の登記原因を証する情報を提供
しなければならない（不登登記令7条，別表の22の項添付情報欄）とされ，⒤の情
報としては被相続人の除籍・戸籍謄本等が，⒤⒤の情報としては被相続人が作
成した遺言書，共同相続人が作成した遺産分割協議書，相続人が作成した相
続分なきことの証明書等が該当する[4]。

　登記原因証明情報は，登記の申請に係る権利変動が有効に成立しているこ
とを書面により審査し得るものでなければならず，通常は，登記義務者が作
成することにより登記の真実性の確保が図られることになると考えられるが，
この再転相続の場合には，登記権利者であるＣが遺産分割協議書を作成して
いる。そこで，当該遺産分割協議証明書が登記原因証明情報としての適格性
を有しているかどうかが問題となる。

　ところで，前述した再転相続の場合において，Ｂの生前にＢＣ間において，
Ａの相続につき遺産分割協議が行われていた場合には，当該協議は，実体法
上有効に成立し，このことは，ＢＣ間において遺産分割協議書が作成されて
いなくても同様であることは前述のとおりである。遺産分割協議の方式は，
民法上，特別の方式は要求されておらず，要式行為ではないことから，遺産
分割協議は，共同相続人全員の口頭による合意であっても有効に成立する[5]。
そして，当該協議において，Ａの相続財産をＣが単独で取得するとされた場
合には，実体法上，ＡからＣへ所有権が移転することになる。

4）河合芳光『逐条不動産登記令』198頁，民事月報71巻4号123頁〔金森〕
5）谷口知平・久貴忠彦編『新版注釈民法(27)』補訂版388頁〔伊藤〕，前掲（注4）金森
　125頁

第9　共同（共有）所有権の移転等とその登記の態様

(2)　遺産分割協議証明書と登記原因証明情報としての適格性

　Cのみが作成した遺産分割協議証明書の登記原因証明情報としての適格性が問題となるが，登記実務においては，遺産分割協議の後その協議書を作成しない間に共同相続人の1人に新たな相続が開始した場合には，当該相続人の共同相続人全員が作成した証明書を提供して相続による所有権の移転の登記の申請をすることができる取扱いであり，この取扱い自体は相続人が複数の場合を前提にしていると考えられる。もっとも，遺産分割協議は共同相続人全員の口頭による合意であっても有効であり，遺産分割協議により，実体法上AからCへ所有権が移転しているのであればその権利変動の過程と態様を公示することが不動産登記制度の目的に合致する。

　この場合にBの生前に遺産分割協議書が作成されていないことをもってAからCへの直接の所有権の移転の登記をすることができないとすると，Cとしては A死亡による B及びCへの相続を登記原因とする所有権の移転の登記をせざるを得ないことになるが，そうすると実体法上の物権変動とは異なる内容を公示することになり，相当ではないと考えられる。

　遺産分割協議証明書は，過去に行った遺産分割協議の事実を証明するものであり，当該事実を証明することができるのは，当該協議に参加した相続人のみであると考えられる。そうなると登記申請時点においては相続人が1人であっても，実際に遺産分割が行われた時点においては相続人の1人として遺産分割協議に参加し，その相続人が相続人全員による遺産分割協議の内容を遺産分割協議証明書として作成したものであるから，当該相続人の作成に係る遺産分割協議証明書は登記原因証明情報になると解される[6]。この場合，もし，その相続人が事実と異なった証明書を作成するということになると公正証書原本不実記載の問題になると考えられる[7]。

　なお，ここまで考察をしてきたのは，遺産分割に絡む登記原因証明情報についてであるが，類似の考え方で処理されているものとして，相続分なきこ

6）前掲（注4）金森126頁
7）塩崎勤「登記原因の売買を贈与と偽って土地所有権移転の登記申請をした場合と公正証書原本不実記載罪の成否（判例解説）」登記インターネット3巻7号114頁

4　相続登記の抹消と「委任の終了」による登記

との証明書（特別受益証明書）がある。

　所有権の登記名義人であるＡが死亡し，Ａの法定相続人Ｂ（Ａの配偶者）及びＣ（ＡＢ間の子）のみがある場合において，Ａから生計の資本として生前贈与を受けていたＢが死亡し，Ｃのみが作成したＢの相続分がなきことの証明書（民法903条2項），いわゆる「特別受益証明書」を提供して申請がなされた場合，登記実務においては，被相続人甲の相続について，特別受益者である乙が相続登記前に死亡した場合には，乙の相続人全員（丙，丁，戊）が作成した乙の特別受益証明書を提供して被相続人甲の相続による所有権の移転の登記をすることができる。この場合，丙，丁，戊は，甲及び乙の相続人としての立場を併有しているが，乙の特別受益証明書は，甲の相続人としてではなく，乙の包括承継人として提供するものであるから，許容されるものと考えられる。この場合，ＣはＢの包括承継人として，ＢがＡから生計の資本として生前贈与を受けており，ＢはＡの相続分を受けることができないことを証明するものであり，上記再転相続の場合との相違点は，相続人が単数か複数かという点にすぎないことから，Ｃが作成したＢの特別受益証明書を提供して申請することができるものと解される[8]。

4　相続登記の抹消と「委任の終了」による登記

　法人格のない社団の代表者名義で登記されている不動産について，その代表者が死亡したことにより相続人名義に所有権移転の登記がされている場合において，相続開始後に新代表者が就任して新代表者名義に是正する方法としては，まず，相続登記を抹消し，その後，死亡した旧代表者の相続人全員が登記義務者，新代表者が登記権利者となって「委任の終了」を登記原因として所有権移転の登記をするのが相当である（登記研究518号116頁）。

　そして，委任の終了による登記と相続登記の抹消については，いわゆる権利能力なき社団の代表者名義の不動産について，同社団の代表者が死亡して

8）前掲（注4）金森128頁

259

第9　共同（共有）所有権の移転等とその登記の態様

その相続登記がされている場合において，「委任の終了」を登記原因として新代表者への所有権移転登記の申請をするときは，相続登記の抹消をする必要がある（登記研究550号181頁）。

　法人格なき社団の代表者名義の不動産について，同社団の代表者が死亡した場合の新代表者への変更の登記は亡代表者の相続人と新代表者の共同申請による所有権移転登記の方法によるのが相当である（登記研究476号139頁）。

5　現在の登記名義人の相続人全員からの地縁団体名義への所有権移転の登記

　権利能力なき社団の代表者の個人名義で所有権の登記がされている不動産につき，代表者の死亡後に，当該社団が地方自治法260条の2第1項の認可を受けて法人格を取得した場合には，現在の登記名義人の相続人全員を登記義務者とし，登記原因を「委任の終了」，その日付を認可のあった日として，直接法人格取得後の地縁団体名義へ所有権移転の登記をすることができる（登記研究563号127頁）。

6　地縁団体が認可を受ける前の売買による地縁団体名義（地方自治法260条の39第2項）への所有権移転登記の可否

　地縁団体が認可を受ける前に売買等により取得した不動産については，その売主等から直接認可地縁団体名義に売買等による所有権移転の登記をすることができるが，地方自治法260条の39第2項の規定による所有権移転の登記をすることはできない（登記研究817号187頁）。地方自治法260条の39第2項は不登法60条の規定（権利に関する登記の申請は法令に別段の定めがある場合を除き，登記権利者及び登記義務者が共同してしなければならない。）にかかわらず，前条（地方自治法260条の38）4項に規定する証する情報を提供された認可地縁団体が申請情報と併せて当該証する情報（当該市町村長が地方自治法260条の38第2項の規定による公告をしたこと及び登記関係者等が同項の期間内（3か月を下ってはならな

260

い。）に異議を述べなかったことを証する情報）を登記所に提供するときは，当該
地縁団体のみで当該証する情報に係る不動産の所有権の移転の登記を申請す
ることができる。

7 登記原因「委任の終了」とその日付及び提供情報

①　前述のごとく，法人格のない社団の登記名義人である代表者が変更し
た場合には，「委任の終了」を登記原因として所有権移転登記をすべきであ
る（登記研究312号67頁）。

②　構成員全員の名義で登記されている法人格のない社団の所有する不動
産について，新たに選任された同社団の代表者名義に所有権移転登記をする
場合の登記原因の記載は，「委任の終了」とするのが相当である（登記研究539
号153頁）。

③　法人格のない社団の代表者が死亡し，新たに代表者が選任された場合
に，旧代表者名義になっている社団所有の不動産を，新代表者名義にするに
は，新代表者を登記権利者，旧代表者の相続人を登記義務者として所有権移
転登記をする。この場合の登記原因は「委任の終了」であり，その日付は前
代表者が死亡した日ではなく，新代表者が就任した日である（登記研究239号
75頁，登記研究573号124頁）。法人格なき社団の代表者が更迭した場合の登記原
因の日付は，新代表者が就任した日を記載する（登記研究450号127頁）。

④　権利能力なき社団の代表者が死亡し，その後新たに代表者が選任され
た場合に，代表者の変更に基づく所有権移転の登記原因及びその日付は，新
たに代表者が選任された日をもって「委任の終了」とすべきである（登記研
究573号124頁）。

⑤　「委任の終了」を登記原因とする所有権移転登記申請と提供情報につ
いては，「委任の終了」を登記原因とする所有権移転登記申請書には，当該
社団の規約・総会議事録の提供を必要としない（登記研究449号88頁）。

第9　共同（共有）所有権の移転等とその登記の態様

8　権利能力なき社団と共有名義

①　共有名義で登記されている不動産につき，共有者の1人から認可地縁団体への登記原因を「委任の終了」とする持分全部移転の登記を申請することができる（登記研究581号145頁）。

②　代表者ABCの共有名義から代表者D名義への所有権（持分権）移転登記申請と農地法の所定の許可書提供の要否

法人格なき社団の代表者であるA，B，Cの共有名義となっている農地につき，「委任の終了」を登記原因として，代表者Dに所有権移転の登記を申請する場合には，農地法所定の許可書の提供は必要ではない（登記研究435号116頁）。

③　権利能力なき社団の代表者の個人名義として所有権の登記がされている不動産について，他の構成員に対し共有物分割を登記原因として所有権の移転登記をすることはできない（登記研究403号78頁）

つまり，権利能力なき社団Aがその登記名義をAの代表者Bの個人名義として所有権の登記をしている場合において，Aの構成員であるCに対し，登記原因を「年月日共有物分割」として所有権移転の登記をすることはできない。この不動産は権利能力なき社団の財産であり，ただ単に名義を代表者の個人名義にしているにすぎないと解されるので，社団の構成員であるCは，その不動産の共有者の1人として共有物分割の当事者にはなり得ないと考えられる。

9　権利能力なき社団と包括遺贈

(1)　法人格の取得

包括受遺者の法的地位はおおむね相続人のそれに類似している。民法990条は，「包括受遺者は，相続人と同一の権利義務を有する。」と規定し，判例も「包括受遺者は，相続人と同一の権利義務を有するから，相続開始後に受遺者が包括遺贈に係る不動産の一部を売却したときは，単純承認が擬制され，

その後の包括遺贈の放棄をすることはできない。」と判示している（大阪家審昭和43年 1 月17日家月20巻 8 号79頁）。

しかし，包括受遺者はあくまで相続人ではないので，法人は相続人にはなり得ないが，包括受遺者になることはできる。いわゆる権利能力のない社団や財団も代表者や財産管理人がはっきりしていれば包括受遺者になることができると考えられるが，受贈物が不動産である場合の登記名義は代表者の個人名義でするか，全員の共有名義ですることになる（昭和28年12月24日民事甲2523号民事局長回答，昭和36年 7 月21日民三発625号民事局第三課長回答，最判昭和39年10月15日民集18巻 8 号1671頁，最判昭和47年 6 月 2 日民集26巻 5 号957頁）。そうしなければ，代表者の個人財産との区別ができず，相続の際にトラブルが生じることがあるなど問題が生じていた。

そこでこの問題を解消するため，地方自治法の一部を改正する法律（平成3 年法律第24号）により，一定の要件を満たした地縁団体に権利能力が与えられ（地方自治法260条の 2 第 1 項及び第 2 項），団体名義での登記が可能となったが，実際にその地縁団体が団体名義に所有権の保存又は移転の登記をしようとしても，当該地縁団体の構成員全員の共有名義となっていることがあるから，登記名義人が多数に上ること，また，その所在が不明であるなどの事情から，その協力を得ることが困難であるなど，実質的にはなかなか登記ができないという問題が生じていた。

そこで再びこの問題を解消するため，地方自治法の一部を改正する法律（平成26年法律第42号）により，不動産登記申請の特例（地方自治法260条の39）が設けられ，一定の手続（同法260条の38）を経て地縁団体が単独で登記を申請することができるようになった（平成27年 4 月 1 日施行）。

このように町内会や自治会といった地域的な共同活動を行っている団体は，「地縁団体」と呼ばれているが，この地縁団体は，いわゆる「権利能力なき社団」に該当するため，前述のごとく，かつてはその団体の所有する不動産について団体名義で登記することができなかったのであるが，前述したように，平成 3 年の地方自治法の改正により，法人格を取得することができるようになり，法人格を取得した地縁団体を「認可地縁団体」といい，認可地縁

第9　共同（共有）所有権の移転等とその登記の態様

団体が所有する不動産について，一定の手続を踏むことにより認可地縁団体名義で登記をすることが可能になっているわけである。

　例えば，かなり古くからある町内会で，集会所の土地と建物は町内会のものであるが，その所有権の登記名義人は，戦前における町内会の構成員の方々の共有として登記されているような場合において，その土地と建物を町内会名義にしたいというような場合，これらの不動産を町内会名義にするためには，まず法人格を取得し，認可地縁団体（法人格を取得した地縁団体）が所有する不動産として団体名義で登記することができる（地方自治法260条の2第1項，5項）。そして，「認可地縁団体」は法人格を有することから，認可地縁団体名義での不動産の登記が可能となる。

　ところが，町内会が「認可地縁団体」としての町内会名義にするためには，登記名義人となっている人の意思を確認する必要があるが，登記名義人となっている人は，戦前の頃に町内会の構成員だった方が多く，既に亡くなっている方も多数であり現在どこにいるかも分からない方が多いといった状況が考えられる。そうなると，登記名義人となっている方々（構成員全員）の協力を得るということは非常に困難であると考えられる。そこで，不動産登記申請の特例が，その方法として考えられる。

　そこで，特例を受けようとする認可地縁団体は，当該認可地縁団体が不動産の所有権の保存又は移転の登記をすることについて異議のある者等から当該市町村長に対し異議を述べる旨の公告を求める旨を申請することができる。その場合，次の4つの事項を疎明する必要がある（地方自治法260条の38第1項）。まず第1に，当該認可地縁団体が当該不動産を所有していること（1号），第2に，当該認可地縁団体が当該不動産を10年以上所有の意思をもって平穏かつ公然と占有していること（2号），第3に，当該不動産の表題部所有者又は所有権の登記名義人の全てが認可地縁団体の構成員又はかつて当該認可地縁団体の構成員であった者であること（3号），第4に，当該不動産の登記関係者（表題部所有者若しくは所有権の登記名義人又はこれらの相続人）の全部又は一部の所在が知れないこと（4号）を疎明する必要がある。

　そして，以上の公告に係る登記関係者等が異議を述べなかったときは，当

該認可地縁団体が不動産の所有権の保存又は移転の登記をすることについて当該登記関係者の承諾があったものとみなされる（地方自治法260条の38第3項）。

そこで，市町村長は，認可地縁団体が前記要件を満たすことを確認した上で，その申請を相当と認めるときは，一定の期間（3か月を下らない。）を定めて，当該認可地縁団体が公告に係る不動産の所有権の保存又は移転の登記をすることに異議のある登記関係者等は市町村長に対し異議を述べるべき旨の公告をし（地方自治法260条の38第2項），公告期間中に当該公告に係る登記関係者等から異議が述べられなかったときは，当該公告に係る登記をすることについて，当該公告に係る登記関係者の承諾があったものとみなされる（同条3項）。そして，同項によって承諾があったものとみなされた場合，市町村長は公告をしたこと及び登記関係者等が公告期間内に異議を述べなかったことを証する情報（以下「証する情報」という。）を当該認可地縁団体に提供することになる（同条4項）。そして，この「証する情報」を提供することにより，権利に関する登記の共同申請義務を定めた不登法60条の特例として，登記権利者である認可地縁団体が単独で所有権移転の登記を申請することができることになる。

なお，表題登記のみがされている不動産については，「証する情報」を提供することにより，所有権の保存の登記の申請権者を定めた不登法74条1項の特例となり，認可地縁団体が所有権の保存の登記を申請することができる。

登記手続としては，「証する情報」が提供された場合の所有権の移転の登記申請については，登記原因は「委任の終了」，登記原因日付は地方自治法260条の2第1項の市町村長の認可の日となる。登記原因を証する情報は，市町村長が認可地縁団体の認可をしたことを告示した事項に関する証明書（同条第12項の証明書「台帳の写し」）となる（平成27年2月26日民二124号民事局長通達の記第2の2）。同通達は認可地縁団体が所有する一定の要件を満たした不動産の所有権保存登記申請について，地方自治法260条の38の規定により「当該市町村長が公告をしたこと及び登記関係者等が同条第2項の期間内に異議を述べなかったことを証する情報」を提供した場合，当該団体の代表者の資格を証する情報として，同法260条の2第12項の証明書（台帳の写し）に当該

第9 共同（共有）所有権の移転等とその登記の態様

団体の主たる事務所の所在地が記載されているので，これをもって，その住所とする。また，所有権移転登記申請について，登記原因は「委任の終了」，登記原因日付は同条第1項の市町村長の認可の日，登記原因証明情報は，同条第12項の証明書（台帳の写し）である。

なお，「証する情報」が提供された場合の所有権の保存の登記申請については，不動産登記令（平成16年政令第379号）別表の28の項の適用はないため，同項添付情報欄ニの情報は提供されないが，同令7条1項1号の当該法人の代表者の資格を証する情報として提供される「台帳の写し」における認可地縁団体の主たる事務所の所在地をもって，登記名義人となる者の住所を認定するとしている（同通達の記第2の1）[9]。

(2) 権利能力なき社団への遺贈と登記原因証明情報

権利能力なき社団というのは，一般に社団の実体を有していながら法人格のないものをいうが，権利能力なき社団の財産は，実質的には社団を構成する総社員の総有に属するといわれる。

判例は，「権利能力のない社団といい得るためには，団体としての組織をそなえ，多数決の原則が行われ，構成員の変更にもかかわらず団体そのものが存続し，その組織によって代表の方法，総会の運営，財産の管理その他団体としての主要な点が確定しているものでなければならない。」（最判昭和39年10月15日民集18巻8号1671頁）としている。具体例としては，同窓会，学術団体等を挙げることができる。

権利能力なき社団と不動産登記との関係については，権利能力なき社団には法人格がないため，社団名義で登記することはできないとされ（昭和23年6月21日民事甲1897号民事局長回答）。したがって，権利能力なき社団の財産の登記をするに当たっては，当該社団の規約により，財産を代表者名義とする定

9）麻生雪重「地縁団体の所有する不動産について」法務通信786号8頁以下。小野瀬厚「認可地縁団体制度の創設について」民事月報46巻9号7頁，江口幹太「地方自治法の一部を改正する法律の施行に伴う不動産登記事務の取扱いについて」民事月報70巻6号44頁

めがある場合はその代表者個人名義とし，その他の場合は構成員全員の名義
で登記することになる（昭和28年12月24日民事甲2523号民事局長回答）。その理由
としては，権利能力なき社団名義の登記を認めた場合，申請人が果たして実
質的に権利能力なき社団であるかを審査する方法がないので，全て受理せざ
るを得ず，その結果，虚偽の権利能力なき社団名義の登記がなされ，かえっ
て第三者の利益を害するおそれがある（書面審査によるので限界がある）という
ことが挙げられる。

　判例も，社団所有の不動産の登記方法につき，「社団の資産である不動産
は，本来は，構成員の総有に属するものであるが，構成員全員のため信託的
に社団代表者個人の所有とされるものであるから，代表者は自己の名義でそ
の登記をすることができ，代表者が交代したときは，新代表者は旧代表者に
自己の名義に移転登記手続をすることを請求できる」とする（最判昭和47年6
月2日民集26巻5号957頁）。

　ところで，登記手続についてであるが，民法994条は，「遺贈は，遺言者の
死亡以前に受遺者が死亡したときは，その効力は生じない。」と規定されて
いる。本事例においては，遺言により本来登記名義人となるはずであった権
利能力なき社団Xの前代表者Bが退任後死亡しているが，遺言の効力が発生
する遺言者Aの死亡の日付等については何ら触れられていないため，A及び
Bの死亡の前後関係は不明である。しかし，この場合，遺言の受遺者はあく
まで社団X自体であり，遺言書に代表者個人の氏名が記載されていたとして
も，代表者個人に遺贈したわけではないので，死亡の先後は問題とならず，
同条の規定について検討する必要はないと考えられる。

　つまり，この事例の場合，権利能力なき社団Xに対する遺贈であるが，当
該社団Xには，法人格がないことから，自己名義で登記することはできない。
したがって，社団Xの不動産については，その代表者名義か，構成員全員の
名義で登記するしかないが，仮に代表者名義で登記する場合には，所有権移
転登記を申請する場合，株式会社のように代表者の資格証明書等を提供する
ことができないので，遺言書に記載された社団Xと遺贈を登記原因とする所
有権移転登記申請書に登記権利者として記載される代表者の所属する社団X

第9　共同（共有）所有権の移転等とその登記の態様

が同一であることを担保する必要があることになる。そのためには，登記の申請人となる社団Xの規約と現在の代表者が誰であるかを証する書面（情報）を提供する必要があると考えられる（現在の代表者が証明したもの）。

なお，遺言書に記載された前代表者Bは既に死亡しているということであるので，Bの死亡を証する戸籍謄本等も提供する必要があると解される。

登記の申請は，登記権利者を社団Xの代表者，登記義務者をA（遺言執行者Cが代理人）となって申請することになるが，登記権利者については権利能力なき社団Xの規約によって代表者となるべき者が登記権利者となるので，同規約により登記すべき代表者が1名であればその者が登記権利者となり，登記すべき代表者が3名であれば3名の共有として登記申請することになると解される[10]。

なお，法人格の認められた認可地縁団体名義の権利能力なき社団であれば当該認可地縁団体名義に遺贈することができると解される。

そして，現在は，前述のごとく地方自治法の一部を改正する法律（平成26年法律第42号）により，不動産登記申請の特例（同法260条の39）が設けられ，一定の手続（同法260条の38）を経て認可地縁団体名義にその登記申請を単独ですることができるので（平成27年4月1日施行），その手続によることも考えられる。

10　共有者の1人に対してする仮登記された所有権移転請求権の放棄とその変更の登記

A所有の不動産について甲が代物弁済予約に基づく所有権移転請求権仮登記を経由した後，Aの死亡により，B及びCが当該不動産について持分各2分の1とする共同相続による所有権移転の登記をした。その後，甲がBの持分についてのみ権利を放棄したときは，権利放棄を登記原因とする仮登記の変更の登記申請をすることができるか否かが問題となる。

10）登記インターネット84号168頁〔相談事例〕

前記事例の場合，A所有の不動産につき，甲のために代物弁済予約に基づく所有権移転請求権の仮登記後にAが死亡し，当該不動産についてB及びCが共同相続し，その登記を経由している場合において，甲がBの持分についてのみ権利を放棄したのであるから，「年月日B持分の所有権移転請求権放棄」を登記原因とし，仮登記の目的を「何番所有権移転請求権仮登記をC持分の所有権移転請求権仮登記とする変更」として登記申請をすることができる（登記研究381号88頁）。

11 共有不動産についての所有権移転請求権仮登記又は賃借権設定の仮登記と同一の申請書

甲乙共有の不動産について代物弁済の予約による所有権移転請求権の仮登記又は賃借権設定の仮登記の申請をするときは，甲又は乙の持分につき第三者の権利に関する登記（処分の制限の登記等）がない限り，1個の登記として申請することができると考えられる。

共有の法律的構成に関しては，各共有者が各1個の所有権を有し，その各所有権が一定の割合において制限しあい，その内容の総和が1個の所有権の内容と均しくなっている状態であるとする考え方と，1個の所有権を数人で量的に分有する状態であるとする考え方があるが，共有持分の性質及び効力については，全く所有権そのものと同一であるとする点において，学説はおおむね一致していると解される。したがって，共有不動産の処分を数個の共有持分の処分と解することには異論は少ないところであるから，その登記も理論的には共有持分と同数の申請によりすべきであると解される。

ところで，共有不動産についての所有権移転請求権保全の仮登記又は賃借権設定の仮登記を常に共有持分について各別の登記を必要とするものとすると，記載（記録）が複雑となり，また申請手続が煩雑になる等の弊害があるので，所問の登記を1個の登記として処理する必要性は大きいと考えられる。しかし，この登記を常に1個の登記として処理することにも弊害が生じ得るのである。すなわち，甲乙共有の不動産について，もし甲の持分につき抵当

第9　共同（共有）所有権の移転等とその登記の態様

権，あるいは乙の持分につき処分制限の登記がある場合に，丁のための所有権移転請求権保全の仮登記又は賃借権設定の仮登記を1個の登記として処理すると，その後さらに丁が戊にその権利の一部移転の登記をしたときは，甲の持分に設定された抵当権や乙の持分に対する差押えが，丁戊いずれの権利に及ぶのか判然としない結果となり，混乱を招くと考えられる。

　そこで，甲又は乙の持分につき第三者の権利に関する登記（処分の制限の登記等）が存在して甲の持分と乙の持分とを各別に取り扱わなければならないことが登記上明白である場合でない限りにおいて，所問の登記を1個の登記として処理するものとする便宜的取扱いが旧不登法46条（現不動産登記令4条，不登規則35条）の解釈によって認められると解される（登記研究203号27頁）。

2 相続による場合

第**10** 所有権の単有から共有へ

1 売買等の法律行為による場合

　売買，贈与等の法律行為により単有から共有になる場合としては，不動産の単有の所有権Aがその所有権の一部をBに譲渡し，A及びBが共有となる場合（例えば，A持分3分の2，B持分3分の1）と，単有の所有者Aがその所有権の全部をB，Cに一括して譲渡し，B及びCの共有となる場合（この場合はB及びCの持分は，BとC間において約定され，その約定がないときは持分は均分となる（民法250条））。その登記は，登記名義人が2人以上であるときは当該権利の登記名義人ごとの持分を登記する（不登法59条4号）。共同相続人間でなされた共有物不分割の特約は，相続による所有権移転の登記の申請情報に記載して登記することはできないが，別個（別件で）所有権変更の登記としてその登記の申請をすることができる（昭和49年12月27日民三6686号民事局第三課長回答）。共有物不分割の特約がBC間でされた場合は，B，Cへの所有権の移転の登記後に，BC間の特約の登記がされる。

　また，Aがその単有所有権の一部（例えば3分の2）をBに譲渡し，次いで又は同時にその残部（例えば3分の1）をCに譲渡した場合は，Bへの譲渡とCへの譲渡は，各別の登記原因であるから，AからBへの一部移転の登記とAからCへの残部の移転の登記とは各別に申請する必要があり，AからB，Cへの所有権移転の登記を申請することはできない。

2 相続による場合

　不動産の単有の所有者が死亡して相続が開始し，数人の相続人が当該不動産を相続により取得した場合にも，当該不動産は単有から共有となる。この

271

第10 所有権の単有から共有へ

場合には，その相続した相続人のみで相続による所有権の移転の登記を申請するのであり，相続した者が数人である場合には，申請書にその各持分を記載する（不登令3条9号）。この場合，法定相続人全員がその不動産を取得することもあるし，遺産分割の協議又は家庭裁判所の審判若しくは調停により法定相続人の1人又は数人が当該不動産を取得することもあり，さらに寄与分（民法904条の2）として相続人の1人が当該不動産を取得することもある。なお，「民法が遺留分の制度を設け，これを侵害する遺贈及び生前贈与については遺留分権利者及びその承継人に減殺請求権を認めている一方，寄与分については，家庭裁判所は寄与の時期，方法及び程度，相続財産の額その他一切の事情を考慮して定める旨規定していることからすれば，裁判所が寄与分を定めるに当たっては，他の相続人の遺留分を侵害しないかどうかについても考慮すべきである。相続人たる子4名のうち1名について，家業である農業を続け，遺産である農地等の維持管理に努めたり，被相続人の療養看護に当たったというだけでは，その相続人に7割の寄与分を認めるのは相当でない。」とする判例（東京高決平成3年12月24日判タ794号215頁）がある。

　なお，相続した者が数人で，その共有者間で共有物不分割の契約がされたときでも，相続による所有権の移転の登記の申請書にその不分割の約定を記載して，その登記を受けることはできない。不分割の約定は，登記原因である相続には含まれず，別個の約定であるからである。したがって，相続による所有権の移転の登記をした後，その数人の共有者間の共有物不分割の約定の登記を申請することになる。この不分割の約定の登記の申請は，当該共有所有権の変更の登記として，共有者全員が申請することになる[1]。

1）香川保一「共有に関する登記の諸問題」登記研究608号5頁

2 相続による場合

第11 共有所有権の保存・移転の登記とその登記手続

1 売買等による場合

(1) 共有所有権の一部移転の登記

例えば，A（持分3分の2），B持分（持分3分の1）の共有不動産について，A持分3分の2の一部2分の1（全体の所有権の3分の1）がCに譲渡された場合，Aが登記義務者，Cが登記権利者として，Aの持分の一部移転の登記をする。

(2) 共有所有権の全部移転の登記

例えば，Aの共有所有権（持分3分の2）の全部をCに譲渡した場合は，Aが登記義務者，Cが登記権利者となって，A持分の全部移転登記を申請する。

2 相続による場合

共有所有権について共有者Aが死亡して相続が開始した場合，そのAの共有持分は，Aの相続人に移転し，その相続人が単独で相続によるAの共有持分の移転の登記を申請することができる。この場合，Aの法定相続人の全員がAの共有持分を取得することもあるし，遺産分割（協議又は家庭裁判所の審判若しくは調停）により法定相続人のうちの1人又は故人がAの共有持分を取得することもあるが，法定相続人のうちに相続放棄をした者又は特別受益者（民法903条，904条）で相続分のない者がいるときは，これらの者はAの共有持分を取得しない。「相続が開始して遺産分割未了の間に相続人が死亡した場合において，第二次被相続人が取得した第一次被相続人の遺産についての相続分に応じた共有持分権は，実体上の権利であり，第二次被相続人の遺産

273

第11　共有所有権の保存・移転の登記とその登記手続

として遺産分割の対象となり，第二次被相続人から特別受益を受けた者があるときは，その持戻しをして具体的相続分を算定しなければならない。」（最決平成17年10月11日判時1914号80頁）ということになる。法定相続人のうちに相続放棄をした者又は特別受益（民法903条，904条）で相続分のない者がいるときは，これらの者はAの共有持分を取得しない。

　ところで，更正登記ができる登記の同一性の１つの判断指標として，更正により登記の個数が増えることは許されないという要請もあるといわれる。AからBと，BからCという順次相続を原因としてAからCへの所有権移転登記がなされた場合（登記原因は「年月日B相続，年月日相続」と記される。）において，これをBを含むAの共同相続人らへの相続を原因とする所有権移転登記と，そのうちのBの持分についてのCを含むBの相続人らへの相続を原因とする持分移転登記とに更正することは許されない，つまり，Aの相続人の１人であるBの子Cが，Aの土地をBが単独取得する旨の遺産分割協議が成立したとして，Bの死亡後，Aから直接Cへ所有権移転登記をした場合，Cの主張する遺産分割協議の成立が認められない限り，現登記は実体関係と異なる登記であり，これを是正する方法として更正登記手続によることができないので，Aの相続人DはCに対し，土地の共有持分権に基づき本件登記の抹消登記手続を求めることができ，Cが土地に共有持分権を有するということは，上記請求を妨げる事由にはならない（最判平成17年12月15日判時1920号35頁，最判平成12年１月27日判時1702号84頁[1]）。

　つまり，A名義の不動産につき，B，Cが順次相続したことを原因として直接Cに対して所有権移転登記がなされる場合に，Aの共同相続人であるDは，Cが上記不動産につき共有持分権を有しているとしても，上記登記の全部の抹消を請求することができるということである。

---

1 ）山野目章夫『不動産登記法』（商事法務，増補，2014）349頁

3 Ａ単有の所有権の一部のＢへの移転の仮登記及びＣへの所有権移転登記がされた後の仮登記の本登記

　Ａ単有の所有権の一部（3分の1）のＢへの移転又は移転請求権の仮登記がなされ，次いでＡからＣへの所有権移転登記がされた後，このＢの仮登記に基づく本登記を申請する場合には，不登法105条1項の規定による同法109条1項の規定の準用により，丙の承諾を証する情報を提供する必要がある。この仮登記に基づく本登記をするときは，ＡからＣへの所有権移転の登記中，Ｂが仮登記に基づく本登記を受けるＡの所有権の一部（3分の1）に関する部分は，仮登記の順位保全の効力により失効することになるのであるが，Ｃの所有権移転の登記の全部を抹消することは，Ｃの所有権の3分の2の取得に関する対抗力を失わせることになり不合理であるので，ＡからＣへの所有権移転の登記を更正してＡの所有権の一部（3分の2）の移転の登記とする更正の登記を職権ですることになる[2]。

　なお，Ｂの仮登記後にされたＣの登記が，ＡからＣへの所有権の移転若しくは移転請求権の仮登記若しくは処分制限の登記である場合又はＡの所有権を目的とする抵当権その他の所有権以外の権利の登記（仮登記を含む。）である場合にも，これらの権利者であるＣの承諾書の提供により，Ｃの登記をＡの所有権の3分の2を目的とするものとする更正の登記を職権ですることになると解される[3]。

4 共有者と所有権保存登記

　共有者の一人が未登記（所有権の登記がない。）の土地につき，自己の持分のみの所有権保存登記を申請したときは，これを受理することができない（明治32年8月8日民刑1311号民刑局長回答，明治33年12月18日民刑1661号民刑局長回答）。

　また，共有者のうちの一部の者のためにされた持分についての所有権保存

2）香川保一「共有に関する登記の諸問題」登記研究608号19頁
3）前掲（注2）香川20頁

第11　共有所有権の保存・移転の登記とその登記手続

登記後，さらに所有権移転登記がされている場合には，これらの登記を現不登法25条以下（旧法149条以下）の規定により職権で抹消すべきであるとしている（昭和40年9月2日民事甲1939号民事局長回答・登記研究215号56頁）。

更正の登記が許されるのは，その更正すべき登記につき，その全部又は一部は有効であるが，実体に合致しない部分があるため，その実体に合致しない部分を是正し又は追完することによって，その登記を実体に合致させる場合である。

つまり，既になされた登記に「錯誤」又は「遺漏」があって，実体に合致しない場合に，その登記を実体に合致した正しいものにするために更正の登記をすることができる。一般的に，更正の登記が許されるのは，更正前の登記と更正後の登記との間に同一性がある場合に限られるものといわれているが，この同一性の意義については，実質的，合理的に解釈せざるを得ないとされている[4]。

更正の登記としては，不動産の表示の更正の登記，登記名義人の表示の更正の登記及び権利の更正の登記があるが，いずれの更正の登記にあっても，更正の登記が許されるのは，その更正すべき登記は全部又は一部が有効であるが，実体に合致しない部分があるので，その実体に合致しない部分を是正し，又は追完することによって，その登記を実体に合致させるのが更正の登記である。もっとも，更正の登記をしなければ，その更正後の事項を第三者に対抗できないか又は登記されたことにならないものと，更正の登記をしなくても，その登記自体の効力に消長がないものとがある。前者は，権利の更正の登記にその例を多くみるのであり，後者は，不動産の表示の更正の登記及び登記名義人の表示の登記がこれに該当する[5]。本稿が権利の更正の登記を中心に考察を加えているのはそのゆえである。

更正登記は，更正前の登記と更正後の登記の間の同一性が害されない場合に限ってすることができる。例えば，ＡＢ共有名義の登記をＡ単独所有名義の登記に更正する登記，Ａ単独所有名義の登記をＡＢ共有名義の登記に更正

4）香川保一「所有権の更正の登記（一）」登記研究192号33頁

5）川島一郎「有効な登記と無効な登記（三）」登記研究99号20頁，前掲（注4）香川32頁

することができる。いずれの場合も，更正の前後で登記の同一性が認められるからである[6]。例えば，甲から「乙・丙」共有名義への所有権移転の登記がなされている場合において，これを原因錯誤として乙単独名義と更正する場合は，乙を登記権利者，甲・丙を共同登記義務者として，これらの者の共同申請により，その所有権の更正の登記を申請することができる。なお，単独名義でなされた所有権移転登記につき，これを共有名義とする更正の登記をする場合も，右と同様であり，例えば，甲から乙への所有権移転の登記を「乙・丙」共有名義とする場合は，丙を登記権利者，甲・乙を共同登記義務者とする（昭和36年10月14日民事甲2604号民事局長回答）。

　甲乙両名が共同相続した不動産につき乙が勝手に単独所有権取得の登記をし，さらに第三取得者丙が乙から移転登記を受けた場合，甲が乙，丙に対し請求できるのは，甲の持分についての一部抹消（更正）登記手続だけであって，上記登記の全部抹消を請求することは許されないが，甲が乙，丙に対し上記登記の全部抹消登記手続を請求したのに対し，裁判所は乙，丙に対し一部抹消（更正）登記手続を命じる判決をすることができる（最判昭和38年2月22日民集17巻1号235頁）。

5　被相続人名義（甲）となっている不動産と相続人以外の者を所有者としてする所有権保存登記申請

　表題部の所有者が被相続人名義（甲）となっている不動産につき，相続人全員（乙・丙・丁）が「当該物件は相続人以外の者（戊）が承継した」旨を証する書面（印鑑証明書付き）を作成して，当該書面を添付して登記申請があった場合に，直ちに戊を所有者とする所有権保存登記をすることができるかどうかが問題となる。

　それでは，まずこの場合の所有権の変動過程を考えてみよう。

　まず，被相続人（表題部所有権）の死亡により，被相続人が所有していた被

---

6) 遠藤浩・青山正明『基本法コンメンタール不動産登記法』（日本評論社，第4版補訂版，1998）150頁

相続人名義の不動産は被相続人の死亡と同時に相続人全員（乙・丙・丁）が相続する。したがって相続人全員（乙・丙・丁）が「当該不動産は相続人以外の者が承継した」旨を証する書面（情報）が作成されており，その書面（印鑑証明書付き）を提供して，直ちに戊を所有者とする所有権保存登記の申請が相続人の全員からなされても，直ちに戊名義に所有権保存登記をすることはできない。物権変動の過程が省略されているからである。この場合は，当該不動産の所有権は，被相続人甲の死亡により，相続人乙，丙，丁の全員が相続しており，まず，この乙丙丁の共有名義の所有権保存登記をする必要がある。そして，その所有権保存登記を前提として，「この不動産は相続人以外の戊がどういう原因で何時その不動産を取得したかを明らかにした登記原因証明情報」を作成して乙丙丁名義から戊名義への所有権移転登記申請をする必要があるからである（登記研究371号78頁）。

6 共有持分全部の取得と抵当権の効力

　共有者のうちの1人の共有持分上に抵当権設定の登記がされた後に，第三者が共有持分の全部を取得して単有となった場合，抵当権の効力を不動産全部に及ぼす登記をする必要がある。

　ＡＢ共有の不動産について，Ａの共有持分について抵当権の設定の登記がされた後，ＣがＡＢの共有持分を取得し単有となった場合において，抵当権の効力を不動産全部に及ぼさしめるには，抵当権の変更登記による。

　不動産をＡ・Ｂ各2分の1の持分で共有し，Ａ持分についてＣを債務者とする抵当権の設定登記後，Ａ・Ｂが所有権全部をＣへ売買による移転登記をした場合，ＣがＢから取得した持分についても抵当権の効力を及ぼすためには，その持分について新たに同一の抵当権を設定し，その登記をすべきであるが，所有権の一部について抵当権設定の登記をすることができない（昭和36年1月17日民事甲106号民事局長回答・登記研究162号17頁）ので，抵当権の効力を所有権全部に及ぼす変更の登記をすることになる（登記研究415号118頁）。

第12 相続等による共有の登記とその変動

1 生前に行われた遺産分割協議とその相続人が作成した遺産分割協議証明書

(1) 遺産分割

　所有権の登記名義人Aが死亡し，Aの法定相続人はB（Aの配偶者）及びC（AB間の子）のみであり，BとCとの間でCが単独でAの遺産を取得する旨の遺産の分割協議（民法907条1項）が行われた後にBが死亡した場合において，Bの死後にCのみが当該協議の内容を明記して作成した遺産分割協議証明書を提供してAからCへの相続による所有権の移転の登記の申請がされた場合，当該遺産分割協議証明書の登記原因証明情報としての適格性が問題となる。

　登記原因証明情報は，登記の申請に係る権利変動が有効に成立していることを審査することができるものでなければならず，通常は，登記義務者が作成することにより登記の真実性の確保が図られている。ところが，前記登記原因証明情報の場合には，登記権利者であるCが遺産分割協議証明書を作成している。そこで，当該遺産分割協議証明書の登記原因証明情報（不登法61条）としての適格性が問題となる。

　ところで，この問題を考察するについては，まず，平成26年の判例が参考となる。

　この判例の事案は，所有権の登記名義人Aが死亡し，Aの法定相続人がB（妻）及びC（子）のみである場合において，その遺産分割協議が行われないままBが死亡し，Aの法定相続人がCのみである場合に，CがA名義の不動産について，二次相続が発生した後に自らが遺産を相続し，取得したとして遺産処分決定書（「被相続人Aの相続登記につき，共同相続人の1人である被相続人の

第12　相続等による共有の登記とその変動

妻Bは遺産分割未了のまま死亡した。ついては，被相続人Aの遺産である不動産の共有持分は，相続人Cが直接全部を相続し，取得したことを上申する。」旨の内容が記載された書面）を提供して，1次相続のみを原因とするAからCへのA持分全部移転の登記の申請をしたところ，不登法61条に規定する登記原因証明情報の提供がないことを理由として，同法25条9号の規定により当該登記申請が却下されたことから，Cがその取消しを求めて訴訟になったというものである（東京地判平成26年3月13日）。この平成26年判決は次のように判示し，Cの請求を棄却している（控訴審である東京高裁は，平成26年9月30日に原判決を維持し，Cの控訴を棄却している。さらに，Cは上告受理申立てをしたが，最高裁は平成27年4月28日付けで不受理決定をしている。）。

(2)　判決の内容

　Aの遺産である本件共有持分は，本件1次相続の開始時において，B及びCに遺産共有の状態で帰属し，その後，本件2次相続の開始時において，その全てがCに帰属したというべきである。

　Cは，本件二次相続の開始（Bの死亡）時において，Bの遺産を取得しており，Cが本件二次相続の開始後，既に自己に帰属しているBの遺産（Aの遺産に対する相続分）を，改めて自己に帰属させる旨の意思表示を観念する余地はなく，Cの主張する遺産処分決定は，法的には無意味なものといわざるを得ない。また，本件2次相続の開始時にAの遺産に係る遺産共有状態は解消されており，CがBの死亡後において，Bの本件1次相続による相続人としての地位とC固有の相続人としての地位を併有しているということもできないとしている。

(3)　登記申請

　上記平成26年判決によれば，Bの生前に遺産分割協議が行われていない場合には，法律上遺産の分割の余地はないので，前述した遺産処分決定書を提供してA死亡によるCへの相続を登記原因とする所有権の移転の登記が申請されたときは，不登法25条9号の規定により却下される。この場合には，A

280

死亡によるB及びCへの相続を登記原因とする所有権移転の登記並びにB死亡によるCへの相続を登記原因とするB持分全部移転の登記を申請することにより，C名義に登記をすることになる。

(4) Bの生前に遺産分割が行われていた場合

Bの生前に遺産分割協議が行われていた場合には，当該協議は，実体法上有効に成立し，このことは，B及びCにおいて遺産分割協議書が作成されていなくとも同様である。すなわち，遺産分割協議の方式は，民法上，特別の方式は要求されておらず，要式行為ではないことから，遺産分割協議は，共同相続人全員の口頭による合意であっても有効に成立するものである[1]。そして，当該協議において，Aの相続財産をCが単独で取得することとされた場合には，実体法上，AからCに所有権が移転することになる。

(5) Cのみが作成した遺産分割協議証明書と登記原因証明情報としての適格性

登記実務においては，遺産分割協議の後，その協議書を作成しない間に共同相続人の1人に新たに相続が開始した場合には，当該相続人の共同相続人全員が作成した証明書を提供して相続による所有権移転の登記の申請をすることができる取扱いであり，この取扱い自体は，相続人が複数の場合を念頭に置いていると考えられる。もっとも，前述のごとく，遺産分割協議は共同相続人全員の口頭による合意であっても有効であり，Bの生前に遺産分割協議書が作成されていないことをもってAからCへの直接の所有権の移転の登記をすることができないとすると，Cとしては，A死亡によるB及びCへの相続を登記原因とする所有権の移転の登記をせざるを得ないことになるが，これでは実体法上の物権変動とは異なる内容を公示することになり，相当でないと考えられる。

権利に関する登記の申請があった場合における登記官の審査権限の範囲は，

1）谷口知平・久貴忠彦『新版　注釈民法（27）』（有斐閣，補訂版，2013）388頁

第12　相続等による共有の登記とその変動

申請情報及びその添付情報（登記令2条1号）とこれに関連する登記記録のみに限られる（書面審査主義）。もっとも，審査の対象は形式的な事項のみに限られるのではなく，実体法上の有効，無効の判断に及ぶと解される。形式的審査主義というと審査の対象も所在とか，面積・氏名・住所等の形式的な事項のみに限られ，法律上の有効・無効の判断には及ばないといった解釈を生む可能性あるので，ここでは書面審査ということとする。

　そこで，提供された遺産分割協議証明書の全記載から，共同相続人全員が遺産分割協議に参加したこと及び当該協議がBの生前に行われたことが登記官において判明する場合には，当該遺産分割協議証明書がBの死亡後に作成されたときであっても，当該協議は有効であると判断することができるものと考えられる。したがって，Bの生前にBとCとの間で遺産分割協議がされ，登記の申請に係る権利変動が有効に成立していることを確認することができる証明書であれば，登記原因証明情報としての適格性を有するものと解される。

　なお，この取扱いができるのは，Bの生前にBとCの間において遺産分割協議が実際に行われた場合に限られることはもちろんである。

　遺産分割協議書には，その押印した印鑑の印鑑証明書（作成後3か月以内のものである必要はない。）を提供する必要がある（昭和30年4月23日民事甲742号民事局長通達・民事月報10巻5号133頁，登記研究92号28頁）。昭和30年の前記先例は，遺産の分割協議書又は民法903条2頁に該当する旨の本人の証明書を提供して相続による所有権移転の登記をするときは，相続権の放棄の場合と同様に，戸籍による相続関係と異なった相続登記をすることになるのであるから，前記協議書又は証明書は，戸籍謄本等の記載の内容を変更する書面とみるべきものであり，あたかも相続放棄申述の受理証明書のように戸籍謄本等と同程度の信ぴょう力のあるものでなければならない。そこで，このような意味の信ぴょう力を担保するため，相続を証する書面の1つとして協議書又は証明書に押印された印鑑の証明書を提供するのが相当である（上記登記研究92号29頁）。このことは，本事例の場合も当てはまるものと考えられ，Bとの遺産分割協議に参加し，その証明書を作成したCの印鑑証明書を提供することに

より，遺産分割協議証明書の真正を担保することになると考えられる[2]。

2 相続人乙，丙，丁のための共同相続登記と受遺者乙に対する遺贈による所有権移転登記申請

① 相続人乙，丙，丁のための相続登記がされている不動産について，これを受遺者乙の単独所有名義とするため，丙，丁の持分について遺贈を原因とする持分移転の登記を遺言執行者がその資格で丙，丁に代理して申請することができるか否かが問題となる。

② 被相続人甲から包括遺贈を受けた共同相続人の1人である乙が遺贈の登記をする前に，他の相続人の申請により，相続人の全員である乙，丙，丁への相続登記がなされている場合において，その後受遺者乙を登記権利者，遺言によって指定された遺言執行者Aを登記義務者（ただし，申請書には遺贈者の氏名，相続人丙丁の住所氏名を併記）として，共同申請の形式により，受遺者乙と遺言執行者Aとの間の丙，丁の持分移転登記手続をする旨の記載のある和解調書を提供して，遺贈を登記原因とする相続人丙及び丁の持分移転登記申請が各別になされた。しかし，遺言執行者は，実質的には遺贈者の所有名義の物件についてその代理人として遺贈の登記をする権限を有するものであるが，一旦相続による所有権移転登記がされた後は，たとえ相続人の氏名が併記されていても，登記簿上の所有名義人（乙丙丁）と登記義務者（遺贈者甲）の表示が符号せず，Aの代理権限を証する書面の添付がないので，不登法49条8号（現不登法25条9号）により却下されることになると解される（昭和44年10月31日民事甲2337号民事局長電報回答・登記研究269号57頁）。Aは遺言執行者の資格では，丙，丁に代理できないものと考えられるからである（登記研究269号58頁）。

この登記申請については，問題点が2点考えられる。

その1は，相続登記完了後，その被相続人からの遺贈を登記原因とする相

2）金森「遺産分割の協議後に他の相続人が死亡して当該協議の証明者が一人となった場合の相続による所有権の移転の登記の可否について」民事月報71巻4号118頁

第12　相続等による共有の登記とその変動

続人からの持分移転登記が許されるかということであり，その2は，遺言執行者が相続登記を了した相続人の代理人として，遺言執行者の資格で当該登記された権利の移転の登記申請ができるかということである。

　特定不動産の所有権について遺贈があった場合に，遺贈が物権的効力をもつか否か，すなわち，受遺者は，遺贈の効力を生ずると同時に当該不動産の所有権を当然に取得するか，それとも，遺贈された権利の移転を相続人に請求することのできる債権を取得するにとどまるかは，遺贈が特定遺贈である場合は見解が分かれているようであるが，判例は物権的効力説をとり，学説もこれが多数説とされている（登記研究269号59頁）。また，登記関係の先例（昭和34年9月21日民事甲2071号民事局長回答・登記研究144号25頁）も，この考え方を採っている。つまり，台帳（登記簿）上，被相続人名義で登録されている未登記不動産の遺贈登記は，まず，遺贈日の相続人名義で，もし相続人が不存在の場合には，「亡何某相続財産」なる法人名義に所有権保存の登記をした後，遺贈による所有権移転の登記をすべきものとされている（明治33年8月2日民刑798号民刑局長回答及び昭和29年4月7日民事甲710号民事局長回答）が，昭和32年10月18日民事甲1953号民事局長通達の場合と同様，遺贈者（被相続人）名義に所有権保存登記をしてもよいか否かという点につき，標記の件については，遺言者（被相続人）名義に所有権保存の登記をなすべきものと考えるとし，引用している明治33年8月2日民刑798号民刑局長回答並びに昭和29年4月7日民事甲710号は，前記2071号回答により変更されたものと了知されたいとしている（登記研究141号25頁）。

　なお，上記先例（昭和34年9月21日民事甲2071号民事局長通達）が引用している昭和32年10月18日民事甲1953号民事局長通達は，「台帳上の所有名義人が被相続人である未登記の宅地につき被相続人が生前すでにその不動産を第三者に売却し登記申請をなさずに死亡した場合には，相続人からすでに死亡している被相続人名義に上記土地の所有権保存登記申請することができる。なお，申請書には，所有者として，被相続人の氏名及び住所（被相続人死亡当時における住所でさしつかえない。）を記載すべきである」旨回答し，通達している（登記研究120号29頁）。

284

2 相続人乙，丙，丁のための共同相続登記と受遺者乙に対する遺贈による所有権移転登記申請

　未登記の土地を売り渡した者がその売渡しによる所有権移転の登記及びその前提としてすべき自己名義の所有権保存の登記をしないうちに死亡した場合において，その相続人は，買主のために所有権取得の登記を申請すべき義務を承継するのであるが，当該不動産が未登記のため，買主のために所有権移転の登記を申請するについては，前提として，まず，所有権保存の登記を受けなければならない（直接買主名義に所有権保存の登記をするには，判決による場合のみである）。そこで，この場合，所有権の保存登記を土地台帳上の所有名義人である被相続人名義で受けるのか，又は相続人名義で受けるのかが問題となる。

　ところで，この問題を考える前に，既登記の不動産について，被相続人が生前第三者に売り渡し，その所有権移転の登記が未了のまま相続が開始した場合を考えると，この場合においても，相続人は，被相続人から当該不動産を買い受けた者との関係においては，相続により当該不動産の所有権を取得したことを主張することができないのみならず，被相続人の負担する買受人への所有権移転の登記を申請する義務を負担しているのであるから，この場合の登記手続としては，一旦相続による相続人名義の所有権移転の登記をすることなく，被相続人（死亡者）の登記名義から直接に買受人のために所有権移転の登記をなすべきであって，旧不登法42条（現不登法62条，登記令7条1項5号イ）は，この場合の登記申請人，申請書，添付情報について規定している。

　そこで，当該不動産が未登記の場合（照会事案，台帳上の所有名義人が被相続人である未登記の宅地），当該相続人は，当該被相続人から不動産を買い受けた者との関係においては，相続による所有権者であることを主張できない立場にあり，かつ，被相続人が負担する売買による所有権移転登記義務を承継しているために，その前提登記としての所有権保存登記の申請義務をも負担しているのであるから，不動産登記法に定める所有権保存登記の手続上，被相続人（死亡者）名義にする登記ができるならば，このような登記をすることは，前述した実体上の権利の帰属関係に合致した取扱いということになる。

　結局，かつての法務省の先例によれば，未登記不動産の遺贈の登記は，ま

ず，遺贈者の相続人名義（もし相続人が不存在である場合には，「亡何某の相続財産」名義）に所有権保存の登記をした上で，遺贈による所有権移転登記をすべきものとされているのであるが（前掲明治33年8月2日民刑798号民刑局長回答，昭和29年4月7日民事甲710号民事局長回答），この場合にも，台帳上の所有名義人が被相続人である未登記の土地のような場合は，台帳上の登録名義人である遺贈者（死亡者）名義に所有権保存登記をすることもできるのではないかと解される（前掲昭和32年10月18日民事甲1953号民事局長通達・登記研究120号31頁）。

　本事案は，相続人名義の不動産の持分移転登記を遺言執行者が申請できるかというものであるが，移転登記といっても，結果において相続登記を否定するものであるから，抹消登記をすることと何ら異ならないことになる。

　それから別の見方をすれば，相続人の個有財産については，遺言執行者がその資格で相続人に代理できないことは明らかであるが，本事案を登記面からみた場合に，相続人名義に登記されているとしても，常に，当該不動産が相続財産として登記されたものであるとは判断できない。なるほど，その原因が相続であり，かつ相続登記のされる前の登記名義人が甲であるとすると，一応甲の相続財産であることは判断できるといえなくはないが，しかし，前所有者を甲，登記原因を相続として登記しているからといって直ちに，当該不動産が相続財産として登記されたものであると断定することはできない。例えば，甲（被相続人）が生前に贈与した場合に，登記原因を相続として登記したとしても，それは有効な登記であり，しかも，当該不動産は相続財産ではないのである（実際には，前述のごとく甲が生前に贈与した財産である。）。これは，登記上公示されている物権変動の態様が実体と一致しないとしても，権利帰属の点において登記が実質関係と符合すれば登記は有効であると解されているからであって，このような点から考えても，遺言執行者の登記名義人に対する代理権限を形式審査（書面審査）によって判断することはやはり無理があるといえる。

　このように，このケースの場合，遺言執行者がその資格で丙，丁に代理して登記申請をすることは認められないものと考えられ，他に丙，丁に対するAの代理権限を証するに足る情報（例えば委任状等）があれば該当申請は受理

できるが，その情報（書面）がないのであれば，旧不登法49条8号，現不登法25条9号の事由に該当するものと考えられる（昭和44年10月31日民事甲2337号民事局長電報回答・登記研究269号62頁）。

3 遺産管理者が選任されている場合に，相続人本人が遺産である不動産の不実の登記の更正登記手続を求めることの可否

　この事例は，遺産分割審判事件における審判前の保全処分として遺産管理者が選任されている場合に，相続人本人が遺産に属する不動産の不実の相続登記の更正登記手続を求める訴訟の当事者適格の有無が問題となっているが，本テーマとの関連で考えれば，相続人は，遺産管理者の管理権行使を受忍する法的義務を負うと解されるから，遺産管理者の管理権行使と抵触するような管理権の行使は許されないと解する余地はあるが，前述したような共有物の保存行為として不実の登記の更正登記手続を求めることは遺産管理者の管理行為と抵触するような行為であるとは解されない。

　つまり，遺産分割審判事件において審判前の保全処分として遺産管理者が選任された場合には，不在者の財産管理人に関する民法27条ないし29条が準用されている（家事事件手続法200条3項）が，遺言執行者の場合（民法1013条）のように，相続人から相続財産の処分権を奪う趣旨の実体法上の規定は置かれていないこと，そもそも不在者の財産管理人が選任されたとしても，不在者自身は自己の財産について管理・処分する権限を失わないと解されることに照らすと，遺産管理者が選任されても，相続人は，相続財産に対する管理・処分権は失わないと解される。もっとも，前述のごとく，相続人は，遺産管理者の管理権行使を受忍する法的義務を負うと解されるから，遺産管理者の管理権行使と抵触するような管理権の行使は許されないと解する余地はあるが，共有物の保存行為として不実の登記の更正登記手続を求めるものであって，遺産管理者の管理行為と抵触するようなものとは解されないということになると考えられる（判時1478号140頁）。

第12　相続等による共有の登記とその変動

4　相続財産の不存在と不動産共有持分の共有者への帰属

　民法255条は，共有者の1人が死亡して相続人がないとき，その持分は他の共有者に帰属すると定めている。それは共有の弾力性ということで，共有持分の一つが消滅すると瞬時に他の共有持分が拡大して消滅した持分が占めていた部分に広がるということである。ただ，最高裁判例は，民法255条と民法958条の3（特別縁故者への分与）との関係では958条の3優先適用説により，共有持分は特別縁故者への分与の対象となり，なお相続財産が残存することが確定した時に初めて民法255条が適用されるとしている（最判平成元年11月24日民集43巻10号1220頁）。つまり，民法255条により共有者に帰属するのは，相続人不存在が確定し，債権者への弁済や特別縁故者への分与が終了した後になる。

　ここで問題になるのは，特別縁故者が存在しない場合，被相続人が債務超過により相続放棄をした相続人が，本事例のように相続財産の共有者であった場合に，民法255条により共有者に共有持分が帰属してしまったら，結果的に相続したことと同じ結果になる。このような場合のように，相続債務がある場合に共有者に帰属させることになるので，その財産の換価価値や換価方法を十分に検討し，慎重に判断する必要があるということになる。

　他の共有者への共有持分帰属の登記をするということになると登記原因は，「平成年月日相続人不存在」，登記原因日付は，特別縁故者の財産分与の請求がなされなかったときは分与請求期間満了の翌日，特別縁故者の財産分与の請求がなされたがその請求が却下されたときは却下審判確定の翌日，特別縁故者の財産分与の請求につき一部分与の審判がなされたときは分与審判確定の翌日となる。登記原因証明情報としては，特別縁故者不存在確定証明書（家庭裁判所）を提供する[3]。

3）田村剛史「相続財産不存在による不動産共有持分の共有者への帰属」登記情報622号4頁

5 遺留分減殺による相続登記の更正

遺贈があったにもかかわらず，共同相続登記がなされた場合において，受遺者に対する遺留分減殺請求により相続人が共有持分を取得したとしても，遺留分減殺により取得した部分は，相続開始後の新たな物権変動によるものであって共同相続登記と実体関係との間に原始的不一致がある場合ではないとして更正登記によることは認められない旨判示している（最判平成12年5月30日裁判集民198号225頁）。同判例は，「遺贈の対象不動産についてされた共同相続の登記を遺留分減殺請求による持分の相続登記に更正すること」はできないとする。

不動産登記は，権利変動の過程と態様を正確に反映して公示すべきであり，判例，登記先例もこの原則で処理されている。

このケースの場合，遺留分減殺請求の抗弁を認めると登記簿上，乙から甲とYが共同相続した旨の表示となり，甲が乙から単独で相続し，その後Yが遺留分減殺によって甲から承継した権利変動の過程が全く表示されないこととなり，登記の表示と実体的権利変動の乖離が甚だしく適当でないということになる。

更正登記に代わる真正な登記名義の回復を登記原因とする持分移転登記をすることも相当でない。

なお，抹消登記に代わる真正な登記名義の回復を原因とする所有権移転登記は，実務上認められており，最判平成11年12月16日（民集53巻9号1989頁）も，「特定の不動産を特定の相続人甲に相続させる趣旨の遺言において，甲に当該不動産の所有権移転登記を取得させることは，民法1012条1項にいう『遺言の執行に必要な行為』に当たり，遺言執行者の職務権限に属する。甲への所有権移転登記がされる前に，他の相続人が当該不動産につき自己名義の所有権移転登記を経由したため，遺言の実現が妨害される状態が出現したような場合には，遺言執行者は，遺言執行の一環として，右の妨害を排除するため，右所有権移転登記の抹消登記手続を求めることができ，さらには，甲への真正な登記名義の回復を原因とする所有権移転登記手続を求めること

ができる」旨判示している。

　ちなみに，甲乙の共有不動産につき，甲乙丙の共有名義の所有権保存登記がされている場合，甲は丙に対し，「自己の持分についての更正登記手続を求めることができるにとどまり，乙（他の共有者）の持分についての更正登記手続までを求めることはできない。」（最判平成22年4月20日判時2078号22頁）とされる。

6　甲乙が所有する共有不動産と甲乙丙共有名義の所有権保存登記の更正

　甲乙の共有不動産につき，甲乙丙の共有名義の保存登記がされている場合，甲は丙に対し，自己の持分についての更正手続を求めることができるにとどまり，乙の持分についての更正手続を求めることはできないかどうかということが問題となる。

　例えば，甲，乙共有で登記されていて，甲が3分の1，乙が3分の2と登記されている。ところが正しくは甲が2分の1，乙が2分の1の持分である場合は，3分の1，3分の2という持分が実体に合わないわけである。ただ，甲の持分は正しくは2分の1の持分ということであるから，登記されている持分3分の1に相当する部分，すなわち全体の6分の2に相当する部分は無効とはいえない。

　そうなると，登記されている持分3分の1，3分の2という登記を前提に，この登記を持分2分の1，2分の1と更正する登記を認めるべきであるということになる[4]。

　さらに，実際は甲2分の1，乙2分の1の共有不動産であるのに，誤って甲3分の1，乙3分の1，丙3分の1の共有名義の所有権保存登記がされている場合，つまり，甲持分2分の1，乙持分2分の1の不動産につき，甲持分3分の1，乙持分3分の1，丙持分3分の1の登記がされている場合に，

───────────
4）香川保一「登記の更正に関する諸問題（1）」登記先例解説集4巻9号26頁

甲は丙に対し，自己の持分3分の1についての更正登記手続を求めることができることはもちろんのことであるが，問題は，乙の持分の更正手続まで求めることができるか否かがポイントになる。この点については，甲は自己の持分についての更正手続を求めることができるのみであり，乙の持分については乙が自ら判断すべき事柄であると考えられる。判例も，甲乙共有不動産につき，甲乙丙の共有名義の所有権保存登記がされている場合，甲は丙に対し，自己の持分についての更正登記手続を求めることができるにとどまり，乙の持分についての更正登記手続まで求めることはできない旨判示している（最判平成22年4月20日判時2078号22頁）。

7　遺贈された不動産についての共同相続登記と遺留分減殺請求による相続登記の更正

　不動産が遺贈されると，遺言者の死亡の時に不動産の所有権が受遺者に移転する。ちなみに，これに対して相続人が遺留分減殺請求をした場合，減殺によって相続人に遺留分相当の権利が帰属するのは請求の時点からであり，その効果が相続開始時に遡及するわけではない。その結果，不動産の所有権は，被相続人（遺言者）から受遺者，受遺者から相続人（ただし，遺留分の限度で）の順に移転することになる。そこで，この場合既に遺贈の登記がされた後に遺留分減殺請求がされた場合には，受遺者から相続人への所有権（一部）移転登記（登記原因「何年何月何日遺留分減殺」）をすることになる。これに対し，遺贈の登記がされていない場合には，実際の権利変動の過程と態様を登記すべきであるので，まず遺贈による登記をした上で，受遺者から相続人への移転登記をする必要がある。しかし，登記先例は，この場合に直接相続人のために移転登記（登記原因は「何年何月何日相続」）をすることを認めている（昭和30年5月23日民事甲973号民事局長回答）。なお，この場合において，既に遺贈の登記がなされている場合には，その登記を抹消することなく，遺留分につき減殺請求による移転の登記をすべきであり，この場合の登記原因は遺留分減殺とするのが相当であるとしている（登記関係先例集追加編Ⅰ353頁）。

第12　相続等による共有の登記とその変動

　この遺贈と遺留分減殺請求に関しては，その後，最判平成12年5月30日（裁判集民198号225頁）がある。Aは土地をBに遺贈していたが，遺贈の登記がされず，Aの相続人X，Yへの相続の登記がされた。その遺贈を知ったXがBに遺留分減殺請求訴訟を提起し，遺留分減殺を原因とするBからXへの所有権移転登記をし，XはBに和解金を支払う旨の訴訟上の和解が成立したが，登記はXYの共有のまま放置されていた。しかし，土地がXに帰属するのは，遺留分減殺請求の時点からであり，XY共有の登記がされた当初から実体はXの単独所有であったというわけではないから，登記と実体の一部分の原始的な不一致を是正するための手続である更正登記が認められる場合には当たらない。さらに，この場合は，Xは和解において自己の遺留分を超えて土地の全部をBから取得しているから，そもそもBからXへの移転が遺留分減殺請求によるものとは認められないとし，さらに，XがBから取得した本件土地は遺留分減殺により取得すべき持分の割合にとどまるものであれ，右割合を超えるものであれ，本件相続登記（A→XY）がされた後にXがBから新たに取得したものであるから，本件相続登記の更正登記によって取得登記を実現することはできないとしている[5]。

8　被相続人から相続人への売買による登記と共同相続登記への更正

　売買を登記原因とする被相続人Aから相続人Yへの所有権移転登記がされたが，実際には売買契約がなかったため，これをXとYの共同相続の登記に改めるにはどうすべきか（最判平成11年3月9日裁判集民192号65頁）。当事者は，売買によるAからYへの所有権移転登記を，相続によるAからX，Yへの登記に更正するよう請求し，原審ではこれが認められた。Yの単独所有をXYの共有に改めるという点だけに着目すれば更正によることもできるのではないかとも考えられそうであるが，ただ，この場合，Aの生存時の日付によるXとの売買と，Aの死亡によるX，Yの相続の間の不一致となるので，一部

5）大手昭宏「相続等に関する登記の訂正手続について」民事法情報182号146頁

の不一致にすぎないとはいい難く，原始的に一致する部分がないといえる。確かに，登記原因については，「贈与」を「売買」とする更正（昭和33年4月28日民事甲786号民事局長心得通達）や「遺贈」を「相続」とする更正（昭和41年6月24日民事甲1792号民事局長回答）につき認められた例があるのであるが，この場合，仮に更正を認めるとAの生前にX，Yへの相続が発生しているかのような形になってしまう。全部が不一致ということになると更正によることはできないので，抹消によるということになるが，Xは元々自己の持分を登記簿に反映することを求めているだけで，Yの所有権の全部を抹消することまで求めているわけではないから，判決でこれを命ずることはできない。そこで，本判決は，請求の趣旨を善解して，真正な登記名義の回復を原因とする持分移転の登記を命じている[6]。

9 遺贈による共同相続登記を遺留分減殺による持分の相続登記に更正することの可否

遺留分減殺請求により取得すべき不動産の持分は，上記不動産について相続登記がされた後に新たに取得した持分であるから，上記相続登記の更正登記によって上記持分の取得登記をすることはできない（最判平成12年5月30日裁判集民198号225頁）。

更正登記は，既にされた登記について，その当初の登記手続において錯誤又は遺漏があったため，登記の表示内容と実体関係との間に原始的な不一致がある場合に，その不一致を解消させるため既存登記の内容の一部を訂正補充する目的をもってされる登記である。したがって，更正登記が認められるのは，①既存登記に錯誤あるいは遺漏があり，実体関係と登記との間に不一致が生じていることと，②更正の前後を通じて登記としての同一性が認められること，の2要件が具備される場合に限られるとされ，具体的には，①物権変動自体については錯誤や遺漏がないが，その登記原因に誤りがある場合

6）前掲（注5）大手146頁

（昭和33年4月28日民事甲786号民事局長通達（登記関係先例集追加編Ⅱ262頁）），ⅱ抵当権設定登記において，被担保債権の発生原因についての記載を遺漏した場合（昭和30年12月23日民事甲2747号民事局長通達），ⅲ抵当権設定の登記において錯誤により被担保債権の債務者を誤った場合（大判昭和9年11月17日大審院民集13巻2138頁），ⅳ共有持分の移転登記において持分の記載に誤りがある場合（昭和40年10月2日民事甲2807号民事局長回答（登記関係先例集追加編Ⅳ559頁）），ⅴ登記された権利の具体的内容や範囲を示す記載に錯誤・遺漏がある場合（大判明治35年5月30日民録8輯5巻156頁），ⅵ甲から乙へ所有権移転登記をすべきところ，錯誤により甲から乙丙共有名義への所有権移転登記がされた場合（昭和36年10月14日民事甲2604号民事局長回答（登記関係先例集追加編Ⅲ702頁））などについては更正登記ができるとされている。

　本件においては，Ｘらが遺留分減殺によって取得した各土地の持分は，相続開始後の新たな物権変動（遺留分減殺によるもの）であって，相続登記と実体関係との間に原始的不一致がある場合ではないから，共同相続の更正登記によることはできない。

　なお，被相続人甲名義の不動産が乙に遺贈され，その登記前において相続人丙から遺留分減殺請求があったときは，直接丙のために相続の登記をすることができる（昭和30年5月23日民事甲973号民事局長回答）。

　このように，更正登記は，既に登記されている権利について，錯誤又は遺漏があるため，その一部について登記された権利と実体上の権利との間に原始的な不一致がある場合に，これを是正するためにされる登記であり，その前後を通じて登記の同一性が害されない場合に限り許される。例えば，ＡからＢへの所有権移転登記をＡからＢＣにする場合などである。登記と実体の不一致が全部でなく一部であること，更正の前後を通じて登記としての同一性があることが要求されるのは，権利移転の登記に代えて更正登記がされてしまうような弊害を防ぐためである。「ＡからＢ」の登記を「ＡからＣ」とするような更正は認められないわけである。

10 被相続人の生存中に相続人に対し売買を原因としてされた所有権移転登記につき，被相続人死亡後に相続を原因とするものに更正することの可否

　被相続人の生存中に相続人に対し売買を原因としてされた所有権移転登記について，被相続人の死亡後に，相続を原因とするものに更正することはできない（最判平成11年3月9日民事法情報153号22頁）。

11 被相続人の生存中にその所有不動産につき共同相続人の1人に対し所有権移転登記がされ，第三者のために抵当権設定登記がされた場合において，被相続人の死亡後に他の相続人がした真正な登記名義の回復を原因とする持分移転登記手続請求及び抵当権設定登記についての更正手続請求の可否

　被相続人の生存中にその所有不動産につき共同相続人の1人である甲に対し架空の売買を原因として所有権移転登記がされ，甲が第三者乙のために抵当権設定登記をした場合には，被相続人の死亡後，他の相続人は，甲に対しては真正な登記名義の回復を原因とする持分の移転登記手続を，乙に対しては甲の持分についての抵当権設定登記に改める更正登記手続を請求することができる（最判平成11年3月9日民事法情報153号22頁）。

　上記判例は，相続開始前に相続人の1人に対する所有権移転登記及びそれを前提とする抵当権設定登記を経た不動産につき，その所有権移転登記が架空登記である場合に，登記の表示を相続による真実の権利関係に合致させる方法を判示するものである。

12 ＡＢ共有名義による公有水面埋立の竣工認可とＡ単独所有とする土地の表示の登記申請

　公有水面というのは河，海，湖，沼そのほかの公共の用に供する水流又は

水面で国の所有に属するものをいう（公有水面埋立法1条1項）。

この公有水面の埋立て（干拓を含む。）をしようとする者は，都道府県知事の免許を受けなければならない。都道府県知事は出願があった場合，地元の市町村長の意見を徴し，また，政令で定める一定の場合には国土交通大臣の認可が必要である。免許は，国土利用上適正かつ合理的であること，環境保全及び災害防止について十分配慮されたものであることなどの免許基準を満たした上で，工事施行区域内の公有水面に関し権利を有する者がいるときは，漁業権者等の権利者の同意があるとき，埋立ての利益が損害の程度を著しく超過するとき，又は埋立てが法令により土地の収用等ができる事業のために必要なときに限って許される（公有水面埋立法2条〜4条，47条）。

この公有水面埋立の竣工認可をＡＢの共有名義で受けている場合に，Ｂの承諾書（譲渡証明書）を提供して，Ａ単独所有とする土地の表示の登記の申請は受理されるかどうかという疑問が生ずるが，Ｂの承諾書を提供しての申請であるから受理されると解される（登記研究436号103頁）。

13 仮登記権利者の1人についての契約解除と変更の登記

乙丙2名の準共有名義で所有権移転請求権の仮登記がされた後，乙の持分のみについて契約解除がされた場合，その仮登記についてどのような登記をすべきかが問題となる。

このように仮登記権利者の1人について契約解除があった場合，つまり，契約が有効に締結された後に，契約当事者の一方だけの意思表示によって，契約関係を遡及的に消滅させることになった場合，契約当事者の一方の意思表示で契約を解消してしまう点で，当事者双方の合意で契約を解消する合意解除と区別される。また，契約関係が初めからなかったと同様の効果を生ずるという点で，賃貸借を終了させる場合のように契約関係を将来に向けて消滅させる解約とも区別される。

そこで，前述のごとく，仮登記権利者が数名でされている所有権移転請求権の仮登記がされた後，その共有者の1人について契約解除がされた場合に

どのような登記をすべきかということが問題となるが，共有者の1人の契約解除によって契約関係が全くなかったのと同じことになるのではなく，解除によって当事者間に新たに原状回復義務が生ずると解し，元の契約関係は新たな権利義務関係に移行すると考えて，共有者の1人につき契約解除がされたときは，その旨仮登記の変更登記をすべきであると解される（登記研究429号119頁）。

14 所有権の全部移転を所有権の一部移転とする更正登記

A所有の不動産についてその所有権の一部（持分2分の1）をBに譲渡したにもかかわらず，誤ってAからBへの所有権全部の移転の登記がされた場合には，Aを登記権利者，Bを登記義務者として所有権の全部移転の登記を更正してその一部移転の登記とする更正の登記を申請することができる。申請による更正の登記が認められるための要件は，①登記の内容（登記事項）と実体上の権利関係との不一致が「原始的」に生じたものであること，②上記①の不一致が，登記の内容（登記事項）の「一部」についての錯誤又は遺漏によるものであること（全部についての原始的不一致は，登記そのものが不適法となり，抹消登記の対象となる。），③更正前の登記と更正後の「登記の内容の同一性」が認められること（現在公示されている「A→Bへの所有権の移転」という特定の権利関係が，更正の登記によって「A→Cへの所有権の移転」という全く別個の権利関係を公示する結果になることは許されない。）である。

なお，共有持分のみの更正の場合，例えば，A所有の不動産をB，C，Dの共有（各3分の1）で取得し，その所有権の移転の登記を受けたが，その際に登記された共有持分に誤りがある場合には，その共有持分を更正して正しい共有持分とする所有権の更正の登記を申請することができる。この場合，共有持分に誤りのある者の所有権（の一部）の取得の登記のみを更正することになるので，更正により共有持分が増加する者が登記権利者となり，その共有持分が減少する者が登記義務者となる。したがって，更正の登記の前後において持分に変化のない者は当該更正の登記の申請人とはならない。

297

第12　相続等による共有の登記とその変動

15　1個の登記の一部のみの抹消登記と更正登記

　1個の登記の一部のみの抹消登記手続をすることはできないが，その場合に当事者が抹消登記手続を求めた場合であっても，更正登記手続を命ずる判決をすることができるかどうかという問題がある。

　最判平成12年1月27日（裁判集民196号239頁）は，「甲名義の不動産につき，甲から乙，乙から丙への順次の相続を原因として直接丙に対する所有権移転登記がされているときに，右登記を甲の共同相続人丁および乙に対する所有権移転登記ならびに乙から丙に対する持分全部移転登記に更正することはできない」旨判示している。

　更正登記は，既に存在する登記につき，その当初の登記手続において錯誤又は遺漏があったため，登記と実体関係の間に原始的不一致がある場合に，その不一致を解消せしめるべく既存登記の内容の一部を訂正補充する目的をもってされる登記である。

　更正登記が認められるのは，①錯誤又は遺漏があったため，登記と実体関係の間に原始的な不一致があること，②更正の前後を通じて登記としての同一性が認められることの2要件が具備される場合に限られる。後者の要件である同一性が認められるかどうかにつき，例えば，同一性が認められない場合としては，更正前の所有者が更正後の所有者と全く異なる場合等が考えられ，登記名義人をＡＢとすべきところを，Ｃと記載（記録）したような場合には更正登記は許されない。これが許されるとすると，関係者の馴れ合いで登記名義人の更正登記を濫用して権利移転の登記の代用にするという弊害を伴うからである。

　所有権保存登記の場合も，登記を受けた者が全く脱落することになる更正登記や，更正前の共有者が全く登記名義人でなくなるような更正登記は許されない。例えば，既存のＹ名義の登記を乙及びＸ名義とするものであれば，更正の前後で登記名義人が全く異なることになり，同一性を認めることができないから，このような更正登記はできないということになる。

　この判決は，更正の前後を通じて登記の同一性を欠き，更正登記手続がで

298

きない場合の事例として参考になる（最判平成12年１月27日裁判集民196号239頁）。

16 共有者の一部の者に代位してする共有土地の分筆登記申請とその受否

　共有土地の一部が国道拡張計画による買収予定地にかかり，その共有者の一部との間に買収協議が成立したとして，国が右協議成立者を相手方とする仮登記仮処分命令を得て，代位による共有土地の分筆登記申請は受理されない（昭和37年３月13日民三発214号民事局第三課長電報回答・登記研究174号56頁）。つまり，共有者の一部の者に代位してする共有土地の分筆の登記は受理することができないということである。

　土地の分筆又は合筆の登記は，土地の表題部所有者（所有権の登記がされていない場合）又は所有権の登記名義人（所有権の登記がされている場合）の申請によってする（不登法39条１項）。これは，土地の分筆又は合筆は，その性質上，原則として，その土地の所有者の意思（申請）によってのみすることができる。ただ例外として，一筆の土地の一部を譲渡により譲り受けた譲受人が債権者代位（民法423条，登記令３条４号，73条１項３号）によって分筆の登記を申請する場合，そのほかの法令により第三者に分筆の登記の申請が認められている場合（土地改良法114条等），登記官の職権による分筆（不登法39条３項）の登記をする場合がある。

　土地が共有の場合において，当該土地を分割又は合併する行為は，民法251条の「共有物に変更を加えること」に該当する処分行為と解されている。また，分筆又は合筆の登記の申請行為自体も処分行為であって，同法252条ただし書の保存行為には該当しないことから，共有者全員によって申請しなければならない。

　債権者は，当然には代位によって分筆又は合筆の登記を申請することはできないものと解されるが，分筆の登記については，債権者の登記請求権を保全する必要がある場合において，分割した部分が明確にされた地積測量図が提供された売買契約書等を代位原因を証する情報とするときは，債権者代位

第12　相続等による共有の登記とその変動

による申請が認められる。他方，合筆の登記については，登記請求権を保全するために合筆の登記が必要とされる場面はなく，債権者代位による合筆の登記の申請は認められない。

　なお，土地の所有権について敷地権である旨の登記がされているときは，その敷地権の移転の登記は，土地の登記記録にすることなく，その敷地権の目的である土地の表示を登記した建物の登記記録にされるので，不登法39条の土地の所有者の登記名義人には，敷地権の表示を登記した建物の所有権の登記名義人を含むことになる。

　1筆の土地の一部を分割し，その一部を他の土地に合併する合筆の登記は，1の申請情報によりすることができ（規則108条），分合筆の登記と呼ばれている。この分合筆の登記の申請についても，不登法39条1項の規定に含まれている。すなわち，分合筆の登記も分筆する土地及び合筆する土地の同一の表題部所有者又は所有権の登記名義人が申請することになる[7]。

17　所有権の一部又は所有権の持分の一部を目的とする抵当権設定登記と登記原因証明情報

　単独所有権の一部又は所有権の持分の一部，例えば，A単有の不動産所有権の一部（3分の1），あるいは共有者Aの持分3分の2のうちの2分の1を目的とする抵当権の設定登記ができるかどうかということになるが，抵当権の目的物は，物権の本質から，独立特定していることを要するのであって，上記のごとくAの所有権の3分の1，又は共有持分3分の2の2分の1というのは，独立特定性がないものであるから，抵当権の目的とすることはできないものと解される。このような部分に抵当権の設定をできるとすれば，その後において，例えば，甲の所有権の一部の移転の登記又はその他の登記がされたときに，その権利と当該前記抵当権との関係，換言すればそれぞれの権利の及ぶ範囲が不明確となって，法律関係を混乱させることになるので，

7）鎌田薫・寺田逸郎編『新基本法コンメンタール不動産登記法』130，131頁〔岩崎琢治・横山亘〕

このような抵当権の設定登記の申請は旧不登法49条2号，現不登法25条2号によって却下されることになると解される（昭和36年1月17日民事甲106号民事局長回答・登記研究162号18頁）。

18 共有物分割と持分移転登記

共有物である土地の分筆の結果，その一部について単独所有権を取得した者は，分筆登記を経由した上で，他の共有者と共有して共有物分割を原因とする持分の移転登記手続を申請すべきである（最判昭和42年8月25日民集21巻7号1729頁）。つまり，共有物の分割は，共有者相互間において，共有物の各部分につき，その有する持分の交換又は売買が行われることであって，各共有者がその取得部分について単独所有権を原始的に取得するものではない。

また，民法254条は，「共有者の1人が共有物について他の共有者に対して有する債権は，その特定承継人に対しても行使することができる。」と規定しているが，この特定承継人に当たるか否かにつき，最判昭和34年11月26日民集13巻12号1550頁は，「土地の共有持分の一部を譲り受けた者が，他の共有者と，共有者内部においては，その土地の一部を分割し，その部分を右譲受人の単独所有として独占的に使用しうることおよび後に分筆登記が可能になつたときは直ちにその登記をすることを約した場合は，その後同土地につき共有持分を譲り受けた者に対して右契約上の債権を行うことができる。」旨判示している。

なお，共有持分が平等の場合でも，登記原因にその定めがあるときは，申請書にその持分の記載を要し，従って，その登記をする必要がある（旧不登法39条，登記令3条9号，登記研究131号38頁）。

19 所有権保存登記の抹消と表題部所有者の更正登記

Bを表題部所有者として表題登記がされた主たる建物及び附属建物に対して，Bを所有権登記名義人とする所有権の保存の登記がされた後，Aから，

第12　相続等による共有の登記とその変動

附属建物について自己の所有であるとして，①Ｂに対する附属建物についての所有権確認請求，②Ｂに対する建物の分割の登記及び附属建物であった建物について所有権の保存の登記の抹消手続請求の訴えが提起された場合に，これらの請求を認容する判決がされ，それが確定した場合に，そのことを証する情報を提供して，Ａは，当該建物の分割の登記及び附属建物であった建物についての所有権の保存の登記の抹消の申請と同時に，当該附属建物であった建物の表題部所有者をＢからＡに更正する登記の申請ができるかどうかが問題となる。

　この事案は，Ｂを表題部所有者として表題登記がされた後，Ｂを登記名義人とする所有権の保存の登記がされた附属建物のある建物（以下甲建物という。）について，Ａが甲建物のうち附属建物については，自己の所有であるとして，Ｂに対して，当該附属建物の所有権確認請求，そして，当該建物の分割の登記をした上で附属建物であった建物（以下乙建物という。）につき，所有権の保存の登記の抹消請求の訴えを提起し，この請求を認容する旨の判決を得，その判決が確定した場合には，Ａは，そのことを証する情報を提供して，甲建物を甲建物と乙建物とする建物の分割の登記及び分割後の乙建物についての所有権の保存登記の抹消と同時に，乙建物の登記記録を閉鎖することなく，所有権確認判決に基づいて，表題部所有者をＢからＡに更正する登記の申請をすることができるか否かがポイントになる。

　このうち，ＡのＢに対する，甲建物を甲建物と乙建物とする建物の分割の登記手続及び乙建物について所有権の保存の登記の抹消手続請求を認容する確定判決が，「乙建物の部分につき所有権の保存の登記を抹消せよ」という給付判決であれば，これを代位原因を証する情報として，Ａが単独で本件建物の分割の登記を申請することができるし，また，判決による登記として，乙建物についての所有権の保存の登記の抹消を申請することができると解される。

　問題は，乙建物について，Ｂ名義の所有権の保存の登記を抹消した場合に，不動産登記規則（平成17年法務省令18号）８条の規定によって，当該不動産の登記記録の全部について閉鎖の手続をすべきではないかという点であるが，

302

むしろ，確定判決によって，正当な所有者が登記官において認定できる場合には，登記記録を閉鎖することなく，真実の所有者を同建物の表題部に記録できるとすることが，表示に関する登記の基本理念に合致していると考えるのが相当であるといえる（「カウンター相談168」登記研究695号200頁）。

20 共有者の持分放棄とその登記

　共有名義の不動産について，放棄された共有者の持分は，他の共有者に帰属するが，例えば，ABCの共有名義の不動産について，共有者Cの持分放棄を登記原因として，他の共有者であるA又はBのいずれか一方が，もしくは共有者でない第三者丁が丙の持分を単独で取得する旨の丙持分全部移転の登記を申請することができるかについては既に考察したところであるが，従来の登記実務の取扱いは，ABCD共有の不動産について，Bを登記権利者，C及びDを登記義務者とし，「持分放棄」による他の共有者の1人BへのC及びD持分全部移転の登記を申請することができるとしていた。つまり，共有者中の一部の者と，他の一部の者において持分の放棄を原因として所有権移転登記ができるとしていた（登記研究352号103頁）。

　また，持分放棄を原因とする共有持分移転の登記申請書に記載された登記権利者の表示が，共有持分権の登記名義人の表示と異なっている場合であっても，当該登記権利者と登記名義人が同一人であることを証する書面を提供することなく，当該申請は受理して差し支えない（昭和44年6月5日民事甲1132号民事局長回答）とし，さらには，共有名義の不動産の共有者の1人の持分について，共有名義人でない第三者のために放棄を登記原因とする共有持分移転登記申請があった場合，受理すべきであるとしていた（昭和45年2月2日民事甲439号民事局長回答）。

　その理由としては，民法255条の「共有者に帰属する」という規定は，登記名義人であるかどうかにかかわらず，共有者の1人が持分を放棄した場合には，実体上の他の共有者に帰属するとの趣旨であって，A及びB共有名義の不動産の共有者の1人であるAがその持分を放棄した場合，その持分は，

第12　相続等による共有の登記とその変動

Bが実体上の共有者であればBに帰属し，Aが放棄する前に，Bが自己の持
分を第三者Cに移転していれば，Cに帰属することになる。すなわち，実体
法上からみれば，Aの放棄を原因として第三者CがAの持分を取得すること
があり得ることになり，Cのための持分移転の登記は実体法上は必ずしも無
効とはいえないということになり得る。したがって，書面審査のもとにおい
ては，登記名義人でないCが登記権利者であることのみをもって登記申請自
体が不適法であるとすることはできないから，当該登記申請は受理せざるを
得ないとされていたのではないかと考えられる。

　しかし，不動産登記制度は物権変動の過程と態様を如実に登記すべきであ
るから，BからCへの物権変動があるとすれば，まずその物権変動につき登
記をすべきであるということになる。逆に言えば，その登記がされていない
以上は，現在の登記名義人が所有者であると判断して登記の処理をすべきで
あるということになる。繰り返しになるが，不動産登記制度は，物権変動の
過程と態様を忠実に登記記録に反映すべきものであり，Aの持分放棄により，
その持分が共有の登記名義人であるB以外のCに帰属するものであるとすれ
ば，実体上Cは既にBの持分を取得しているのであるから，Aの持分放棄を
登記原因とするCへの持分移転をする前に，BからCへの持分移転の登記を
すべきであり，Aの持分放棄により，その持分が共有の登記名義人であるB
以外のCに帰属するということは，実体上，Cは既にBの持分を取得してい
るということであるから，Aの持分放棄を登記原因とするCへの持分移転登
記をする前に，BからCへの持分移転登記をすべきであるということになる。
もし，BからCへの持分移転登記を要求しないで，登記記録と矛盾する登記
申請を受理するとした場合，前後の登記間において理論的な整合性が保たれ
ないことになり，ひいては権利変動の過程と態様を忠実に反映しない登記を
することになるので，公示制度として混乱を招くことになりかねない。

　したがって，登記記録を前提として，登記に対応した実体関係が存在する
ものとして，登記申請の受否を判断すべきであり，登記記録と矛盾する登記
申請については，たとえ実体法上の可能性があるとしても，これを考慮すべ

304

きでないということになる[8]。

　そこで，例えば，ABCDE共有名義の不動産について，A，B2名の持分全部を共有者の1人であるCのために「持分放棄」を原因とするA，B持分全部移転の登記の申請は受理すべきでないとされ（登記研究470号97頁），また，共有名義の不動産の共有者1人の持分を共有名義人でない第三者のために「持分放棄」を原因とする共有持分移転の仮登記申請も受理することができない（登記研究476号140頁）ということになる。

　ところで，ABCの共有名義の不動産について，Aの持分放棄によるB及びCへの持分移転の登記は必ずしも一の申請情報によってする必要はなく，Bに属した持分についてはAとBの共同申請により，Cに属した持分についてはAとCの共同申請により，各別の申請によりすることができる。

21 共有不動産の所有権取得による登記申請と同一の申請書

　持分を同じくし，又は持分を異にし数人が共有する不動産について，共有者以外の他の者が共有者の全員から所有権を取得し，又は共有者の1人が他の共有者から持分の全部若しくは一部を取得した場合は，便宜，同一の申請書により一個の登記で所有権移転の登記又は持分移転の登記をすることができる。ただし，第三者の権利に関する登記がなされている持分の移転の登記については，別個の申請書により各別に登記すべきである。

　例えば，甲乙丙が不動産を共有している場合，これをAに売却する方法としては，①甲，乙，丙の各持分を各別にAに売却する方法，②甲乙丙全員が一体となって不動産をAに売却する方法の2通りが考えられる。①の場合には，売買契約は甲A間，乙A間，丙A間に各別に存在し，登記の目的は持分の移転登記として3者共通であるが，登記原因が異なるので，改正前不登法46条（現登記令4条）により同一の申請者により持分移転登記を申請することはできない。しかし，②の場合には登記原因が同一であるとして同一の申請

8）「共有持分放棄による所有権移転の登記」カウンター相談Ⅱ179頁

第12 相続等による共有の登記とその変動

者で登記申請をすることができるかどうかが問題となる（昭和35年5月18日民事甲1186号民事局長回答は認めている）が，その後，保証書による登記申請と関連して昭和36年1月20日民事甲168号民事局長回答は，「数人共有にかかる一個の不動産について，第三者たるA，B及びCの共有に所有権移転の登記を，同一の申請書をもって甲の保証書と乙の権利に関する登記済証を添付して登記の申請があった場合でも，昭和35年6月2日付民甲第1369号の趣旨により受理することができるか。」という照会に対して，「所問の場合には登記原因が同一でないから，同一の申請書をもって申請することはできない。甲および乙の持分についてそれぞれ各別に申請すべきである。」とされたので，疑義を生じたものと考えられる。

第**13** 共有等の諸形態とその変動等による登記手続

1 内縁の夫婦による共有不動産の共同使用と一方死亡後における他方の右不動産の単独使用

　内縁の夫婦がその共有する不動産を居住又は共同事業のために共同で使用してきたときは，特段の事情のない限り，両者の間において，その一方が死亡した後は他方が右不動産を単独で使用する旨の合意が成立していたものと推認される。

　共有者は，共有物につき持分に応じた使用をすることができるにとどまり，他の共有者との協議を経ずに当然に共有物を単独で使用する権限を有するものではない。しかし，共有者間の合意により共有者の1人が共有物を単独で使用する旨を定めた場合には，その合意により単独使用を認められた共有者は，右合意が変更され，又は共有関係が解消されるまでの間は，共有物を単独で使用することができ，この使用による利益について他の共有者に対して不当利益返還義務を負わないものと解される。そして，内縁の夫婦がその共有する不動産を居住又は共同事業のために共同で使用していたときは，特段の事情のない限り，両者の間において，その一方が死亡した後は他方がその不動産を単独で使用する旨の合意が成立していたものと推認するのが相当である。というのは，このような「両者の関係及び共有不動産の使用状況からすると，一方が死亡した場合に残された内縁の配偶者に共有不動産の全面的な使用権を与えて従前と同一の目的，態様の不動産の無償使用を継続させることが両者の通常の意思に合致するといえる」からである[1]。

　共有者は，持分に応じて共有物を使用することができるが，他の共有者を

1）最判平成10年2月26日判タ969号119頁

第13　共有等の諸形態とその変動等による登記手続

排して独占的に占有使用する権限はなく，したがって，自己の持分を超える
使用については，原則として，他の共有者に対して不当利得返還義務を負う
と解される。

　しかし，このケースのように内縁の夫婦が共有不動産を自宅や共同事業の
本拠として共同使用している場合には，その一方が死亡した後も他方配偶者
が引き続いて不動産を占有使用することが予定されていると見るべき場合が
多いと考えられ，他方配偶者による占有使用につき，他の共有者（死亡配偶
者の相続人）に対する関係での不当利得の成否が問題になる。

　このことにつき，参考になる判例として，最判平成8年12月17日民集50巻
10号2778頁がある。この判決は，相続により共同相続人の共有となった建物
に，相続開始前から被相続人の許諾を得て被相続人と同居し，相続開始後こ
れを単独で占有している共同相続人の1人に対して，他の相続人が不法行為
又は不当利得を原因として持分に応じた賃料相当額の支払を求めた事案につ
き，特段の事情のない限り，被相続人と同居相続人との間で，相続開始時を
始期とし，遺産分割時を終期とする使用貸借が成立していたと推認されると
判示して，不当利得返還請求を認容した原判決を破棄している。

　この事案における同居相続人は，被相続人の生前は，占有補助者として建
物を無償で使用しており，相続開始後も従前と同様の無償使用を認めるため
の理論構成が議論されてきたところである。

　この判決は，当事者の通常の意思に合致することを理由として，終期付使
用貸借の成立の推認という理論構成を採用している。

　そこで，平成10年の判決は，この平成8年の判決の考え方を，共有不動産
を共同で使用する内縁の夫婦の場合に応用したものということができる[2]。
すなわち，共有物の具体的な使用収益の方法は，共有者間の協議によって決
定され，共有者の1人が単独で使用する旨の合意が共有者間で成立すれば，
その共有者は，他の共有者に対して不当利得返還義務を負わないと解される。

　本判決は，共有不動産を共同で使用する内縁の夫婦の場合に，当事者の通

――――――――――――――――――――
[2]　前掲（注1）118頁

常の意思に合致することを根拠として，特段の事情のない限り，一方が死亡した後に他方が単独使用する旨の合意の成立が推認されるとしている。

この合意が認められる場合，他の共有者（死亡配偶者の相続人）としては，共有物を自ら使用するために右合意の変更を求め，あるいは，共有物の分割を求めることになろう。

建物の所有者と同居していた内縁の配偶者が所有者の死亡後に建物に居住することができるかどうかという，いわゆる内縁の妻の居住権の問題につきこの平成10年の判決の考え方は，内縁の夫婦間の合意を基礎として，一方の死亡後の他方配偶者の占有使用を死亡配偶者の相続人に対する関係で保護しようとするものであり，共有者の一人による共有物の単独使用と不当利得の成否，内縁の夫婦の一方が死亡した場合の相続人と他方配偶者との法律関係という両面から注目すべき判断を示した判決であると考えられる[3]。

なお，近時の高齢化社会の進展に伴い，相続開始の時点で被相続人の配偶者が相当高齢となっている場合が増えており，配偶者の居住権保護の必要性が高まっていることから，「民法（相続関係）等の改正」[4]において，配偶者の居住権を保護するための方策として

① 配偶者が相続開始時に被相続人所有の建物に無償で居住していた場合に，配偶者の短期的な居住の利益を保護するために，遺産分割が終了するまでの間，無償でその建物に住み続けることができるとする。これは，判例上，相続人の一人が被相続人の許諾を得て被相続人所有の建物に同居していた場合には，特段の事情のない限り，被相続人とその相続人との間で，相続開始時を始期とし，遺産分割時を終期とする使用貸借契約が成立していたものと推認されるとの判断が示されていること（最判平成8年12月17日民集50巻10号2778頁）等を参考としたものであるが，この判例とは異なり，配偶者の居住建物が遺産分割の対象となっている場合には，被相続人の意思にかかわらず無償での居住を認めることとしている。

3）前掲（注1）118頁
4）民法及び家事事件手続法の一部を改正する法律（以下民法等改正法という。）が平成30年7月6日に成立し，同月13日法律第72号として公布された。

第13　共有等の諸形態とその変動等による登記手続

　　前記平成 8 年の最高裁判決は，共同相続人の 1 人が相続開始前から被
　相続人の許諾を得て遺産である建物において被相続人と同居してきたと
　きは，相続開始後も遺産分割までは，無償で使用させる旨の被相続人の
　同意があったものと推認され，被相続人の地位を承継した他の相続人等
　が貸主となり同居相続人を借主とする使用貸借関係が存続するとしてい
　るが，上記判決と異なり，配偶者の居住建物が遺産分割の対象となって
　いる場合には，被相続人の意思にかかわらず，無償での居住を認めるこ
　ととしている。
②　また，被相続人か配偶者の居住建物を第三者に遺贈した場合のように，
　配偶者の居住建物について遺産分割をする必要がなく，①の規律だけで
　あると配偶者の居住権が短期的にも保護されないこととなるため，その
　特則を設けている。
③　配偶者の居住権を長期的に保護するための方策として，配偶者か相続
　開始時に居住していた被相続人所有の建物を対象として，終身又は一定
　期間，配偶者にその使用を認めることを内容とする法定の権利（以下長
　期居住権という。）を新設し，遺産分割における選択肢の 1 つとして，配
　偶者に長期居住権を新設して，遺産分割の選択肢の 1 つとして，配偶者
　に長期居住権を取得させることができるものとするほか，被相続人の遺
　言等によっても配偶者に長期居住権を取得することができるものとして
　いる[5]。

2　不動産の共有者の 1 人からの抹消登記請求と保存行為

　不動産の共有者の 1 人は，その持分権に基づき，単独で当該不動産につき
登記簿上所有名義を有する者に対して，その登記の抹消を請求することがで
きるかどうかが問題となる。

　最判昭和31年 5 月10日の判例によれば不動産の共有者の 1 人がその持分に

───────────
[5]　堂薗幹一郎「民法（相続関係）等の改正に関する中間試案」金融法務事情2047号74頁

基づき当該不動産の所有者としての登記を有する者に対してその登記の抹消を求めることは，妨害排除請求だから保存行為に当たり，共同相続人の１人は，単独で所有権移転登記の全部抹消を求めることができる（最判昭和31年５月10日民集10巻５号487頁）とする。

このことは，例えば，共有に属する土地が地役権の要役地とされた場合に，要役地のために承役地につき地役権設定登記手続を求める訴えは，各共有者が単独で共有者全員のための保存行為として提起することができ，固有必要的共同訴訟[6]に当たらない（最判平成７年７月18日民集49巻７号2684頁）とされていることからもいえることである。

また，土地の各共有者は，その持分権に基づき，その土地の一部が自己の所有に属すると主張する第三者に対し，単独で，係争地が自己の共有持分権に属することの確認を訴求することができる（最判昭和40年５月20日民集19巻４号859頁）。

しかし，⒤共有物の所有権確認の訴えを提起するには，共有者全員ですることを要し，各共有者は，単独でこれをすることはできない（大判大正５年６月13日民録22輯1200頁）。また，ⅱ共有者全員が，共同原告となり，第三者に対して共有権（数人が共同して有する一個の所有権）の確認を求める訴訟の形態は，いわゆる固有必要的共同訴訟である（最判昭和46年10月７日民集25巻７号885頁）。

土地の境界は，土地所有権と密接な関係を有し，かつ，隣接する土地所有者全員について合一に確定すべきだから，境界の確定を求める訴えは，隣接地の一方又は双方が数名の共有に属する場合には，固有必要的共同訴訟である（最判昭和46年12月９日民集25巻９号1457頁）。

なお，土地共有者のうちに境界確定の訴えを提起することに同調しない者がいる場合には，その余の共有者はその者と隣地所有者とを被告としてその訴えを提起することができる（最判平成11年11月９日民集53巻８号1421頁）。

6）訴訟の目的が全員につき合一して確定されなければならないため関係者全員が共同して訴え又は訴えられる必要があるとされる共同訴訟（民訴法40条の規定する訴訟の一形態）である。

第13　共有等の諸形態とその変動等による登記手続

3　共有者の１人による不実の登記とその抹消請求

　不動産の共有者の１人は，その持分権に基づき，共有不動産に対して加え
られた妨害を排除することができ，不実の持分移転登記がされている場合に
は，その登記によって共有不動産に対する妨害状態が生じているということ
ができるから，共有不動産について全く実体上の権利を有しないのに持分移
転登記を経由している者に対し，単独でその持分移転登記の抹消登記手続を
請求することができる（最判昭和31年５月10日民集10巻５号487頁，最判昭和33年７
月22日民集12巻12号1805頁）。

　共有の法的性質に関しては，ⅰ共有物の所有権の個数を，単独所有の場合
と同様１個と捉え（この場合の所有権を共有権という。），各共有者は，この１個
の権利（共有権）の一部を有するにすぎないとする見解（単一説ないし分量説）
と，ⅱ各共有者が有するのは権利の一部ではなく，それ自体が単独所有の場
合と同様１個の権利であり（持分権），この各人の有する独立所有権（持分
権）が複数個集合した束の状態が共有であるとする見解（複数説ないし独立所有
権説）が存在する。

　現行民法起草者は単一説に立ち（「持分」の語はあるが「持分権」なる語は用い
られていないとする。），不動産登記令も，共有持分の移転登記を「権利の一部
を移転する登記」あるいは「移転する権利の一部」と表現している（不登令
３条11号ホ，20条５号など）。

　登記請求に関しては，判例は，ⅰ債権的登記請求権の事案に関しては，共
有権に基づく請求につき不可分債権説に立って，単独での全部請求を肯定し
ている（大判昭和10年11月22日裁判例９巻288頁（民），最判昭和36年12月15日民集15巻
11号2865頁）。

　一方，ⅱ物権的登記請求権に関する従前の判例の処理は，㋐登記名義人が
無権利者である場合と，㋑共有者の１人である場合とで異なり，㋐の場合に
は，単独での全部抹消登記を請求できるのに対して（最判昭和31年５月10日民集
10巻５号487頁，最判昭和33年７月22日民集12巻12号1805頁），㋑の場合の登記は，登
記名義人である共有者の持分の限りでは有効なので，他の共有者は，自己の

312

持分の限りでの一部抹消登記である更正登記しか請求できないとしている（最判昭和59年4月24日判時1120号38頁）。

最高裁判決（平成15年7月11日民集57巻7号787頁）は，「不動産の共有者の一人は，その持分権に基づき，共有不動産に対して加えられた妨害を排除することができるところ，不実の持分移転がされている場合には，その登記によって共有不動産に対する妨害状態が生じているということができるから，共有不動産について全く実体上の権利を有しないのに持分移転登記を経由している者に対し，単独でその持分移転登記の抹消登記手続を請求することができる」としており，本判決は前述した⑪⑦の無権利者登記型の事案であり，共有者登記型とは事案を異にすると解される[7]。

4 真正な登記名義の回復を登記原因とする所有権移転登記申請と登記義務者

甲から乙への所有権移転登記がなされているが，正しくは当該不動産は乙丙の共有であった場合，「真正な登記名義の回復」を登記原因とする所有権一部移転の登記申請の登記義務者は登記名義人である乙のみでたりる（質疑応答・登記研究501号154頁）。

5 それぞれ持分の異なる44名の共有する1筆の土地につき，共有物分割を登記原因として共有者中の2名の共有とする持分移転登記の可否

旧不登法46条は，同一の登記所の管轄内にある数個の不動産に関する登記を申請する場合において登記原因及び登記の目的が同一であるときは同一の申請書で登記申請ができる旨を規定していた。

現不登令4条は，同法26条の委任に基づく規定であるが，申請情報は，登記の目的及び登記原因に応じ，1の不動産ごとに作成して提供することを原

7）七戸克彦「共有者の一人による不実登記の抹消登記手続」『民法判例百選①総則・物権〔第7版〕』（有斐閣，2015）141頁

第13　共有等の諸形態とその変動等による登記手続

則とするが，例外規定を置いている。その例外規定は，同一の登記所の管轄区域内にある2以上の不動産について申請する登記の目的並びに登記原因及びその日付が同一であるときその他法務省令で定めるときは，この限りではないと規定している。

　例えば，同一の登記所の管轄区域内にある甲乙不動産について同一の登記原因による抵当権の設定の登記を申請するような場合が該当する。また，同一の登記所の管轄区域内にある2以上の土地について2以上の分筆の登記又は合筆の登記を申請する場合も，これに含まれると解される。

　「その他法務省令で定めるとき」としては，例えば，ある土地を分筆して，分筆した土地を他の土地に合筆しようとする場合の分筆の登記と合筆の登記を申請するとき等が定められている[8]。

6　売買契約の解除と所有者の更正登記

　平成29年1月10日にAからBへの売買契約により所有権を取得したBが同年3月10日に表示の登記をした。ところが，AB間の売買契約は既に同年2月10日に解除され，さらに同年2月20日のAC間の売買契約によりCが所有権を取得している場合に，BからCへの所有者の更正登記はすることができるかどうかが問題となる。

　この場合，BからCへの更正の登記ができるか否かは，3月10日になされたBの所有権の登記が実体に符合しない無効な登記であることをどう考えるかということがポイントになる。つまり，この場合，既に2月10日にAB間の売買契約が解除されているのであるから，Bの表示の登記がされた3月10日の時点ではBは所有者でないことになり，まさしくBの所有者の登記は実体に符合しない無効な登記であると考えられるからである。

　しかし，ここで留意する必要があるのは，Bはかつての所有者であるという点である。

8）規則35条，河合芳光『逐条不動産登記令』（金融財政事情研究会，2005）53頁

6　売買契約の解除と所有者の更正登記

　もっとも，解除の効果の理解の仕方如何によってはBは解除の遡及効により所有者ではなかったことになるのであるから，そのまま素直に解するとBはかつての所有者ではないということになるが，しかし，解除の効果を物権変動の観点から考えた場合には，AからBへの所有権の移転があり，さらに解除によってBからAに所有権の移転があったと解するのが相当であると考えられるので，Bはかつての所有者であると解することができる。

　このように考えれば，Bから所有権の復帰的移転を受けたA，さらにAから移転を受けたCが，表示の登記を申請しなければならない（旧不登法80条3項，93条3項，現不登法36条，47条1項等）。この場合，かつての所有者Bは，第三者に所有権を移転した後においても表示の登記を申請することができると解される。

　所有権の登記がない不動産については，所有者の氏名又は名称及び住所並びに所有者が二人以上であるときはその所有者ごとの持分を表題部に記録することとされている（不登法27条3号）。

　表題部所有者の氏名又は名称及び住所は，表題部に記載されているその他の登記事項と相まって権利の客体である不動産を特定し，その客観的状況を公示する機能を有すると同時に，当該不動産の所有権の保存の登記の申請適格者を定める機能を有する（不登法74条）。

　また，土地の分筆や合筆の登記等の申請主体を明らかにし，更には土地の地目変更等の報告的登記における登記の申請義務者を特定する機能を有する（不登法37条〜39条，42条，49条，51条等）。

　なお，所有権の登記がある不動産の所有者は，所有権の登記名義人として公示される（不登法59条4号）ことから，所有者に関する事項は，表示に関する登記の登記事項とはされていない[9]。

　ところで，表題部所有者の更正の登記の意義としては，表題部に記録された所有者自体（権利の主体）が誤っている場合（持分が誤っている場合も含む。）にするものである。したがって，所有者自身（権利の主体）は同一であるが，

9）鎌田薫・寺田逸郎編『新基本法コンメンタール　不動産登記法』別冊法学セミナー206号106頁

第13　共有等の諸形態とその変動等による登記手続

単に所有者を特定するための要素である氏名（名称，商号）又は住所（主たる
事務所，本店）に更正の事由が生じた時は，不登法31条により更正すべきこと
となる。

　表題部所有者の更正の登記は，表題部所有者が登記の当初から誤っている
場合にこれを真正な所有者に是正するために行われるものである。つまり，
公示の正確性を確保するとともに，真正な所有者が表題部所有者として登記
されていないために所有権の保存の登記が申請できないといった不合理を解
消する目的でされる登記である。

　例えば，表題部所有者として甲が登記されている場合において，甲が真正
な所有者ではなく，乙が所有者であるときや，甲及び乙が所有者であるとき
等に行われる。

　ところで，未登記のうちに所有者の変更があったにもかかわらず，前所有
者が表題登記を申請し，表題部所有者となっている場合の取扱いが問題とな
る。

　この点については，表題部所有者の更正登記をすることができるのは，
「表題部に登記された所有関係が，現在はもちろん過去における実体関係に
まったく一致していない場合のみである。」と解し，あくまでも当初から所
有権を有しないのに表題部所有者として記載（記録）されている場合でなけ
れば当該更正の登記をすることができないとする立場と，「承継取得者を所
有者として不動産の表題登記をすることが許容されているのであるから，既
に所有者でなくなっている甲を所有者として不動産の表題登記がなされてい
る場合でも，その登記当時における真正な所有者として，甲を更正して乙と
することができるものと解し，その所有者の更正の登記をするときは，その
不動産の表題登記のされた当時の所有者に訂正すべきである。」とする考え
方がある[10]。後者の考方で妥当であると考えられる。

---

10) 鎌田・寺田前掲（注9）117頁

316

7 AからBへの売買契約による所有権移転登記とその売買契約の解除によりAから所有権を取得したCへの所有者の更正の登記の可否

平成30年1月10日にAからBへの売買契約により建物の所有権を取得したBは，同年3月10日に表示の登記をした。しかし，その後同年4月10日に売買契約が解除されA名義となった。その後同物件について同年5月10日にCがAから所有権を取得した場合，BからCへの所有権の更正登記ができるかどうかが問題となる。

更正登記は，既にされた登記が登記手続に錯誤又は遺漏があるため，その一部について登記と実体との不一致がある場合に当事者の申請等によってなされる登記であるが，この事例の場合は，4月10日にAからBへの売買契約が解除された後，さらに5月10日にAC間の売買契約によりCが既に所有権を取得しているため，BからCへの更正の登記申請ができないかというものである。

しかし，AC間の物権変動は，Bの所有権の登記がなされた後の変動であるから，AB間の売買契約の解除によるBからAに対する所有権の登記手続をした後に，AからCへの売買による所有権移転登記をする必要があり，BからCへの所有権の更正の登記はできないと解される[11]。

8 2筆の共有地の持分を交換して単有となる場合とその登記原因

AとBの土地を甲乙が共有しているが，共有物分割によりAの土地は甲，Bの土地は乙と各単有とする持分移転の登記をする場合の登記原因は，「共有物分割」とするか，それとも「共有物分割による交換」とすべきかという疑問が生ずる。

民法256条は，各共有者は，5年を超えない期間内の不分割の契約がある場合を除き，各共有者はいつでも共有物の分割請求をすることができる旨規

11）拙稿登記研究411号13頁

定している。また，判例は，共有物である土地の分割の結果，その一部について単独所有権を取得した者は，分筆登記をも経由した上で他の共有者と共同して共有物分割を原因とする持分の移転登記手続を申請すべきである（最判昭和42年8月25日民集21巻7号1729頁）と判示しており，「共有物分割」を登記原因として申請することができると解される（登記研究442号84頁）。

9 甲乙共有の不動産について，ＡＢＣの共有とする所有権移転登記申請と同一の申請書（申請情報）

　例えば，甲乙を売主とし，Ａ，Ｂ，Ｃを買主として甲乙共有の不動産をＡ，Ｂ，Ｃ3名で買い受ける契約が成立し，登記義務者を甲乙，登記権利者をＡ，Ｂ，Ｃ3名として，甲乙の共有から直接ＡＢＣ3名の共有とする所有権移転の登記が申請された場合，法律的には甲の持分をＡ，Ｂ，Ｃ3名に移転し，また乙の持分をＡ，Ｂ，Ｃ3名に移転する契約がされたものと解すべきであり，したがって，契約の相手方（登記義務者）を異にするのであるから，甲の持分についての移転と乙の持分についての移転とは，登記原因を異にすることになり，同一の申請書で申請することはできないのである（旧不登法46条，不登令4条，規則35条8号等）。しかも，この場合，登記の形式としても，甲乙の共有から直接ＡＢＣの共有とする1個の所有権移転の登記はできないのであって，甲の持分についてＡ，Ｂ，Ｃ3名への所有権移転の登記をし，又乙の持分についても同様の登記をすべきであり，結局2個の登記をするということになると考えられる。

　やはり，この場合，甲又は乙の持分がいかなる割合によりＡ，Ｂ，Ｃ3名に移転したかを登記上明らかにすべきであって，例えば甲の持分について抵当権その他の権利の登記がされているときには，甲乙共有から直接ＡＢＣの共有の登記をすれば，Ａの取得した持分は，甲若しくは乙の持分の承継取得か又は甲の持分と乙の持分のそれぞれの一部の承継移転かが登記上明らかでないため，甲の持分上の第三者の権利がいかなる状態でＡ，Ｂ，Ｃに対抗できるのかが不明となるからである。したがって，甲の持分と乙の持分につい

て，それぞれ別個の登記としてＡ，Ｂ，Ｃへの持分移転の登記を各別の申請者によって申請することになるから，前述したような問題はないわけである（登記研究163号21，22頁）。

10 所有権の更正登記と利害関係人の承諾書

債権者代位により共同相続の登記がされた後，当該共同相続人全員を設定者とする抵当権設定の登記が経由されている場合において，共同相続の登記を単独相続の登記とする更正の登記を申請するとき，当該抵当権者の承諾書の提供を要するか否かが問題となる。

更正登記というのは既になされた登記が登記手続に錯誤又は遺漏があるため，その一部について登記と実体との不一致がある場合に，当事者の申請若しくは官公署の嘱託又は登記官の職権でなされる登記である（不登法66条等）。

権利の更正の登記は，登記上の利害関係を有する第三者の承諾がある場合に限り，付記登記によってすることができる（不登法66条，不登令別表25）。

したがって，債権者代位によって，共同相続の登記がなされ，その共同相続人全員が設定者となって抵当権設定の登記が経由されている場合は，共同相続の登記を単独相続の登記とする更正の登記を申請することになるが，その更正の登記を申請するときは，当該抵当権者の承諾書を添付（提供）する必要がある（登記研究403号99頁）。

11 共有根抵当権の登記と債権の共有

共有根抵当権というのは，１個の根抵当権を数人が共有する状態をいう。根抵当権の共有状態が生ずる場合として，民法398条の13は，元本の確定前においては，根抵当権者は，根抵当権設定者の承諾を得て一部譲渡をすることができるとし，根抵当権の一部譲渡により根抵当権の共有状態が作出され得ることを規定しており，この一部譲渡により，譲渡人と譲受人が根抵当権の共有者になる。

319

第13　共有等の諸形態とその変動等による登記手続

　共有は，当初から共有の根抵当権を設定した場合のほか，根抵当権者に相続が開始した場合等も根抵当権について共有状態となる。また，確定後においても，根抵当権の担保する債権の一部が第三者に移転し，これに随伴して根抵当権の一部移転が生じた場合等にも生ずる。

　根抵当権者の共有の場合においては，共有者は，当該根抵当権の担保すべき債権自体を共有する必要はない。それぞれが別個に取得する債権が根抵当権によって担保される。

　例えば，甲・乙間の継続的売買取引から生ずる債権担保のため，乙所有不動産上に3,000万円の根抵当権を有する場合において，さらに同種の債権を乙に対して継続的に取得する無担保権利者丙がいる場合，甲が丙にこの根抵当権を一部譲渡すれば甲と丙は根抵当権の共有者となり，丙が取得する債権も根抵当権によって担保される。この場合には，根抵当権設定者の承諾が必要とされる（民法398条の13）。

　また，根抵当権者に相続が開始した場合なども根抵当権について共有状態となることは前述のとおりである。

　共有根抵当権の確定については，根抵当権の確定は一つの根抵当権全体について生ずべきものであるから，共有者のうちの一部についてのみに担保すべき元本が生じないこととなっても，根抵当権としては確定することにならない。共有根抵当権の確定は，全ての共有者について，その事由が生じたときにはじめて生ずる。根抵当権が数人の共有にある場合の確定請求は，共有者全員に対してこれをする必要がある。そして，共有者全員にその意思表示が到達した時に有効な確定請求の意思表示があったことになる。

12　共同根抵当物件の一部についてする元本確定の登記と代位弁済による根抵当権移転の登記

　同一の債権を担保するために２個以上の不動産の上に設定され，かつ設定と同時に共同担保の登記をした根抵当権（民法398条の16）を共同根抵当権という。設定と同時に共同担保の登記をしない限り共同根抵当にならない。

例えば，土地Ａとその上の建物Ｂとを共同担保として根抵当権が設定され，かつ設定と同時に共同担保の登記をした場合，土地に設定された根抵当権と建物に設定された根抵当権とは共同根抵当の関係にあるといえる。

そして，数個の不動産上の根抵当権について，民法392条の規定が適用されるためには，数個の不動産上の根抵当権が同一債権を担保するものでなければならず，それぞれの不動産上の根抵当権の被担保債権の範囲，債権者，極度額が同一であることが必要である（民法398条の16，398条の17）。

ちなみに，数個の不動産について，共同担保として根抵当権設定の登記がされている場合において，そのうちの１つの不動産についてのみ担保すべき元本の確定の登記及び代位弁済による根抵当権移転の登記の申請をすることができるかどうかが問題となる。

数個の不動産について共同担保として根抵当権設定の登記がされている場合において，そのうちの１つの不動産についてのみ，つまり，共同根抵当物件の一部について，元本確定の登記と代位弁済による根抵当権移転の登記申請の可否が問題となるが，共同根抵当権であっても，数個の不動産上の根抵当が全て同時に設定，かつ登記されなければならないということではないと解されるので，共同根抵当物件の一部について，元本確定の登記及び代位弁済による根抵当権移転の登記の申請をすることはできると解される（登記研究389号123頁）。

13 被担保債権の発生原因及びその日付の記載の遺漏と更正の登記

抵当権の登記の更正は，登記した抵当権の登記事項が錯誤により誤っているとき，又は登記すべき事項を誤って遺漏した場合等になされる登記であって，その更正後の登記事項を第三者に対抗するためになされるものである。

抵当権の登記すべき事項としては，被担保債権の発生原因である債権契約とその日付をも登記原因の一部として記載する（平成21年2月20日民二500号民事局長通達）必要があるが，その登記すべき事項を誤って遺漏した場合には抵当権の登記の更正登記をすることができる。その更正後の登記事項を第三

第13　共有等の諸形態とその変動等による登記手続

者に対抗するためである。つまり，抵当権の設定登記の申請書（申請情報）
には，被担保債権を特定させるためにその発生原因である債権契約及びその
日付をも登記原因の一部として記載（記録）し，登記簿に記載（記録）する必
要があるが，現に効力を有する既往の登記で被担保債権の発生原因及びその
日付の記載（記録）がないものについては，遺漏による更正の登記を申請す
ることができる（昭和30年12月23日民事甲2747号民事局長通達）。

　抵当権の設定は意思表示，すなわち抵当権の設定契約によりその効力を生
ずるのであって，その他のなんらの行為を要しない（民法176条）が，しかし，
抵当権の設定を第三者に対抗するために，その登記を必要とする（同法177
条）。抵当権設定の登記申請書（申請情報）には，登記原因及びその日付とし
て，被担保債権を特定させるため，その発生原因である債権契約とその日付
を記載して，その債権を担保するための抵当権の設定契約である旨及びその
設定契約の成立の日付を記載（記録）する必要がある。したがって，被担保
債権の発生原因及びその日付の記載（記録）のないものについては，遺漏に
よる更正の登記を申請することができるのである（民事月報11巻2号96頁，登記
関係先例集追加編Ⅰ511頁，登記関係先例要旨総覧（明治7・11〜昭和59・12）550頁）。

14　同一の土地を承役地とする数個の地役権の設定とその登記申請

　甲地の一部を承役地とするAのための通行地役権設定の登記後，重ねて上
記甲地の同一部分を承役地とするBのための地役権設定の登記申請ができる
かどうかが問題となる。

　地役権というのは，設定行為で定めた目的に従い，他人の土地（承役地）
を自己の土地（要役地）の便益に共する権利のことをいう（民法280条）。

　土地の便益の種類はないが，地役権の設定によって要役地の利用価値が客
観的に増大する場合（例えば，通行・引水など）でなければならず，ある時期に
おいて要役地を利用する者の個人的利益（例えば，狩猟・採集など）のために地
役権を設定することはできない。しかし，要役地と承役地は必ずしも隣接し
ていることを要しない。

322

要役地又は承役地が数人の共有に属する場合には，地役権は，共有者全員について共通にのみ発生又は消滅することを要し，要役地の共有者の1人について地役権が発生する場合には，共有者全員がこの利益にあずかり，また共有者の1人だけが地役権を消滅させることはできない。例えば，民法282条1項は，「土地の共有者の一人は，その持分につき，その土地のために又はその土地について存する地役権を消滅させることができない。」と規定し，同法284条は，その1項において，「土地の共有者の一人が時効によって地役権を取得したときは，他の共有者も，これを取得する。」と規定している。そして，その2項は，「共有者に対する時効の中断は，地役権を行使する各共有者に対してしなければ，その効力を生じない。」と規定している。また，その3項は，「地役権を行使する共有者が数人ある場合には，その一人について時効の停止の原因があっても，時効は，各共有者のために進行する。」と規定している。そして，同法292条は，「要役地が数人の共有に属する場合において，その一人のために時効の中断又は停止があるときは，その中断又は停止は，他の共有者のためにも，その効力を生ずる。」と規定し，地役権の不可分性を鮮明にしている。

地役権の設定はその登記をしなければ第三者に対抗できない（民法177条）が，同一の土地を承役地とする数個の地役権の設定の登記申請は可能である。例えば，甲地の一部を承役地とするAのための通行地役権設定の登記後，重ねて上記甲地の同一部分を承役地とするBのための地役権設定の登記の申請はすることができる（質疑応答・登記研究501号153頁）。

15　2度にわたる遺産分割協議の各協議書を提供してした相続登記の申請とその受否

遺産分割協議が2度にわたって行われ，その遺産分割協議書の全部を提供してなされた相続による所有権移転登記申請が受理されるかどうかというテーマである。

例えば，亡甲の共同相続人として，乙，丙，丁がいた場合において，乙，

丙及び丁間の遺産分割協議と丙丁間の遺産分割協議書を提供して相続による所有権移転の登記申請があった場合の当該申請の受否が問題となる。

遺産分割は，相続により共同相続人の共同所有となった相続財産を，それを構成する個々の財産ごとに各相続人の単独所有又は通常の共有に転換する手続のことをいうが，例えば，亡甲の共同相続人として，乙，丙及び丁がいる場合に次のような２通の遺産分割協議書が作成されていた場合，当該協議書を提供してなされた相続登記申請の受否が問題となる。

遺産分割協議書は，相続による登記の申請情報とともに提供する，共同相続人間で調った遺産分割協議の内容を記載し全相続人の署名捺印した書面（情報）のことをいうが，その書面（情報）として，①乙，丙及び丁間の遺産分割協議書と②丙及び丁間の遺産分割協議書が提供されている。

前者は，「乙は亡甲所有不動産のＡ物件を取得する。他のＢ及びＣの物件については丙及び丁間で協議する。なお，この協議内容に関して，乙は一切異議を述べない。」，後者は，「丙は亡甲所有の不動産のＢ物件を取得し丁はＣ物件を取得する。」と記載（記録）されている。

前述のような２通の遺産分割協議書が作成された場合，当該申請は受理できると解される（登記研究501号153頁）。

16 相続を証する書面（登記情報）とその添付（提供）の要否

相続登記の申請において，相続人のうち特別受益者である者が婚姻等により被相続人の戸籍から除籍されている場合でも，当該除籍事項と特別受益証明書に記載されている事項等が同一であるなど，その者が相続人であることが申請書（情報）に添付（提供）されている除籍謄本，印鑑証明書等によって確認できるときは，その者の現在の戸籍謄抄本の添付（提供）は要しない。

例えば，相続登記の申請において，相続人のうち特別受益者である者が婚姻等によって被相続人の戸籍から除籍されている場合，その除籍事項中の除籍後の本籍，氏名等の記載（記録）が特別受益証明書（印鑑証明書付き）に記載（記録）されている事項と符合しているときは，他に当該特別受益者たる者に

関する現在の戸籍謄抄本の添付（提供）は省略しても差し支えない（登記研究367号136頁）。

つまり，相続登記の申請において，相続人のうち相続権を有しない者（相続放棄者・特別受益者）がある場合，その者が相続人であることが申請書（情報）に添付（提供）された除籍謄本，印鑑証明書等によって確認できる場合は，その者の現在の戸籍謄本を添付（提供）しなくてもよいということである（登記研究238号65頁）。

17 相続登記の更正と承諾書の提供

抵当権の登記のある甲名義の不動産について，他の債権者Aから相続人乙，丙，丁（いずれも被相続人の子）のため，相続による所有権移転の代位登記がなされた後，相続放棄申述受理証明書，又は民法903条2項の規定に該当することの証明書を提供して，登記権利者を乙，同義務者を丙，丁として，先になされた相続登記の更正登記の申請があった場合に受理できるかどうかが問題となる。

① 代位者の氏名・住所等

旧不登法51条3項は，旧不登法46条ノ2の規定により代位登記をした場合には代位者（債権者）の氏名又は名称，住所又は事務所及び代位原因を記載する旨規定している。現不登法59条7号は，「民法第423条その他の法令の規定により他人に代わって登記を申請した者（以下「代位者」という。）があるときは，当該代位者の氏名又は名称及び住所並びに代位原因」を登記事項としている。

② 所有権の更正登記

所有権の更正の登記は，その更正の登記による持分の減少する者の持分に関しては，形式的には更正の登記であるが，実質的には所有権の一部抹消登記であるので，登記の抹消の規定（不登法68条）が準用され，登記上利害関係を有する第三者の承諾がなければ登記をすることができない。したがって，所有権の更正の登記は，常に付記登記によりされるべきものであって，主登

記による所有権の更正の登記はあり得ないということになる[12]。

③　法務省先例の見解

甲名義の不動産について債権者Aから相続人乙，丙，丁（いずれも被相続人の子）のために相続による所有権移転の代位登記がなされた後，相続放棄申述受理証明書，又は民法903条2項の規定に該当することの証明書を提供して，登記権利者を乙，同義務者を丙丁として，先になされた相続登記の更正登記の申請があった場合にはAの承諾書（債権の消滅していること証する書面を含む。），又はこれに対抗することができる裁判の謄本の添付がある場合は付記登記によるが，承諾書等が提供されていない場合は，申請が却下されることになる（昭和39年4月14日民事甲1498号民事局長通達・登記研究198号39頁）。

18　遺贈の対象不動産についてされた共同相続登記と遺留分減殺請求による相続登記の更正

　共同相続登記を経由した不動産につき，受遺者から共同相続人の1人が遺留分減殺により所有権を取得した場合にする共同相続登記を同人の所有権移転登記に更正することの可否が問題となる。

　この点につき，最判平成12年5月30日判時1724号45頁は，共同相続登記を経由した不動産につき受遺者から共同相続人の1人が遺留分減殺を原因として所有権を取得したときに，上記共同相続登記を同人への所有権移転登記に更正することはできないとする。

　このことに関連して，昭和30年5月23日民事甲973号民事局長通達は，受遺者に対する遺贈の登記が未履行で被相続人名義のままになっている不動産について，受遺者に対する遺留分減殺請求により相続人が持分を取得した場合には，受遺者に一旦所有権移転登記を経由した後に遺留分減殺を原因とする持分移転登記をすることなく，被相続人から直接「相続」を原因とする移転登記をして差し支えないとしている。これは，本来，遺留分減殺による持

---

12)　鎌田・寺田編前掲（注9）205頁

分取得の時点は遺留分減殺請求権の行使日であって，その権利取得は相続と同視し得るものではないが，遺留分減殺請求権を行使した共同相続人の登記実現の便宜を考慮して，元の「相続」を登記原因とする取扱いでもよいとしたものである。

前記平成12年の最高裁判決は，被相続人Aの妻であるY₁，長女であるY₂，次女であるD等（以下「被上告人」という。）が，受遺者Bから取得した本件各土地の持分は，遺留分減殺により取得すべき持分の割合にとどまるものであれ，その割合を超えるものであれ，相続登記がされた後に被上告人らがBから新たに取得した持分であるから，その相続登記の更正登記によって各持分の取得登記を実現することはできない。被相続人Aは，遺言において遺言執行者としてCを指定しており，遺贈の履行をすべき任務を負うのは遺言執行者のみであるから，本来は，Cにおいてこの相続登記を抹消した上，Bに対する遺贈を原因とする登記手続をすべきものである旨を判示した。

したがって，共同相続登記を経由した不動産につき受遺者から共同相続人の一人が遺留分減殺を原因として所有権を取得したときに，前期共同相続登記を同人への所有権移転登記に更正することはできない[13]。

19 判決による甲名義の相続登記と乙名義への更正登記

共同相続人甲，乙，丙，丁中の1人甲が，他の相続人乙，丙，丁が相続放棄をしたことを証する情報を提供して，甲名義に相続による所有権移転登記を経由している。

しかし，実際には，乙は，相続放棄をしておらず，甲と乙との間には，遺産分割協議が成立しており，甲名義に相続登記を経由した右土地は，乙に相続させることになっていた。

ところが，乙は上記遺産分割協議直後，精神病の影響もあって，一時的に意思能力を失った。そこで，甲は，上記土地を乙に代わって管理する等の理

---

13) 松田亨「遺贈の対象不動産についてされた共同相続登記を遺留分減殺請求による持分の相続登記に更正することの可否（消極）」判タ1065号188頁

第13　共有等の諸形態とその変動等による登記手続

由で甲名義に相続登記を経由した[14]。

　上記事実関係の下で，乙が「甲は乙に対し，甲名義でなされた相続を原因とする所有権移転登記を抹消した上，乙名義で同一の相続を原因とする所有権移転登記手続をせよ。」との判決を得た場合，甲名義の相続登記の抹消は，前期抹消登記手続を命ずる判決により乙が単独で申請することができる。しかし，前記判決により乙名義への相続登記はすることができない。この場合，相続を証する書面（情報）としては，戸籍謄本等のほか，他の共同相続人丙，丁の相続放棄を証する書面（情報）及び甲との遺産分割により当該不動産を乙が取得したことを証する書面（情報）が必要であると考えられる。

　仮に，訴訟の結果，「甲は乙に対し，甲名義でなされた相続登記を乙名義に更正せよ。」との判決を得た場合でも，乙は甲から乙名義に更正登記をすることはできない。所有権の更正の登記は，その更正の登記による持分の減少する者の持分に関しては，形式的には更正の登記であるが，実質的には所有権の一部抹消登記であるので，登記の抹消の規定（不登法68条）が準用され，登記上利害関係を有する第三者の承諾がなければ登記することができない。したがって，所有権の更正の登記は，常に付記登記によりされるべきものであって，主登記による所有権の更正の登記はあり得ない[15]。

　登記手続上は問題があるが，判決理由中において，乙が相続により取得したのを誤って甲名義で所有権移転の登記がされたものであることが明らかであるときは，登記義務者を甲のみとし，登記原因を「真正な登記名義の回復」として，判決による乙の単独申請による所問の登記をすることは可能ではないかと考えられる[16]。

　ところで，ここで留意しておく必要があるのは，「登記の更正」は「更正の登記」より広い概念があり，登記事項の全部に遺漏があった場合や，申請に係る不動産以外の不動産について誤って登記をしてしまった場合にも，登記の更正は認められる。

---

14)　昭和53年3月15日民三1524号民事局第三課長依命回答・登記研究370号40頁

15)　鎌田・寺田編前掲（注9）

16)　登記研究370号41頁

例えば，A・B２筆の土地について所有権の移転の登記をすべきところ，誤ってB地について記載を遺漏した場合や，A地にすべき登記を誤ってB地にしてしまった場合にも登記の更正はすることができる（昭和32年８月３日民事甲1454号民事局長通達，昭和36年８月14日民事甲2030号民事局長回答）[17]。

しかし，設問の事例は登記の更正ではなく，更正の登記についての事例であり，消極的に解さざるを得ないと解される。

20 表題部の所有者を被告とする判決と所有者の更正の登記

表題部所有者の登記がAほか10名と記載（記録）されている場合において，Aを被告とする判決により，不登法74条１項２号（旧不登法100条１項２号）による所有権保存の登記の申請があった場合，所有者の更正の登記をすることなく，受理することができるか。

不登法74条１項２号に規定する判決は，その不動産が申請人の所有に属することを明らかにするものであれば，その判決が確定している限り，確認判決であると給付判決であると形成判決であるとを問わず，また，そのことが判決主文において明らかにされていると理由中において明らかにされているとを問わない。そして，この判決は，確定判決と同一の効力を有する訴訟上の和解調書，承諾調書，調停調書又は家庭裁判所の審判も含まれる[18]。

問題は，判決が表題部に所有者として記載されている者を被告とするものでなくてもよいかどうかという点である。この事例の場合，Aは特定できるが，Aを除く他の10名が特定できないということで，Aを被告とする判決が出されたものと考えられるが，このように所有者として記載された者の全てを被告とせず，その一部の者を被告とする判決でよいか否かも同様の問題である。

この点については，表題部に所有者として記載されている者の全部を被告

17）前掲（注９）207頁〔本間章一〕
18）吉野衞「所有権保存の登記」登記先例解説集20巻９号81頁

とするものでなくても差し支えないとする見解[19]もあるが，それでは原告と被告が馴れ合いで訴訟をし，その勝訴の確定判決で虚偽の所有権保存の登記がされるおそれがあるとして，原則として表題部に所有者として記載された者を被告とする判決でなければならないとする見解もある。結局，この問題は，当該判決をもって申請人の所有権を証するに足る書面として認められるかどうかによって決せられるべきものと考えられる[20]が，判決の既判力が当事者間でしか及ばないことを考えると，原則として表題部に記載されている所有者（若しくは所有者の全員）を被告とするものでなければならないと考えられる。しかし，実際には表題部に記載されている所有者若しくは所有者の全員を特定できない場合に，このような問題が発生する場合が多いことを考えると，この原則を全ての場合に貫いたのでは必ずしも問題の解決につながらないと考えられる。そう考えると，表題部に所有者として記載されている者を被告とする判決であれば問題はないが，そうでない場合には，少なくとも判決理由中において，表題部の所有者の記載にかかわらず当該不動産の所有権が原告に属するものであること，言い換えれば，表題部の所有者との関係が判決理由中で触れられ，その記載にかかわらず原告の所有に属することが説示（証拠に基づいて認定）されている判決でなければならないと考えられる[21]。したがって，欠席裁判あるいは自白に基づくものなどは適当でないということになると考えられる[22]。この事例の場合も，例えば，表題部に所有者としてAほか10名と記載されているが，実際にはAが所有者であったというようなことが判決理由中において証拠によって認定され，現在は申請人である原告の所有であるというような事実が証拠により認定されている場合であれば，Aほか10名の全てを被告としていなくても，所有者の更正の登記をすることなく，この判決による所有権保存登記を認めて差し支えないのではないかと考えられる。けだし，いわゆる権利の登記における登記

19）香川保一編著『全訂不動産登記書式精義〈上巻〉』（テイハン，1977）528頁

20）吉野前掲（注18）83頁

21）吉野前掲（注18）83頁

22）吉野前掲（注18）83頁

官の審査権との関係から言えば，制度上表題部に掲げられている所有者は，表示の登記の際に登記官の審査を経て認定されているものである以上，これに反する保存登記は少なくとも表示登記の際の所有権証明書と同等若しくはそれ以上証明力のあるものでなければ受理されないと考えられるが，このような判決であれば，所有権証明書と同等若しくはそれ以上の証明力があると考えられるからである。したがって，そのような判決でなければAほか10名の全てを被告とするものでなければ，当該判決をもって申請人の所有権を証するに足る書面とは認められないのではないかと考えられる[23]。

21 建物の所有権の更正登記申請とその受否

A所有建物にBが増築し，これがA建物に附合した場合，このことを理由にABの共有名義とする所有権の更正登記をすることができるかどうか。

所有権の保存登記後のA所有の建物にBが増築工事を施し，これがA所有建物に附合して，その構成部分となった場合には，当該増築部分の所有権は建物所有者であるAが取得することになるので，増築後の建物についてこれをABの共有名義とする所有権保存登記の更正登記をすることはできない（登記研究532号128頁）。

22 敷地権の表示を登記した区分所有建物と建物のみを目的とする抵当権の追加設定

抵当権設定の登記のある土地を敷地として区分所有の建物が新築され，その表示の登記によって敷地権（所有権）の表示が登記された後，敷地についての既存の抵当権の被担保債権と同一の債権を担保するために当該区分建物のみを目的として抵当権を追加設定することは可能であり，かつ，その旨の登記も可能であるか否かということである。ところで，旧不登法140条ノ2

---

23) 拙稿「表示に関する登記における最近の諸問題(3)」登記研究441号17頁

第13 共有等の諸形態とその変動等による登記手続

第２項における敷地権の表示が登記される前に敷地に設定される前に敷地に設定された既登記の抵当権の追加担保として，敷地権の表示を登記した建物に抵当権を設定することが，区分所有法22条で禁止された分離処分に該当するか否かが問題となる。しかし，同条が目的とする一体性の原則は，専有部分とその敷地利用権を分離処分することによる取引上及び公示上の複雑・混乱を回避し，その簡素・合理化を図ることにあると考えれば，この場合のような追加設定は，いわば，分離処分されている敷地利用権に対して，事後的にその専有部分について一体的処分に服せしめようとするものであり，むしろ，一体性の原則に則した処分であるといえるのであって，同条で禁止する分離処分には該当しないと解される。

なお，このケースは，抵当権設定の登記のある土地を敷地として区分建物が新築されたケースであるが，敷地権の表示を登記する前の区分建物に抵当権設定の登記がされている場合に敷地権の表示を登記し，敷地について敷地権たる旨の登記をした後に，敷地権について抵当権を追加設定する場合も同様の取扱いになると解される（昭和59年９月１日民三4674号民事局長回答・登記研究442号75頁）。

23 甲乙共有の不動産についての代物弁済の予約による所有権移転請求権の仮登記の申請と同一の申請書（申請情報）

数個の不動産について登記を申請する場合に，登記原因及び登記の目的が同一である場合には１件の申請書（申請情報）で申請できるという規定はある（旧不登法46条，現登記令４条，同規則35条）が，本テーマは１個の不動産について数個の登記の申請を１件の申請書で申請できるかどうかということである。

しかし，この点についてはやはりできないと考えざるを得ない。なぜなら，甲乙共有不動産について代物弁済予約の仮登記の契約を結んだ場合，共有不動産であっても，甲の持分についての仮登記と乙の持分についての仮登記ということになり，１個の不動産について数個の登記を１件の申請書でするこ

とはできないということになる。

しかしながら，そういう登記は1件の申請書ではできないけれども，甲乙の共有不動産について所有権移転の仮登記の契約を結んだ場合，形式的には登記原因と登記の目的が同じであるから，その登記は1個の登記事項として登記して差し支えないのではないかという疑問が生ずる。そうなると，1個の登記事項として登記して差し支えないのであれば，当然1件の申請書（申請情報）で申請できることになる。

そこで，本回答は，甲又は乙の持分につき第三者の権利に関する登記が存在しない場合に限り，所問の登記を1個の登記（1つの記載事項）として申請して差し支えないものと考えますと回答している（昭和39年9月4日民事甲2914号民事局長回答）。そうなると，本質問のような場合には1件の申請書で申請することができることになると考えられる（登記先例解説集4巻10号31頁）。

24 仮登記権利者の承諾書の提供のない更正登記の申請と共有持分更正の登記

甲及び乙が各2分の1の持分を有する共有不動産上の甲の持分について，丙のために持分移転請求権の仮登記がなされている場合に，共有持分を甲3分の1，乙3分の2に更正する登記を申請するには旧不登法146条（現不登法66条）の規定により，丙の承諾書の提供を必要とする（昭和41年7月18日民事甲1879号民事局長回答）。

登記に実体関係に符合しない部分があっても，その登記の全部が無効でない場合は，その登記を一旦抹消した上改めて実体関係に符合した登記にやり直すべきでなく，実体関係に符合しない部分を是正し，又は追完する更正の登記をすべきものとされている。そして，所有権移転の登記において，所有権一部移転の登記をすべきところを所有権全部移転の登記をした場合（昭和33年9月3日民事甲1822号民事局長心得回答），甲，乙及び丙の共有名義に所有権移転の登記をすべきところを甲の単有名義に登記した場合（昭和35年10月4日民事甲2493号民事局長事務代理通達）及び甲の単独名義に所有権移転の登記をす

333

第13　共有等の諸形態とその変動等による登記手続

べきところを甲及び乙の共有名義に登記をした場合（昭和36年10月14日民事甲2604号民事局長回答）等においては，いずれも所有権移転の登記の更正登記をすることが認められている。したがって，所有権保存の登記，所有権移転の登記において，共有持分が誤って登記されている場合にも，その共有持分を実体関係に符合させるために，所有権の登記の更正登記をすることができる。

　ところで，仮登記に基づく本登記は，その登記すべき事項があらかじめ仮登記してあるので，本登記すべき事項は仮登記されている事項と符合している必要がある。したがって，仮登記事項に変更又は錯誤がある場合には，その変更又は更正の登記をしなければ，本登記をすることができない（昭和34年11月13日民事甲2438号民事局長通達〔売買予約を代物弁済予約に更正〕，昭和38年12月27日民事甲3315号民事局長通達）。

　ちなみに，このケースの場合，甲の持分2分の1について丙のために共有持分移転請求権の仮登記がなされた後，丙の承諾書が提供されないのに，甲の持分を3分の1とする所有権の登記の更正登記がなされ，丙の仮登記を甲の持分3分の1についての仮登記とする更正登記がなされなかったため，この仮登記に基づく本登記は甲の持分2分の1についての移転登記でなければならない（3分の1のみについての本登記はすることができない）のである。

　そこで，考え方としては，所有権の登記の更正登記により，甲の持分は3分の1になっているので，甲は2分の1についての移転登記を申請することはできないから，その更正登記を抹消した上で本登記を申請するか，あるいは当事者の申請によって，丙のための仮登記を甲の持分3分の1についての移転請求権の仮登記に更正した上で本登記を申請するかのいずれかによらなければならないことになると考えられる。（登記研究226号64頁）

25　共有持分の割合と分筆登記

　共有者の持分の合計が100分の100とならない土地を分筆する場合には，その前提として，持分の更正の登記をする必要があるか否かが問題となる。

　共有地（百数十名）を分筆しようとしたところ持分の合計が100分の100と

ならないことが判明した。この場合，分筆登記をする前提として持分更正の登記を申請する必要があるか否かが問題となる。

分筆の登記は，登記された1筆の土地を分割して数筆とする土地の法律上の個数を変更する登記（不登法39条）のことをいい，分筆の登記を申請する場合において提供する分筆後の土地の地積測量図には，分筆前の土地を図示し，分筆線を明らかにして分筆後の各土地を表示し，これに符号を付さなければならない（規則78条）が，分筆の登記は土地の物理的な状況の変化を伴う登記ではなく，土地の法律上の個数を変更する登記官の処分行為を求める行為であるから，その性質上，共有関係にあるときは共有者全員で申請することを要し，共有者の持分の合計が100分の100にならなければならないということになる。したがって，共有者の持分の合計が100分の100にならない土地を分筆する場合には，その前提として，持分の更正登記をする必要があると考えられる（登記研究479号123頁）。

26 共有不動産の表示に関する登記の申請とその申請人

共有不動産については，表示の登記，表示の変更の登記及び滅失の登記等いわゆる報告的な登記は共有者の1人から申請することができる。例えば，共有土地については，共有者の1人のみから土地の表示の変更又は更正の登記を申請することができ（登記研究40号32頁，同45号26頁），また，共有不動産の滅失登記を申請する場合の申請人も必ずしも共有者全員である必要はない（登記研究389号122頁，同386号99頁）。共有建物の一部取壊しによる床面積の変更の登記申請も，共有者の1人からでもすることができる（登記研究403号78頁）。また，共有土地の一部の地目が変更されたことによる分筆及び地目変更の登記の申請も共有者の1人からでも申請することができる（登記研究367号137頁，同396号105頁）。

しかし，権利能力なき社団の代表者の個人名義として所有権の登記がされている不動産について，共有物分割を登記原因とする所有権の移転登記をすることはできない（登記研究403号78頁）。

第13 共有等の諸形態とその変動等による登記手続

　そのほか，共有者の一部の者に代位してする共有土地での分筆の登記申請はできない（昭和37年3月13日民三発214号民事局第三課長電報回答・登記研究555号45頁）。

　共有土地の分筆の登記は，いわゆる保存行為に該当しないので，共有者全員の申請によらなければならない（登記研究211号53頁，同555号46頁）。

　もっとも共有土地の一部地目変更による分筆及び地目変更の登記の申請は，共有者の1人からでも申請することができる（登記研究396号105頁）。また，所有者の氏名更正と住所変更の登記は同一の申請者をもって一括申請することができる（登記研究396号103頁）。

27 不動産又は登記名義人の表示変更（更正）とその登記申請

1　所有権の登記の氏名に一部錯誤があり，その後，住所の変更があった場合，氏名更正と住所移転の登記を同一の申請書（申請情報）で申請できる（登記研究396号103頁）。

2　次の場合には，それぞれ1個の申請により，直ちに現在の表示に変更の登記をすることができる。この登記の申請書（申請情報）には登記原因及びその日付を併記するのが相当である。ただし，同種の登記原因（例えば，地目変更又は増築）が数個存在するときは，便宜その最後の登記原因のみを記載することができる。

　　ⅰ不動産の表示の変更（分合及び附属建物の新築を除く。）が数回にわたってなされている場合，ⅱ不動産の分割又は合併の一方のみが数回にわたってなされている場合，ⅲ甲不動産を分割してその一部を乙不動産とした後，その乙不動産を丙不動産に合併した場合，ⅳ附属建物の新築のみが数回にわたってなされている場合，ⅴ附属建物の新築と当該附属建物の表示の変更のみが数回にわたってなされている場合。

3　不動産の表示の変更があった後，その不動産が滅失した場合には，その変更の登記を省略して，直ちに滅失の登記をすることができる。なお，この登記を申請するには，申請書に登記原因及びその日付を併記するのが相

当である。

4　登記名義人の表示の変更が数回にわたってなされている場合には，1個の申請により，直ちに現在の表示に変更の登記をすることができる。なお，この登記を申請するには，申請書に，登記原因及びその日付を併記し（ただし，同種の登記原因（例えば，住所移転）が数個存在するときは，便宜その最後の登記原因のみを記載しても差し支えない。）各変更を証する書面を添付するのが相当である。

5　2から4までにより省略することのできる不動産又は登記名義人の表示の変更の登記には，不動産又は登記名義人の表示の登記の更正を含むものとする（昭和32年3月22日民事甲423号民事局長通達・登記研究113号19頁）。

28　所有者の変動（契約解除）と所有者の更正登記の可否

　平成30年1月10日にAからBへの不動産の売買契約により所有権を取得したBは，同年3月10日に表示の登記をした。その後AB間の売買契約は同年4月10日に解除された。

　所有者の更正の登記は，当該所有者の登記が，実体に符合しない無効な登記である場合は可能であるが，この登記が無効であるか否かは登記の時点を基準にして判断する。そして，登記の時点以後の物権変動は旧不登法81条ノ6の規定（現不登法32条）により，所有権に関する登記の手続によるべきものと考えられる。現不登法32条は「表題部所有者又はその持分についての変更は，当該不動産について所有権の保存の登記をした後において，その所有権の移転の登記の手続をするのでなければ，登記することができない。」と規定している。

　この事例の場合，3月10日にBのために表示の登記がされたときは，まさしくBは所有者であったのであり，実体に符合した有効な登記であったわけであるが，同年4月10日にAB間の売買契約が解除された結果，実体的にはBは解除の遡及効により所有権を取得しなかったことになる（もっとも，合意解除であれば，4月10日から将来に向かってBは所有権者でなくなることになる。）。

337

第13　共有等の諸形態とその変動等による登記手続

　ところで，解除の遡及効というものを物権変動という側面から考えると，ＡＢ間の売買契約によりＡからＢに所有権が移り，その売買契約の解除により更にＢからＡに所有権が移ると考えるのが相当であると思われる。判例，通説が売買契約の解除を原因とする所有権の登記について移転登記を抹消することも，またさらに移転の登記をすることも差し支えないとしている[24]のは，この考え方に基づくものであると解される。

　このように，さらに移転の登記をすることが可能であると考えれば，４月10日の売買契約解除によるＢからＡへの物権変動は，表題部に記載した所有者に変更があったとき，すなわち所有権に関する登記の手続によらなければならない（旧不登法81条ノ６・現不登法32条）場合に該当すると解すべきものと考えられる。

　したがって，この事例の場合は，ＢからＡへの所有者の更正の登記はできないと解される。

29　所有者の変動（契約無効）と所有者の更正登記の可否

　平成30年１月10日にＡＢ間の売買契約により所有権を取得したＢは，同年３月10日にその建物の表示の登記をした。しかし，このＡＢ間の売買契約が無効であった場合，ＢからＡへの所有者の更正の登記はできるかどうか。

　表題部に記載した所有者の更正の登記は，申請書にその者の承諾書を添付（提供）して，書面により自己の所有権を証する者より申請することができる（旧不登法81条ノ７第１項，現不登法33条１項・２項）。したがって，この事例の場合，Ｂの承諾書とＡの所有権を証する書面（情報）を提供して申請することができる。

　ところで，所有者の更正の登記ができるか否かは，当該所有者の登記が実体と合致しない無効な登記であるか否かによって判断することになるが，このケースの場合，平成30年１月10日の売買契約は無効であったということで

24）香川前掲（注19）638頁

あるから，結局Bは所有権を取得しなかったことになり，Bのための所有者の登記は実体と符合しない無効な登記であると考えられ，したがって，BからAへの所有者の更正の登記は可能であると考えられる（不登法33条2項）[25]。

30 共有持分放棄による所有権移転登記の可否

ＡＢＣの共有名義の不動産について，ＣからＢへの不登法105条1号（旧不登法2条1号）の持分全部移転の仮登記がされている場合における「持分放棄」を登記原因とするＡからＢへの持分全部移転登記申請の可否が問題となる。

(1) 民法255条の規定によれば，共有者の1人が持分を放棄した場合には，その持分は他の共有者に帰属することになることから，ＡＢＣの共有名義の不動産について，Ａが持分を放棄した場合には，Ａの持分に相当する部分について，ＢＣ双方の持分が均等に増加することになる。

したがって，ＡＢＣの共有名義の不動産について，共有者の1人であるＡが持分を放棄したことを登記原因として，他の共有者であるＢ又はＣのいずれか一方が，Ａの持分を単独で取得するという登記については，民法255条の規定と矛盾することになるので，この登記ができないと解される。

この点についての従来の取扱いは，当初は甲乙共有名義の不動産につき，甲の持分について共有名義人でない丙のために「放棄」を登記原因として共有持分移転の登記の申請があった場合には，これを受理すべきであるとしていた（昭和44年6月5日民事甲1132号民事局長回答・登記研究267号68頁及び昭和45年2月2日民事甲439号民事局長回答・登記研究269号65頁）。

これは，登記は物権変動の対抗要件であり，登記名義人が甲乙共有である場合でも，乙がその持分を第三者丙に移転し，その登記だけが未了であるときは，実体上の共有者は，甲・丙であるから，甲が持分を放棄したときは，甲の持分は丙に帰属することになるという考え方に基づくものであ

---

25) 拙稿「表示に関する登記における最近の諸問題」登記研究441号12頁

第13　共有等の諸形態とその変動等による登記手続

る。したがって，このような可能性がある以上，登記官の形式的審査権の下では，甲乙共有名義の不動産について，甲の持分放棄を登記原因として，共有の登記名義人でない丙のためにする甲持分全部移転登記の申請であっても，これを却下する理由がないから受理すべきであるということになる。

　その後，昭和60年12月2日民三5441号民事局長通達（登記研究459号95頁）は，甲乙共有名義の不動産につき，甲の持分について共有名義人でない丙のために「持分放棄」を登記原因とする共有持分移転登記の申請は受理することはできないとして従来の取扱いを変更している。これは，不動産登記制度は，物権変動の過程を忠実に登記簿上に反映すべきものであり，甲の持分放棄により，その共有持分が共有の登記名義人である乙以外の丙に帰属するものであるとすれば，実体上丙は既に乙の持分を取得しているはずであるから，甲の持分放棄を登記原因とする丙への持分移転登記をする前提として，乙から丙への持分移転登記を要求しても不当とはいえないという考え方に基づくものである。仮に，このような考え方をせずに，実体上の権利関係の発生の可能性があれば，登記簿の記載（記録）と矛盾のある登記申請も受理することとした場合には，登記簿の記載と相矛盾する登記が順次され，前後の登記間において理論的な整合性が保たれないこととなり，ひいては，権利変動の過程を忠実に反映すべき登記簿の記載（記録）に混乱を招くことになる。

　したがって，登記簿に記載（記録）された登記事項を前提として，登記に対応した実体関係が存在するものとして，登記申請の受否を判断すべきであり，登記簿の記載（記録）と矛盾する登記申請については，たとえ実体法上の可能性があるとしても，これを考慮すべきではないということになる（登記研究655号187頁）。

⑵　ところで，この事例の場合には，CからBへの旧不登法2条1号（現不登法105条1号）の持分全部移転の仮登記が先にされている。そこで本テーマの登記申請の前提となるC持分をBへ移転する登記は本登記でなければならないのか，あるいは本事例のような旧不登法2条1号（現不登法105条1号）の持分全部移転の仮登記でも差し支えないのかということが次の問

340

題となる。

不登法105条1号の仮登記がされている場合は，登記簿（登記記録）上C
からBへの実体法上の権利変動が既に生じているものと考えられることか
ら，Aの持分放棄によって，Aの持分をBが単独で取得する登記をするこ
とができるか否かがポイントになる。

この場合，旧不登法2条1号（現不登法105条1号）仮登記により，実体上
Cの持分がBへ移転しているとして，Aの持分放棄を原因とするBへの持
分全部移転を認めた場合は，その後，旧不登法2条1号の仮登記が何らか
の事由で抹消された場合，Aの持分放棄によりCに帰属すべきであった持
分（6分の1）が，登記簿上Bに帰属していることになるため，登記の公
示性を歪めることになる。

そこで，このような状況が生じないようにするためには，AからBへの
持分放棄を登記原因とする持分全部移転登記を行う前提として，C持分を
Bへ移転する仮登記の本登記を行うことが必要であると考えられる。した
がって，旧不登法2条1号（現不登法105条1号）の仮登記が先にされている
場合であっても，その仮登記の本登記がされなければ，CからBに持分が
移転したことが終局的に公示されたと見ることはできないことから，Aの
持分放棄を登記原因とするAからBへの持分全部移転登記の申請をするこ
とはできないと考えられる（登記研究655号190頁）。

第14　遺産分割等による権利変動とその登記手続

第14　遺産分割等による権利変動とその登記手続

1　遺産分割による相続登記と抵当権設定登記

　相続登記未了の間に共同相続人の１人（甲）が相続不動産全部について抵当権設定契約を締結した後，甲が相続不動産全部を所有する旨の遺産分割協議が成立した場合において，遺産分割協議書を添付（提供）して甲を相続人とする相続による所有権移転登記及び抵当権設定契約の日を原因日付とする抵当権設定登記の申請は可能であるか否かが問題となる。

　事例は，Ｄ所有不動産について平成20年１月５日，Ａ，Ｂ，Ｃを相続人として相続が開始したが，その相続登記未了のところ，平成25年３月４日にＡとＡの債権者Ｅとの間において相続財産である甲・乙不動産（全部）を共同担保として抵当権設定契約が締結された。その後，平成28年11月５日に相続人Ａ，Ｂ，Ｃの間において，前記甲・乙不動産をＡの所有とする遺産分割協議が成立した場合に，甲・乙不動産について，前記遺産分割協議書を添付（提供）してＡを相続人とする相続登記と前記抵当権設定契約の成立の日を原因日付とする抵当権設定登記の申請はすることができると解される（登記研究466号114頁）。

　遺産分割は共同相続人の共有となっている遺産を相続分に応じて分割して，各相続人の単独所有とすることをいい，遺産の共有は分割への過渡的形態にすぎず，共同相続人はいつでも遺産分割を請求できる（民法907条）。

　遺産分割の効力は相続開始の時まで遡り（民法909条本文），各相続人は，分割によって自己に帰属した財産の権利を被相続人から直接単独で取得したことになるので，遺産分割協議書を添付（提供）してする，Ａを相続人とする相続による所有権移転登記及び抵当権設定契約の日を原因日付とする抵当権設定登記の申請は可能であると解される。

342

ただ，同順位の相続人でない者の間でなされた遺産分割協議書を添付（提供）してする所有権移転を目的とする登記の申請は，1件の申請書ですることはできない。

例えば，登記名義人甲が死亡し，遺産分割がされないまま養女丙，妻乙，及び養子丁が順次死亡した場合において，養女戊と亡養女丙・亡養子丁間の子A，B，C間で遺産分割協議をすることができるが，その協議においてA，B，Cが共同相続することになった場合，分割の効力が甲の死亡時に遡り，A，B，Cは甲より直接相続することになるが，被相続人甲の死亡の日の相続として相続登記の申請を1件ですることはできない（登記研究466号115頁）。

参考になる先例として昭和36年3月23日民事甲691号民事局長回答（登記研究165号13頁）がある。被相続人甲が死亡し，その直系卑属乙，丙が相続した不動産につき，相続登記未了のうちに乙が死亡し，その直系卑属A，Bが相続した。この場合において，A，Bが前記丙とともに丙，Aを相続人とする遺産分割協議書を提供して相続登記の申請があった場合に受理できるかどうかにつき，前記回答は，遺産分割の協議でAを丙と同順位の相続人とすることはできないから，所問の協議は，Aは，乙が相続により取得した持分を相続することにしたものと解すべきであり，したがって，まず，乙，丙の名義に相続による所有権移転の登記を申請し，次いで，Aの名義に相続による乙持分の移転の登記を申請すべきものと考えられる（昭和29年5月22日民事甲1037号及び昭和30年12月16日民事甲2670号民事局長通達）。

被相続人甲（登記名義人）が死亡し，その直系卑属乙，丙を相続人とする相続（第1次相続）が行われ，次いで，乙が死亡し，その直系卑属A，Bを相続人とする相続（第2次相続）があった場合において，第1次相続の相続人丙と第2次相続の相続人A，Bの三者間に，丙とAを相続人とする旨の遺産分割の協議ができ，その遺産分割の協議書を相続を証する書面の一部として申請書に添付してする相続による登記の申請手続に関するものである。

この問題点は，遺産分割の協議で相続人を決めることができるかどうかである。遺産分割の協議をする前に共同相続人中の一部が死亡した場合には，その死亡者の相続人は，他の共同相続人とともに（すなわち，第1次相続の相続

343

第14　遺産分割等による権利変動とその登記手続

人と第2次相続の相続人の間において）遺産分割の協議をすることができる（昭和29年5月22日民事甲1037号民事局長通達）。したがってこの場合の遺産分割の協議は適法であると解される。

　しかしながら，この場合の遺産分割の協議は，丙及びAを相続人とするもの，すなわち，甲の相続財産を第1次相続の相続人丙と第2次相続の相続人Aの共有とするものである。

　遺産の分割に関する規定は，共同相続人の共有に属する相続財産の分配の方法，効果等を定めたにすぎないのであって，相続人を決定することまで認めたものではない（遺産の分割は，相続開始の時に遡ってその効力を生ずるのであるから（民法909条））。例えば，共同相続人中の甲がA土地を，乙がB建物を取得する旨の遺産分割の協議がなされたときは，A土地は甲が，B建物は乙がそれぞれ被相続人の死亡の時から単独で相続したことになるが，甲，乙が共同相続人であることに変りはない。もし，共同相続人に丙がいる場合，その協議に丙が参加して積極財産の分配を受けないときでも，丙が共同相続人でなくなるわけではない（昭和32年4月4日民事甲689号民事局長通達）。

　本件の場合，丙は，甲の相続人であって，甲の死亡による権利義務を承継するものであり，Aは，乙の相続人であって，その死亡により乙の権利義務を承継するものであるから，遺産分割の協議によって丙とAを同順位の共同相続人とすることはできない（民法888条）。しかしながら，本件の協議を無効と解すべきではなく，むしろ，右の協議は，甲の死亡による相続財産を，丙，A，Bの三者間において，乙，丙が共有するものとする協議と，乙が取得するものとして決定された持分を乙の相続人A，B間でAが取得するものとする，2つの遺産分割の協議が成立したものと解すべきである（もっとも，乙と丙の相続分が平等であるときは，後者のみの協議でなされたものと解しても，支障はないであろう。）。

　このように本件の遺産分割の協議は，甲の死亡による相続については，相続人が乙，丙の2人であって，相続による登記のいわゆる中間省略の登記をなし得る事案に該当しないから，その共有名義の相続による登記と乙の死亡によるA名義の乙の持分の移転の登記をすべきである（すなわち，丙の持分の

344

取得の登記原因とＡの持分の取得の登記原因が異なるから，各別の申請書で相続による登記を申請すべきである（昭和30年12月16日民事甲2670号民事局長通達・登記研究165号13頁，登記研究98号33頁）。）。

　例えば，甲死亡により，乙，丙が共同相続人となり，その登記前に，更に乙，丙が順次死亡し，丁が乙の，戊が丙の各相続人となる場合，甲名義の不動産を，直接丁，戊名義にする相続登記は１個の申請ですることはできないが，単独相続（遺産分割，相続放棄又は他の相続人に相続分のないことによる単独相続を含む。）が中間において数次行われた場合に限り，明治33年３月７日民刑260号民刑局長回答により１個の申請で差し支えない（登記研究98号34頁）。この場合の単独相続というのは前述のごとく，相続人が本来１人である場合であるのみならず，相続人が数人であっても，遺産分割，相続放棄又は他の相続人に相続分のないために，結局当該不動産について相続人中の１人が単独相続している場合を含むことは前述のとおりである。そして，このような単独相続であることを必要とするのは，省略する中間の相続に限るのであって，最終の相続，つまり申請する現在の相続が共同相続であっても差し支えない。つまり，単独相続が数次中間に生じてきたものを現在共同相続した場合，中間の単独相続を省略して，共同相続の登記の申請をすることができるのである（登記研究98号35頁）。

2　遺贈の対象不動産についてされた共同相続登記と遺留分減殺による相続登記の更正

　最判平成12年５月30日（判時1724号45頁）は，「遺贈の対象の不動産についてなされた共同相続の登記について，遺留分減殺請求による持分の相続登記にこれを更正することはできない。」旨判示している。

　事実としては，被相続人Ａは，２筆の本件各土地をＢに遺贈する旨，また，Ｘらを相続人から廃除する旨の公正証書遺言をし，遺言執行者を指定している。その後，遺言者であるＡが死亡した後，公正証書遺言の存在を知らない共同相続人の１人によって共同相続登記がされた。そこで，遺言執行者は前

記遺言に基づき，Ｘらを相手方として家庭裁判所に推定相続人廃除の申立て
をしたが，その申立ては却下され，Ｘらは，受遺者Ｂを被告として，遺留分
減殺請求訴訟を提起した。その後，ＸらとＢとは訴訟上の和解をした。

　しかし，判決は，Ｘらの取得した各持分については，共同相続登記の更正
登記によって登記を実現することはできない，として原審を破棄し，請求棄
却の自判をした。つまり，Ｘらは，Ｂから取得した本件各持分については，
遺留分減殺によって取得すべき持分割合にとどまるものであれ，これを超え
るものであれ，本件相続登記がされた後にＢから新たに取得した持分である
から，本件相続登記の更正登記によって右各持分の取得登記を実現すること
はできないということである（登記情報466号152頁）。

　例えば，被相続人甲名義の不動産が乙に遺贈され，その登記前において相
続人丙から遺留分減殺請求があったときは，直接丙のために相続の登記をす
ることができるが，既に遺贈の登記がされているときは，その登記を抹消す
ることなく，当該遺留分につき，移転の登記をすることができるとされてい
る。この場合の登記原因は遺留分減殺とする（昭和30年5月23日民事甲973号民事
局長通達，登記情報466号151頁）。この通達は，遺贈があったものの，受遺者に
対する登記手続が未履行で被相続人名義のままになっている不動産について，
受遺者に対する遺留分減殺請求により相続人が共有持分を取得した場合は，
受遺者に一旦所有権移転登記をした後に遺留分減殺を原因とする持分移転登
記手続をすることなく，被相続人から直接「相続」を原因とする移転登記を
して差し支えないとするものである。遺留分の取得時点は，遺留分減殺請求
権の行使日であって相続発生時に遡るものではないが，昭和30年の前記通達
は，遺留分減殺によって取得した持分の登記の登記原因を相続とする扱いで
よいとするものである（登記情報466号152頁）。

3　遺産分割協議と相続登記申請

　遺産分割協議書を提供して相続登記をしたが，その相続登記を錯誤により
抹消し，新たな遺産分割協議書を提供して相続登記を申請することができる

かどうかという疑問がある。

　遺産分割については特別の方式を定める規定はなく，分割についての当事者全員の自由意思に基づく合意が形成されることをもって足りる。全員が一堂に会して行う必要はないので，いわゆる持ち回りで承認された成案は有効な協議といえる（東京高判昭和59年9月25日家月37巻10号83頁）。また，遺産の分割は相続財産の全部につき1回で済ませる必要はなく，数回にわたることも可能である。ただ，あくまでも当事者全員の合意が必須であり，協議の方式や分割の内容，実行の時期のいかんを問わないのである。

　したがって，遺産分割協議書に基づいて甲，乙共有に相続登記をした不動産について錯誤があったということで相続登記を抹消した後，新たに遺産分割協議をし，その協議書を作成してその協議書を添付（提供）して甲，丙共有の相続登記をすることができる（拙著「新訂相続・遺贈の登記」910頁，登記研究428号135頁）。

　なお，相続人が数人あるときの個々の相続財産は，相続開始後遺産分割があるまでの間はそれらの共同相続人の共有となる（民法898条）。この共有の性質は，同法249条以下に規定する共有と同じであって，遺産分割前にその持分を自由に処分することができるとするのが確定した最高裁の判例である（前述昭和50年11月7日判決）。この状態を登記するのが相続を原因とする所有権移転登記である。各共同相続人の持分は遺言による相続分の指定や特別受益者等がない限り，法定相続分のとおりである（民法899条，901条〜903条）。

　共有になった相続財産について遺産分割が行われると（民法907条），相続財産の所有権は，相続開始時に遡って，遺産分割によって相続財産の分配を受けた者に移転したことになる（同法909条）が，相続を原因とする登記の後に遺産分割を原因とする所有権移転登記をすることになる。もっとも，登記実務では，相続を原因とする所有権移転登記を経ずに，いきなり遺産分割による所有権移転登記をすることが認められている（明治44年10月30日民刑904号民刑局長回答・登記関係先例集追加編Ⅰ51頁）。

第14　遺産分割等による権利変動とその登記手続

4　親権者である母の相続放棄による登記申請と特別代理人選任の要否

　甲と先妻との間に長男乙，後妻丙との間に長女（未成年者）丁がいる。この場合において，甲が死亡し，相続が開始したが，後妻丙は相続放棄をし，所轄裁判所において受理されている。その後，後妻丙は長女丁の法定代理人として，長男乙との間の遺産分割協議をし，その協議書を作成した。この場合，長女丁と長男乙とは利益相反しないとして特別代理人の選任を必要としないかどうかが問題となる。

　この場合，長男乙が成年者であれば，民法826条2項の規定の適用がないので，特別代理人の選任を必要としないと解される（登記研究118号44頁）。

　親権者が数人の子を代理して遺産分割協議をすることは，親権者の意図や行為の実質的効果にかかわらず，民法826条2項の利益相反行為に該当する（最判昭和48年4月24日判時704号50頁＝家月25巻9号80頁，最判昭和49年7月22日判時750号51頁）が，上記事案の場合，長男乙が成年者であれば，特別代理人の選任は必要でないと解される（登記研究118号44頁）。

5　義父からの遺贈とその遺贈の放棄による登記

　義父からその財産の3分の1を遺贈する旨の遺言があったが，この遺贈を受けたくない場合，つまり放棄したい場合はどうすればよいかという疑問である。

　遺贈には，包括遺贈と特定遺贈があり，包括遺贈は遺産の全部あるいは何分の1といった形でされる遺贈である。これに対し，特定遺贈は特定の財産についてされる遺贈であり，この場合は，財産が特定独立のものである限り，遺言者の死亡と同時に，直ちに権利移転の効力が生じる。これらの遺贈を受ける者を受遺者というが，相続欠格者でない限り，相続人を含めて誰でも受遺者になることができる（民法965条）。

　民法986条1項は，「受遺者は，遺言者の死亡後，いつでも，遺贈の放棄をすることができる。」，同条2項は，「遺贈の放棄は，遺言者の死亡の時にさ

348

かのほってその効力を生ずる。」と規定している。

遺贈は，遺言者のする単独行為であり，遺言の効力が生じた時，すなわち，遺贈者の死亡の時に，死亡につき受遺者が知ると知らざるとを問わず，またその意思とは無関係に，当然に効力を生ずる（民法985条1項）。逆に言えば，「遺贈は遺言者の生前には何ら法律関係を発生せしめることはなく，受遺者は将来遺贈の目的物である権利を取得することの期待権すら持たない」（最判昭和31年10月4日民集10巻10号1229頁）。

民法990条は，「包括受遺者は，相続人と同一の権利義務をする。」と規定し，包括受遺者は相続人と同じように，当然かつ包括的に遺産を承継する。包括遺贈の承認・放棄も相続の場合と同様に解することとなる。そのため，包括受遺者は，自己のために包括遺贈があったことを知った時から3か月以内に承認又は放棄をしなければならない（同法915条）。同条1項は，「相続人は，自己のために相続の開始があったことを知った時から3箇月以内に，相続について単純若しくは限定の承認又は放棄をしなければならない。ただし，この期間は，利害関係人又は検察官の請求によって，家庭裁判所において伸長することができる。」と規定してその旨を明らかにしている。

また，民法922条は，「相続人は，相続によって得た財産の限度においてのみ被相続人の債務及び遺贈を弁済すべきことを留保して，相続の承認をすることができる。」と規定して限定承認が可能である旨を明らかにしている。したがって，包括遺贈について，遺贈によって得た財産を責任の限度として義父の債務（もし債務があるとすれば）等を負担することを留保して，義父からの包括遺贈を承認することもできるが，遺産が債務超過のときに限定承認をしないでそのままであると，包括受遺者が自己の固有財産をもって弁済しなければならない（同法920条）。

包括受遺者が遺贈を承認するか，あるいは放棄するか，いずれの場合においても，相続人の承認・放棄に関する規定（民法915条等）が適用されるので，自己のために包括遺贈があったことを知ったときから3か月以内に家庭裁判所に放棄又は限定承認の申述をしなければ，単純承認をしたものとみなされると解される。判例も，「自己のために相続の開始があったことを知った

第14　遺産分割等による権利変動とその登記手続

時」の意義について，「相続人が相続開始の原因たる事実の発生を知り，かつ，そのために自己が相続人となったことを覚知した時を指す」（大決大正15年8月3日大審院民集5巻679頁）としている。したがって，包括遺贈を受けたくないということであれば自己に対する包括遺贈があったことを知った時から3か月以内に，その包括遺贈について，家庭裁判所に対する放棄の申述をしなければならないと解される（拙稿「公正証書ア・ラ・カ・ル・ト㉟」時の法令1946号83頁）。

6　相続分の更正による登記と相続を証する情報の提供

相続登記後，相続分を更正するための所有権の更正の登記の申請書（申請情報）には，相続を証する戸籍謄本等の添付（提供）を必要としない。

当該更正の登記の申請は，当該更正の登記により持分の増加する者が登記権利者，その持分の減少する者が登記義務者となって（持分に増減のない他の共有名義人は登記の申請人とならない。）申請すべきものと考えられる。もっとも，登記義務者の印鑑証明書及び登記義務者の権利に関する相続登記の登記済証（登記識別情報）の添付（提供）が必要であることは一般の登記申請の場合と同様である。

なお，甲より不動産を取得した乙が，その所有権移転の登記手続未了の内に甲が死亡したので，甲の相続人丙に対して甲から乙への所有権移転登記手続を訴求し，その確定判決を得た場合において，乙が旧不登法27条の規定により単独で所有権移転の登記を申請するときは，同不登法42条の規定の適用はないと解される（現不登法63条2項）。

7　被相続人の生存中に相続人に対し売買を登記原因としてされた所有権移転登記とその登記につき被相続人の死亡後に相続を登記原因とするものに更正することの可否

被相続人の生存中に相続人に対し売買を登記原因としてされた所有権移転

登記について，被相続人の死亡後に，相続を原因とするものに更正する登記をすることはできない。

実体法上およそ存在し得ない内容の物権変動を登記原因とする登記手続は，不適法であり，判決をもってしてもこれを命ずることはできない（最判昭和57年10月26日判時1061号27頁）。

なお，被相続人の生存中にその所有不動産につき共同相続人の1人であるYに対し架空の売買を登記原因として所有権移転登記がされ，Yが第三者Zのために抵当権設定登記をした場合には，被相続人の死亡後，他の相続人は，Yに対して真正な登記名義の回復を原因とする持分の移転登記手続を，Zに対してはYの持分についての抵当権設定登記に改める更正登記手続を請求することができるとする。

そこで，この判決は，Xの請求を，「Yに対しては，Xの持分についての真正な登記名義の回復を原因とする持分移転登記を，Zに対しては，本件不動産全部についての根抵当権設定登記をY持分についての根抵当権設定登記に更正登記することを求める」趣旨を含むものと善解し，その趣旨で請求を認容することとし，原判決を変更している。

8 死亡した共同相続人の相続人と他の共同相続人との間の遺産分割の協議とその登記

Aの死亡により開始した相続につき，B，Cが相続人となり，その後Bが死亡した場合，Bの相続人であるD，E（Bの相続人はD，Eのみである。）とCとの協議で遺産分割をすることができるかどうかが問題となる。

この場合，D，Eが相続により承継した権利義務の中には，BがCとともにAの共同相続人の1人として有していた権利義務も含まれているので，Aの相続財産については，D，EはBを通じてCとともに共同相続人として権利義務を有するものであるから，D，EはBの地位においてCと遺産分割の協議をすることができると解される（登記研究130号42頁）。

なお，遺産分割協議書記載の住所と印鑑証明書の住所が異なる場合は，住

第14　遺産分割等による権利変動とその登記手続

所の変更を証する書面（情報）をも添付（提供）しなければならない（登記研究
557号169頁）。

9　遺産分割による相続登記と抵当権設定登記

　相続登記未了の間に共同相続人の１人（甲）が相続不動産全部について抵
当権設定契約を締結した後，相続不動産全部を甲が所有する旨の遺産分割協
議が成立した場合において，遺産分割協議書を添付（提供）して甲を相続人
とする相続による所有権移転登記及び抵当権設定契約の日を登記原因日付と
する抵当権設定登記申請が可能であるか否かが問題となる。

　例えば，Ｘ不動産について平成24年１月５日Ａ，Ｂ，Ｃを相続人として相
続が開始したが，その相続登記未了の間において，平成27年３月４日にＡと
Ａの債権者Ｅとの間において，相続財産である甲・乙不動産（全部）を共同
担保として抵当権設定契約が締結された。その後平成29年11月５日に相続人
Ａ，Ｂ，Ｃ間において，前記甲・乙不動産をＡの所有とする遺産分割協議が
成立した場合に，甲・乙不動産につき，遺産分割協議書を添付（提供）して，
Ａを相続人とする相続登記と前記抵当権設定契約の日を原因日付とする抵当
権設定の登記の申請はすることができる。遺産分割の効果は相続開始の時に
遡及するからである（民法909条）。

　しかし，同順位の相続人でない者の間でなされた遺産分割協議書を添付
（提供）してする所有権を目的とする登記の申請は，１件の申請書ですること
ができない。例えば，亡Ａの共同相続人Ｂ₁，Ｂ₂による遺産分割前にＢ₁が死
亡し，その後，亡Ｂ₁の相続人Ｃ₁，Ｃ₂とＢ₂との間で，不動産をＢ₂が単独取
得する旨の遺産分割協議が成立した場合も亡Ａ→Ｂ₂の中間省略相続登記を
単独申請できる（昭和29年５月22日民事甲1037号民事局長通達，登記研究79号40頁，
七戸克彦『条解不動産登記法』（弘文堂，2013）432頁）。

　しかし，Ｃ₁，Ｃ₂とＢ₂との間で，Ｃ₁，Ｂ₂を共同相続人とする旨の遺産分
割協議が成立した場合には，まず，ＡからＢ₁，Ｂ₂の共同相続登記を経由し
た上，次いで，Ｂ₁の持分につきＢ₁→Ｃ₁の相続による持分移転登記を経由し

352

なければならない（昭和36年3月23日民事甲691号民事局長回答・登記研究466号115頁）。

　また，被相続人がその生前に農地法3条の許可を得て農地を取得していた場合においても，相続を証する書面を添付（提供）して直接相続人名義に所有権移転登記をすることはできない（登記研究486号134頁）。

10　誤った相続登記とその更正の登記

　例えば，甲，乙，丙，丁，戊の共有不動産（持分各5分の1）について甲がほしいままに自己単独所有名義に登記をした場合に，乙がその抹消を求めて訴えを提起した事案につき，最高裁は，乙の請求は甲の持分5分の4，乙の持分5分の1とする所有権移転登記の更正登記を求める限度で理由があるとして，乙の請求を一部認容している（最判昭和59年4月24日判時1120号38頁）。

　共有者の1人である甲が他の共有者らに無断で自己の単独名義に所有権移転登記をしてしまった場合に，他の共有者の1人である乙が甲に対してその登記の訂正を求める方法は，甲の登記の全部抹消ではなく，甲の登記の更正の登記であるとする（最判昭和38年2月22日民集17巻1号235頁）。同判決は，「甲乙両名が共同相続した不動産につき乙が勝手に単独所有権取得の登記をし，さらに第三取得者丙が乙から移転登記を受けた場合，甲が乙丙に対し請求できるのは，甲の持分についての一部抹消（更正）登記手続だけであって，右登記の全部抹消を請求することは許されないが，甲が乙丙に対し右登記の全部抹消登記手続を請求したのに対し，裁判所は乙丙に対し一部抹消（更正）登記手続を命じる判決をすることができる。」旨判示している。

　共有者の1人である甲が他の共有者らに無断で自己単独名義に所有権移転登記をしてしまった場合，他の共有者の1人である乙が甲に対してその登記の訂正を求める方法は，甲の登記の全部抹消ではなく，甲の登記の更正登記であることを明確にしている。

　そこで，乙がどのような更正登記を求めることができるのかということになるが，前記昭和38年の最高裁判例は，「共有者の1人がその共有持分に対

第14　遺産分割等による権利変動とその登記手続

する妨害排除として登記を実体的権利に合致させるため登記名義人に対し請求することができるのは，自己の持分についてのみの一部抹消（更正）の登記手続であると解するのが相当である。」旨判示し，甲（持分5分の4），乙（持分5分の1）とする更正登記手続のみを認めている。

11　遺言書の発見と共同相続登記

　①甲乙共同相続の登記後，甲1人に相続させる旨の遺言書が発見された場合，この共同相続登記をどうすべきかという問題が発生する。遺言書の存在により，甲が単独で相続したことになるので，共同相続登記を抹消の上，甲のための相続登記を申請するという考えもあり得るが，共同相続登記は甲の持分の限度で有効であるから，共同相続登記を抹消するのは無理がある。そこで，この場合は，甲乙の共同相続の登記を甲の単独相続の登記に更正することが相当であると解される（平成2年1月20日民三156号民事局第三課長回答・登記研究508号152頁）。

　②また，例えば，甲乙の共同相続登記後，甲1人に遺贈するとの遺言書が発見された場合，この共同相続登記をどうすべきかという問題が発生する。この場合，共同相続登記を抹消するということは①で述べたごとく無理がある。そうなると甲乙の共同相続登記を甲の単独の登記に更正することが考えられる。しかし，この場合は，甲が所有権を取得した原因が遺贈であるから，前述した①の場合と異なり，登記原因が相違しているので，単独所有にしただけでは妥当でない。そこで，この場合，つまり，甲乙の共同相続の登記後，甲1人に遺贈するとの遺言書が発見された場合には，相続開始時より甲1人が相続人であり，その原因は遺贈であるということであるから，甲乙の共同名義を甲の単独名義に，そして，登記原因を相続から遺贈に，それぞれ同時に更正する更正登記をすることができると考えられる。

　③それでは相続人以外の者に対する遺贈があった場合はどうかということになる。つまり，甲乙の共同相続の登記後，相続人以外の者に遺贈するという内容の遺言書が発見された場合の共同相続の登記はどのようにすべきかと

いう問題がある。

この場合は，結局，相続人は何も相続していないということであるから，すでになされている共同相続の登記は実体を何ら反映していない無効な登記であるということになり，受贈者は，甲乙の共同相続の登記を抹消した上で，相続人から遺贈を登記原因とする受贈者に対する所有権移転登記を申請することになる（市民と法60号114頁）。

12 民法903条の特別受益者と登記申請義務

登記義務者の相続人は，民法903条の特別受益者であっても，登記申請義務を承継する。

例えば，弁済により消滅している抵当権の抹消の登記について，登記義務者の死亡によりその相続人が申請人となる場合，民法903条の特別受益者を除いて申請することは相当ではない。つまり，登記義務者の相続人は，同条の特別受益者であっても登記申請義務を承継するということになる（登記研究265号70頁）。

なお，共同相続人となるべき乙が，被相続人甲から相続分を超えて生前贈与を受け，乙が甲より先に死亡した場合，乙の代襲相続人丙が作成した乙は甲から特別受益を受けている旨の証明書を添付（提供）してした丙を除く他の相続人からの相続登記申請は，受理して差し支えないとする先例（昭和49年1月8日民三242号民事局長回答・登記研究317号75頁）がある。

この場合，代襲相続人の持戻義務を否定した場合，他の共同相続人の立場からすれば，被代襲者自身が相続していれば持ち戻されるべき特別受益が，たまたま被代襲者が相続できなかったために全く無視される結果となり，衡平の理念にもとると考えられ，また代襲相続人自身の立場から考えても，代襲原因の発生によって相続分に変動が生ずることは代襲制度の趣旨に反することになる（代襲制度は代襲原因の発生によって代襲者が不利益を受けないと同時に利益も受けないような制度であると解される）と思われる。したがって，代襲相続人は被代襲者が生存し，直接相続していれば得たであろう相続利益以上のもの

第14　遺産分割等による権利変動とその登記手続

は取得すべきでないと考えられ，代襲相続人には持戻義務があると解するのが相当であると考えられる。

　この先例は，このような立場をとり，被代襲者乙が被相続人甲から相続分を超えて受けた生前贈与につき，代襲相続人丙に特別受益者としての持戻義務を認めたものである。そして，丙に特別受益者としての持戻義務を認める以上，丙は，乙の特別受益のゆえに相続分がないということについて証明能力を有することになり，丙の作成にかかる特別受益証明書は証明力を有していると考えられるので，その証明書を添付（提供）して他の相続人からなされた相続登記申請は受理すべきであるということになる（登記研究317号77頁）。

13　共有持分移転の登記とその更正の登記

　甲区順位1番でAほか9名で共有の所有権保存登記がなされている不動産について，A持分全部移転「18分の2」を甲に移転するため順位2番で「A持分全部移転」の登記をしたが，持分の記載を誤って「10分の1」とした場合に，持分を「18分の2」とする更正登記の申請人は誰が当事者となるべきかということが疑問となる。

　まず第1の考え方は，他の共有者は，更正前と更正後においてその共有持分に何らの増減を来さないので，甲の単独申請となるとする考え方である。第2の考え方は，持分の増加する甲が登記権利者となり，他の共有者全員が登記義務者となるとする考え方である。第3の考え方は，持分が増加する甲が登記権利者となり，Aを登記義務者として更正登記をすべきであるとする考え方である。

　Aほか9名の共有する不動産について，Aの持分全部（18分の2）を甲に移転登記をすべきところ，誤って持分を18分の1として持分移転登記がされた場合であるから，甲の持分を18分の1から18分の2に更正する必要があるということになり，甲を登記権利者，Aを登記義務者として所有権の更正の登記を申請することができるということになる（登記研究429号125頁）。

　また，A（持分5分の4），C間の所有権持分一部移転登記申請の際，Cの

持分が5分の2であるにもかかわらず5分の1として申請し，その登記が完了した場合，正しい持分に更正するには，Cが登記権利者，Aが登記義務者となって持分の更正の登記をすることができる。

　甲区1番所有者A，2番所有権一部移転共有者B持分5分の1の登記がされている不動産について，A持分一部移転の登記を申請し，共有者C持分5分の2として持分一部移転登記をすべきところ，誤ってC持分5分の1として登記してしまった場合，Cを登記権利者，Aを登記義務者とする更正登記はすることができる（登記研究428号139頁）。

14 分筆があった土地の所有権の更正の登記と農地法上の許可

　相続による登記名義人が分筆の登記をした場合であっても，分筆後の各土地について所有権の更正の登記をすることができるか否かが問題となる。

　例えば，1番の土地について，甲が相続による所有権移転の登記を受けた後に，1番1及び1番2に分筆をした。この場合において，前記1番1及び1番2の各土地につき，その所有者を甲及び乙に更正する所有権更正の登記は，この分筆後の各土地を分筆錯誤により，1番の土地に戻さない限りできないもの，つまり，前記分筆後の各土地を分筆錯誤により，1番の土地に戻さない限り，前記所有権の更正登記はできないということになるのかどうかという問題が生ずる。

　しかし，この場合，分筆そのものが誤りであったわけではなく，土地の所有者が甲の単有ではなく，甲乙の共有であったということであるから，この場合の所有権更正の登記は，分筆後の各土地について分筆錯誤による表示更正の登記を経ることなく，受理されることになると考えられる（登記研究417号105頁）。

　ところで，これに関連して，相続を原因として甲名義に登記されている農地について，甲，乙共有名義とする所有権の更正登記を申請する場合，つまり，甲が農地を相続により取得したとして相続登記をしたが，これが誤っているとして，所有者を甲，乙の共有とする更正登記をする場合，その更正の

357

第14　遺産分割等による権利変動とその登記手続

登記の申請書に農地法の許可書の添付（提供）を要するかどうかということについてはその添付（提供）は要しないと解される（登記研究417号104頁）。

　なお，相続による所有権保存登記を抹消する場合の登記申請人は，登記簿上の登記名義人が登記申請人となる。つまり，相続による所有権保存登記の抹消申請人は，登記簿上の名義人であり，相続人全員ではないということである（登記研究417号104頁）。

15　法人格のない社団と代表者名義への所有権移転登記の登記原因

　共有者名義で登記されている法人格のない社団が所有する不動産につき，同社団の代表者名義への所有権移転登記をする場合の登記原因についてであるが，例えば，構成員（50名）全員の名義で登記されている法人格のない社団の所有する不動産について，今般，新たに選任された代表者名義に所有権移転登記をする場合の登記原因は，「委任の終了」とするのか，「民法646条2項による移転」とするのかということについての疑問である。

　判例によれば，権利能力なき社団として認められるためには，①団体としての組織があること，②多数決の原則により内部の意思決定が行われること，③構成員の変更にもかかわらず団体が存続すること，④代表の方法や総会の運営，財産管理など団体としての主要な点が確定していることが必要である（最判昭和39年10月15日民集18巻8号1671頁）。また，権利能力なき社団の財産はその全構成員に総有的に帰属するとされるため，構成員は当該社団を脱退しても持分の払戻しを受けることはできない（最判昭和32年11月14日民集11巻12号1943頁ほか）が，権利能力なき社団がその名義で負う債務について，構成員各自が個人的に責任を負うことはない（最判昭和48年10月9日民集27巻9号1129頁）。このように，権利能力なき社団は，構成員の固有財産から独立して積極財産及び消極財産の主体となり得るのであり，訴訟における当事者能力も認められている（民事訴訟法29条）。したがって，権利能力のない社団は，構成員全員に総有的に帰属する不動産について，その所有権の登記名義人に対し，当該社団の代表者の個人名義に所有権移転登記手続をすることを求める

訴訟の原告適格を有する（最判平成26年2月27日民集68巻2号192頁）とされる。

権利能力なき社団というためには，組織として一定の要件を具備している必要があり，その社団の資産は構成員全員の総有に属するというのが判例である。権利能力なき社団の構成員各自は，資産の分割請求権を有しないとされる。

つまり，一定の目的のために人が結合し，団体としての一定の組織を有しているものであっても，公益を目的として設立された団体でもなく，また，営利を目的として設立された団体でもなく，また，設立準拠法があってもその法律で定める法人格を取得するための要件を完全には具備することができないために法人化することができない場合も考えられる。

前述（第9の9）のとおり，このように町内会や自治会といった地縁団体の所有する不動産については，かつてはその団体名義で登記をすることができず，その代表者の個人名義で登記するなどの対応を取らざるを得なかったが，この問題を解消するため，地方自治法の一部を改正する法律（平成3年法律第24号）により，一定の要件を満たした地縁団体に権利能力が与えられ（地方自治法260条の2第1項及び第2項），団体名義での登記が可能となったが，その地縁団体が団体名義に所有権の保存又は移転の登記をしようとしても，当該地縁団体の構成員全員の共有名義となっているような場合，登記名義人が多数に上ること，また，その所在が不明であるなどの事情から，その協力を得ることが非常に困難であり，実質的には登記ができないという問題が生じていた。

そこで，この問題を解消するため，地方自治法の一部を改正する法律（平成26年法律第42号）により，不動産登記申請の特例（地方自治法260条の39）が設けられ，一定の手続（同法260条の38）を経て地縁団体がその名義により単独で登記の申請をすることができるようになっている（平成27年4月1日施行）。

町内会や自治会といった地域的な共同活動を行っている団体は「地縁団体」といい，この地縁団体は，いわゆる「権利能力なき社団」に該当するため，その団体の所有する不動産について，かつてはその団体の所有する不動産について団体名義で登記することはできなかったが，前述のごとく，平成

第14　遺産分割等による権利変動とその登記手続

３年に地方自治法が改正され，法人格を取得することができ，この法人格を取得した地縁団体を「認可地縁団体」といい，認可地縁団体が所有する不動産については，団体名義で登記することができる（地方自治法260条の２）。同条第１項には地縁団体の定義について規定しており，同条第５項によれば，その団体が「町又は字の区域その他市町村内の一定の区域に住所を有する者の地縁に基づいて形成された団体」であることが必要となる。

　認可地縁団体は，法人格を有することから，認可地縁団体名義での不動産の登記が可能となる。

　しかし，例えば，町内会が晴れて「認可地縁団体」となったとしても，登記権利者が町内会，登記義務者が所有権の登記名義人として登記されている構成員全員となっていることから，登記名義人となっている構成員全員の協力なくしては登記申請することができないということになる。そこで，登記義務者の数が多数に上り，また，その所在が不明であるなどの事情から，その協力を得ることが非常に困難であるような場合に対処するため，不動産登記申請の特例が設けられた。すなわち，特例を受けようとする認可地縁団体は，当該認可地縁団体が不動産の所有権の保存又は移転の登記をすることについて異議のある者等から当該市町村長に対し異議を述べる旨の公告を求める旨を市町村長に申請することができる。ただし，次の４つの事項を疎明する必要がある（地方自治法260条の38第１項）。

① 当該認可地縁団体が当該不動産を所有していること（１項）。

② 当該認可地縁団体が当該不動産を十年以上所有の意思をもって平穏かつ公然と占有していること（２号）。

③ 当該不動産の表題部所有者又は所有権の登記名義人の全てが認可地縁団体の構成員又はかつての当該認可地縁団体の構成員であった者であること（３号）。

④ 当該不動産の登記関係者（表題部所有者若しくは所有権の登記名義人又はこれらの相続人）の全部又は一部の所在が知れないこと（４号）。

以上の公告に係る登記関係者等が異議を述べなかったときは，当該認可地縁団体が不動産の所有権の保存又は移転の登記をすることについて当該登記

関係者の承諾があったものとみなされる（地方自治法260条の38第３項）。

　市町村長は，認可地縁団体が前記要件を満たすことを確認した上で，その申請を相当と認めるときは，（３か月を下らない）一定の期間を定めて，当該認可地縁団体が公告に係る不動産の所有権の保存又は移転の登記をすることに異議のある登記関係者等は市町村長に対し異議を述べるべき旨を公告するものとされている（地方自治法260条38第２項）。

　公告期間中に当該告知に係る登記関係者等から異議が述べられなかったときは，当該公告に係る登記をすることについて，当該公告に係る登記関係者の承諾があったものとみなされる（同条３項）。

　そして，同条３項により承諾があったとみなされた場合，市町村長は，公告をしたこと及び登記関係者等が公告期間内に異議を述べなかったことを証する情報を当該認可地縁団体に提供するものとされている（同条４項）。

　この「証する情報」を提供することで，権利に関する共同申請義務を定めた不登法60条の特例となり，登記権利者である認可地縁団体が単独で所有権の移転の登記を申請することができる（地方自治法260条の39第２項）。

　なお，表題登記のみの不動産の場合は，「証する情報」を提供することで，所有権の保存の登記の申請権者を定めた不登法74条１項の特例となり，認可地縁団体が所有権の保存の登記を申請することができる（地方自治法260条の39第１項）[1]。

16 権利能力のない社団を受贈者として遺贈する場合の登記申請とその留意点

　権利能力のない社団を受贈者として遺贈をする場合，どのような点に留意する必要があるかということになるが，最判昭和39年10月15日民集18巻８号1671頁は，「権利能力のない社団といいうるためには，団体としての組織を備え，そこには多数決の原則が行われ，構成員の変更にもかかわらず団体そ

---

[1]　麻生雪重「地縁団体の所有する不動産について」法務通信786号13頁

のものが存続し，その組織によって代表の方法，総会の運営，財産の管理その他団体としての主要な点が確定しているものでなければならない。このような権利能力のない社団の資産は構成員に総有的に帰属し，代表者によってその社団の名において構成員全体のため権利を取得し，義務を負担する。」旨を判示しており，「団体としての組織を備え，多数決の原則が行われ，構成員の変更にかかわらず団体が存続し，代表の方法，総会の運営，財産の管理等団体としての主要な点が確定していること」を備える限り，権利能力なき社団を受遺者として遺贈することは可能であると解される。

このことは，負担付遺贈についても同様であると考えられる。すなわち，遺贈者から受贈者として当該団体に課された負担と解される限り，その負担である法律上の履行義務は，当該団体の構成員全員に1個の義務として総有的に帰属し（最判昭和48年10月9日民集27巻9号1129頁），「権利能力なき社団の代表者が社団の名においてした取引上の債務は，その社団の構成員全員に，1個の義務として総有的に帰属するとともに，社団の総有財産だけがその責任財産となり，構成員各自は，取引の相手方に対し，直接には個人的債務ないし責任を負わない」旨判示している。当該団体の総有財産だけがその責任財産となり，構成員各自は，遺贈義務者に対し，個人的債務ないし責任を負わないから，当該負担付遺贈は，そのような内容の負担付のものとして効力を有するものと解される。

17 所有権移転の登記と農地法所定の許可

法人格のない社団所有の農地につき，その構成員のうちA，B，Cを代表者として，これらの者の共有名義となっている場合において，「委任の終了」を登記原因として代表者Dへの所有権移転の登記を申請するには農地法所定の許可書の提供が必要であるか否かが問題となるが，「委任の終了」を登記原因として，代表者Dに所有権移転の登記を申請する場合には，農地法所定の許可書の添付（提供）は要しないとされる（登記研究435号116頁）。

また，農地法所定の許可の要否に関し，既に死亡している者に対して農地

法5条の許可がされ，その許可書を添付（提供）して相続人のためにされた所有権移転登記の申請は受理されない。つまり，農地法5条の規定による許可申請をし，譲受人死亡後に，当該申請のとおり知事の許可がされた場合においては，その譲受人の相続人は同知事の許可に基づき直接自己名義に当該譲受土地の所有権移転登記申請をすることはできないと解される（登記研究428号138頁）。

18 共有者中の一部の者を除く持分全部移転登記の申請と登記の目的

例えば，83名の共有する不動産について，このうちの78名の者が持分放棄を原因として他の共有者5名（甲，乙，丙，丁，戊）に移転登記をする場合の登記の目的はどのように記載（記録）すべきかという疑問があるが，共有者83名中の78名の者が他の共有者5名に持分全部の移転をし，その登記をするということであるから，まさにその共有持分移転の実体を反映する登記の目的として，その記載（記録）は，「甲，乙，丙，丁，戊を除く共有者全員持分全部移転」と記載（記録）することで差し支えないと解される（登記研究489号151頁）。

なお，これに関連して，農地法5条の許可に関して，売渡人（共有者3名）と買受人との申請により農地法5条の許可を得た農地について，売渡人につき錯誤により2名の共有にする所有権の更正登記があった場合は，改めて更正後の共有者と買受人との申請による農地法所定の許可を得る必要がある（登記研究489号151頁）。

もっとも，農地法5条の許可を得て所有権移転の登記をした後，地目が宅地に変更された土地につき，「真正な登記名義の回復」を登記原因として従前の所有者以外の者に所有権移転登記を申請する場合には，農地法による許可書の添付（提供）は必要でない（登記研究429号124頁。）。

第14　遺産分割等による権利変動とその登記手続

19　不動産の共有者の一人がした不実の持分移転登記と同登記の抹消登記手続

　不動産の共有者が，当該不動産について不実の登記名義を有する第三者に対して，同登記の抹消を求めることができるか否かについて，最判昭和31年5月10日民集10巻5号487頁は，「不動産の共有権者の一人がその持分に基き当該不動産につき登記簿上所有名義人たる者に対してその登記の抹消を求めることは，妨害排除の請求に外ならずいわゆる保存行為に属するものというべく，従って，共同相続人の一人が単独で当該不動産に対する所有権移転登記の全部の抹消を求めうる。」として，これを肯定している。

　しかし，共有者の一人から第三者に対する不実登記の抹消を求め得る法的根拠を「保存行為」であるとする上記判例理論に対しては，民法252条ただし書にいう保存行為は共有物の滅失・毀損を防止して，その現状を維持する行為であるから，不実登記の抹消を求めることまで保存行為であるというのは保存行為概念を広げすぎるとする批判もある（市民と法27号72頁「不動産の共有者の一人が不実の持分移転登記経由者に対し同登記の抹消登記手続請求をすることの可否」）。

　そこで，最判平成15年7月11日（判時1833号114頁，市民と法27号72頁）は，いわゆる保存行為論を根拠とせず，共有不動産に不実の持分登記がされている場合には，共有不動産に対する侵害状態が生じているとの前提に立ち，その侵害を各共有者が単独で共有持分権に基づく妨害排除請求権により排除することができるとしている。

　民法の共有の構造については，1つの物につき1個の所有権が成立し，それが各共有者に分属すると考えるか，それとも各共有者が各自1個の所有権を有するものの，一定の割合によって制限を受け，その内容的な総和が1個の所有権と等しくなっていると考えるかなど議論のあるところである。この判例は，民法の物権法の基本問題の1つである共有理論に大きな影響を与える重要な判例であるということができる（市民と法27号73頁）。

20 特別縁故者の不存在と不動産共有持分の共有者への帰属による登記

　民法255条は，「共有者の一人が死亡して相続人がないときは，その持分は，他の共有者に帰属する。」と定めている。そうなると相続人不存在となった時点で当該共有持分は他の共有者に帰属し，そもそも相続財産管理人による処分の対象にならないのではないかという疑問が生ずるが，この点については，最高裁は民法255条と同法958条の3（特別縁故者への分与）との関係では958条の3の優先適用説に立ち，共有持分は特別縁故者への分与の対象となり，なお相続財産が残存することが確定した時に初めて民法255条が適用されるとしている（最判平成元年11月24日民集43巻10号1220頁）。つまり，同条により共有者に帰属するのは，相続人不存在が確定し，債権者への弁済や特別縁故者への分与がすべて終了した後になる。

　他の共有者への共有持分帰属の登記としては，登記原因としては「平成年月日相続人不存在」，登記原因日付は，特別縁故者の財産分与の請求がなされなかったときは，分与請求期間満了の翌日，特別縁故者の財産分与の請求がなされたが却下されたときは，却下審判確定の翌日，特別縁故者の財産分与の請求につき一部分与の審判がなされたときは，分与審判確定の翌日となる。登記原因証明情報としては，特別縁故者不存在確定証明書（家庭裁判所が交付する）を添付（提供）する（田村剛史「相続財産不存在による不動産共有持分の共有者への帰属」登記情報622号4頁）。

21 抵当権の目的を共有者の1人の持分のみとする抵当権の更正の登記とその手続

　複数の相続人甲乙が不動産を共同相続した場合において，共同相続人の1人である甲が相続財産に属する不動産について，遺産分割をしないまま単独で所有権移転の登記をし，第三者がその相続人から当該不動産の所有権の移転を受け，又は抵当権の設定をし，その登記をしたとしても，他の共同相続

第14　遺産分割等による権利変動とその登記手続

人乙は，甲に対してはもちろんのこと，第三者に対しても，自己の持分を登記なくして対抗し得るものと解される。

　これは，各共同相続人は，その相続分に応じて被相続人の権利義務を承継し，相続財産は，その共有に属することから（民法896条，897条），共同相続人の一人が単独名義の所有権移転登記をしたとしても，その単独名義の登記は，他の共同相続人の持分に関する限り無権利の登記であり，また，登記に公信力がないから，当該第三者も他の共同相続人の持分に関する限りその権利を取得することができないからである。このことは，判例が戦前から明らかにしているところである（大判大正8年11月3日民録25輯1944頁，最判昭和38年2月22日民集17巻1号235頁）。

　そこで，他の共同相続人である乙は，その共有権に対する妨害排除として，甲及び第三者に対して，登記を実体的権利に合致させるための手続をするように求めることができる。

　ところで，甲名義の所有権移転登記及び第三者の登記については，甲の持分に関する限度においては実体関係に合致しているのであり，また，乙は自己の持分についてのみ妨害排除の請求権を有するから，これらの登記の全部抹消を求めることは過大な請求であり，乙が請求できるのは，乙の持分についてのみの一部抹消であり，その手段としての更正登記手続である（大判大正10年10月27日民録27輯2040頁，前掲最判昭和38年2月22日民集17巻1号235頁，昭和36年10月14日民事甲2604号民事局長回答）。

　所有権移転登記に関する更正は共同申請により行い，乙が登記権利者，甲が登記義務者となって，甲単独名義の相続登記を甲，乙の共有名義の相続登記に更正する。甲がこの更正手続に協力しない場合には，乙は，甲に対して，甲単独名義の相続登記を甲乙共有名義の相続登記に更正する登記手続を訴求することができる（「続・民事訴訟と不動産登記一問一答25」南敏文・登記研究652号124頁）。

366

22 債務の一部弁済と代物弁済による登記

　債務の一部弁済として不動産をもって代物弁済した場合の所有権移転の登記原因は「年月日代物弁済」とする（登記研究135号46頁）。

　AがBに対して負担する債務の一部についてA所有の不動産を代物弁済した場合，AからBへの所有権移転の登記原因は，「年月日代物一部弁済」とすべきではなく，「年月日代物弁済」とするのが相当であるとしている（登記研究466号114頁）。

　現民法482条は，「債務者が，債権者の承諾を得て，その負担した給付に代えて他の給付をしたときは，その給付は弁済と同一の効力を有する。」と規定し，改正民法482条は，「弁済をすることができる者（以下「弁済者」という。）が，債権者との間で，債務者の負担した給付に代えて他の給付をすることにより債務を消滅させる旨の契約をした場合において，その弁済者が当該他の給付をしたときは，その給付は，弁済と同一の効力を有する。」と規定している。

　現行法では，代物弁済については，代物弁済による債権の消滅の効果が代物の給付によって生ずることに着目し，要物契約であると言われてきた。しかし，一方では，諾成契約（目的物の給付を必要とせず，当事者の合意のみで契約）的な代物弁済の合意は，担保目的で広く利用されており，最高裁判所昭和57年6月4日の判例（判時1048号97頁）も，代物弁済における目的物の所有権の移転については，「不動産所有権の譲渡をもってする代物弁済による債務消滅の効果は，単に当事者がその意思表示をするだけでは足りず，登記その他引渡行為を完了し，第三者に対する対抗要件を具備したときでなければ生じないことはいうまでもないが，そのことは，代物弁済による所有権移転の効果が，原則として当事者間の代物弁済契約の意思表示によって生ずることを防げるものではない」としている。

　そこで，改正民法482条においては，代物弁済の法律関係を明確化するため，前述した最判昭和57年6月4日の判決要旨を踏まえ，「弁済をすることができる者……が，債権者との間で，債務者の負担した給付に代えて他の給

付をすることにより債務を消滅させる旨の契約をした場合において……」と
規定して（現行法は「その負担した給付に代えて他の給付をしたときは……」と規定し
ており，要物契約であることを明確にしている。），代物弁済が諾成契約であること
を明示し，その上で，代物弁済による債権の消滅の効果は，代物の給付をし
た時点（不動産であれば所有権移転の登記をした時）であることを明確にしている
（登記研究466号114頁，拙稿「公正証書ア・ラ・カ・ル・ト⑳」時の法令2020号70〜72頁，
拙稿『論点解説・民法（債権法）改正と不動産取引の実務』49頁）。

23 同一名義人に対する数個の持分取得の登記とその持分に対する抵当権設定の登記

　同一名義人が数回に分けて各別の登記により取得している所有権の持分と
その持分に対する抵当権設定の登記について以下で説明する。

　抵当権の設定登記については，例えば，甲区５番で登記された持分全部を
目的とするものに限りすることができる。この場合においては，その目的を
「Ｂ持分一部（順位５番で登記した持分）の抵当権設定」の振合いによることと
し，当該申請書に添付（提供）するＢの権利に関する登記済証（登記識別情
報）は，目的である持分の取得の際の登記済証（登記識別情報）で足りる。

　なお，持分の移転の登記の場合は，例えば，甲区５番で登記された持分の
移転登記の目的は，「Ｂ持分（順位５番で登記した持分）移転」の振合いによる
こととし，当該申請書に添付（提供）すべきＢの権利に関する登記済証（登記
識別情報）は，目的である持分の取得の際の登記済証（登記識別情報）で足りる
（昭和58年４月４日民三2252号民事局長通達・登記研究428号121頁）。

　前述（第６の９）のとおり，所有権の一部（共有持分）を目的とする抵当権
の設定登記の可否については，当初は積極に解されていた（明治32年12月22日
民刑2080号民刑局長回答，大正８年６月11日民事甲1907号民事局長回答）が，その後こ
の取扱いは変更されている（昭和35年６月１日民事甲1340号民事局長通達，昭和36年
１月17日民事甲106号民事局長回答）。その理由としては，所有権（又は共有持分）
の一部を目的とする抵当権は成立し得ないとしているが，その趣旨は，物権

23　同一名義人に対する数個の持分取得の登記とその持分に対する抵当権設定の登記

の性質上抵当権の目的とすることができる対象物は独立し，特定していることを要するが，持分の一部ということになれば，その後の持分の一部移転，一部抵当権設定が重ねられることによる法律関係の錯綜を考慮すると，抵当権の目的としてその範囲が公示上独立し，特定しているとはいえないという判断によるものと考えられる。例えば，前述した昭和35年の先例の事案は，持分5分の1の取得の登記がある場合にその5分の1の持分の2分の1（結局10分の1）を目的として抵当権の設定の登記をすることは認められないとするものであるが，今回の照会の事案は，5番で取得した持分10分の1の全部を目的とする抵当権設定の登記の可否を問うものであり，これを認めることが直ちに昭和35年の先例と抵触するということにはならないと解される。

　今回の事案の場合は，Bは所有権の共有持分10分の3を有しているが，各登記は持分10分の1ずつ3回にわたる各別の登記により公示されているから，各持分は，それぞれに独立し特定していると解することができる。現に同一人が数回に分けて持分を取得する場合は，結果として持分の一部に抵当権が成立していることになるが，その抵当権の範囲は公示上独立性，特定性を有していると解される。登記先例もこれを認め，その後の所有権の一部移転の登記については，移転すべき持分を特定して登記すべきであるとしている（昭和37年6月28日民事甲1748号民事局長通達）。

　このように考えてくると共有持分の取得事項として独立した登記事項が数個あるときは，この各登記事項に係る持分の登記をそれぞれに独立した共有持分の登記として取り扱っても差し支えなく，また，そのことにより公示上の権利関係が錯綜することもないから，これを目的として各別に抵当権設定の登記又は所有権移転の登記をすることを認めても差し支えないと考えられる。そして，また，このように解しても，前述した昭和35年の先例の趣旨に抵触することにはならないと解される。そして，特定の取得登記事項に係る持分について抵当権設定の登記又は持分移転の登記をする場合には当該登記の目的となっている特定の持分をその取得登記の順位番号により特定して「登記の目的」を記載（記録）することが可能であり，また，そのような記載をすべきことになる（登記研究428号123頁）。

第14　遺産分割等による権利変動とその登記手続

　つまり，2個の持分取得の登記がある場合においては，各個の持分ごとに相続による移転登記をすることができるということになり，例えば，同一登記名義人甲につき，数個の持分取得の登記がある場合（5番及び7番）において，甲が死亡したときに，前述した昭和58年4月4日民三2252号民事局長通達の趣旨を発展させて，「甲持分一部（順位何番で登記した持分）移転」の振合いにより，甲の相続人乙丙に対し，乙に5番，丙に7番の持分を取得させることができる（登記研究430号174頁）。

24　同一名義人による数個の持分取得登記とその持分一部移転後の抵当権設定の登記

　同一名義人が数回にわたり持分を取得し，その持分の一部を移転後，現持分を目的とする抵当権の設定の登記手続をどうするかということである。

　例えば，Bは順位番号2番，5番，8番でそれぞれ10分の2，10分の1，10分の1ずつ持分を取得（合計10分の4）し，さらに今度は10番でCに持分の10分の1を移転しその登記をしている。そこで，Bの現持分10分の3に対し，抵当権の設定の登記を申請する場合，どの登記事項の持分が対象になるかという疑問を生ずる。つまり，順位番号2番，5番，8番全てに抵当権を設定しなければならないのか，それとも，2番と5番（又は2番と8番）のみに抵当権を設定することができるのかという疑問を生ずる。

　Bは2番，5番，8番でそれぞれ10分の2，10分の1，10分の1ずつ持分を取得しているが，10番でCに持分10分の1について移転の登記をしているので，現持分10分の3に対し，抵当権設定の登記を申請する場合，どの登記事項の持分が対象となるのかという問題がある。

　昭和58年4月4日民三2252号通達は，同一名義人が数回に分けて各別の登記により持分を取得している場合には，その登記に係るそれぞれの持分につき抵当権設定の登記又は持分移転の登記を申請することができる。この場合における登記の目的の記載は「何某持分一部（順位何番で登記した持分）の抵当権設定（又は移転）の振合によるものとし，申請書に添付（提供）すべき権利

370

24　同一名義人による数個の持分取得登記とその持分一部移転後の抵当権設定の登記

に関する登記済証（登記識別情報）は，その持分取得の際に交付された登記済証（登記識別情報）で足りるとしている」（登記研究428号121頁）。

共有持分権は，一個独立の所有権としての性格を有するが，他の共有者の持分権によってその権能が制限されている（民法251条）。しかし，各共有者の持分権は独立の所有権であるから，他の共有者の同意を得ないで，抵当権の設定等自由に処分できる。それでは，共有持分の一部について抵当権の設定ができるか否かについては，当初の先例は積極に解していた。

「共有持分の一部を目的として抵当権を設定することができる」（明治32年12月22日民刑2080号民刑局長回答，大正8年6月11日民事甲1907号民事局長回答）とする先例がそれである（登記研究478号124頁）。その後，昭和35年にこの2つの先例を変更し，「共有部分の一部を目的とする抵当権というのは実体法上成立しないものと解されるので，その設定登記は受理することができない」（昭和35年6月1日民事甲1340号民事局長通達・登記研究153号31頁）とされ，前記明治32年，大正8年の先例はいずれも変更されている（登記研究153号32頁）。

物権の性質上抵当権の目的とすることができる対象物は独立し，特定している必要があるが，持分の一部は抵当権の目的としてその範囲が公示上独立し，特定しているとは言えないということで否定されている。共有持分の一部移転や抵当権設定登記が重ねられることによる法律関係の錯綜も考慮されたものと考えられる。

ところで，これに関連して昭和37年にも先例が出されている。

前述した昭和35年の先例では，所有権の一部については実体法上抵当権は成立しないとして従来の取扱いを否定しているが，例えば，現に同一人が数回に分けて持分を取得する場合に，取得すべき持分に既に抵当権設定の登記がされている場合には，結果として持分の一部に抵当権が成立しているという状態が生ずることになる。この場合には，所有者がその所有権の一部を移転するときの登記の方法は，移転すべき持分を特定して登記をすべきであるということになる（昭和37年1月23日民事甲112号民事局長回答・登記研究174号62頁）。

そうなると，昭和37年の先例は，後発的に所有権の一部について抵当権が生じている状態を是認していることになる。

371

第14 遺産分割等による権利変動とその登記手続

そして，この昭和37年の先例と同一線上にあると考えられるのが昭和58年の先例である。

昭和58年の先例は，同一名義人が数回に分けて各別の登記により持分を取得している場合には，それぞれの持分につき抵当権設定の登記又は持分移転登記を申請することができ，登記の目的の記載は「B持分一部（順位何番で登記した持分）の抵当権設定（又は移転）の振合いとし，登記済証は，その持分取得の登記の際に交付した登記済証で足りる。」とする（昭和58年4月4日民事甲2252号民事局長通達・登記研究428号121頁）。

そうすると昭和58年の先例と昭和37年の先例とは基本的な考え方は同じであるということになる。

昭和58年の先例は，独立した登記事項が数個あるときは，この各登記事項に係る持分の登記をそれぞれに独立した共有持分の登記として取り扱っても差し支えない。また，そのことにより公示上の権利関係が錯綜することもないから，これを目的として各別に抵当権設定登記又は所有権移転の登記をすることを認めている。このことは，昭和35年の先例の趣旨と抵触することにはならない（登記研究478号125頁）ということである。

25 根抵当権の確定と債務者の変更及び合意の登記

民法398条の8第2項は，「元本の確定前にその債務者について相続が開始したときは，根抵当権は，相続開始の時に存する債務のほか，根抵当権者と根抵当権設定者との合意により定めた相続人が相続開始後に負担する債務を担保する」と規定している。したがって，例えば，根抵当権者をA，債務者をB及びCとする根抵当権について，Bの相続開始後6か月以内に相続による債務者の変更登記及び合意の登記をしない場合であっても，当該根抵当権は確定しないが，Bの相続開始後6か月を経過するとその経過後は相続による債務者の変更及び合意の登記はできなくなることになる（登記研究557号169頁）。

372

26 抵当権の共有と共有不動産に対する抵当権設定登記

抵当権者甲とする抵当権設定登記を甲乙共有に更正する場合の登記権利者は新たに加入する抵当権者乙であり，登記義務者は設定者であるということであるが，従前の抵当権者甲も登記義務者となる（登記研究466号113頁）。従前の抵当権者甲は，甲の単有から，甲乙共有となるので，当該更正登記によって法律上の利害関係を有するからである。

また，親権者甲が未成年の子乙，丙を連帯債務者として，甲乙丙共有の不動産に対して抵当権設定契約をする場合，民法826条 2 項の適用があるかどうかが問題となる。

民法826条 2 項は，「親権を行う者が数人の子に対して親権を行う場合において，その 1 人と他の子との利益が相反する行為については，親権を行う者は，その一方のために特別代理人を選任することを家庭裁判所に請求しなければならない。」と規定しているので，その必要があると考えられる（昭和33年12月25日民事三発1013号民事局第三課長心得電報回答）。

27 登記申請義務とその承継

登記申請義務を承継し，相続人が登記義務者として被相続人に代わってする登記申請義務は，民法938条による相続の放棄をした相続人にはないと解される（登記研究130号45頁）。相続放棄は，家庭裁判所がその申述を受理することで効力を生ずるが，その性質は私法上の財産上の法律行為であるから民法95条の適用がある（最判昭和40年 5 月27日家月17巻 6 号251頁）とされているからである。

また，この申請義務は，その性質上遺産分割協議等で共同相続人の一人に負わせることはできないと解される。旧不登法26条（現不登法60条）にいう登記申請義務者というのは，相続人全員（相続放棄者を除く。）を指し，これを変更するという旨の分割の協議をすることはできないと解されるからである（登記研究130号45頁）。

第14　遺産分割等による権利変動とその登記手続

28　共同相続の代位登記とその後の遺産分割

　相続人の債権者がした共同相続の代位登記は，その後遺産分割が行われて
もなお有効かどうかという問題である。

　事案の内容としては，係争の土地2筆は原告甲及び乙が共同で相続し，そ
の共有持分は甲が3分の1，乙が3分の2であった。被告は原告乙に対する
債権を保全するため相続財産について，「登記原因何年何月何日相続，取得
者乙持分3分の2，甲持分3分の1の共有」という代位登記をしている。そ
の後，原告甲及び乙は遺産の分割をしたとして，1筆は甲，他の1筆は乙と
して分割による登記をした。そして，原告等から被告に対して前記代位登記
の抹消について承諾を求めたのがこの事例である。

　共同相続人が遺産分割をするまでの共有関係はやはり相続の効果であって，
分割によってその共有関係が遡ってなかったことになるとはいえ，それまで
の関係はいわゆる僭称相続人の権利のように全く根拠のないものではなく，
その関係に基づく共有持分については有効に処分もできるし，登記もできる
ものであり，その処分及び登記は共同相続人の権利に属し，むしろ対第三者
の関係を考慮すれば一旦共同相続の登記をした上で，遺産分割が行われたと
きに分割の結果に基づいて改めて登記をすることが権利変動の実際に適合す
るものである。したがって，共同相続の登記をしない間に遺産分割が行われ
た場合は，上記のような登記の経過を経ることは共同相続人間では一見無意
味に見えるけれども，遺産分割前の共同相続関係は第三者との関係において
通常の共有関係と異ならないことは前述のとおりであるから，共同相続人が
有していたはずの共同相続登記の権利が第三者との関係において無に帰する
ものではなく，この場合も，前記設例の場合と同様遺産分割について登記が
ない以上，共同相続人が分割前に有していたはずの権利に基づいて代位登記
ができるものと解される（登記研究126号36頁）。

　以上のような考え方は遺産分割の効力につき民法909条本文の規定がある
にもかかわらず，ちょうど相続人相互の間の持分譲渡と同じようにしてしま
い，遡って既に存在しなくなった共同相続の権利関係をなお尊重するような

感があるけれども，ともかくも，一旦有効に存在した権利関係があった以上，これについて第三者の権利関係が発生することは当然考えられることであるから，例えば不動産については登記によって基本の権利関係が消滅あるいは変更になったことを第三者に明らかにしない間は，第三者との関係においてなお権利関係が存続するかのような法律上の取扱いを受けることもやむを得ない場合があり，この事例の場合はこれに当たり，前記法条による遺産分割の遡及効はそれまでの前記法律関係を全く無にするものとは解されないと考えられる（登記研究126号4頁）。

29　遺産分割の効力と第三者の権利

　民法909条は，「遺産の分割は，相続開始の時にさかのぼってその効力を生ずる。ただし，第三者の権利を害することはできない」と規定しており，判例は，「不動産に対する相続人の共有持分の遺産分割による得喪変更については，民法177条の適用があり，分割により相続分と異なる権利を取得した相続人は，その旨の登記を経なければ，分割後に当該不動産につき権利を取得した第三者に対し，自己の権利の取得を対抗することができない」（最判昭和46年1月26日民集25巻1号90頁）と判示し，また「遺産は，相続人が数人あるときは，相続開始から遺産分割までの間，共同相続人の共有に属するものであるから，この間に遺産である賃貸不動産を使用管理した結果生ずる金銭債権たる賃料債権は，遺産とは別個の財産というべきであって，各共同相続人がその相続分に応じて分割相続債権として確定的に取得するものと解するのが相当である。遺産分割は，相続開始のときにさかのぼってその効力を生ずるものであるが，各共同相続人がその相続分に応じて分割単独債権として確定的に取得した上記賃料債権の帰属は，後にされた遺産分割の影響を受けない」とする（最判平成17年9月8日判時1913号62頁）。

第15　共有等に関する登記等とその登記手続等

第15　共有等に関する登記等とその登記手続等

1　不動産共有者の1人による単独での持分移転登記とその抹消登記手続請求

　不動産の共有者の1人が，共有不動産について全く実体上の権利を有しないのに持分移転登記を経由している者に対し，単独でその持分移転登記の抹消登記手続を請求することができるか否かが問題となる。

　A所有の土地につき，A死亡により，X₁，X₂及びB，Cの計4人の子が共同相続した。

　ところが，Bは，相続を原因として各共同相続人の持分を4分の1とする所有権移転登記を行った後，あらかじめYに言われて用意していた書類を使用して，代物弁済契約を原因としてBの持分についてYに対して持分移転登記を行った。

　この場合，BY間の代物弁済契約が虚偽表示又は公序良俗違反として，BからYへの持分移転登記の抹消登記手続を求めることができるかどうかが問題となる。

　不動産の共有者の1人は，その持分権に基づき，共有不動産に対して加えられた妨害を排除することができると考えられるが，不実の持分移転登記がされている場合には，その登記によって共有不動産に対する妨害状態が生じているということができるから，共有不動産について全く実体上の権利を有しないのに持分移転登記を経由しているYに対してX₁，X₂は，単独でその持分移転登記の抹消登記手続を請求することができる（最判昭和31年5月10日民集10巻5号487頁，最判昭和33年7月22日民集12巻12号1805頁，最判平成15年7月11日判時1833号114頁）。

　前記最判平成15年7月11日は，「不動産の共有者の一人は，……共有不動

376

産について全く実体上の権利を有しないのに持分移転登記を経由している者
に対し，単独でその持分移転登記の抹消登記手続を請求することができる」
と判示しており，不実登記による共有物への侵害を，各共有者が共有持分権
それ自体に基づく妨害排除請求権によって，単独で排除することができると
した判例であると理解することができる。前記平成15年の判例には，「保存
行為」という概念が示されていないことからもそのように理解することがで
きる（馬橋隆紀『共有関係における紛争事例解説集』235頁，239頁）。

2 共有登記の一部抹消（更正）と登記手続

　自己の持分を登記上侵害されているとして共同相続人の一人が，これを侵
害している他の複数の共同相続人に対して，妨害排除としての実質を有する
一部抹消（更正）登記手続を請求する訴訟は，他の共同相続人全員を被告と
すべき固有必要的共同訴訟ではない（最判昭和60年11月29日裁判集民146号107頁）。
　共同相続人間における相続財産の持分に関する紛争は，侵害された者と侵
害している者との間に個別的な紛争解決が可能であるからであるとされる。
　つまり，共同相続人間における相続財産の持分に関する紛争は，侵害され
た者と侵害している者との間において個別的な紛争解決が可能であると考え
られるからである。このような持分の侵害に関しては，侵害している者が共
有者であるか第三者であるかは重要な問題ではなく，「侵害された者と侵害
している者との間の個別的な紛争解決が可能である。」との判断によるもの
と考えられる（前掲・馬橋243頁）。

3 共同相続人の一部の者の単独名義による所有権移転登記と他の共有 者からの全部抹消の登記請求

　共同相続人の一部の者の単独名義でなされた所有権移転登記に関し，他の
共有者は，当該登記の抹消登記手続を求めることはできず，ただその有する
持分の限度において，一部抹消（更正）登記手続を求め得るのみである（最判

第15　共有等に関する登記等とその登記手続等

昭和41年7月28日裁判集民84号243頁）。

　例えば，Ａ，Ｂが共同相続した土地について，Ｂを単独所有者とする遺言分割協議書に基づきＢ名義の相続登記がされたが，Ａは，遺産分割協議書はＢに欺かれて署名・押印したものであり，錯誤により無効であると主張し，登記の全部抹消を請求したような場合である。

　Ａ，Ｂが共同相続した不動産について，実体上の権利関係に一致しない登記がされている場合に，どのような登記手続によりこれを是正すべきかということになるが，最判昭和38年2月22日民集17巻1号235頁は，「ＡＢが共同相続した不動産につき，Ｂが勝手に単独所有権取得の登記をし，これを第三者Ｃに譲渡して，所有権移転登記をしても，Ａは自己の持分を登記なくしてＣに対抗できるが，この場合にＡがＢ，Ｃに請求できるのは，Ａの持分についてのみの一部抹消（更正）登記手続であって，全部抹消登記手続を求めることはできない。」としている。つまり，相続財産に属する不動産につき，共同相続人である乙が単独所有権移転の登記を経由し，さらに第三者丙に移転登記をした場合でも，乙の登記は他の共同相続人甲の持分に関する限り無権利の登記であり，登記に公信力がない結果，丙も甲の持分に関する限りその権利を取得することはできないから，甲は自分の持分を登記なくして乙及び丙に対抗することができるということである。

　このように，登記当時に登記名義人が一部でも持分を有しており，当該名義人の持分権の限りでは登記が有効であったといえる場合には，全部抹消登記手続請求はできず，一部抹消（更正）登記手続請求によるべきであるというのが判例の立場である（最判昭和44年5月29日判時560号44頁，最判昭和59年4月24日判時1120号38頁）。

　これに対し，登記当時の登記名義人が全く持分を有しておらず，登記全体が無効であった場合には，共有者の一人は，無権利者である登記名義人に対し，単独で当該登記の抹消登記手続（または，抹消に代わる移転登記）を求めることができるとするのが判例理論であるといえる（最判昭和31年5月10日判タ60号48頁）。共有持分権に対する妨害と共有不動産全体に対する妨害とを区別し，前者の場合には一部抹消（更正）登記手続請求により，後者の場合には全部

378

4 共有者の１人の名義で登記されている場合及び共有登記となっているが，
その持分の記載が実体関係と齟齬している場合とその登記の是正

抹消登記手続請求によるとする考え方であるといえる（前掲・馬橋247頁）。

4 共有者の１人の名義で登記されている場合及び共有登記となっているが，その持分の記載が実体関係と齟齬している場合とその登記の是正

① 実体関係と齟齬する登記とその是正方法

上記のような登記の是正については，その登記の全部の抹消は許されず，更正登記により正しい持分が登記されるようにすべきであるが，下記場合も，共有者全員が当事者となる必要的共同訴訟ではなく，持分の登記を争う当事者間のみで持分を更正すればよいケースである。

したがって，例えば，Ａ，Ｂ，Ｃ３人の共有不動産（持分各３分の１）について，Ａ単独名義で登記されている場合に，その持分の更正をＢのみが訴求し，Ｃは訴訟当事者となっていない場合には，Ａが実体的に有する持分をも含めて登記の全部の抹消を求めることはできないし，判決においても，Ａ３分の２，Ｂ３分の１という持分に更正登記をする限度で，Ｂの請求を認めるべきであるということになる。

② 共有不動産についての無効な登記とその登記の抹消

しかし，他方で，共有不動産について実体上無効な登記がされている場合に，その登記の抹消を請求する場合には，共有者の一人は一種の保存行為として，登記名義人に対し，単独でその無効登記の全部の抹消を請求できる。

③ 共同買主の登記請求権と売主の登記義務

不動産の売買をめぐって生ずる共有と登記の問題としては，共同買主の登記請求権の問題と共有不動産の売主の登記義務の問題とがある。

前者については，共同買主の登記請求権は性質上の不可分債権であり，買主の１人は単独で自己単独への移転登記を請求することができるが，そのような登記を受けた買主は，他の共同買主に対し，その持分を移転する義務を負う。

後者については，その共有不動産が登記簿上，共有者の１人の名義で登記

第15　共有等に関する登記等とその登記手続等

されている場合には，本来は売主である共有者の持分を登記簿上に表わす更
正登記をした後に買主に移転登記をすべきであるが，実体的には買主はその
不動産の所有権を有効に取得しているのであるから，その登記名義人から直
接に買主に移転登記をすることも認められる。また，売主である共有者の持
分が登記簿上表わされている場合には，各売主の移転登記義務はあたかも各
持分ごとの分割債務のような形をとることになる。

④　売主の共同相続と買主の登記請求権

　不動産の売却後，未登記の間に，売主の共同相続が開始した場合には，そ
の登記義務は，共同相続人に不可分債務として帰属することになる。した
がって，買主は共同相続人の一部に対して登記請求権を行使できるが，その
訴訟は必要的共同訴訟ではなく，共同相続人全員を被告とする必要はない。
もっとも，実際に登記手続をするには共同相続人全員との共同申請を必要と
する。ただし，無効な登記の抹消義務が共同相続されたときは，その抹消登
記請求は必要的共同訴訟として，共同相続人全員を相手とするべきである
（宇佐見大司「共有と登記－2」『新不動産登記講座』212頁）。

5　共有者の1人がした自己単独名義の所有権取得登記とその更正登記

　例えば，甲乙共有の未登記不動産について，甲が乙に無断で甲名義に所有
権保存登記を受けた場合，またはA所有の不動産を甲・乙が共同で買い受け
た不動産につき，甲が乙に無断でAから甲への所有権移転登記を受けたよう
な場合，乙は甲にどのような登記請求権を有するかということが問題となる。
　この場合は，甲乙共有の不動産について共有者の1人である甲がほしいま
まに自己の単有名義で所有権取得登記を受けている場合であるから，甲名義
の登記は全部が無効であるわけではなく，乙の権利を表示していない限度に
おいて無効であるから，権利者として乙を追加する意味での更正登記をすれ
ば足りるのであって，甲の登記の全部を抹消するのはいきすぎである。した
がって，乙は甲に対し，甲乙共有名義にする更正登記，すなわち，甲単有名
義の所有権保存登記又は所有権移転登記を甲乙共有の所有権保存登記又は甲

380

乙共有にする所有権移転登記に更正する旨の更正登記を請求することができる。判例も共有者の1人が共有不動産についてした単独所有名義の登記が一部無効であることを理由に更正登記によりこれを是正すべきであるとしている（最判昭和37年5月24日裁判集民60号767頁，最判昭和38年2月22日民集17巻1号235頁，最判昭和39年1月30日裁判集民71号499頁，最判昭和44年5月29日判時560号44頁，最判昭和44年9月2日判時574号30頁，最判昭和59年4月24日判タ531号141頁等がそれである。）。

登記先例としては，昭和36年10月24日民事甲2604号民事局長回答（先例集追加編Ⅲ702号），昭和40年8月26日民事甲2429号民事局長回答（先例集追加編Ⅳ（上）491頁）等がある。

このように，共有者のうちの1人の単独名義になっている場合に，他の共有者が自己の持分権を表示する登記請求は，共有者の内部関係における登記請求であり，持分権に基づくものとして，単独でその名義人を相手に登記請求をすることができる。

6 共有者の1人の単独所有名義に登記されている不動産と共有者全員からの所有権の取得

実体法上数人の共有に属する不動産について，第三者が共有者全員から適法にその不動産を譲り受けた場合には，第三者は，共有者全員を被告として所有権移転登記手続を請求することができる。

このことは，その不動産の共有者の1人の単独所有名義に登記されている場合においても同様である。所有権移転登記請求権は実体上の権利変動に基づいて当然に生ずるものであるからである。しかし，登記簿上では共有者の1人の単独所有名義に登記されているので，共有者全員に対し所有権移転登記手続を命ずる給付判決によって，登記所に登記を申請しても，その申請は受理されない（旧不登法49条6号，現不登法25条7号）。登記申請の却下を免れるためには，登記名義を共有者全員の名義に更正しなければならない。そのためには，第三者は，登記名義を有しない共有者の1人に代位して（旧不登法46条ノ2，現不登法59条7号），登記名義人である共有者の1人に対し所有名義

第15 共有等に関する登記等とその登記手続等

を共有者全員とする更正登記手続を訴求し，この判決によって登記名義を共有者全員の名義に更正しておく必要があると考えられる。不動産登記法の予定する本来的な正しい登記手続はこのような方法によって，まず共有者全員の所有名義に更正登記をし，ついで，第三者は共有者全員から当該不動産の所有権移転登記を受けるのである。この方法を採るためには，前記訴えにおいて登記簿上の所有名義人である共有者の1人に対する更正登記手続の請求と共有者全員に対する所有権移転登記手続の請求とを併合して提起するのが，手続の円滑を図る上でよいということになると考えられる（拙稿「共有と登記－1」鎌田薫・寺田逸郎・小池信行編『新不動産登記講座各論I』（日本評論社，2010）183頁）。

7 不動産の共同買受人の単独所有名義と他の共同買受人の移転登記請求

Xは，Aから不動産を買い受け，その所有権を取得したが，Yは，Aから本件不動産の贈与を受けたとして，本件不動産について贈与を原因とする所有権移転登記をした。

しかし，Xは，AとYとの間においては，本件不動産について贈与の事実はなく，前所有権移転登記は無効であるとして，XはYに対して本件不動産について所有権移転登記の請求をした。

これに対し，Yは，本件不動産は，X単独ではなく，YとXが持分各2分の1の割合で共同で買い受けたものであるから，XとYとの共有名義とするための所有権移転登記をすることについては異議はないとした。

判決（津地判昭和30年8月3日下民6巻8号1567頁）は，本件不動産は，XYの共有に属するものと認められ，Yも本件不動産について持分2分の1の所有権をもっているのであるから，その限度においては，Yのためにされた本件不動産についての所有権移転登記は有効というべきであるが，その限度を超える部分についてはYの有する所有権移転登記は，登記原因を欠き無効というべきである。

ただ，本件不動産についてはＸも２分の１の持分を有するわけであるから，「ＸはＹに対し，右持分に基く物権的請求権として右不動産の２分の１の持分につき所有権移転登記請求権（抹消登記を求める代わりに所有権移転登記を求めることも違法ではない。……）を有するものといわなければならない。」旨判示している。

登記が有効であるためには，登記に記載した実体法上の権利関係が存在することが必要であり，これを欠くときは，手続的には瑕疵がなくとも，登記は無効ということになる。しかし，登記と実体との間に，権利変動の同一性を欠くほどの不一致はなく，部分的不一致があるにすぎないときは，登記は全部を無効とする必要はなく，登記の一部無効と解するのが相当である。

問題は，誤った単独登記を共有名義の登記にするにはどのような方法によるべきかということになるが，共有者の１人の単独名義でされた所有権の登記はその者の持分に関しては実体関係に符合するものであり，他の共有者は自己の持分についてのみ妨害排除の請求権を有するにすぎないのであるから，後者は登記を実体的権利関係に符合せしめるためには，名義人に対し自己の持分についてのみの一部抹消（更正）登記手続を求めることができるにとどまり，その全部の抹消登記手続を求めることはできないということになる（最判昭和38年２月22日判時334号37頁，最判昭和44年５月29日判時560号44頁）（塩崎勤『登記請求権事例解説集』（新日本法規，2002）123頁）。

8 甲から乙への所有権移転登記と乙丙共有の登記

甲が乙丙両名に対して不動産の所有権を譲渡し，乙丙が持分２分の１ずつの共有とする契約をしたが，乙は甲と通謀して，甲から乙への単独の所有権移転登記をしてしまった場合，丙としては自分の持分２分の１の登記をしなければならないが，この場合，誰が当事者となり，どのような登記をすべきかということが問題となる。

この場合，所有権移転の登記の一部抹消という登記はないので，登記手続上は，乙名義の登記につき更正登記をして，乙単有への登記を乙持分２分の

第15 共有等に関する登記等とその登記手続等

1，丙持分2分の1という共有名義の移転登記に更正登記をすることになる。

この場合には，この更正登記の登記義務者は，甲と乙との双方がなる。乙は登記簿上自分が全部所有していたものにつき半分権利がなくなるので，権利がなくなるという意味で乙は登記義務者となる。そして，甲から乙への所有権移転登記が乙への2分の1の持分の移転登記に更正されると，その残りの持分は登記簿上甲に残っていることになるから，それを甲から丙に移転するという登記も，この更正の登記で同時にしていることになる。であるから，この場合には，更正登記の登記義務者は甲及び乙であり，登記権利者は丙であるということになる。

このような更正登記を訴訟で請求する場合には，請求の趣旨は，「被告甲及び被告乙は，原告丙に対し，錯誤を原因として○○法務局○○出張所，○年○月○日受付第○号の所有権移転登記につき，持分原告2分の1，被告乙2分の1とする更正登記手続をせよ。」ということになる。こういう内容の主文の判決があれば，丙単独で登記の申請ができると考えられる（細川清「判決による登記の基礎」登記研究557号27頁）。

9 共有地が遺産共有持分と他の共有持分である場合とその分割方法

① 例えば，A（個人）72分の3，B（会社）72分の39，C（会社）72分の30の割合で，土地を共有していた場合においてAが死亡したときは，遺産共有持分と他の共有持分とが併存することになるが，協議が調わないため訴訟となった場合，共有者が遺産共有持分と他の共有持分との間の共有関係の解消を求める方法として裁判上採るべき手続は民法258条に基づく共有物分割訴訟であり（同条1項は，「共有物の分割について共有者間に協議が調わないときは，その分割を裁判所に請求することができる。」と規定している。），共有物分割の判決によって遺産共有持分を有していた者に分与された財産は遺産分割の対象となり，この財産の共有関係の解消については同法907条に基づく遺産分割によるべきであるとされる。同条は，その1項において，「共同相続人は，次条の規定により被相続人が遺言で

禁じた場合を除き，いつでも，その協議で，遺産の分割をすることができる。」と規定し，その2項は，「遺産の分割について，共同相続人間に協議が調わないとき，又は協議することができないときは，各共同相続人は，その分割を家庭裁判所に請求することができる。」と規定している。そして，その3項は，「前項の場合において特別の事情があるときは，家庭裁判所は，期間を定めて，遺産の全部又は一部について，その分割を禁ずることができる」と規定している。

② 遺産共有持分と他の共有持分とが併存する共有物について，遺産共有持分を他の共有持分を有する者に取得させ，その価額を賠償させる方法による分割の判決がされた場合には，遺産共有持分を有していた者に支払われる賠償金は，遺産分割によりその帰属が確定されるべきものであり，賠償金の支払を受けた者は，遺産分割がされるまでの間これを保管する義務を負うことになる。

③ 遺産共有関係と通常の共有関係とが併存する場合の共有関係を解消する方法としては，まず遺産分割により遺産共有関係を解消してから共有物分割を行う方法が考えられる。ところが遺産分割の前提問題に争いがあり，訴訟手続において前提問題が解決されなければ遺産分割を進めることができない場合がある。このような場合は，遺産分割未了のまま共有物分割の訴えが提起されることも考えられる。

④ 最判昭和50年11月7日民集29巻10号1525頁は，遺産を構成する特定不動産について，共同相続人の一部が自らの共有持分を第三者に譲渡し，その共有持分を遺産から逸失した場合に，当該第三者が他の共同相続人との間の共有関係を解消する方法として裁判上採るべき手続は，共有物分割訴訟であり，当該不動産を第三者に対する分与部分と持分譲渡人を除いた他の共同相続人に対する分与部分とに分割することを目的とするものであり，分割判決によって共同相続人に分与された部分は共同相続人間の遺産分割の対象になるものと判示している。

⑤ 判例は，共同相続人が全員の合意によって遺産分割前に遺産を構成する特定不動産を第三者に売却したときは，原則として各相続人がその持

385

第15　共有等に関する登記等とその登記手続等

分に応じて分割された売却代金債権を取得するとし（最判昭和52年9月19日裁判集民121号247頁），売却代金を一括して共同相続人の一人に保管させて遺産分割の対象に含める合意をするなど特別の事情がある場合は例外としている（最判昭和54年2月22日裁判集民126号129頁）。裁判所が共有物分割の判決において，遺産共有持分を価額賠償の対象とし，その賠償金が遺産分割の対象になると定めた場合には，昭和54年判決にいう「特別の事情」があるということになる。賠償金の支払を受けた者は，遺産分割がされるまでの間これを消費せずに保管しておくべき義務を負うことになる。

　この判決は，共有物分割と遺産分割が交錯する場合における分割実現のあり方についての道筋を示したものであり，実務的にも，理論的にも重要な意義を有するものといえる（村重慶一「共有地が遺産共有持分と他の共有持分である場合にどのように分割すべきか」戸籍時報717号50頁）。

10　1筆の土地の一部の所有権取得と譲受人の分筆登記請求権

「一筆の土地の一部といえども，売買の目的とすることはできる。……具体的に特定しているかぎりは，分筆登記未了前においても，買主は，右売買に因りその「土地の一部」につき所有権を取得することができる」とするのが最高裁判所の判例である（最判昭和30年6月24日民集9巻7号919頁，三淵最高裁判所調査官による解説・法曹時報7巻8号998頁）。

　また，昭和31年3月22日東京地裁判決（下民7巻3号726頁）は「一筆の土地の一部について所有権の譲渡が行われた場合において，その部分について分筆登記の申請をなし得るのは当該土地の登記簿上の所有名義人のみであつて，譲受人において分筆手続をするためには，登記名義人に代位して登記申請をする外なく，譲受人自身としては分筆に関する登記請求権を有するものではないのである。尤も登記請求権は特約によつても発生するものである（特約がなされたことをも主張している。）が，登記請求が認められるためには，その行使の結果が形式上登記簿に表示されることを要するところ，土地所有権の一

386

部移転の場合分筆登記自体においては譲受人は登記上表示されるところがないのであるから，特約による分筆登記請求権もまた土地所有権の一部譲渡の場合における譲受人のために認めることはできないものというべきである。しかしながらこの場合譲受人において譲渡人に対し右譲受部分につき譲受人のため所有権移転登記手続をすべきことを命ずる判決を得たときは，……これによつて土地の分筆がなされ，かくして判決の執行が可能となるのであるから，土地の一部について所有権を譲受けた者がその所有権取得登記を経由しようとする場合に，その前提として「分筆の上」ということを請求し得ないことは，譲受人の勝訴判決の執行に何等の支障も生じないのである」（登記研究111号 6 頁）。

このように 1 筆の土地の一部に対する処分の制限の登記嘱託があった場合これを受理することはできないが，この場合，債権者は当該命令正本を代位原因を証する書面として，債務者に代位してその部分の分筆とその登記を申請することができ，これにより分筆の登記がされた後に当該処分の制限の登記嘱託がなされたときはこれを受理することができる（昭和27年 9 月19日民事甲308号民事局長回答・登記研究59号26頁）。

11 一部譲渡後の共有根抵当権の一部譲渡とその登記手続

民法398条の12第 2 項の規定による一部譲渡後の共有根抵当権をさらに一部譲渡して，その登記をすることができる（登記研究314号67頁）。

民法398条の12第 1 項は，「元本の確定前においては，根抵当権者は，根抵当権設定者の承諾を得て，その根抵当権を譲り渡すことができる。」と規定し，その 2 項は，「根抵当権者は，その根抵当権を 2 個の根抵当権に分割して，その一方を前項の規定により譲り渡すことができる。この場合において，その根抵当権を目的とする権利は，その譲り渡した根抵当権について消滅する。」と規定している。そして同条 3 項は，「前項の規定による譲渡をするには，その根抵当権を目的とする権利を有する者の承諾を得なければならない。」と規定している。

第15　共有等に関する登記等とその登記手続等

　ところで，本事例は，民法398条の12第2項の規定による一部譲渡後の共有根抵当権をさらに一部譲渡してその登記をすることができるかどうかを問題とするものであるが，その一部譲渡による登記をすることはできるとされている。

　つまり，例えば，根抵当権者甲の乙に対する民法398条の12第2項の規定による根抵当権の一部譲渡により，甲乙の共有となった根抵当権について，さらに甲・乙が丙に一部譲渡して，これを甲乙丙の共有としその登記を申請することはできると解されるということである（登記研究314号67頁）。

12　共有者の1人の単独名義で登記されている不動産の所有権を取得した者から所有名義人のみに対してする移転登記請求の可否

　登記が有効であるためには，登記に記録した実体法上の権利関係が存在することが必要であり，これを欠くときは，手続的には瑕疵がなくても，登記は無効ということになる。しかし，登記と実体との間に，権利変動の同一性を欠くほどの不一致ではなく，部分的不一致があるにすぎないような場合には，その登記全部を無効とする必要はなく，登記の一部無効と解することができる。

　そして，権利変動の主体（例えば権利者）の同一性を欠く登記，例えば，甲が譲り受けたのに，乙が譲り受けたものとして記載（記録）された登記は無効であると解されているが，共有者の一部の者のみを権利者とする単独の登記等は，真実の権利関係に合致する限度において有効であり，不一致の部分は無効であると解されている。そこで，この誤った単独登記を共有名義の登記にするにはどのような方法によるべきかということが問題となる。判例は，かつては，単独所有権の登記を共有名義に改めるには，単独所有権の登記を抹消するほかないとしていた（大判大正8年11月3日民録25輯1944頁）[1]が，その後，共有者の1人の単独名義でなされた所有権の登記もその者の持分に関し

1）青山正明編著『新訂民事訴訟と不動産登記1問1答』428頁（テイハン，2009）〔南敏文〕，塩崎勤編『登記請求権事例解説集』123頁（新日本法規，2002）

388

12 共有者の1人の単独名義で登記されている不動産の所有権を
取得した者から所有名義人のみに対してする移転登記請求の可否

ては実体関係に符合するものであり，他の共有者は自己の持分についてのみ妨害排除の請求権を有するにすぎないのであるから，後者は登記を実体的権利関係に符合させるためには，名義人に対し自己の持分についてのみの一部抹消（更正）登記手続を求めることができるにとどまり，その全部の抹消登記手続を求めることはできないと解される（最判昭和38年2月22日民集17巻1号235頁，判時334号37頁，最判昭和44年5月29日判時560号44頁，裁判集民95号421頁）。

前記昭和38年の判例は，甲乙両名が共同相続した不動産につき乙が勝手に単独所有権取得の登記をし，さらに第三取得者丙が乙から移転登記を受けた場合，甲が乙丙に対し請求できるのは，甲の持分についての一部抹消（更正）登記手続だけであって，右登記の全部抹消を請求することは許されない。甲が乙丙に対し右登記の全部抹消を請求することは許されないが，甲が乙丙に対し右登記の全部抹消登記手続を請求したのに対し，裁判所は乙丙に対し一部抹消（更正）登記手続を命じる判決をすることができる旨判示し，前記昭和44年5月29日判決は，単独名義の登記を共有名義の登記に改めるには，一部抹消（更正）登記手続をすべきであるが，共有者の全部抹消登記手続の請求には，その共有持分に応じた更正登記手続を請求する趣旨をも含むものと解されるから，その限度において右全部抹消請求を認容して差し支えない旨判示している。

ところで，不動産の共同買受人の単独所有名義にされた所有権移転登記の登記名義人に対する他の共同買受人の持分に基づく移転登記請求の可否につき，津地判昭和30年8月3日（下民集6巻8号1567頁）は，不動産の共同買受人の1人は，単独名義人となっている他の共同買受人に対し，自己の持分に基づく物権的請求権として自己の持分につき所有権移転登記手続を請求することができるとした。この判決は，単独所有権の取得登記の一部抹消（更正）登記手続によるべきであるとする判例理論とは異なるが，全部抹消請求を認めなかったのは正当であるし，単独所有の不動産の持分移転によって単有を共有にすることも登記法上認められると解されるので判決の判断は相当

第15　共有等に関する登記等とその登記手続等

なものとして是認されると考えられる[2]。

13 共有者の1人に対してする仮登記された所有権移転請求権の放棄とその変更の登記

　A所有の不動産につき甲のために代物弁済予約に基づく所有権移転請求権の仮登記をしたが，その後，Aが死亡し，当該不動産についてB及びCが共同相続したので，その登記をした。その場合に甲がBの持分についてのみ権利放棄をしたときは，登記原因を「年月日B持分の所有権移転請求権放棄」とし，仮登記の目的を「何番所有権移転請求権仮登記をC持分の所有権移転請求権仮登記とする変更」として登記申請をすることができる（登記研究381号88頁）。

14 共有持分に対する賃借権設定仮登記の可否

　まず，共有持分についての賃借権設定の登記ができるか否かということが問題となるが，共有持分に対して地上権，永小作権等の用益物権を設定することの可否については，「目的物を直接，排他的に支配することの可能であるべき物権の本質から，消極に解すべきである。」とする考え方が支配的であり，登記実務上も，「他の共有者の同意書の添付の有無にかかわらず，不動産登記法49条第2号（旧不登法）の規定により，却下すべきものと考える」（昭和37年3月26日民事甲844号民事局長通達）として消極的立場をとっている。その理由は，用益物権は，設定行為によって定められた目的の範囲内において，目的不動産を全面的に，且つ，排他的に使用収益することを内容とするものであるから，共有持分上に，例えば地上権を設定すると，他の共有者が自己の持分権により，その土地全体を使用・収益する権限と完全に抵触することとなるからであるとされている。

2）前掲（注1）塩崎124頁

ところが，同じ用益権である賃借権については，賃借権は用益物権のように目的物を完全・排他的に支配する権利ではなく，その本質は債権であるから，特定の持分に対して賃借権を設定することは可能であるとする見解もある（登記研究175号47頁）。

しかし，たとえ賃借権であっても，その権利の内容は物を使用・収益することを内容とする権利であって，究極のところ，用益物権と同様に目的物を用益することができなければ設定する意味がないといわざるを得ないので，共有持分に対する賃借権の設定の登記は，これをすることができないと解されるのである。このように解することができれば，仮登記もまた同じ運命にあるということで回答がなされていると考えられる（昭和48年10月13日民三7694号民事局長回答・登記研究320号63頁）。

なお，不動産の一部についての賃借権設定の登記をするには，その部分に関し，分割又は区分の登記を前置すべきであるとされている（昭和30年5月21日民事甲972号民事局長通達・登記先例解説集30巻10号124頁）。

15 所有権の更正登記の可否

10名の共有名義で登記されている不動産について，錯誤により5名又は20名の共有名義とする所有権の更正の登記の申請は受理できる（登記研究381号89頁）。

16 共有者の売買予約と売買予約による所有権移転請求権に基づく仮登記申請の可否

共有者が互いの持分について売買の予約完結権を相手方に与え，売買予約を登記原因とする所有権移転請求権に基づく仮登記申請の可否が問題となる。

甲土地の共有者A及びB（持分各2分の1）が甲土地の自己の持分について，A・B間で売買予約をし，予約完結権の行使を相手方が共有者以外の第三者に自己の持分を譲渡した場合に限るとした上で，その予約完結権を共有者で

第15　共有等に関する登記等とその登記手続等

ある相手方に与えた場合に，この売買予約を登記原因とする所有権の移転請求権に基づく仮登記の申請は受理されるか。

甲土地の共有者A及びB（持分各2分の1）がそれぞれの甲土地の持分について売買契約をし，予約完結権を行使できるのを相手方が自己の持分をA及びB以外の第三者（甲土地に隣接するA又はBの所有地の承継人を除く。）に譲渡した場合に限った上で，売買予約を登記原因とする所有権の移転請求権に基づく仮登記を申請しようとするものである。

その背景には，甲土地の隣接地の所有者であるA及びBが甲土地を互いに自己が所有する土地への通路として引き続き円滑に使用するために，将来甲土地の自己の持分を譲渡する場合でも，その譲渡先を共有者である相手方に限ることで共有関係を維持しようとする意図があり，そのために売買予約という手法が用いられたものと思われる。

以上のような契約の内容から，実体として権利の変動は生じていないが，この売買契約が成立した場合の所有権の移転の順位を確保するため，不登法105条2号に基づき，所有権の移転請求権の仮登記を申請するに当たり，売買契約の成立時期が不確定期限とならざるを得ないことから，このような不確定な移転請求権に基づく仮登記をすることができるかどうかという疑問が生じたものであるが可能であると解される。

民法556条は，売買の一方の予約について規定しているが，契約の内容が売買の双方の予約であったとしても民法556条の規定を類推して，当事者の一方が売買を完結する意思表示をすれば，売買契約は成立ないし発効するものと解される。

なお，予約完結権については，10年の消滅時効にかかることになるが，消滅時効については当事者の援用が必要になる（登記研究718号202頁）。

17 共有持分更正登記の可否

複数の順位番号をもって共有の登記がされている場合，例えで，順位4番で，所有権移転，持分3分の1甲某，同持分3分の1乙某，同持分3分の1

丙某（いずれも住所等必要事項記載あり），順位5番で丙持分全部移転，持分3分の1丁某の登記がされている場合において，順位6番でもって共有者甲，乙及び丁の各持分をそれぞれ4分の1，4分の1及び4分の2とする持分更正の登記をすることはできない。

　つまり，複数の順位番号をもって共有の登記がされている場合において，各共有者の持分を更正するときは，同一の申請書により同時に登記することはできないということである（登記研究424号223頁）。

18 共有持分放棄を登記原因とする持分全部移転登記の可否

　甲乙共有の不動産につき「持分放棄」を登記原因として甲から丙への持分移転登記が経由されている場合において，更に乙の持分につき「持分放棄」を登記原因として丙への持分移転登記の申請があったときは，その申請は旧不登法49条4号（現不登法25条5号）の規定により却下される（登記研究424号222頁）。

19 共有持分移転の登記と相続による登記

　共有持分の移転は，共有者のうちの一部の者の有する持分全部又はその一部を他の共有者又は第三者に相続，贈与，売買等によりする場合であって，その登記は，相続の場合は相続人が単独で申請するが，他の場合には譲渡契約の当事者である譲受人が登記権利者，譲渡人が登記義務者として共同申請する。相続による場合は，相続人が数人いる場合はその1人から相続人全員のために登記申請することができる（民法252条）が，その1人から自己の相続分のみについての登記申請はできない（昭和30年10月15日民事甲2216号民事局長電報回答）。

第15　共有等に関する登記等とその登記手続等

20 共同相続人の妨害排除請求と更正登記

　相続財産に属する不動産につき，単独所有権移転の登記をした共同相続人中の乙及び乙から単独所有権移転の登記を受けた第三取得者丙に対し，他の共同相続人甲は，自己の持分を登記なくして対抗し得るが，この場合に甲がその共有権に対する妨害排除として登記を実体的権利に合致させるため，乙，丙に対し請求できるのは，甲の持分についてのみの一部抹消（更正）の登記手続となる。上記各移転登記は乙の持分に関する限り実体関係に符合しており，また甲は自己の持分についてのみ妨害排除の請求権を有するにすぎないからである（最判昭和38年２月22日民集17巻１号235頁）。

21 登記の抹消請求と保存行為

　不動産の共有者の１人がその持分に基づき，当該不動産の所有者ではないが，登記簿上名義人となっている者に対してその登記の抹消を求めることは，妨害排除の請求にほかならず，いわゆる保存行為に属する（最判昭和31年５月10日民集10巻５号487頁）。したがって，共同相続人の１人が単独で登記簿上の所有名義人に移転登記の全部の抹消を求めることができる。

22 登記の抹消請求と妨害排除請求

　不動産の共有者の１人は，その持分権に基づき，共有不動産に対する妨害排除請求ができるので，当該不動産について全く実体上の権利を有しないのに持分移転登記を経由している者に対して，単独で，その抹消登記手続を求めることができる（最判平成15年７月11日民集57巻７号787頁）。

23 共有物の占有とその法律関係

　他の共有者との協議に基づかないで，自己の持分に基づいて現に共有物を

占有する共有者に対して，他の共有者は当然には共有物の明渡を請求することはできない（最判昭和41年5月19日民集20巻5号947頁）。

また，共有者は，他の共有者との協議を経ずに当然に共有物を単独で使用する権限を有するものではないが，共有者間の合意により共有者の1人が共有物を単独で使用する旨を定めた場合には，右合意により単独使用を認められた共有者は，右合意が変更され，また共有関係が解消されるまでの間は，共有物を単独で使用することができ，その使用による利益について他の共有者に対して不当利得返還義務を負わない（最判平成10年2月26日民集52巻1号255頁）。

先例索引

明治5年2月15日太政官布告第50号·······························26,29
明治13年2月7日付け司法省内訓··································29
明治31年10月19日民刑1406号民刑局長回答························244
明治32年6月29日民刑1191号民刑局長回答······················94,152,
明治32年8月8日民刑1311号民刑局長回答·········100,133,144,145,275
明治32年12月22日民刑2080号民刑局長回答···············149,158,368
明治33年2月12日民刑126号民刑局長回答·······················89
明治33年3月7日民刑260号民刑局長回答·······················345
明治33年8月2日民刑798号民刑局長回答············203,204,284,286
明治33年8月21日民刑1176号民刑局長回答······················153
明治33年10月2日民刑1413号民刑局長回答·················101,133,144
明治33年12月18日の先例··139
明治33年12月18日民刑1661号民刑局長回答·····85,101,136,143,145,146,190,275
明治33年12月28日民刑2044号民刑局長回答·····················153
明治44年6月22日民事414号民事局長回答··················102,130
明治44年10月30日民刑904号民刑局長回答······················347
大正8年6月11日民事甲1907号民事局長回答··············149,158
大正8年8月1日民2926号民事局長回答·························85
昭和10年9月16日民事甲946号民事局長回答····················153
昭和23年6月21日民事甲1892号民事局長回答···················180
昭和23年6月21日民事甲1897号民事局長回答···················266
昭和24年2月22日民事甲240号民事局長回答·····················9
昭和26年12月4日民事甲2268号民事局長通達··············215,245
昭和27年9月19日民事甲308号民事局長回答················49,387
昭和28年8月10日民事甲1392号民事局長電報回答········92,215,246
昭和28年11月21日民事甲2164号民事局長通達··················232
昭和28年12月3日民事甲2259号民事局長通達·······197,210,224,239
昭和28年12月24日民事甲2523号民事局長回答·········178,263,267
昭和29年1月26日民事甲174号民事局長回答···················215
昭和29年4月7日民事甲710号民事局長回答············203,204,284,286
昭和29年4月16日民事甲800号民事局長回答···················217
昭和29年5月22日民事甲1037号民事局長通達··········343,344,352
昭和29年6月15日民事甲1188号民事局長回答··················244
昭和30年4月9日民事甲694号民事局長回答·····················10
昭和30年4月23日民事甲742号民事局長通達···················282

先例索引

昭和30年 5 月21日民事甲972号民事局長通達 ……………………………………………… 391
昭和30年 5 月23日民事甲973号民事局長回答 ……………………………… 291,294,326,346
昭和30年10月15日民事甲2216号民事局長電報回答 …………… 99,132,134,136,139,146,148,190,210,393
昭和30年12月16日民事甲2670号民事局長通達 ………………………………… 103,343,345
昭和30年12月23日民事甲2747号民事局長通達 ………………………………… 197,294,322
昭和31年 3 月23日民事甲614号民事局長通達 ……………………………………… 222
昭和31年11月10日民事甲2612号民事局長事務代理回答 ……………………………… 2, 4
昭和31年11月28日民事甲2707号民事局長通達 ……………………………………… 151
昭和32年 1 月10日民事甲61号民事局長回答 ………………………………………… 199
昭和32年 3 月22日民事甲423号民事局長通達 ……………………………………… 337
昭和32年 4 月 4 日民事甲689号民事局長通達 ……………………………………… 344
昭和32年 8 月 3 日民事甲1454号民事局長通達 …………………………………… 252,329
昭和32年10月 7 日民事甲1941号民事局長回答 ……………………………………… 11
昭和32年10月18日民事甲1953号民事局長通達 ……………………… 103,144,203,204,205,284,286
昭和33年 2 月22日民事甲421号民事局長心得回答 ……………………………… 124,126
昭和33年 4 月11日民三発203号民事局第三課長事務代理通知 ……………………………… 4
昭和33年 4 月11日民事甲765号民事局長心得電報回答 ……………………………… 181
昭和33年 4 月15日民事甲771号民事局長心得電報回答 …………………………… 215,217,246
昭和33年 4 月28日民事甲786号民事局長通達 …………………………… 196,212,293,294
昭和33年 7 月 5 日民事甲1366号民事局長心得回答 ……………………………… 187,222,223
昭和33年 9 月 3 日民事甲1822号民事局長心得回答 ……………………………… 333
昭和33年12月25日民事三発1013号民事局第三課長心得電報回答 …………………… 373
昭和34年 4 月 6 日民事甲658号法務省民事局長回答 ……………………………… 99
昭和34年 6 月26日民事甲1287号民事局長通達 …………………………………… 4
昭和34年 7 月25日民事甲1567号民事局長通達 ………………………………… 240
昭和34年 9 月15日民事甲2067号民事局長回答 ………………………………… 117
昭和34年 9 月21日民事甲2071号民事局長回答 …………………………… 202,204,284
昭和34年11月13日民事甲2438号民事局長通達 ………………………………… 334
昭和35年 3 月31日民事甲712号民事局長通達 …………………………………… 127,227
昭和35年 4 月15日民事甲928号民事局長回答 ………………………………… 100
昭和35年 5 月18日民事甲1186号民事局長回答 ………………………… 151,154,306
昭和35年 6 月 1 日民事甲1340号民事局長通達 ………………………… 149,158,368
昭和35年 8 月 4 日民事甲1976号民事局長回答 ………………………………… 230,231
昭和35年10月 4 日民事甲2493号民事局長事務代理回答 ……………… 200,223,226,247,333
昭和35年12月 9 日民事甲3106号民事局長回答 ……………………………… 151
昭和36年 1 月17日民事甲106号民事局長回答 ………………………… 89,149,158,246
昭和36年 1 月20日民事甲168号民事局長回答 ………………………………… 306
昭和36年 3 月23日民事甲691号民事局長回答 ………………………………… 343,353
昭和36年 3 月31日民事甲773号民事局長回答 ………………………………… 244
昭和36年 7 月21日民三発625号民事局第三課長回答 ………………………… 180,263
昭和36年 8 月14日民事甲2030号民事局長回答 ………………………………… 252,329
昭和36年 9 月12日民事甲2208号民事局長回答 ……………………………… 10

昭和36年9月15日民事甲2324号民事局長回答	122,127
昭和36年10月14日民事甲2604号民事局長回答	187,197,227,228,277,294,334,366
昭和36年10月24日民事甲2604号民事局長回答	381
昭和36年11月9日民事甲2801号民事局長回答	2,3,4
昭和36年11月16日民事甲2868号民事局長回答	10
昭和37年1月26日民事甲74号民事局長通達	224
昭和37年2月8日民事甲271号民事局長電報回答	175
昭和37年2月22日民事甲321号民事局長回答	118,147
昭和37年3月8日民事甲638号民事局長電報回答	148,212
昭和37年3月13日民三発214号民事局第三課長電報回答	87,89,90,91,93,299,336
昭和37年3月26日民事甲844号民事局長通達	390
昭和37年6月12日民事甲1487号民事局長回答	10
昭和37年6月15日民事甲1606号民事局長通達	245
昭和37年6月18日民事甲1562号民事局長通達	232
昭和37年6月28日民事甲1717号民事局長通達	252
昭和37年6月28日民事甲1748号民事局長通達	150,159,369
昭和37年7月26日民事甲2074号民事局長回答	228
昭和37年8月6日民事甲2230号民事局長回答	224,239
昭和37年9月27日民三発811号民事局第三課長回答	46
昭和37年9月29日民事甲2751号民事局長回答	131,133,134
昭和38年1月24日民事甲158号民事局長回答	86
昭和38年2月12日民事甲390号民事局長回答	124,125
昭和38年10月5日民事甲2808号民事局長通達	124
昭和38年10月22日民事甲2933号民事局長回答	13
昭和38年12月27日民事甲3315号民事局長通達	334
昭和38年12月28日民事甲3374号民事局長通達	44
昭和39年2月17日民三発125号民事局第三課長回答	97
昭和39年4月1日民事甲839号民事局長通達	215
昭和39年4月14日民事甲1498号民事局長通達	185,200,216,221,222,223,234,326
昭和39年7月31日民事甲2700号民事局長回答	123,127
昭和39年9月4日民事甲2914号民事局長回答	333
昭和40年8月26日民事甲2429号民事局長回答	251,381
昭和40年9月2日民事甲1939号民事局長回答	100,101,276
昭和40年10月2日民事甲2807号民事局長回答	197,294
昭和41年2月21日民三発172号民事局第三課長回答	199
昭和41年4月18日民事甲1126号民事局長電報回答	179
昭和41年6月24日民事甲1792号民事局長回答	208,212,293
昭和41年7月18日民事甲1879号民事局長回答	333
昭和41年12月7日民事甲3317号民事局長回答	13
昭和42年9月22日民事甲2654号民事局長回答	10
昭和42年9月25日民事甲2454号民事局長回答	13
昭和42年10月30日民三発655号民事局第三課長回答	150,153

先例索引

昭和43年12月27日民事甲3671号民事局長回答 ………………………………… 124,126
昭和44年 6 月 4 日民三発590号民事局第三課長電信回答 ……………………… 90,93
昭和44年 6 月 5 日民事甲1132号民事局長回答 …………………… 134,303,339
昭和44年10月31日民事甲2337号民事局長電報回答 ……… 202,207,283,287
昭和45年 2 月 2 日民事甲439号民事局長回答 ……………………… 134,303,339
昭和45年 3 月24日民三267号民事局第三課長回答 ……………………………… 10
昭和45年 5 月30日民三発435号民事局第三課長回答 …………………………… 88
昭和47年 4 月17日民事甲1442号民事局長通達 ……………………………… 210
昭和48年 8 月30日民三6677号法務省民事局長回答 ……………………… 177
昭和48年10月13日民三7694号民事局長回答 …………………………………… 391
昭和49年 1 月 8 日民三242号民事局長回答 ………………………………… 355
昭和49年12月27日民三6686号民事局第三課長回答 …………………………… 271
昭和53年 3 月15日民三1524号民事局第三課長依命回答 ……………… 239,328
昭和53年10月27日民三5940号民事局第三課長回答 ………………………… 133
昭和54年 3 月31日民三2112号民事局長通達 ………………………………… 215
昭和56年 2 月13日民三837号民事局第三課長回答 …………………………… 239
昭和58年 4 月 4 日民三2252号民事局長通達 ……………… 148,157,159,368,372
昭和58年 6 月22日民三3671号民事局長回答 ………………………………… 232
昭和59年 9 月 1 日民三4674号民事局長回答 ………………………………… 332
昭和59年10月15日民三5195号民事局第三課長回答 …………………………… 98
昭和60年12月 2 日民三5441号民事局長通達 ……………………………… 133,340
昭和61年 7 月15日民三5706号民事局第三課長回答 ………………………… 233
平成 2 年 1 月20日民三156号民事局第三課長回答 ……………………… 210,354
平成 2 年 3 月28日民三1147号民事局第三課長回答 ………………………… 144
平成 2 年 4 月24日民三1528号民事局第三課長回答 ……………………… 90,92
平成 3 年 4 月 2 日民三2246号民事局長通達第 ……………………………… 114
平成 5 年 7 月30日民三5320号民事局長通達 ………………………………… 49
平成 6 年 1 月 5 日民三265号民事局第三課長回答 …………………………… 88
平成 6 年11月16日民二7007号民事局長通達 ………………………………… 155
平成10年 3 月20日民三551号民事局長回答 ……………………………… 105,145
平成19年 9 月28日民二2048号民事局長通達 ………………………………… 169
平成21年 2 月20日民二500号民事局長通達 ……………… 128,164,170,177,185,208,216,321
平成27年 2 月26日民二124号民事局長通達 …………………………… 114,116,265
平成28年 3 月 2 日民二153号民事局民事第二課長回答 ……………………… 256
平成28年 6 月 8 日民二386号民事局長通達 ……………………………… 226,252

判例索引

大判明治29年10月7日民録2輯9号16頁 ······································2
大判明治35年5月30日民録8輯5巻156頁 ····························197,294
大判明治37年9月21日民録10巻1136頁 ·······························102
大判明治39年2月7日民録12輯180頁 ·································77
大判明治41年9月25日民録14輯931頁 ······························135
大判明治43年4月30日民録16輯338頁 ······························77
大判明治43年5月24日民録16輯422頁 ······························77
大判明治43年7月6日民録16輯537頁 ·······························78
大判明治44年11月14日民録17輯708頁 ·····························77
大判大正2年6月28日民録19輯573頁 ··························74,80,129
大判大正3年11月3日民録20輯881頁 ·······························131
大判大正4年10月22日民録21輯1674頁 ····························91
大判大正5年4月1日民録22輯674頁 ······························76,78
大判大正5年6月13日民録22輯1200頁 ····························82,311
大判大正5年12月27日民録22輯2524頁 ···························78,81
大判大正7年4月19日民録24輯731頁 ·······························81
大判大正7年5月13日民録24輯957頁 ·······························77
大判大正7年7月10日民録24輯1441頁 ·····························77
大判大正8年2月6日民録25輯68頁等 ·····························102
大判大正8年9月27日民録25輯1664頁 ····························81
大判大正8年10月8日民録25輯1859頁 ····························78
大判大正8年11月3日民録25輯1944頁 ······················161,366,388
大判大正9年8月2日民録26輯1293頁 ·······························78
大決大正9年10月13日民録26輯1475頁 ····························183
大判大正9年11月22日民録26輯1857頁 ····························77,78
大判大正10年3月18日民録27輯547頁 ····························82
大判大正10年6月13日民録77輯1155頁 ···························81
大判大正10年7月18日民録27輯1392頁 ···························82
大判大正10年10月27日民録27輯2040頁 ··························366
大判大正11年7月10日大審院民集1巻386頁 ·······················140
大判大正12年6月2日大審院民集2巻345頁 ························187
大判大正13年3月17日大審院民集3巻169頁 ·······················122
大判大正13年5月19日大審院民集3巻211頁 ·····················82,156
大判大正15年2月1日大審院民集5巻44頁 ·························206
大判大正15年2月22日大審院民集5巻99頁 ·························10
大判大正15年4月30日大審院民集5巻344頁 ·······················206

401

判例索引

大判大正15年 6 月23日大審院民集 5 巻 8 号536頁 ································· 144
大判大正15年 7 月 6 日大審院民集 5 巻608頁 ······································· 11
大決大正15年 8 月 3 日大審院民集 5 巻679頁 ······························· 218,350
大判昭和 2 年 4 月22日大審院民集 6 巻198頁 ······························· 122
大判昭和 2 年10月10日大審院民集 6 巻554頁 ······························· 130
大判昭和 3 年12月17日大審院民集 7 巻1095頁 ························· 82,156
大判昭和 6 年 9 月 1 日新聞3313号 9 頁 ··· 80
大判昭和 8 年 3 月24日大審院民集12巻490頁 ·· 10
大判昭和 9 年11月17日大審院民集13巻2138頁 ····························· 197,294
大判昭和10年10月 1 日大審院民集14巻1671頁 ································· 9,10
大判昭和10年11月22日裁判例 9 巻288頁 ····································· 119,312
大判昭和15年 2 月13日法律評論29巻民606頁, 法曹時報20巻 9 号135頁 ···· 211
大判昭和17年 7 月 7 日大審院民集21巻740号 ······························ 57,58
大判昭和19年 9 月28日大審院民集23巻555頁 ·· 81
最判昭和29年 4 月 8 日民集 8 巻 4 号819頁 ······························· 61,66
最判昭和29年12月23日（民集 8 巻12号2235頁 ···································· 80
最判昭和30年 5 月31日民集 9 巻 6 号793頁 ··························· 57,66,69,73,129
最判昭和30年 6 月24日民集 9 巻 7 号919頁 ······································· 386
津地判昭和30年 8 月 3 日下民 6 巻 8 号1567頁 ······················· 161,382,389
東京地判昭和31年 3 月22日下民 7 巻 3 号726頁 ······························· 386
最判昭和31年 5 月10日民集10巻 5 号487頁 ······· 81,82,86,97,117,135,189,193,311,312,364,376,378,394
最判昭和31年10月 4 日民集10巻10号1229頁 ····································· 349
最判昭和31年12月28日民集10巻12号1613頁 ····································· 130
最判昭和31年12月28日民集10巻12号1639頁 ······································ 36
最判昭和32年11月14日民集11巻12号1943頁 ····································· 358
最判昭和33年 7 月22日民集12巻12号1805頁 ························· 72,81,312,376
最判昭和33年 8 月28日民集12巻12号1936頁 ······································ 37
最判昭和34年11月26日民集13巻12号1550頁 ····································· 301
高松高判昭和35年 4 月14日下民11巻 4 号844頁 ································· 119
最判昭和35年 4 月26日民集14巻 6 号1071頁 ····································· 227
最判昭和36年 3 月24日民集15巻 3 号542頁 ······································ 123
最判昭和36年 5 月30日民集15巻 5 号1459頁 ····································· 227
東京地判昭和36年10月24日下民12巻10号2519頁 ································· 27
最判昭和36年12月15日民集15巻11号2865頁 ····································· 312
最判昭和37年 5 月24日裁判集民60号767頁 ·································· 187,381
最判昭和38年 2 月22日民集17巻 1 号235頁
··············· 57,62,69,73,82,136,161,186,187,192,194,209,219,220,241,277,353,366,378,381,383,389,394
最判昭和38年 3 月12日民集17巻 2 号310頁 ·· 83
最判昭和38年10月15日民集17巻 9 号1220頁 ······································ 36
最判昭和39年 1 月30日裁判集民71号499頁 ······································ 381
千葉地判昭和39年 9 月29日訟月10巻11号1578頁 ······························ 138
最判昭和39年10月15日民集18巻 8 号1671頁 ························· 179,263,266,361
最判昭和40年 5 月20日最高裁判所判例解説民事篇（昭和40年度）172頁 ········· 194

402

判例索引

最判昭和40年 5 月20日民集19巻 4 号859頁 ……………………………… 82,86,311
最判昭和40年 5 月27日家月17巻 6 号251頁 ……………………………… 216,218,373
最判昭和41年 3 月 3 日判時443号32頁 ……………………………………………… 81
最判昭和41年 5 月19日民集20巻 5 号947頁 …………………………………… 395
最判昭和41年11月25日民集20巻 9 号1921頁 ………………………………… 195
最判昭和42年 1 月20日民集21巻 1 号16頁 ……………………………… 198,218
最判昭和42年 5 月30日民集21巻 4 号988頁 …………………………………… 199
最判昭和42年 6 月22日民集21巻 6 号1479頁 ………………………………… 130
最判昭和42年 8 月25日民集21巻 7 号1729頁 ……………… 55,73,89,129,301,318
最判昭和42年12月26日民集21巻10号2627頁 ………………………………… 36
大阪家審昭和43年 1 月17日家月20巻 8 号79頁 ……………………………… 263
最判昭和43年 2 月22日民集22巻 2 号270頁 …………………………………… 36
最判昭和43年 3 月15日判時513号 5 頁 ………………………………………… 135
最判昭和43年 4 月 4 日判時521号47頁 ………………………………………… 156
最判昭和44年 5 月29日判時560号44頁 ………………… 161,194,378,381,383,389
最判昭和44年 9 月 2 日判時574号30頁 ………………………………………… 381
最判昭和45年11月 6 日民集24巻12号1803頁 ………………………………… 74
最判昭和46年 1 月26日民集25巻 1 号90頁 …………………………………… 69
最判昭和46年 6 月18日民集25巻 4 号550頁 ………………………………… 75,81
最判昭和46年10月 7 日民集25巻 7 号885頁 ……………… 83,135,140,189,195,311
最判昭和46年12月 9 日民集25巻 9 号1457頁 ……………………… 39,84,195,311
最判昭和47年 6 月 2 日民集26巻 5 号957頁 ……………… 178,179,180,263,267
最判昭和48年 4 月24日判時704号50頁, 家月25巻 9 号80頁 ………………… 348
東京地判昭和48年 8 月16日判タ301号217頁 ………………………………… 127
最判昭和48年10月 9 日民集27巻 9 号1129頁 …………………………… 358,362
最判昭和49年 7 月22日判時750号51頁 ………………………………………… 348
最判昭和49年 9 月20日民集28巻 6 号1202頁 ………………………………… 199
最判昭和50年11月 7 日民集29巻10号1525頁 ……………………………… 62,69,385
最判昭和51年 7 月 1 日家月29号 2 号91頁 …………………………………… 218
最判昭和52年 9 月19日裁判集民121号247頁 ………………………………… 386
最判昭和52年12月12日判時878号65頁 ………………………………………… 2,5
最判昭和53年 7 月13日判時908号41頁 ………………………………………… 80
最判昭和54年 2 月22日裁判集民126号129頁 ………………………………… 386
大阪高判昭和56年 5 月 8 日行集32巻 5 号762頁等 ………………………… 11
最判昭和57年 6 月 4 日判時1048号97頁 ……………………………………… 367
最判昭和57年 6 月17日民集36巻 5 号824頁 …………………………………… 2
最判昭和57年10月26日判時1061号27頁 ……………………………………… 351
大阪地判昭和57年12月27日判タ496号147頁 ………………………………… 48
最判昭和59年 4 月24日判時1120号38頁 ……… 135,192,193,194,313,353,378,381
東京高判昭和59年 9 月25日家月37巻10号83頁 ……………………………… 347
最判昭和60年11月29日裁判集民146号107頁 ………………………………… 377
最判昭和61年 3 月13日民集40巻 2 号389頁 ………………………………… 67,69
最判昭和61年12月16日民集40巻 7 号1236頁 ………………………………… 3,5

403

判例索引

最判昭和62年 4 月22日民集41巻 3 号408頁 ································· 74
最判昭和62年 7 月 9 日民集41巻 5 号1145頁 ····························· 12
最判昭和62年 9 月 4 日裁判集民151号645頁 ··························· 143
最判平成元年 3 月28日民集43巻 3 号167頁 ····························· 84
最判平成元年11月24日民集43巻10号1220頁 ····················· 288,365
最判平成 3 年 4 月19日民集45巻 4 号477頁 ····························· 75
東京高決平成 3 年12月24日判タ794号215頁 ····················· 214,272
最判平成 4 年 1 月24日家月44巻 7 号51頁, 判時1424号54頁 ········· 74
最判平成 6 年 5 月12日民集48巻 4 号1005頁 ···························· 77
最判平成 7 年 3 月 7 日民集49巻 3 号919頁 ····························· 38
最判平成 7 年 7 月18日民集49巻 7 号2684頁 ············· 38,82,195,311
最判平成 8 年10月31日民集50巻 9 号2563頁 ···························· 74
最判平成 8 年12月17日民集50巻10号2778頁 ····················· 308,309
最判平成10年 2 月13日民集52巻 1 号65頁 ····························· 119
最判平成10年 2 月26日民集52巻 1 号255頁 ························ 307,395
最判平成10年12月18日民集52巻 9 号1975頁 ·························· 120
最判平成11年 2 月26日判時1674号75頁 ································· 38
最判平成11年 3 月 9 日裁判集民192号65頁 ··················· 212,292,295
最判平成11年11月 9 日民集53巻 8 号1421頁 ·············· 38,82,84,311
最判平成11年12月16日民集53巻 9 号1989頁 ·························· 289
最判平成12年 1 月27日裁判集民196号239頁 ············ 239,274,298,299
最判平成12年 4 月 7 日判時1713号50頁 ································· 156
最判平成12年 5 月30日裁判集民198号225頁 ····· 249,289,292,293,326,345
最判平成12年 5 月30日登記インターネット15号86頁 ················· 196
最判平成15年 7 月11日民集57巻 7 号787頁 ······· 82,86,97,117,134,148,189,193,194,313,364,376,394
最判平成16年 7 月 6 日民集58巻 5 号1319頁 ···························· 84
最判平成17年 9 月 8 日民集59巻 7 号1931頁, 判時1913号62頁 ····· 67,375,376
最決平成17年10月11日民集59巻 8 号2243頁 ······················ 67,274
最判平成17年12月15日裁判集民218号1191頁 ··················· 195,241,274
最判平成18年 1 月17日民集60巻 1 号27頁 ····························· 37
最判平成22年 4 月20日判時2078号22頁 ····················· 192,249,290,291
最判平成22年 6 月29日民集64巻 4 号1235頁 ·························· 178
東京地判平成23年 2 月22日公刊物未登載 ······························ 40
最判平成26年 2 月27日民集68巻 2 号192頁 ······················ 178,359
東京地判平成26年 3 月13日 ·· 280

404

事項索引

英数

A外何名·····144

あ行

異議の公告·····113
異議を述べなかったことを証する情報
·····265,361
遺言執行者·····202,210,345
遺言書·····202
遺産確認の訴え·····84
遺産管理者·····287
遺産共有·····61,69,71
遺産共有持分·····384
遺産処分決定書·····279
遺産説·····67
遺産分割·····75,212,215,235,272,342,345,386
──による所有権移転登記·····347
──の効力·····375
──の審判·····170
──の遡及効·····170,375
──の対象·····385
遺産分割協議
·····98,141,213,215,223,246,256,281,344,346,351
遺産分割協議書
·····69,98,219,282,323,324,342,343,352
遺産分割協議証明書·····254,256,258,279,282
遺産分割手続·····84
遺贈·····202,235,291,355
──の放棄·····348
遺贈者·····204
一部移転·····297
一部移転登記·····157,193
一部錯誤·····336
一部譲渡·····120
──による登記·····388
一部譲渡後の共有根抵当権·····387

一物一権主義·····71,101,125
一部抹消（更正）·····161,193,241,366,378
一部抹消（更正）登記·····186,188,209,353
一部抹消（更正）登記手続·····277,378,383,389
一部無効·····381
一括申請·····336
一体性の原則·····332
一地一主·····31
一地両主·····31
一筆の土地·····5
──の一部·····386
移転主義·····62
移転する権利の一部·····312
移転登記·····197
移転登記請求·····160,191
──の可否·····389
委任の終了·····179,259,260,261,262,265,362
委付·····174,176,177
入会権·····35,54
遺留分·····214,291
遺留分減殺·····71,196,289,291,293,294,326,345
遺留分減殺請求·····249,291,346
遺留分減殺請求訴訟·····346
遺漏·····276
印鑑証明書·····282
海·····5
埋立地·····2
売主の登記義務·····379
曳行移転·····11
江戸時代·····31
江戸幕府·····22
園領主·····21
奥書証印·····53

か行

外気分断性·····7,8
解除の遡及効·····337

405

事項索引

改新の詔‥‥‥‥‥‥‥‥‥‥‥16,27
海没地‥‥‥‥‥‥‥‥‥‥‥‥‥3,5
海面‥‥‥‥‥‥‥‥‥‥‥‥‥‥‥1
海面下の底地‥‥‥‥‥‥‥‥‥‥‥2
買戻特約の登記‥‥‥‥‥‥‥‥‥116
書入‥‥‥‥‥‥‥‥‥‥‥‥‥‥53
確定判決‥‥‥‥‥‥‥‥‥‥‥‥303
確認判決‥‥‥‥‥‥‥‥‥‥‥‥329
各別の申請書‥‥‥‥‥‥‥‥‥‥151
可住面積‥‥‥‥‥‥‥‥‥‥‥‥141
河川法‥‥‥‥‥‥‥‥‥‥‥‥‥1
合筆の登記‥‥‥‥‥87,94,142,177,300,314
家庭裁判所‥‥‥‥‥‥‥‥‥349,350
‥‥の審判‥‥‥‥‥‥‥‥‥272,329
仮換地上‥‥‥‥‥‥‥‥‥‥‥11,12
仮差押登記‥‥‥‥‥‥‥‥‥‥‥218
仮処分の登記‥‥‥‥‥‥‥‥‥‥232
仮登記‥‥‥‥‥‥‥‥‥‥‥‥268
‥‥の申請‥‥‥‥‥‥‥‥‥‥332
‥‥の登記原因‥‥‥‥‥‥‥‥243
‥‥の変更登記‥‥‥‥‥‥‥‥297
‥‥の本登記‥‥‥‥‥‥155,248,341
‥‥の抹消‥‥‥‥‥‥‥‥‥‥154
‥‥の余白‥‥‥‥‥‥‥‥‥‥243
仮登記仮処分命令‥‥‥‥‥‥‥91,299
仮登記権利者‥‥‥‥‥‥‥‥‥‥296
‥‥の承諾書‥‥‥‥‥‥‥‥‥333
関係的所有権‥‥‥‥‥‥‥‥‥‥205
換地‥‥‥‥‥‥‥‥‥‥‥‥‥11
換地処分‥‥‥‥‥‥‥‥‥‥‥‥88
元本確定の登記‥‥‥‥‥‥‥‥‥320
‥‥と代位弁済‥‥‥‥‥‥‥‥321
含有論‥‥‥‥‥‥‥‥‥‥‥‥66
寄生地主制度‥‥‥‥‥‥‥‥‥‥19
偽造の登記原因証明情報‥‥‥‥‥219
欺罔による相続登記‥‥‥‥‥‥‥238
記名共有地‥‥‥‥‥‥‥‥‥106,107
旧登記法‥‥‥‥‥‥‥‥‥‥‥6,54
旧土地台帳法時代‥‥‥‥‥‥105,106
給付判決‥‥‥‥‥‥‥‥‥‥‥‥329
旧民法‥‥‥‥‥‥‥‥‥‥‥‥31
境界確定の訴え‥‥‥‥38,83,187,195,311
境界線の界標‥‥‥‥‥‥‥‥‥‥73
境界の確定‥‥‥‥‥‥‥‥‥‥311
行政処分性‥‥‥‥‥‥‥‥‥‥40

共同買受人‥‥‥‥‥‥‥‥‥‥‥162
‥‥の単独所有名義‥‥‥‥‥‥382
共同買主の登記請求権‥‥‥‥‥‥379
共同受託‥‥‥‥‥‥‥‥‥‥‥172
‥‥の信託‥‥‥‥‥‥‥‥‥‥164
共同受託者‥‥‥‥‥‥‥58,163,164,164
共同所有形態‥‥‥‥‥‥‥‥‥‥56
共同申請主義‥‥‥‥‥‥‥‥‥‥141
共同人名票‥‥‥‥‥‥‥‥‥‥‥106
共同相続‥‥‥‥‥‥‥‥‥‥134,246
‥‥の代位登記‥‥‥‥‥‥‥‥374
‥‥の登記‥‥‥‥139,211,215,244,292
‥‥の登記の申請‥‥‥‥‥‥‥345
共同相続財産‥‥‥‥‥‥‥‥‥‥129
共同相続登記‥‥‥‥62,97,208,229,232,345
‥‥の更正‥‥‥‥‥‥‥196,198,214
‥‥の更正登記‥‥‥‥‥‥‥‥346
共同担保の登記‥‥‥‥‥‥‥‥‥152
共同根抵当権‥‥‥‥‥‥‥‥‥‥162
共同根抵当物件‥‥‥‥‥‥‥‥‥320
共有‥‥‥‥‥‥‥‥14,54,55,60,63,71
‥‥の弾力性‥‥‥‥‥‥‥‥‥288
‥‥の持分‥‥‥‥‥‥‥‥‥‥156
共有権‥‥‥‥‥‥‥‥‥83,189,366
共有財産‥‥‥‥‥‥‥‥‥‥‥‥60
共有者
‥‥の一部の者‥‥‥‥‥‥‥‥299
‥‥の訴え‥‥‥‥‥‥‥‥‥‥194
‥‥の相続登記‥‥‥‥‥‥‥‥117
‥‥の1人からの申請‥‥‥‥‥145
‥‥の1人の単独名義‥‥‥‥‥388
共有者全員‥‥‥‥‥‥‥‥‥‥‥133
‥‥の申請‥‥‥‥‥‥‥‥‥‥336
共有者全員持分全部移転‥‥‥‥‥363
共有所有権‥‥‥‥‥‥‥‥‥155,248
‥‥の一部移転の登記‥‥‥‥‥273
共有説‥‥‥‥‥‥‥‥‥‥61,65,66
共有地‥‥‥‥‥‥‥‥‥‥‥‥126
共有地全部‥‥‥‥‥‥‥‥‥‥‥133
共有登記の一部抹消（更正）‥‥‥377
共有土地‥‥‥‥‥‥‥‥‥‥‥‥299
‥‥の一部地目変更‥‥‥‥‥‥336
‥‥の分筆‥‥‥‥‥‥‥‥‥‥90
‥‥の分筆の登記‥‥‥‥‥‥‥336
共有根抵当権‥‥‥‥‥‥‥‥‥‥319

406

事項索引

——の確定……………………………320
共有物の保存行為………………102,147
共有物不分割の契約…………………272
共有物不分割の特約…………………271
共有物分割
………67,74,75,88,90,91,154,167,168,169,171,
173,262,301,313,335,386
——による交換………………………317
——による登記………………………153
——の訴え……………………………129
共有物分割訴訟…………………88,384,385
共有不動産………85,117,129,142,189,313,379
——に対する抵当権設定登記………373
——の所有権取得……………………305
——の分筆……………………………87
共有分割………………………………171
共有名義……………………104,185,262,388
——の移転登記………………………384
——の不動産………………………141,303
——への更正登記……………………223
共有名義人……………………………303
共有持分……………………167,169,197,301
——に対する賃借権設定仮登記………390
——の一部………………………155,159
——の一部の登記……………………237
——の登記……………………………78
——の放棄………………130,132,339,393
——のみの更正………………………297
共有持分移転請求権の仮登記………334
共有持分移転の仮登記申請…………305
共有持分移転の登記……224,340,356
共有持分帰属の登記…………………288
共有持分権………………187,311,364
共有持分更正登記………………333,392
虚偽の登記……………………………235
虚偽表示………………………………376
寄与分……………………………214,272
寄与分協議書…………………………215
近代国家………………………………53
近代的所有権………………………33,34
近代的所有権制度…………………31,54
近代的土地所有権………………25,30,31
区分所有権……………………………14
口分田………………………………17,28
組合財産………………………………80

形式審査………………………………137
形式的審査……………………………138
形式的審査権………………………240,340
形成的登記……………………………87
形成判決………………………………329
契約解除………………………………296
契約上の地位…………………………166
減殺請求………………………………291
原始的不一致………………………294,298
原状回復義務…………………………297
建造物………………………………6,9
検地………………………………20,23
建築中の建物…………………………10
検地帳……………………20,22,25,28
限定承認………………………………349
限度額(極度額)………………………162
現物分割………………………………88
権利の一部…………………………155,312
権利能力なき社団
……108,144,178,261,262,266,268,335,358,361
権利能力なき社団名義の登記………267
権利の共有……………………………51
権利の同一性…………………………188
権利の変更の登記………168,171,174
権利分割論……………………………42
権利変動の過程………………………204
権利変動の過程と態様………………205
権利変動の公示………………………130
権利放棄………………………………268
甲乙共有名義にする更正登記………380
公示……………………………………53
公示制度……………………………53,304
合手的共有……………………………54
合手的行動……………………………59
公証……………………………………53
公序良俗違反………………………242,376
公信力……………………136,203,378
構成員全員の名義……………………267
構成員の総有…………………………267
公正証書遺言………………………210,345
更正登記
……182,184,186,192,196,207,208,217,224,229,
235,237,240,252,254,293,294,297,298,301,328,
353,354,379,383
更正登記請求権………………………191

407

事項索引

更正登記手続…………192,251,287,291,366,382
更正登記の承諾…………………………231
更正の登記の申請人……………………236
更正を証する書面………………………252
構造上の独立性……………………………13
公地公民性…………………………………16
公地公民制…………………………………27
口頭による合意…………………………257
合有………………………56,57,58,59,60,63,65
合有説…………………………………62,65
公有水面……………………………………2
——の埋立て………………………296
戸籍謄本…………………………223,324
固有財産…………………………169,173
——の持分権………………………168
固有必要的共同訴訟
………39,83,84,135,140,189,195,311,377
婚姻取消…………………………………242
墾田永年私財法………………………17,28

∞∞∞∞∞∞∞∞∞∞ さ行 ∞∞∞∞∞∞∞∞

債権者代位…………90,185,200,217,242,300,319
——による相続登記……………………220
債権者の承諾書…………………………221
債権の一部………………………………320
財産権の内容………………………………52
財産分離制度………………………………61
再信託…………………………………60,164
再転相続…………………66,68,254,257,259
再転相続人…………………………………67
裁判所の許可……………………………176
裁判の謄本………………………………184
債務の一部弁済…………………………367
錯誤………………219,221,242,251,276,346
錯誤又は遺漏……………………………239
差押登記…………………………229,230,233
差押の効力………………………………230
参勤交代……………………………………22
三世一身……………………………………28
三世一身の法………………………………17
敷地権…………………………………184,300
——の表示………………184,300,331,332
——の表示の登記………………………183
敷地権たる旨の登記……………………332

時効取得……………………………………38
時効の中断………………………………323
時効の停止………………………………323
自己単独名義の所有権取得登記…………380
自己の持分………………………………275
——のみの相続登記……………………148
地主的所持…………………………………27
地所…………………………………………2
地所質入書入規則…………………………53
質入…………………………………………53
実質審査…………………………………137
実質的審査主義…………………………138
失踪宣告…………………………………244
——の審判………………………………225
実体的権利変動…………………………289
実体法的事項の審査……………………138
死亡者名義…………………………204,205
受遺者……………………………………210
重婚………………………………………241
受益者の承認……………………………175
受贈者……………………………………361
受託者……………………………………165
——たる地位……………………………180
——の固有財産……………………172,175
取得時効………………………37,112,130
準共有………………………………………14
準共有名義………………………………296
承役地…………………………121,124,322
庄園……………………………………19,21
荘園……………………………………17,28
荘園制………………………………………28
承継取得…………………………………102
条件付売買………………………………163
使用貸借関係……………………………310
承諾書……………………………………296
承諾調書…………………………………329
承諾を証する情報…………………184,249
譲渡………………………………………388
縄文時代……………………………………27
商標権…………………………………4, 5, 44
所在不明…………………………………112
除籍謄本…………………………………324
職権分筆……………………………………88
所持………………………………………30
所持権…………………………………24,26,31

事項索引

処分禁止の仮処分 …………………………232
書面審査 ………………126,137,282,304
所有権 …………………………24,26,32,33
　――の一部 …………155,248,275,278,300
　――の一部移転の登記 …………159,160
　――の一部抹消登記 ………………184
　――の共有 …………………………51
　――の共有持分 ……………………158
　――の更正 …………………………249
　――の更正登記
　　……104,186,222,239,244,250,317,319,325,331,
　334,350,391
　――の登記 …………………………127
　――の登記名義人 …………………300
　――の範囲 …………………………36
　――の不可侵 ………………………31
　――の保存行為 ……………………147
　――の持分の一部 …………………300
　――を証する書面（情報）…………338
所有権一部移転の登記 ………………333
所有権移転請求権 ……………………91
　――の放棄 …………………………268,390
所有権移転請求権仮登記 ……………269
所有権移転登記請求権 ………………381
所有権移転の登記の更正登記 ………184,334
所有権界 ………………………36,37,50
所有権確認 ……………………………102
所有権確認請求 ………………………302
所有権確認訴訟 ………………………144,311
所有権（共有持分）の一部 …………158
所有権更正登記 ………………………226,238
所有権証明書 …………………………331
所有権請求権保全の仮登録 …………244
所有権全部に及ぼす変更の登記 ……278
所有権保存登記
　……77,85,100,101,133,143,203,275,301,302,361
　――の更正 …………………………182,183
所有者の更正の登記 ……314,317,329,337,338
所有者の変動 …………………………337,338
所有者不明土地 ………………………141
地割論 …………………………42,45,48
人貨の滞留性 …………………………8
人工地盤 ………………………………7
真正な登記名義の回復 ……293,313,328,351,363
信託 ……………………………………58,267

　――の登記 …………………………167
　――の分割 …………………………171
　――の併合 …………………………173
　――の目的 …………………………176
　――の利益 …………………………176
信託契約 ………………………………170
信託行為 ………………………………166
信託財産 ………………56,58,169,173,176
　――の合有 …………………………163
　――の帰属 …………………………172
　――の共有物分割 …………………174
　――の処分 …………………………167
　――の物上代位性 …………………167
信託財産委付 …………………………175
信託財産管理者 ………………………165,166
信託財産引継 …………………………170
信託財産法人 …………………………173
信託終了 ………………………………170
信託的理論構成 ………………………178
信託登記の抹消 ………………………168
信託抹消登記 …………………………175
審判書の謄本 …………………………215
審判前の保全処分 ……………………287
推定相続人排除の申立て ……………346
数次相続 ………………………………99
西欧モデル ……………………………53
請求権保全の仮登記 …………………244
制限行為能力者 ………………………138
生前贈与 ………………………………200
関ヶ原合戦 ……………………………22
責任財産 ………………………………172
宣言主義 ………………………………62
全部移転 ………………………………297
全部抹消請求 …………………………389
全部抹消の登記請求 …………………377
全部抹消登記手続 ……………………389
全部抹消登記手続請求 ………………378
全面的価額賠償 ………………………74
創設的登記 ……………………………87
相続 ……………………………………295,346
　――を証する情報 …………………223,350
　――を証する書面 …………143,235,343
相続欠格者 ……………………………348
相続財産 ………………………………56,60,80
　――の合有 …………………………60

409

事項索引

——の共有······················57,129
相続させる······················75
相続させる旨の遺言·········201,210,212
相続登記の更正
　·····190,197,214,216,222,245,250,289,325,345
相続登記の更正登記··········326,327,346
相続登記の抹消··················259,328
相続登記の抹消登記··················213
相続人の承認・放棄··················349
相続人の不存在··················173
相続人名義··················205
相続の承認··················349
相続の放棄　→ 相続放棄
相続分··················69
——なきことの証明··················187
——の更正··················350
——の指定··················347
相続分譲渡証書··················98
相続放棄
　·····141,199,215,216,217,218,245,254,288,327,
345,348,373
——による更正··················198
——による更正登記··················220
——の申述··················218
——の取消し··················216,217
——を証する書面（情報）··················328
相続放棄者··················117
相続放棄申述受理証明書··200,234,242,325,326
総有··················54,55,359
相隣関係··················35,78,125
遡及効··················87
底地··················41
訴訟上の和解··················346
訴訟追行権··················140
租税徴収権··················23

◇◇◇◇◇◇◇◇◇◇ **た行** ◇◇◇◇◇◇◇◇◇◇

代位原因証書··················92
代位原因を証する情報··················302
代位債権者··················185,221
——の承諾書··················234,242
代位登記··················325
大化の改新··················16,27
太閤検地··················18,19,28

対抗要件··················208
胎児··················244
大政奉還··················25
代表者名義··················267
代物弁済契約··················376
代物弁済による登記··················367
代物弁済の予約··················332
代物弁済予約の仮登記··················332
大宝律令··················27
代理権限を証する書面··················283
建物の合併の登記··················177
建物の区分所有··················14
建物の分割··················302
建物の分割の登記··················302
田畑永代売買禁止令··················18
田畑永代売買の禁止··················23
ため池··················1
単独行為··················349
単独所有権··················301
単独相続登記··················210
担保権の登記··················233
担保制度··················53
地位不存在確認の訴え··················84
地役権··················121,127,311
——の移転··················127
——の設定··················119
——の存続期間··················122
——の登記··················127
地役権設定登記··················122,127
地縁団体··················109,263,359
地縁団体名義··················260
地券··················30
地券制度··················6,29,30,53,54
池沼··················1
地積測量図··················335
地租改正··················25,30
地租制度··················22
中間省略登記··················69,344
調停調書··················329
調停調書の正本··················92
町内会··················264
賃借権設定の仮登記··················269
賃借権の登記··················127
通行地役権··················120
通行地役権設定の登記··················322

410

事項索引

定着物……………………………7
抵当権
　——の共有　　　　　373
　——の更正登記…………………228
　——の効力…………………201,223
　——の準共有……………………118
　——の登記の更正………………321
　——の登記の更正登記…………321
　——の登記の抹消………………147
　——の変更登記…………………278
抵当権者の承諾…………………226
抵当権者の承諾書…………247,319
抵当権設定登記…………………300
　——の申請………………………342
同一性……………………………298
同一の申請書………93,95,151,305,318,336
同一の申請情報……………152,154
登記
　——の一部抹消…………………247
　——の一部無効…………………388
　——の公示性……………………341
　——の更正…………195,240,252,328
　——の申請………………………113
　——の表示………………………289
　——の抹消………………………379
　——の抹消請求…………………83,194
登記官
　——の処分行為…………………41
　——の審査権……………………330
　——の審査権限…………………137
登記記録…………………………304
登記原因証明情報
　………169,171,174,185,206,244,257,258,278,
　279,300
　——の提供………………………280
登記上の利害関係人………229,232,252
　——の承諾書……………………184
登記申請義務……………………355
登記請求権………75,77,78,133,178,379,380
登記制度…………………………54
　——の萌芽………………………54
登記引取請求権…………………91
登記能力…………………………3
同居相続人………………………310
倒産手続…………………………172

当事者適格……………………38,39,135
当事者能力………………………358
道路法……………………………4
徳川幕府…………………………22
特定遺贈…………………………202,348
特定承継…………………………146
特定承継人………………………301
特定の取得登記事項……………159
特別縁故者………………………365
　——への分与……………………288
特別縁故者不存在確定証明書………288,365
特別受益……………200,247,251,274,347
特別受益者…………………324,324,355,356
特別受益証明書……………69,259,356
特別代理人選任…………………348
独立した登記事項………………372
土地区画整理事業………………11
土地所有権…………………4,31,36,54
　——の一部移転…………………386
土地所有権制度…………………30
土地の一部………………………386,387
土地の沿革………………………27
土地の境界………………………36
土地の共同所有…………………54
土地の分筆…………41,89,301,387
　——の登記………………………41
土地売買譲渡規則………………54

ⵉⵉⵉⵉⵉⵉⵉ　**な行**　ⵉⵉⵉⵉⵉⵉⵉ

内縁の配偶者……………………309
内縁の夫婦………………………307
亡何某相続財産…………………203,284
何某外何名………………………105
名寄帳……………………………28,53
二重資格者の放棄………………199
二重売買…………………………206
任意競売開始決定………………233
認可地縁団体………108,111,263,264,360
認可地縁団体名義………………268
根抵当権…………………………388
　——の一部譲渡…………………319
　——の確定………………………320
　——の確定と債務者の変更……372
　——の共有者……………………320

411

事項索引

——の被担保債権の範囲·················321
根抵当権移転の登記·····················320
根抵当権設定仮登記·····················162
根抵当権設定者の承諾···················320
根抵当権設定の登記·····················321
農地法所定の許可·············248,357,362,363

∞∞∞∞∞∞∞∞∞ **は行** ∞∞∞∞∞∞∞∞∞

配偶者の居住権·························309
背信的悪意者····························37
売買·································295
——の一方の予約······················163
売買契約の解除················314,317,338
売買予約·························243,391
廃藩置県······························31
幕藩時代···························29,30
幕藩体制·····························23
幕府·································25
判決書の正本··························228
判決による登記························302
判決の既判力··························330
判決の効力····························191
版籍奉還······························31
班田収授法························16,27
引渡請求·····························191
被相続人名義の保存登記·················103
筆界特定······························39
筆界特定制度····························40
筆界特定訴訟····························40
必要的共同訴訟···············194,195,380
表示登記··························77,142
表示の登記の更正·······················337
表題部所有者······100,116,133,300,302,329,330
——の更正·························,316
不可分債務··························380
付記登記···················223,247,252
不実の登記·······················189,287
不実の持分移転登記·····················364
附属建物····························302
負担付遺贈····························362
物権的効力························75,284
物権的請求権··························389
物権的登記請求権·······················312
物権の共有····························52

物権変動····························294
——の過程と態様·················206,304
——の対抗要件······················339
——の登記·························207
——の独自性························138
不動産登記制度···············53,258,304
不動産取引の迅速・円滑················138
不動産の一部についての賃借権設定
·································391
不動産の共有··························155
不動産の単独使用·······················307
不動産の表示の変更·····················336
不動産の物権変動·······················138
不当利得返還義務·······················308
不入の権······························18
不分割の約定の登記·····················272
部分的不一致··························388
不輸の権······························18
不輸不入権····························18
フランス革命···························34
分割請求権····························59
分割相続債権··························375
分割単独債権··························375
分割の登記····························302
分割の方法····························169
分合筆の登記··························300
紛争の解決····························206
紛争予防·····························206
分筆·································42
分筆及び地目変更の登記·················335
分筆錯誤······························44
分筆処分······························43
分筆登記·········5,38,90,93,94,142,301,314,334
分筆登記申請··························299
分筆の本質························42,48
分有·································95
兵農分離·························18,19
妨害排除請求権·········101,191,364,377,389
妨害排除の請求·············86,96,189
包括遺贈····················204,348,349
——する旨の遺言書···················252
包括受遺者····························349
包括承継····························102
包括承継人····························213
報告的登記··················85,315,335

412

事項索引

法人格‥‥‥‥‥‥‥‥‥‥‥‥‥115
法人格なき社団‥‥‥‥‥‥‥260,261
法人格を有しない団体‥‥‥‥‥‥180
法人の合併‥‥‥‥‥‥‥‥‥‥‥166
法定相続分‥‥‥‥‥‥‥‥‥‥‥347
法定代理人の承諾‥‥‥‥‥‥‥‥138
保存行為‥‥85,86,96,97,101,146,165,189,336,379
保存登記‥‥‥‥‥‥‥‥‥‥102,290
ポツダム宣言‥‥‥‥‥‥‥‥‥‥33

持分の一部‥‥‥‥‥‥‥‥‥‥‥158
持分の一部のみについての相続登記‥‥‥‥98
持分の更正‥‥‥‥‥‥‥‥‥‥‥379
持分の登記‥‥‥‥‥‥‥‥‥‥‥81
持分放棄‥134,224,226,303,304,305,340,341,363
持戻し‥‥‥‥‥‥‥‥‥‥‥‥‥274
持戻義務‥‥‥‥‥‥‥‥‥‥‥‥356

や行

大和朝廷‥‥‥‥‥‥‥‥‥‥‥‥27
床面積の変更の登記‥‥‥‥‥‥‥335
譲受人の分筆登記請求権‥‥‥‥‥386
要役地‥‥‥‥‥‥121,123,127,311,322
　——の共有‥‥‥‥‥‥‥‥‥‥119
用益物権‥‥‥‥‥‥‥‥‥‥‥‥125
用途性‥‥‥‥‥‥‥‥‥‥‥‥‥7,10
要物契約‥‥‥‥‥‥‥‥‥‥‥‥368

ま行

抹消請求訴訟‥‥‥‥‥‥‥‥‥‥135
抹消登記‥‥‥‥‥‥‥‥209,217,219
抹消登記請求‥‥‥‥‥‥‥‥191,380
抹消登記手続‥‥‥‥‥‥‥‥‥‥193
抹消登記手続請求‥‥‥‥‥‥‥‥249
右全部抹消請求‥‥‥‥‥‥‥‥‥389
未登記の所有権‥‥‥‥‥‥‥‥‥102
見取図‥‥‥‥‥‥‥‥‥‥‥‥‥21
未分割遺産‥‥‥‥‥‥‥‥‥‥‥255
民法と共有‥‥‥‥‥‥‥‥‥‥‥129
民法の制定‥‥‥‥‥‥‥‥‥‥‥54
無権利者登記型‥‥‥‥‥‥‥‥‥313
無権利の登記‥‥‥‥‥‥‥‥‥‥378
無効な登記‥‥‥‥‥‥‥‥‥355,379
無断相続登記‥‥‥‥‥‥‥‥‥‥219
明治維新‥‥‥‥‥‥‥‥‥‥‥‥53
滅失‥‥‥‥‥‥‥‥‥‥‥‥‥‥12
滅失登記‥‥‥‥‥‥‥‥‥‥‥‥85
持分移転請求権の仮登記‥‥‥‥‥333
持分移転登記
　‥‥‥‥168,189,219,236,301,304,312,313,340
　——の抹消‥‥‥‥‥‥‥‥‥‥134
持分確認の訴‥‥‥‥‥‥‥‥‥‥156
持分権‥‥‥‥‥‥‥‥‥‥‥79,121
　——の侵害‥‥‥‥‥‥‥‥‥‥81
　——の弾力性‥‥‥‥‥‥‥‥‥79
持分権確認請求‥‥‥‥‥‥‥‥‥194
持分更正の登記‥‥‥‥‥‥‥‥‥335
持分取得登記‥‥‥‥‥‥‥133,134,368
持分全部移転登記の申請‥‥‥‥‥341
持分全部移転の仮登記‥‥‥‥339,340
持分全部の移転‥‥‥‥‥‥‥‥‥167
持分に対する抵当権設定の登記‥‥‥‥368

ら行

利益相反行為‥‥‥‥‥‥‥‥‥‥175
利害関係人の承諾書‥‥‥‥‥186,222,234
律令制度‥‥‥‥‥‥‥‥‥‥‥‥18
領主的所持‥‥‥‥‥‥‥‥‥‥‥27
利用上の独立性‥‥‥‥‥‥‥‥‥13
領知権‥‥‥‥‥‥‥‥‥‥‥‥‥26

わ行

和解調書‥‥‥‥‥‥‥‥‥202,283,329

413

著者略歴

藤 原 勇 喜（ふじわら　ゆうき）

昭和 40 年 3 月　中央大学法学部法律学科卒業
昭和 42 年 3 月　中央大学大学院法学研究科修士課程修了
昭和 42 年 4 月　法務省入省
昭和 58 年 4 月　法務省民事局第三課補佐官
昭和 61 年 4 月　法務省民事局第一課補佐官
昭和 63 年 4 月　法務総合研究所教官兼任
平成 3 年 4 月　法務省民事局民事調査官
平成 5 年 4 月　法務省民事局登記情報管理室長
平成 6 年 4 月　高松法務局民事行政部長
平成 7 年 8 月　東京法務局民事行政部長
平成 8 年 4 月　同局総務部長
平成 9 年 4 月　仙台法務局長
平成 11 年 4 月　退職
平成 11 年 8 月　公証人（大宮公証センター　～平成 21 年 7 月）
平成 12 年 4 月　日本文化大学法学部講師（民法,破産法 平成 26 年 3 月）
平成 14 年 6 月　社団法人民事法情報センター理事（～平成 19 年 6 月）
平成 18 年 4 月　早稲田大学法学部講師（不動産登記法 ～平成 25 年 3 月）
平成 23 年 4 月　藤原民事法研究所代表

著 書（主なもの）

「登記原因証書に関する実証的研究」（法務総合研究所法務研究報告書第 66 集第 1 号），『登記原因証書の理論と実務』（民事法情報センター），『抵当証券の理論と実務』（新日本法規出版），『抵当証券のすべて』（金融財政），『渉外不動産登記』（テイハン），『不動産登記の実務上の諸問題』（テイハン），『相続・遺贈の登記』（テイハン），『登記情報システムの解説』（テイハン），『信託登記の理論と実務』（民事法研究会），『倒産法と登記実務』（民事法研究会），『体系不動産登記』（テイハン），『公正証書と不動産登記をめぐる諸問題』（テイハン），『公正証書アラカルト』（公正証書とは,遺言,相続）（朝陽会），『公図の研究〔5 訂増補版〕』（朝陽会）など

不動産の共有と更正の登記をめぐる理論と実務

平成31年3月27日　初版発行

著　者　藤　原　勇　喜

発行者　和　田　　裕

発行所　日本加除出版株式会社

本　　社　郵便番号 171-8516
　　　　　東京都豊島区南長崎 3 丁目 16 番 6 号
　　　　　ＴＥＬ　(03)3953 - 5757 (代表)
　　　　　　　　　(03)3952 - 5759 (編集)
　　　　　ＦＡＸ　(03)3953 - 5772
　　　　　ＵＲＬ　www.kajo.co.jp

営　業　部　郵便番号 171-8516
　　　　　東京都豊島区南長崎 3 丁目 16 番 6 号
　　　　　ＴＥＬ　(03)3953 - 5642
　　　　　ＦＡＸ　(03)3953 - 2061

組版・印刷　㈱倉田印刷　／　製本　牧製本印刷㈱

落丁本・乱丁本は本社でお取替えいたします。
★定価はカバー等に表示してあります。
© Y.Fujiwara 2019
Printed in Japan
ISBN978-4-8178-4546-7

JCOPY 〈出版者著作権管理機構　委託出版物〉

本書を無断で複写複製（電子化を含む）することは，著作権法上の例外を除き，禁じられています。複写される場合は，そのつど事前に出版者著作権管理機構（JCOPY）の許諾を得てください。
また本書を代行業者等の第三者に依頼してスキャンやデジタル化することは，たとえ個人や家庭内での利用であっても一切認められておりません。

〈JCOPY〉　ＨＰ：https://www.jcopy.or.jp, e-mail：info@jcopy.or.jp
　　　　　電話：03-5244-5088, FAX：03-5244-5089

不動産に関わる全ての実務家の必読書！

論点解説
民法（債権法）改正と不動産取引の実務

編集代表 鎌野邦樹

2018年5月刊 A5判 444頁 本体4,300円＋税 978-4-8178-4477-4 商品番号：40717 略号：民改不

―― 【不動産に関する研究者・実務家20人の知見がこの一冊に！】 ――

第1部 総論

第1章 改正債権法のポイントと不動産取引（総説）
　　　鎌野邦樹（早稲田大学大学院法務研究科教授）

第2章 債権法改正と不動産取引実務の留意点
　　　小澤英明（小澤英明法律事務所 弁護士）

第3章 債権法改正と不動産登記
　　　藤原勇喜（藤原民事法研究所代表）

第2部 各論

第1章 公序良俗、意思能力
　　　鎌野邦樹（早稲田大学大学院法務研究科教授）

第2章 意思表示、無効・取消し
　　　三枝健治（早稲田大学法学部教授）

第3章 代理
　　　橋谷聡一（大阪経済大学経営学部ビジネス法学科准教授）

第4章 条件・期限、消滅時効
　　　松本克美（立命館大学大学院法務研究科教授）

第5章 債権の目的、履行請求権、債務不履行による損害賠償
　　　武川幸嗣（慶應義塾大学法学部教授）

第6章 契約の解除、危険負担、受領遅滞
　　　笠井修（中央大学大学院法務研究科教授）

第7章 債権者代位権・詐害行為取消権
　　　工藤裕巌（明治大学法務研究科教授）

第8章 多数当事者
　　　鳥谷部茂（広島大学名誉教授）

第9章 債権譲渡、債務引受、契約上の地位の移転
　　　白石大（早稲田大学大学院法務研究科教授）

第10章 弁済
　　　西島良尚（流通経済大学教授 弁護士）

第11章 相殺、更改
　　　大木満（明治学院大学法学部教授）

第12章 契約に関する基本原則、契約の成立、定型約款、第三者のためにする契約
　　　山城一真（早稲田大学法学部准教授）

第13章 売買
　　　大場浩之（早稲田大学法学部教授）

第14章 賃貸借
　　　高橋寿一（専修大学法学部教授）

第15章 請負、委任
　　　山口斉昭（早稲田大学法学部教授）

第16章 贈与、死因贈与と相続
　　　佐藤久文（潮見坂綜合法律事務所 弁護士）

第17章 消費貸借、寄託等
　　　青木則幸（早稲田大学法学部教授）

第18章 不法行為関連
　　　山口斉昭（早稲田大学法学部教授）

第19章 物権に関する関連規定の改正
　　　花房博文（創価大学法科大学院教授）

日本加除出版

〒171-8516 東京都豊島区南長崎3丁目16番6号
TEL (03) 3953-5642 FAX (03) 3953-2061 （営業部）
www.kajo.co.jp